A HISTÓRIA DA
RIP CURL

TIM BAKER

A HISTÓRIA DA
RIP CURL

PREFÁCIO DE **MICK FANNING**
TRADUÇÃO DE **LUCIANO BURIN**

São Paulo
2019

editora
gaia

Text Copyright © Tim Baker, 2019
First published by Penguin Random House Australia Pty Ltd.
This edition published by arrangement with Penguin Random
House Australia Pty Ltd.
1ª Edição, Editora Gaia, São Paulo 2019

Jefferson L. Alves – diretor editorial
Richard A. Alves – diretor comercial
Dulce S. Seabra – gerente editorial
Flávio Samuel – gerente de produção
Juliana Campoi – assistente editorial
Luciano Burin – tradução
Elisa Andrade Buzzo – preparação de texto
Deborah Stafussi – revisão
Evelyn Rodrigues do Prado – projeto gráfico
Brent Bielmann – fotografia de capa
Ted Grambeau – fotografia de contracapa
**Alex Ross © Penguin Random House
Australia Pty Ltd.** – capa

Obra atualizada conforme o
NOVO ACORDO ORTOGRÁFICO DA LÍNGUA PORTUGUESA

Na Editora Gaia, publicamos livros que refletem
nossas ideias e valores: Desenvolvimento humano /
Educação e Meio Ambiente / Esporte / Aventura /
Fotografia / Gastronomia / Saúde / Alimentação e
Literatura infantil.

Dados Internacionais de Catalogação na Publicação (CIP)
(Câmara Brasileira do Livro, SP, Brasil)

Baker, Tim, 1965-
   A história da Rip Curl : 50 anos de altas ondas, negócios
internacionais, personagens radicais e a busca pela onda perfeita /
Tim Baker ; prefácio por Mick Fanning ; tradução de Luciano Burin. –
São Paulo : Gaia, 2019.

   Título original: The Rip Curl story : 50 years of perfect surf,
international business, wild characters and the search for the ultimate
ride

   ISBN 978-85-7555-494-4

   1. Empresários – Austrália – Biografia 2. Pranchas de surfe –
Design e construção – Austrália 3. Rip Curl (Empresa) – Austrália
– História 4. Roupas esportivas – Indústria – Austrália 5. Surfe –
Austrália – História 6. Surfe – Equipamentos e acessórios – Austrália
7. Surfistas – Austrália – Biografia I. Fanning, Mick. II. Título.

19-30259   CDD-797.32

Índice para catálogo sistemático:
   1. Rip Curl : Empresa de surfe : Esportes aquáticos :
      História 797.32

Maria Paula C. Riyuzo – Bibliotecária – CRB-8/7639

editora ■

Direitos Reservados

editora gaia ltda.
Rua Pirapitingui, 111-A – Liberdade
CEP 01508-020 – São Paulo – SP
Tel.: (11) 3277-7999
e-mail: gaia@editoragaia.com.br
www.editoragaia.com.br

Nº de Catálogo: **4426**

"The Search [A Busca] é feita a partir de muitas jornadas individuais e a história da Rip Curl é feita a partir das trajetórias pessoais de muitas pessoas. A minha é apenas uma delas."

Brian Singer

"Era um sonho simples: continuar surfando, morar na praia e de alguma forma montar um meio de vida que permitisse o máximo de tempo na água e de exploração das ondas. O fato de conseguirmos alcançar muito mais do que isso comprova a força desse mesmo sonho que pulsa nos corações de todos os surfistas."

Doug "Claw" Warbrick

SUMÁRIO

PREFÁCIO
POR MICK FANNING

As páginas a seguir contam uma incrível história real de como dois amigos começaram uma empresa de pranchas de surfe em um galpão e a transformaram em uma das marcas mais reconhecidas do mundo. É uma história com reviravoltas, ao mesmo tempo engraçada e real, documentando a jornada que eles enfrentaram para chegar onde estão hoje.

A Rip Curl e sua equipe têm sido uma parte importante da minha vida há duas décadas. Desde que assinei contrato com eles sendo ainda um intimidado adolescente até ganhar meu primeiro Rip Curl Pro como convidado, de superar lesão e uma tragédia pessoal para ganhar títulos mundiais, de missões de busca de ondas remotas até o meu jantar de aposentadoria em Torquay em 2018, eles estiveram ao meu lado nos momentos mais marcantes da minha vida. E ainda não terminamos.

Tanto Claw quanto Sing Ding sabem quem são como pessoas, e isso se reflete na empresa que eles criaram, com a ajuda de amigos que se tornaram parceiros, cada qual com suas peculiaridades.

Claw é o surfista mais apaixonado que eu já conheci. Eu nunca vou esquecer dele sentado com todos os surfistas na área dos competidores na Ilha Reunião para o primeiro evento The Search, comparando pontuações e fazendo piadas quando as pessoas estavam bem equivocadas, já que suas previsões estavam quase sempre corretas. Os surfistas saíam impressionados com o fato de o chefe da empresa se sentar com eles e se envolver em brincadeiras durante um dia inteiro, batendo palmas e pulando com seu jeito característico.

Brian é mais assertivo, com conversas rápidas, curtas e afiadas, cheias de significado. Ele não precisa de todos os floreios que envolvem uma conversa – ele quer ir direto ao ponto e dar a sua opinião ou obter uma resposta. Muito raramente as conversas com ele passaram da marca de cinco minutos, mas você sempre saía com a certeza do que estava sendo dito e ele sempre terminava com: "Se você precisar de alguma coisa da Rip Curl, me ligue". Eu admiro muito isso nele.

A Rip Curl é uma empresa incrível que se manteve próxima de suas raízes, começando com pranchas de surfe e passando para os wetsuits [roupas de borracha], em que ainda hoje são líderes mundiais. A empresa sempre tentou fazer produtos de surfe para surfistas, já que é exatamente isso que eles são, surfistas em primeiro lugar. Tudo o que eles sempre quiseram fazer é surfar. Esses caras criaram The Search ["A Busca"] como sua filosofia de marca, para que pudessem continuar surfando e fazendo viagens de surfe pelo maior tempo possível.

"Nunca lutar contra a diversão" é um princípio da marca que realmente reluz na empresa. A regra da Rip Curl, de que você nunca pode ser demitido por ter ido surfar, mostra um profundo respeito pelo surfe e as origens da empresa.

Não sei se há páginas suficientes para contar todas as histórias e aventuras incríveis da evolução da Rip Curl, mas tenho certeza de que este livro abrirá seus olhos e ajudará a inspirar em você um senso de aventura e confiança para simplesmente chegar lá e fazer acontecer.

Espero que gostem desta história que se segue, porque os últimos 20 anos da minha experiência com a Rip Curl foram incríveis, me inspirando a perseguir os meus sonhos de me tornar um campeão mundial e fornecendo o suporte necessário para isso.

Para cada um que fez parte da Rip Curl, este é um grande parabéns por terem criado uma empresa verdadeiramente voltada para os surfistas.

Felicidades,
Mick

INTRODUÇÃO

O ano é 1985 e eu sou um entusiasmado repórter estagiário para o Melbourne *Sun News-Pictorial*, cobrindo as grandes histórias: preços de frutas e vegetais, serviços de comunicação marítima e resultados de torneios de bocha. Mas eu tenho um plano audacioso para fazer esse emprego entediante servir ao meu desvio pela água salgada.

Consegui convencer meu editor-chefe a me mandar a Bells Beach para cobrir o evento anual Rip Curl Pro. Estou em êxtase. Isso é uma espécie de revolução para um humilde estagiário recém-saído do ensino médio, em uma época em que a cobertura esportiva do jornal raramente se estendia além do futebol, do críquete, da corrida de cavalos e da eventual luta de boxe de destaque.

Agilizei-me até Torquay, no meu Cortina amarelo-mostarda com teto de vinil – com minhas refeições, um motel barato e dinheiro de combustível cobertos para o longo fim de semana de Páscoa –, mal conseguindo acreditar na minha sorte. A primeira pessoa com quem me deparo é um repórter policial do nosso jornal da tarde, o *Herald* (quando os jornais da tarde ainda eram relevantes, antes que o *Herald* e o *Sun* fossem fundidos cinco anos depois para se tornar – você adivinhou – o *Herald-Sun*).

"O que você faz aqui?", pergunto ao repórter policial, um tanto indignado. "Eu poderia fazer uma reportagem para o *Herald* se você precisa de uma história. Além do mais, você é um repórter policial. O que está fazendo em um campeonato de surfe?"

Ele me lança um olhar de escárnio e traz um ar ameaçador pós-punk da periferia, que fica estranhamente deslocado na beira da praia. "É uma

Páscoa tranquila. Pensei em vir pra cá para o caso de haver alguma apreensão de drogas ou algum tumulto no pub de Torquay."

Vinte e três anos depois da primeira edição do Bells Easter Rally, e 12 anos depois que a fábrica local de roupas de borracha Rip Curl injetou uma grana para tornar o evento profissional, o campeonato de surfe mais longevo do mundo ainda era visto em alguns lugares como o cenário potencial de algum crime, em vez de um grande evento esportivo.

Avancemos mais 30 anos e o Rip Curl Pro é agora anunciado como um dos seis eventos esportivos principais de Victoria, promovido pela Tourism Victoria ao lado da Melbourne Cup, da AFL Grand Final, do Australian Open, do Grand Prix de motocicletas e do Grand Prix de Fórmula 1. Hoje, o evento de surfe é transmitido ao vivo para um público global de milhões de pessoas e transmitido para milhões de lares na TV a cabo. A cada Páscoa, milhares de pessoas enfrentam o clima frio do sul e enchem os penhascos e a estreita faixa de praia para curtir a ação. Os principais competidores recebem centenas de milhares de dólares em prêmios em dinheiro e, às vezes, milhões em acordos de patrocínio.

A trajetória do surfe e da Rip Curl, desde uma marginalizada vadiagem contracultural até a sua aceitação e respeitabilidade social, há muito me fascina. E, de uma forma ou de outra, tenho documentado isso desde essa minha viagem como estagiário para Bells Beach. Quando o 50º aniversário da Rip Curl se aproximou e eu fui contratado para registrar a rica e colorida história da empresa, parecia ser a tarefa para a qual eu vinha treinando ao longo de toda a minha vida profissional.

As esperanças do meu colega repórter policial de desvendar algum comportamento vergonhoso de um surfista já eram em 1985, uma ressaca de uma época passada. Quando a sonolenta cidade pesqueira de Torquay, com suas casas de campo e cercas vivas, ganhou destaque ao sediar os títulos mundiais de surfe de 1970, época em que a Rip Curl tinha pouco mais de um ano de existência, havia escândalos em grande quantidade. Apreensões de drogas, brigas no pub de Torquay e surfistas expulsos do evento por essas e outras contravenções.

Este período de meados dos anos 80, quando fiz o meu primeiro de muitos trabalhos remunerados no surfe, foi uma época de transição intrigante para o surfe, a Rip Curl e o seu célebre campeonato em Bells: um adolescente cheio de pelos dando seus primeiros passos no mundo adulto, sem ter a certeza de querer realmente deixar para trás o seu passado despreocupado e delinquente, mas deslumbrado com as perspectivas da vida adulta. A vadiagem ainda estava em evidência, mas na maior parte do tempo ela acontecia longe dos olhos curiosos dos repórteres esportivos tradicionais.

No ano seguinte, consegui chegar em Bells novamente para a Páscoa, mas desta vez eu tinha um encontro com Nick Carroll, então editor da *Tracks*, para ser entrevistado para um cargo de editor associado da irreverente revista de surfe, cujas edições eu cresci devorando. Enquanto Occy e Tom Curren surfavam uma semifinal inesquecível no Bells Bowl, fui interrogado pelo editor da *Tracks*, com seu cabelo raspado e queixo quadrado, cuja fisionomia era impossível de decifrar por trás de seus óculos de sol de aviador espelhados. Tive a sorte de sua editora ter decretado que deveriam contratar um jornalista "de verdade" que surfasse um pouco, em vez de um surfista de verdade que escrevesse um pouco, e assim eu consegui o emprego. Passei as próximas 13 Páscoas em Bells Beach, agora verdadeiramente imerso na vadiagem residual que a tradição exigia.

Enquanto o mundo do surfe se fixava no desfile de campeões de surfe e seus graciosos esforços nas amplas e convidativas paredes de Bells, eu estava pelo menos igualmente fascinado pelos joviais, errantes e ligeiramente misteriosos personagens no leme deste prazeroso cruzeiro. Os fundadores da Rip Curl, Doug Warbrick e Brian Singer, conhecidos por todos como Claw e Sing Ding, se apresentavam como o tipo de figuras simples, amigáveis e incrustadas de sal que você encontrava no entorno das fábricas de pranchas de surfe nas encardidas zonas industriais de todo o país – exceto que eles presidiam uma das empresas de surfe mais bem-sucedidas do mundo.

Claw era uma figura mais pública, um dedicado estudioso da história do surfe e um fã incondicional dos embates do surfe de competição, e ficava tão empolgado nos momentos-chave que literalmente pulava para cima e para baixo nessas horas. Brian parecia um pouco mais reservado, mas tinha o vocabulário de um motorista de caminhão e um apetite voraz por momentos selvagens, os quais os amigos relatavam em voz baixa. Os outros magnatas do surfe que conheci nos 30 anos subsequentes de jornalismo de surfe pareciam mais sérios, motivados e disciplinados, mas Claw e Brian davam a impressão de que sua riqueza e sucesso nos negócios tinham sido um feliz acidente: que eles simplesmente estavam no lugar certo, na hora certa, tinham surfado na onda da crescente popularidade do surfe e se tornaram o canal para o centro de energia cósmica que Torquay representou para a primeira onda de imigrantes da contracultura do surfe.

É certo que Claw e Brian sabiam jogar duro; as negociações de contratos eram quase um esporte de contato. Mas os negócios pra valer, bem, os negócios pareciam pouco mais que uma necessidade prática para permitir que os bons momentos continuassem a fluir, como ter que checar o nível do óleo e a pressão dos pneus em seus surfaris globais em busca de prazer.

Quando eu era editor da revista *Surfing Life* no início dos anos 90, publicamos o trabalho de um desenhista talentoso chamado Paul Collins, que produziu uma série ocasional chamada "If surfers ruled the world" [Se os surfistas governassem o mundo]. Nesses rabiscos politicamente incorretos, porteiros corpulentos conduziam surfistas desalinhados para a frente da fila em boates chiques, ladeados por garçonetes peitudas oferecendo bebidas gratuitas. Um policial de trânsito liberava um surfista de olhos arregalados de uma multa porque o surfe estava bombando. Um juiz condenava um surfista de caiaque à morte por atrapalhar o line-up com seu equipamento miserável. Esses cenários eram material da fantasia do surfe adolescente, mas me parecia que Claw e Sing Ding haviam conseguido criar um mundo como esse em sua pitoresca vila costeira de Torquay e depois em postos avançados de surfe em todo o mundo. Como conquistadores modernos, eles geraram seu próprio folclore em que muitas vezes era difícil separar os fatos da ficção. Eu testemunhei o suficiente dos capítulos mais estranhos para concluir que há pelo menos tanto do primeiro quanto do último.

No filme ficcional de 2013, *Drift* ("baseado em fatos reais", segundo alegam), a estrela da produção Sam Worthington declarou enfaticamente, sobre os primórdios da indústria australiana de surfe: "Você não pode vencer o homem tornando-se o homem". Claw e Sing Ding provaram o contrário, enquanto subiam ao topo da montanha e criavam um, antes inimaginável, estilo de vida de surfe: luxuosas viagens de surfe fretadas, esqui de helicóptero no Canadá, emprego para inúmeros surfistas – que fora isso seriam considerados inúteis para o mercado de trabalho –, uma cultura de escritório que incentivava a passar o maior tempo possível dentro do mar, e festas selvagens. "Ninguém jamais foi demitido da Rip Curl por ter ido surfar", é uma orgulhosa frase da empresa. Em Torquay, pelo menos, os surfistas realmente dominavam o mundo.

Meu primeiro encontro com Claw e Brian foi em uma das infames noites de Páscoa da Rip Curl para a mídia. Na sua versão mais antiga, isso era pouco mais do que uma reunião da gerência sênior da Rip Curl e da equipe editorial das principais revistas de surfe em torno da mesa da diretoria da empresa, seguida de um jantar no restaurante chinês nas proximidades. Essa mesa da diretoria, repleta de cervejas VB, tigelas de batatas fritas e salgadinhos, tornou-se o cenário de um comportamento cada vez mais indisciplinado e de um elenco cada vez maior, até ser considerado prudente levar o evento anual para um local mais amplo.

Para mim, a noite da mídia chegou ao clímax numa vez no início dos anos 90, quando uma falsa batalha militar foi encenada no estacionamento da Rip Curl, transformado em uma zona de guerra, com caminhões do exército e soldados cosplay com fuzis de brinquedo, blocos e pirotecnia. As multidões foram então transportadas na carroça das camionetas até Bells Beach, armadas com "granadas" de drinques Black Russian – uma mistura pré-fabricada e doentia de vodca e rum Kahlua – que garantiu que as festividades avançassem madrugada adentro na famosa barraca de cerveja de Bells. Eu posso estar juntando vários anos em um, mas em minhas lembranças borradas, surfistas em wetsuits fluorescentes e pranchas de surfe decoradas com luzes LED surfaram no line-up escuro, enquanto um helicóptero os seguia com um holofote. Os encontros de outro ano soam como uma piada implausível: um comedor de fogo, uma dançarina de samba, um quarteto de cordas feminino, um camelo e um mágico anão entrando numa loja de surfe. A cada ano, a noite de mídia tentava superar a última, até que ficou perturbador pensar onde eles poderiam chegar no ano seguinte. Quando Claw e Brian atravessaram o escritório no lombo de camelos, foi seguro dizer que havíamos atingido o ápice da estranheza.

Também era possível discernir o quão bem ia o negócio de acordo com a generosidade da noite da mídia. Teve um ano, no início dos anos 90, que o negócio estava tão animado que um alto e festivo Sing Ding instigava os meios de comunicação presentes a se servirem do que quisessem em suas lojas de varejo. Dizem que a maioria dos jornalistas esportivos se vendeu por uma caneca, embora o preço corrente fosse um pouco mais alto naquele ano, com os agitados escribas de surfe saindo de lá com os braços carregados de grandes pacotes de roupas de borracha e jaquetas de esqui. O inventário da Rip Curl, sem mencionar seu balancete, deve ter levado meses para se recuperar. O alarmado gerente de varejo chegou para trabalhar na manhã seguinte e prontamente ligou para a polícia para relatar o misterioso desaparecimento de milhares de dólares em peças do estoque. Policiais desceram em Bells Beach procurando por pistas e tiveram que desvendar o enigma do desfile de figuras da mídia de surfe circulando em peças novas e caras da Rip Curl.

É claro que vivemos em tempos mais sóbrios hoje, um fato que você sente que irá incomodar Sing Ding e Claw para sempre. Quem contratou esses contadores de feijão que dizem que não podemos doar metade de nossas ações no meio de uma bebedeira feroz? Desmancha-prazeres! E, no entanto, suspeito que há instintos mais engenhosos e calculistas no trabalho de base dos fundadores bon-vivants da Rip Curl do que eles revelam.

Enquanto seus rivais Quiksilver e Billabong expandiam seus impérios pelo mundo, flutuavam na bolsa de valores e faziam até mesmo seus zeladores tornarem-se milionários, era fácil imaginar a Rip Curl como a mais vulnerável e menos robusta das chamadas Big Three, com um pé ainda fincado em suas origens humildes. Mesmo quando estas marcas gigantes de capital aberto eventualmente caíram e tombaram, com suas carcaças sendo apanhadas por fundos de investimento predatórios, era tentador considerar a Curl como o Stephen Bradbury da indústria do surfe, patinando para a glória da medalha de ouro, enquanto os competidores mais favorecidos caíam espetacularmente, atingindo um ao outro. A analogia mais precisa pode ser a da lebre e da tartaruga, as gigantes de surfwear de capital aberto correndo aceleradas para a liderança e em seguida se enrolando, enquanto a Rip Curl se arrastava, inabalável em sua missão.

É claro que há mais no sucesso duradouro da Rip Curl do que a sorte ou o tempo oportuno, ou a simples firmeza. Esse "mais" formará uma grande parte deste livro. O que devemos aprender da ascensão da Curl, do início na garagem à indústria caseira caprichosa, ao império global com milhares de funcionários, 350 lojas próprias (muitas delas próximas de grandes picos de ondas, mas também em Paris, Londres, Buenos Aires – e até mesmo em Yalta no mar Negro, pelo amor de Deus!), 8 mil representantes em 20 países e mais títulos mundiais entre seus atletas de ponta do que qualquer outra marca de surfe?

A pergunta mais importante para mim em relação a este livro foi "Como?" Como dois amigos fundaram um império global de surfe que não apenas manteve vivos seus sonhos de surfe juvenil e permitiu escapar da rotina das nove às cinco, mas também os tornou ricos para além de seus devaneios mais loucos e forneceu um meio de vida para milhares de outras pessoas?

Vivemos em uma época em que somos encorajados a acreditar que, se nos atrevermos a sonhar o suficiente, todos poderemos acumular uma fortuna fazendo as coisas que amamos. Mas em 1969? Claro que o Verão do Amor e um idealismo hippie psicodélico poderiam surgir em nossas praias vindos da Califórnia, ou mais especificamente escondidos no porão de vários iates navegados até a Austrália por surfistas californianos psicodélicos, idealistas e hippie. Mas esse sonho tecnicolor em particular não envolvia o início de impérios comerciais, o emprego de pessoas, o registro de logomarcas e nomes comerciais, a menos que você considere a Irmandade do Amor Eterno um negócio.

Claw e Sing Ding estavam suficientemente sintonizados com os tempos para reconhecer que havia um futuro nessa brincadeira de pegar onda e a revolução juvenil que a acompanhava. E, no entanto, seus instintos empreendedores os distinguiam de seus pares, que estavam mais interessados em se juntar aos Hare Krishna e buscar a iluminação do que em sonhar com planos de negócios.

Se você procurar as origens desse gosto pelo comércio, há pistas em suas histórias familiares. O pai de Claw era um marceneiro, um campeão de boxe e um corredor de meia distância, e não era avesso a dar saltos consideráveis de fé; ele transferiu a família de sua terra natal, Queensland, para Melbourne, para ficar mais perto da família de sua esposa, e fundou um bem-sucedido império de táxi. O pai de Sing Ding tinha uma posição sênior como contador na Ford e se mudou com a família de Brisbane para Sydney, na sede da Ford em Geelong, enquanto sua carreira florescia. Depois de um breve período como limpador de praia, Brian encontrou o ensino escolar e conquistou um posto em Lorne, onde um jovem fenômeno do surfe chamado Wayne Lynch era um de seus alunos. Teria sido uma vida boa, se não digna de nota, ensinando os filhos e filhas dos pescadores e fazendeiros do sudoeste de Victoria.

No entanto, numa manhã fria de inverno, o espírito irrequieto de Brian foi atraído para curioso personagem de roupão, comendo uma lata de feijão ao redor da fogueira na praia de Torquay. Com pouco mais de 20 anos, Claw se achava, em suas próprias palavras, uma espécie de "nobre e romântico garoto de praia", mas a imagem de excentricidade descontraída era enganosa. Ele havia experimentado abrir minúsculas lojas de surfe sazonais em Bayside Brighton, Torquay e Lorne, exibindo filmes de surfe, comprando e vendendo pranchas de surfe e tentando uma brecha em qualquer coisa que pudesse transformar em algum trocado a nova mania de surfar com prancha. Naquela época, Brian também estava experimentando algum comércio informal de surfe, e não era necessário muito encorajamento do cara do roupão para fazer o professor largar o giz e se unir a ele em uma despretensiosa parceria de negócios.

É muito fácil imaginar Claw ou Brian estarem hoje em uma situação parecida com muitos de seus velhos companheiros de surfe com quem ainda se encontram, dirigindo HiAces ou kombis e shapeando algumas pranchas por dinheiro, ou tripulando alguma expedição de barco para surfar em algum lugar remoto na Indonésia, ou permanentemente estacionados atrás do balcão de alguma lojinha de artigos de surfe, fazendo consertos de pranchas para poderem comprar cerveja, e eternamente varrendo a areia para fora do capacho.

O logotipo da Rip Curl – a crista estilizada de uma onda cavada, o equivalente oceânico do "swoosh" da Nike – se infiltrou de maneira consistente na consciência das massas. Quem não testemunhou o tricampeão mundial

Mick Fanning sendo derrubado de sua prancha por um tubarão no meio de um evento profissional de 2015 em Jeffreys Bay, na África do Sul? Ou o seu retorno no ano seguinte para ganhar o evento onde havia confrontado a sua própria morte? Ou quem não se maravilhou com o notável retorno de Bethany Hamilton à competição de elite e ao surfe de ondas grandes, depois de perder um braço para um tubarão-tigre? Ou admirou o título mundial inspirador de Tyler Wright, mesmo quando ela cuidava de seu irmão Owen ao longo de sua recuperação de uma séria lesão cerebral após um caldo em Pipeline no Havaí, ou aplaudiu o próprio retorno de Owen para ganhar o primeiro evento da temporada 2017, depois de ele ter perdido um ano de competição?

Essas histórias transcenderam o surfe e tornaram-se exemplos de resiliência, lealdade, laços de sangue e vitórias da vontade sobre a adversidade. Mas esses contos de fadas esportivos de alto escalão formam apenas a ponta do iceberg da Rip Curl, uma história cujo verdadeiro volume e perímetro permanecem abaixo da superfície. Vamos dar uma olhada mais de perto e ver se podemos descobrir quais segredos se escondem submersos.

CAPÍTULO 1

ENFIANDO A LINHA NA AGULHA: A HISTÓRIA PRÉVIA

Depois de uma viagem marítima desgastante de cerca de 20 mil quilômetros ao longo de três meses saindo da Europa, chegamos a isto. Um estreito trecho de 90 quilômetros entre o cabo Otway e a King Island era tudo que os primeiros navegadores buscavam quando procuraram um porto seguro na Grande Terra do Sul. Quando Matthew Flinders atravessou o estreito de Bass em 1799, ele havia provado que a Tasmânia, ou Terra de Van Diemen como era então conhecida, era uma ilha, eliminando a necessidade de navegá-la e cortando uns 40 dias da viagem oceânica até a costa leste da Austrália.

Mas o caminho mais rápido teve um custo terrível. Em meados do século XIX, a pressão aumentou para que se acelerasse a viagem oceânica da Inglaterra para a Austrália. Os marinheiros iam o mais próximo possível da Antártida, suportando mares selvagens e climas horrendos na tentativa de aproveitar os fortes ventos da Latitude 40 para levá-los à pequena entrada do estreito de Bass. Com um litoral traiçoeiro de imponentes falésias ao lado e um campo minado de ilhas e recifes espalhados diante deles, os marinheiros se referiam à navegação pela entrada oeste do estreito de Bass como "enfiar-se no olho da agulha". As escarpas do sudoeste de Victoria eram conhecidas como a Costa dos Naufrágios; as madeiras lascadas e as almas atingidas por cerca de 700 naufrágios se espalharam ao longo de um trecho de 130 quilômetros da costa de Port Fairy até o cabo Otway.

O naufrágio da barca britânica *Cataraqui* em 1845 e a perda de quase 400 vidas a bordo levaram à construção do farol do cabo Otway, o mais antigo farol em funcionamento na Austrália. Os navegantes soltaram um suspiro de alívio quando contornaram o cabo Otway e entraram no estreito de Bass, o facho do farol sinalizando que o pior da viagem havia ficado para trás. No lado leste do cabo Otway, onde o agito do oceano é mais moderado, surgiu uma série de aldeias à beira-mar. Aqui, as assustadoras falésias costeiras deram lugar a promontórios verdes, baías e colinas ondulantes. Pequenas comunidades agrícolas e pesqueiras surgiram em Apollo Bay, Lorne, Anglesea e Torquay, reforçadas por grandes multidões de turistas durante o verão.

Originalmente conhecida como Spring Creek, Torquay foi renomeada em referência ao balneário de férias inglês à beira-mar que os primeiros colonos tentaram reproduzir em sua nova terra natal. A cidade estava centrada em torno da praia da frente, segura e abrigada, e pouca atenção era dada às praias selvagens de trás. Casinhas de praia foram construídas ao longo da faixa de areia e os residentes e visitantes andavam ao longo do Esplanade vestidos em seus adereços.

Se você vai a Point Danger hoje e olha para o sul ao longo dos penhascos do mar em direção a Bells Beach, você consegue sentir a energia dessa costa histórica. A descoberta de um esqueleto de baleia fossilizado de 25 milhões de anos em Bells Beach em 2009, por um vagabundo de praia matinal, foi um lembrete de suas antigas origens. Aqui, as ondulações selvagens do oceano Antártico alcançam algum tipo de alinhamento enquanto percorrem os contornos dos recifes de surfe requintadamente esculpidos da região. A concentração de picos de surfe em poucos quilômetros – Southside, Center Side, Bells, Winki Pop, Boobs, Passos e Bird Rock, e os beach breaks de Jan Juc, Torquay Point e Point Danger – tem poucos concorrentes ao longo dos 20 mil quilômetros de costa desse país.

Brian "Sing Ding" Singer considera Torquay e a Surf Coast (Costa do Surfe), e ainda mais a oeste além do cabo Otway, como um "centro global de energia", um dos poucos locais no mundo onde uma confluência de características geográficas e forças terrestres produz uma espécie de epicentro dos esportes de aventura. Centros de energia similares incluem os campos de esqui de Chamonix; a costa norte de Oahu; Grindelwald, sob a face norte do Eiger na Suíça; e Machu Picchu. Essa energia indefinível na Costa do Surfe, avalia Singer, explica por que duas das maiores empresas de surfe do mundo, a Rip Curl e a Quiksilver, surgiram em uma vila rural sonolenta e pouco relevante.

Mas a costa tem outra história, mais longa: ela é também a terra de Wathaurong ou Wadawurrung, abrigando uma comunidade de cerca de 25 clãs com uma língua comum, espalhada por toda a península Bellarine e ao norte até Ballarat. Diz-se que um grande sítio vermelho ocre, perto de Point Addis, fornecia uma importante mercadoria comercial, um pigmento valorizado para fins cerimoniais. Na década de 1920, uma fábrica do minério jarosita foi estabelecida no local. De uma forma ou de outra, a influência desta região percorreu todo o território do país.

Foi aqui que o fugitivo condenado William Buckley encontrou abrigo e afinidade com a comunidade Wathaurong por 32 anos em 1800, dando origem à expressão "a sorte de Buckley". Buckley fez sua casa em uma cabana no rio Karaaf, agora conhecido como Thompson's Creek, não muito longe de Torquay. Enquanto os massacres dos primeiros colonos sobre o povo Wathaurong se espalhavam, Buckley foi tratado com grande respeito pelos locais, que acreditavam que ele era a reencarnação de um estimado líder.

Foi também ao longo desta costa que a primeira prancha de surfe chegou às águas frias do sudoeste de Victoria. Em 1919, Louis Whyte, um rico empresário de Geelong, passava férias em Honolulu com sua esposa, Marnie. Whyte aprendeu a surfar com o grande surfista havaiano e nadador olímpico Duke Kahanamoku, de quem ele também comprou várias pranchas de madeira e as levou de volta para a Austrália. Whyte devia chamar muita atenção dirigindo seu Rolls-Royce, indo de sua casa em Geelong para sua luxuosa casa de férias em Anglesea com tábuas de madeira maciça saltando no banco de trás. Ele e seus amigos tentaram surfar com as pranchas nas suaves paredes de Lorne Point com vários níveis de sucesso, enquanto curtiam os aperitivos e os jogos de croquet em seus amplos gramados.

Em 1923, o surfista e nadador de Manly, Ainsley "Sprint" Walker, sobrinho do surfista pioneiro de Sydney, Tommy Walker, foi transferido de

Sydney para Melbourne por seu patrão e levou sua prancha de surfe com ele. Walker tinha sido um pupilo de Duke Kahanamoku quando este visitou a Austrália em 1914. Nadador da categoria 50 metros, Sprint tinha decidido surfar em grande parte porque o exemplo de Duke o convenceu de que seria o treinamento ideal para natação. Mas Sprint ficou desapontado ao descobrir que a maioria dos clubes salva-vidas vitorianos tinha suas atividades marítimas centradas nas águas calmas da baía de Port Phillip, em Melbourne. Ele fez explorações solitárias nas praias oceânicas de Portsea e Sorrento antes de descobrir as consistentes ondas de Torquay. Em vez de levar e trazer a prancha para a costa, ele a deixava enterrada na areia até a próxima incursão.

Em 1932, houve a abertura da Great Ocean Road (Grande Estrada Oceânica), um enorme programa público que empregava recrutas retornados da Primeira Guerra Mundial. A estrada sinuosa esculpida nos penhascos do mar abriria a costa oeste vitoriana ao turismo e às subsequentes descobertas de surfe.

Ao longo da década de 1930, um elenco crescente de intrépidos personagens estava surfando as ondas de Torquay Point. Um clube salva-vidas existia na protegida praia da frente de Torquay desde 1922, mas foi só em 1946 que o Torquay Surf Life Saving Club foi formado para patrulhar as águas mais traiçoeiras das outras praias, tornando-se o primeiro clube de surfe em Victoria. Seu estabelecimento fez de Torquay o epicentro do surfe no estado.

A INVENÇÃO DO NEOPRENE

Em 1927, a gigante química DuPont tomou uma decisão corajosa para financiar o que chamou de "pesquisa pura", que não visava a nenhum resultado comercial específico, a não ser progredir o estudo da química. A empresa recrutou um brilhante jovem químico chamado Wallace Carothers, atraindo-o para longe de seu trabalho em química orgânica na Universidade de Harvard. Carothers sofria surtos de depressão e inicialmente relutou em aceitar a oferta. Ele era conhecido por carregar uma cápsula de cianeto com ele, para o caso da depressão tornar-se insuportável.

Apesar disso, Carothers teve uma carreira de sucesso na DuPont. Ele foi encorajado por seus chefes a explorar a possibilidade de criar uma borracha sintética, pois a crescente demanda por borracha natural estava elevando os preços, e, em março de 1930, um de seus funcionários, o Dr. Arnold M. Collins, conseguiu isolar o cloropreno, um líquido que polimerizou para produzir um material sólido semelhante à borracha. Inicialmente, a DuPont comercializou sua descoberta como DuPrene, e encontrou inúmeras aplicações, como um isolante para fios telefônicos e para juntas e mangueiras em motores de automóveis.

Carothers é mais conhecido por ter inventado o náilon, que gerou um gigantesco lucro para a DuPont, mas apesar de uma carreira condecorada, ele continuou a ser atormentado pela depressão. Em 1937, no mesmo ano em que Carothers morreu por suicídio, a DuPont dispensou o nome comercial DuPrene em favor do nome genérico neoprene. Carothers não poderia saber à época que essas duas invenções que ele supervisionou um dia se juntariam na moderna roupa de surfe, uma vestimenta de náilon elástico, ou com um forro colado em neoprene para torná-la mais durável e mais fácil de entrar e sair.

A demanda para o uso de neoprene cresceu em bens de consumo como luvas e solas de sapato, e o esforço de guerra esgotou a oferta do produto. Foi somente em 1951 que Hugh Bradner, um físico da Universidade da Califórnia, Berkeley, sonhou com a noção de que uma fina camada de água presa entre o corpo e uma barreira de isolamento poderia ajudar a manter os mergulhadores aquecidos em água fria. Até então, os esforços para isolar os mergulhadores contra o frio tinham se concentrado em mantê-los secos. Bradner concluiu que as propriedades isolantes do neoprene aqueceriam rapidamente a água até a temperatura do corpo. A roupa de mergulho moderna, ao contrário da "roupa seca" da época, nascia ali.

Bradner construiu o primeiro wetsuit de neoprene em seu laboratório em UC Berkeley e testou-o nas águas geladas do lago Tahoe. Encorajado pelas notáveis propriedades térmicas do traje, ele fundou uma empresa de roupas de mergulho chamada EDCO para tentar monetizar sua invenção, mas descobriu que ele era melhor cientista do que homem de negócios. Embora Bradner tenha vendido trajes à Marinha dos Estados

Unidos, ele concluiu que não havia muito mercado para eles e nunca patenteou seu design. Isso foi deixado nas mãos de comerciantes mais espertos do final dos anos 50 – os irmãos Meistrell, que fundaram a Body Glove, e Jack O'Neill, o empresário pirata caolho por trás da marca O'Neill – o refinamento e a popularização da roupa de borracha para o surfe.

O MUNDO VEM ATÉ TORQUAY

Adrian Curlewis não havia sobrevivido à queda de Cingapura, aos horrores da prisão de Changi e à "Ferrovia da Morte" na Birmânia para que o Comitê Olímpico desrespeitasse a majestosa organização que ele presidia há mais de 20 anos. Como presidente da associação Surf Life Saving da Austrália, Curlewis havia pressionado muito para que a atividade de salva-vidas fosse um esporte de exibição nas Olimpíadas de Melbourne de 1956, mostrando tudo o que era saudável e nobre na juventude australiana. Mas o comitê organizador havia esnobado seus esforços.

Mas Curlewis não era um homem de ser parado por um contratempo. Ele fora presidente da SLSAA desde 1934, interrompido apenas por seu período como prisioneiro de guerra. Quando jovem, Curlewis foi um dos surfistas pioneiros das praias do norte de Sydney na década de 1920, mas a dura experiência de serviço militar enrijeceu seu temperamento e ele já andava preocupado com as atitudes frívolas e hedonistas da nova geração de jovens frequentadores da praia. O Carnaval Internacional do Surfe foi concebido para mostrar ao mundo a habilidade, a virtude e a coragem dos salva-vidas voluntários de surfe da Austrália e mandar uma vaia retumbante aos oficiais olímpicos que haviam negligenciado essa orgulhosa instituição australiana. Salva-vidas de surfe de todo o mundo foram convidados para a competição, com 116 clubes de toda a Austrália, bem como um grande contingente internacional.

Torquay foi escolhida como o local, por ter o clube de surfe mais antigo do estado, e por sua proximidade com Melbourne. Uma multidão estimada em 50 mil pessoas reuniu-se no popular balneário de férias, que na época tinha uma população permanente de apenas mil pessoas.

O que Curlewis não poderia prever era que o carnaval introduziria os surfistas australianos às novas pranchas leves de balsa trazidas pela equipe de surfe dos Estados Unidos, incluindo Greg Noll, Mike Bright e Tommy Zahn. As novas pranchas de balsa permitiam que os surfistas cavassem ou angulassem a prancha, manobrando habilmente dentro e em volta da crista da onda. Os jovens surfistas de Torquay e aqueles que presenciaram exibições similares de surfe revolucionário em Manly e Avalon em Sydney, logo não quiseram mais participar dos passatempos militaristas e exercícios de resgate de salva-vidas. As pranchas também eram leves o suficiente para serem amarradas ao teto de um carro ou rebocadas atrás de uma bicicleta em um carrinho, eliminando a dependência de um clube de surfe para armazenar equipamentos, inaugurando assim uma nova era de exploração de surfe.

O surfe moderno chegara à Austrália e nossas praias nunca mais seriam as mesmas. Torquay foi o marco zero para a revolução, onde construtores locais e surfistas foram rápidos em imitar o equipamento e as proezas dos americanos. Desesperado para deter o declínio da cultura de surfe australiana frente à hedonista e rebelde festa na praia de adolescentes, celebrada no romance best-seller dos Estados Unidos e sucesso de bilheteria *Gidget*, Curlewis havia inadvertidamente apressado o processo. E em se tratando de rebelião hedonista adolescente, a equipe Torquay não precisava de muito incentivo.

A famosa galera de Boot Hill, um grupo de surfistas pioneiros, incluindo Rex "China" Gilbert, do clube de surfe de Torquay, ocupou alguns galpões e barracas nos arredores da cidade. As façanhas da turma de Boot Hill já eram lendárias: carros de corrida nas praias ou deslizando em penhascos, festas com barris de cerveja, o infame sequestro de um elefante de circo, um jantar anual de gala no pub Torquay no qual eles chegaram na traseira de um caminhão de lixo. Em suma, a turma de Boot Hill demonstrou um desprezo desdenhoso pelo tipo de dever cívico que Curlewis esperava instilar nos jovens membros do clube de surfe. Em 1967, Curlewis foi condecorado por seu serviço de salva-vidas e segurança pública, justo quando muitos de seus valores tradicionais foram postos à prova na orgia de sexo, drogas, rock-and-roll e surfe livre do Verão do Amor, não submetida às restrições das rígidas regras morais dos clubes de surfe.

Talvez fosse o clima volátil e frio do sul, a distância das grandes cidades e do mainstream do surfe, ou a necessidade de criar seu próprio entretenimento, seja como for, Torquay tinha um viés de atrair personagens grandiosos que não se importavam em desafiar o status quo. Havia menos divisão – era mais uma sobreposição – entre as duas tribos de frequentadores da praia, surfistas e salva-vidas de surfe, do que havia em outras partes do país. Talvez porque os clubes locais já fossem selvagens e livres o suficiente em Torquay.

OS CANTORES SE AGILIZAM

Brian Singer olhou pela janela do carro para a paisagem plana, marrom e sem muitos atrativos, e se perguntou para onde seus pais o levavam dessa vez. Grandes mudanças eram parte integrante da vida familiar de Singer, já que a carreira de seu pai Owen como um dos principais contadores da Ford Motor Company exigiu transferências regulares para ele supervisionar a expansão da icônica empresa americana na Austrália. A mudança de Brisbane para Sydney não tinha sido das piores, apesar de Brian ter perdido as férias em família em Coolangatta, nadando nas águas azuis-turquesa de Kirra e Greenmount, adormecendo ao som das ondas, depois de longos dias na praia.

"Sendo uma criança que morava em Brisbane, eu adorava ir à praia", Brian agora reflete. "Eu devia ter seis ou sete anos quando tivemos nossas primeiras férias na Gold Coast. Essa foi a minha primeira ligação com as praias de surfe – era como um parque infantil, onde eu podia passear pelas praias sem adultos por perto."

Em 1953, a família se instalara em Miranda, no sul de Sydney, a apenas três estações de trem de Cronulla, onde a agitação da praia encantava o adolescente: surfistas surfando com pranchas ocas de compensado de 16 pés, meninas desfilando ao longo da orla, e os descolados surfistas mais velhos reunidos ao redor da lanchonete.

Mas *isso*?! A mudança para Geelong, quatro anos depois, foi anunciada como mais uma excitante aventura familiar, mas olhando para as planícies secas entre o antigo aeroporto de Essendon e Geelong, Brian sentia apenas pavor. Sendo o mais velho de três filhos, aos 13 anos de idade Brian experimentou de forma mais aguda a sensação de estar deslocado.

"Eu odiei me mudar de Sydney, deixar meus amigos e a cidade grande. Eu estava acostumado a um pouco de liberdade", diz Brian. "Eu me lembro do caminho do aeroporto até Geelong. Era perto do Natal, um daqueles dias quentes... Era como se estivéssemos indo para o fim do mundo."

A salvação era que Geelong estava a pouca distância de Torquay, que Brian já conhecera como o centro do surfe em Victoria e a cena do Carnaval Internacional do Surfe um ano antes. Naquele primeiro dia, antes mesmo de terem tido tempo de desfazer as malas em sua nova casa no inexpressivo bairro de Belmont, em Geelong, Brian convencera sua mãe, Jean, a levá-lo a Torquay para dar uma olhada. "[Na chegada] acabamos na praia sem surfe da frente. Eu não fiquei muito impressionado", diz Brian. "Então encontramos a praia onde ficava o clube de surfe, e eu pensei, isso não é tão ruim."

A família passou as férias de Natal em torno do acampamento atrás do clube de surfe, e Brian aproveitou ao máximo as constantes ondulações do sul. Na esteira do Carnaval Internacional do Surfe, ele pôde conhecer todo o espectro de equipamento de surfe australiano, desde as antigas 16 pés, até as primeiras pranchas de balsa Malibu e os esforços locais para reproduzi-las em madeira oca, a Okanui. Torquay já era habitada por uma enigmática galera do surfe, incluindo o shaper Vic Tantau, o lutador olímpico Dick Garrard, o zelador do clube China Gilbert, o músico de jazz Owen Yateman e uma levada geração mais jovem de Torquay: Ray Wilson, Max Innes e Rodney Papworth, Barry Stach, Warren Evans e Kenny Baensch.

"Nossos parentes em Brisbane disseram aos meus pais: 'Faça o que fizerem, não deixe que ele se junte ao clube de surfe de Torquay'", conta Brian. "O clube estava cheio de gente da turma de Boot Hill, que era bastante infame na região de Torquay e além. Nossas escapadas eram leves se comparadas com aquela galera."

Os pais conseguiram manter o foco de seu filho, cada vez mais obcecado por surfistas, em sua educação até o final do ensino médio, mas a sua febre por água salgada não mostrava sinais de arrefecer. Ele se juntou ao clube de surfe, pegava emprestada qualquer prancha que conseguisse e, quando conseguiu um emprego como assistente de laboratório na CSIRO, economizou para comprar a sua primeira prancha, um modelo Vic Tantau 8'8" de segunda mão, comprado por 30 libras do gremmie Barry Stach.

No ano seguinte, Brian começou um curso de ciências na Universidade de Melbourne. "Nessa época, o vírus do surfe já estava inoculado e eu não estava muito interessado em estudar. Lutei por três ou quatro anos e só passei um ano e meio [disso]." Se as ondas estivessem rolando, ele gazeava as aulas, subia no trem para Footscray e pegava carona até Torquay.

No verão, a galera de Ocean Beach vinha rugindo da costa central de NSW em um velho carro funerário e aumentava o elenco de surfistas selvagens. "John Monie [um futuro jogador profissional de rugby e treinador na primeira divisão] era o líder do bando e o único de vida limpa. O resto de sua tribo era um grupo bastante selvagem", diz Brian. O que significa que eles se encaixavam em Torquay.

A questão então passou a ser conseguir financiar esse estilo de vida de surfe. Brian começou a consertar pranchas na garagem da família em Geelong, depois respondeu a um anúncio em uma edição inicial da revista *Surfing World* para se tornar um funcionário do conhecido shaper da Gold Coast, Joe Larkin, ganhando três libras por pedido.

Brian tornou-se assíduo nas onipresentes fogueiras de praia que mantinham os surfistas aquecidos entre as sessões de surfe nos dias anteriores às roupas de borracha. Foi ao redor de uma dessas fogueiras em Torquay que ele bateu os olhos pela primeira vez em um personagem incomum chamado "Claw", com seu topete desgrenhado ao estilo dos Beatles, óculos de aros grossos e um sorriso atrevido e sujo.

ARCH WARBRICK RESISTE

Arch Warbrick tinha um problema. Na verdade, ele tinha vários. Seu pai estava internado em um hospital militar, com sua saúde devastada pelos efeitos do gás mostarda na Grande Guerra, deixando para a mãe de Arch a tarefa de cuidar sozinha de quatro filhos e uma filha. Na década de 1920, Arch e seus irmãos se limitavam a transportar um carrinho pelo interior de Brisbane, especialmente nas ruas vis de Fortitude Valley, procurando por garrafas e pedaços velhos de troncos que poderiam ser vendidos como lenha.

Seu problema mais imediato, no entanto, era que uma gangue de bandidos de rua queria negar a eles até mesmo essa renda escassa. A gangue reivindicou a sua parte e os garotos Warbrick se arrastaram para casa, cada qual silenciosamente revoltado. Mas Arch ficou especialmente lívido. Eles precisariam manter-se firmes. Na vez seguinte, Arch de maneira notável bateu no líder da gangue, na primeira exposição pública do que se tornaria a sua famosa proeza como boxeador. Depois dessa luta, os policiais locais arrastaram Arch para o clube dos meninos da polícia para garantir que seus instintos pugilistas tivessem uma vazão saudável. "Eles o assistiram lutar e disseram: 'Bem, não há muito o que ensinar a ele, não é mesmo?'" O filho de Arch, Doug "Claw" Warbrick, se recorda com orgulho. Arch logo se tornaria um campeão de boxe e corredor de trilhas, com vários títulos estaduais e nacionais.

Cerca de oito anos depois, sob a manchete "Will Warbrick apertando a mão de Hitler?", o *Daily Standard* de Brisbane especulou sobre as perspectivas do garoto local integrar a seleção australiana para as Olimpíadas de Berlim. Arch ficou de fora por pouco, já que havia fundos para apenas um pugilista australiano viajar para Berlim, mas manteve sua reputação como um dos maiores esportistas de Queensland de sua época.

Arch teve um sucesso especial na Nova Zelândia, para onde viajou com uma equipe de boxe australiana e viveu por dois anos, recebendo uma doação de terras oferecida pelo governo da Nova Zelândia como incentivo à imigração. Lá ele descobriu uma conexão familiar com a comunidade Maori local. Warbrick é um sobrenome famoso no rugby da Nova Zelândia; cinco irmãos Warbrick estavam entre os "NZ Natives XV" que fizeram turnê pelo Reino Unido e Austrália em 1888, e todos os cinco estão no International Rugby Hall of Fame.

Arch retornou à sua terra natal, Queensland, e trabalhou em vários empregos, muitas vezes trabalhos físicos duros – cortador de cana, leiteiro, vendedor de frutas, catador de abacaxi – que serviam como treinamento para suas aventuras esportivas.

Em janeiro de 1943, o *Brisbane Truth* divulgou esta notícia: "O ex-campeão amador de boxe Arch Warbrick ganhou troféus e medalhas suficientes no boxe e em circuitos de corrida para se estabelecer no ramo de joias. Esta semana a sra. 'W.' deu um acréscimo à longa lista de troféus do ex-campeão apresentando a Arch um par de gêmeos".

O garoto foi chamado de Doug, e sua irmã gêmea Louise sobreviveu por apenas duas semanas, vítima de um surto de gastroenterite que varreu Brisbane. Cinco anos depois, os pais de Claw tiveram outra filha, chamada Laurel Louise. Logo depois, a família mudou-se rumo ao norte, para Maroochydore, no que hoje é conhecido como a Sunshine Coast (Costa do Sol), mas na época era simplesmente o litoral norte.

Arch Warbrick e seus irmãos tornaram-se presença constante no Maroochydore Surf Club. Arch era amigo do capitão do clube, Jack "Bull" Evans, mais tarde fundador das famosas piscinas de golfinhos em Snapper Rocks, Coolangatta. A galera do surfe vinha remando na Ilha de Mudjimba desde os anos 30 com algumas pranchas de madeira maciça, para correr as longas esquerdas que rolavam pelo extremo sul da ilha.

As lembranças mais antigas de Claw são das praias de Maroochydore e Noosa, surfando nas costas de seu pai ou sendo empurrado em pequenas ondas na enorme prancha de madeira da época. Pouco depois ele já estava se aventurando ao sul com seu pai, experimentando as ondas da Gold Coast, e com 15 anos estava surfando pra valer em qualquer tipo de prancha que pudesse encontrar. "[O ano] de 58 foi fundamental para mim, porque eu estava surfando qualquer tipo de prancha que pudesse pegar emprestada, as *toothpick* de 16 pés, caiaques, pranchas de madeira maciça. Meu pai e eu fizemos uma oca de oito pés", lembra Claw.

RUMO AO SUL

Durante os anos 50, os Warbricks haviam migrado entre Queensland e Victoria, onde a família da mãe de Doug, Jean, morava. Assim, o jovem Doug foi enviado para a Brighton Grammar School, em Victoria. Foi um movimento que gerou menos medo do que poderia em um adolescente criado em deliciosa água morna e nos point breaks de Queensland. Sua extensa família tinha uma longa história de surfe em Victoria, desde os anos 1930. Claw havia surfado em Lorne Point e conhecia Torquay como o local do Carnaval Internacional de Surfe de 1956.

Os Warbricks instalaram-se em Park Street, Brighton, na esquina da rua St Kilda, bem em frente à praia de Brighton e às águas frias e cinzentas da baía de Port Phillip. Parecia sempre haver alguns tios e tias morando com eles. Fins de semana e férias escolares eram passados em Torquay, e Claw descobriu que ondas surfáveis às vezes quebravam na baía.

"Nós surfamos muito em Port Phillip Bay... Rolava uma grande virada de sudoeste uma ou duas vezes por semana, e quando o vento realmente soprava, todo o lado nordeste da baía ganhava vida por um curto período", conta Claw. A ondulação de vento se concentrava em uma pequena porção de areia entre as casinhas da praia de Brighton e o píer. "Se o vento soprasse ao sul, o pico da esquerda no canto das casinhas ficava perfeito e rolava ao longo da bancada de areia por 50 metros." Nos dias bons, era possível chegar até o píer, desde que você protegesse a cabeça.

Sendo um surfista goofy, isso era tudo o que Claw precisava para desenvolver uma severa paixão pelo surfe. Arch ajudou Claw a fazer um pequeno reboque permitindo que ele transportasse sua prancha para a praia, e assim ele foi. A baía tinha uma cena de surfe surpreendentemente vibrante para um trecho de mar que não recebia ondulações oceânicas. "Dendy Street tinha uns recifes e bancos de areia; havia o cais de Frankston; o píer de St Kilda tinha as melhores ondas da baía – eu vi esquerdas de 300 metros de extensão – e havia o Middle Park indo até Mornington e Williamstown. Havia uma cena de surfe vigorosa na baía, com muita camaradagem, mas também alguma disputa", diz ele.

Claw buscou colegas surfistas na Brighton Grammar, incluindo o pioneiro de Bells e futuro campeão de surfe de Victoria, Terry Wall, e também um personagem carismático chamado Rennie Ellis, que viria a ser um renomado fotojornalista da cultura de praia australiana; para Claw, Ellis era "uma pessoa de mente livre, de espírito livre, [e] uma espécie de mentor para mim". Outros surfistas de Brighton incluíam um garoto com veia artística chamado Simon Buttonshaw; um surfista atarracado e talentoso chamado Rod Brooks, também filho de um boxeador; e os aspirantes a shapers, Pat Morgan e Max Davidson.

Os Warbricks passaram as férias de Natal em um trailer estacionado na área de camping atrás do Torquay Surf Club. Arch conhecia o lutador olímpico local Dick Garrard de seus tempos de boxe, então ele teve uma entrada com a equipe do clube de surfe. Isso ajuda a explicar por que, já na primeira manhã de suas férias, Arch conseguiu pegar emprestada uma prancha do astro local Terry Wall.

"Foi a minha primeira prancha de balsa de Vic Tantau, e para colocar uma curva no bico, ele cortou um pedaço da balsa e colou de volta com uma angulação", explica Terry Wall. "E o pai de Claw perguntou se ele poderia pegar emprestada essa prancha. Ela tinha só duas semanas de uso... Foi meu orgulho e alegria."

"De alguma forma, Arch pegou a prancha. A maré tinha subido e havia uma forte rebentação", conta Claw. "Arch entra, dá a volta na rebentação, pega uma onda, desce reto e quebra o bico da prancha." Claw ficou horrorizado, mas pagaram a Terry pela prancha danificada e depois a consertaram. "E eu finalmente consegui ter uma prancha na qual conseguia surfar direito", lembra Claw.

A sorte sorriu para a família no sul. Arch começou um serviço de táxi e construiu a frota de táxis de Warbrick, começando com um táxi até ter 36, além de ter seu próprio posto de gasolina. Doug trabalhava nos fins de semana como frentista e o posto detinha o recorde de mais galões vendidos na área metropolitana de Melbourne, em grande parte porque eles estavam reabastecendo todos os táxis de Arch – que mais tarde vendeu o negócio, obtendo um belo lucro.

Doug já estava de olho em Torquay como seu local de residência permanente. A única questão era como ele financiaria um estilo de vida de surfista nessa pacata comunidade rural. "Depois do colegial foi tipo: 'Vamos sair pra surfar e empreender algo dentro do surfe'", diz Claw. "No início dos anos 60, eu estava indo e vindo entre Melbourne e Torquay, com umas idas a Queensland em viagens pela costa."

O shaper Pat Morgan desempenhou um papel importante na visão de Claw sobre uma vida de surfe em Torquay. "Eu tirei a carteira de motorista antes dos outros. Eu costumava pegar o Rod [Brooks] e o Claw e íamos até lá nas noites de sexta-feira", diz Pat. "Ele sempre foi maluco. Costumávamos pegá-lo na casa do pai na orla de Brighton. Era um pouco como a casa da Família Addams."

Pat e Claw foram fazer pranchas juntos, cumprindo turnos nas poucas fábricas de pranchas de surfe que surgiram na região de Melbourne, trabalhando para Max Gill, Peter Davies e George Rice, e sob sua própria marca, descaradamente intitulada "Dora". Mas ambos estavam determinados a fazer de Torquay seu lar permanente.

DESCOBRINDO BELLS

Claw só foi ter a sua primeira experiência em Bells em 1961, quando a praia ainda era um segredo cuidadosamente guardado. Era necessário um convite de um dos frequentadores para poder entrar lá. Apenas algumas semanas antes, o surfista local Joe Sweeney havia contratado uma escavadeira para cavar uma estrada ao longo do penhasco, tornando Bells acessível de carro. Joe cobrou uma libra de cada um em um grupo seleto de surfistas locais para usar a nova pista e cobrir o aluguel da escavadeira, então o venerado pico de surfe ainda tinha ares de um clube exclusivo.

Claw e um amigo chamado Tony dirigiram ao longo do penhasco em um dia limpo de quatro a cinco pés e encontraram apenas um outro surfista em Bells, o cavaleiro de ondas grandes Marcus Shaw. "Marcus era um dos cavaleiros da época e ele nos disse para não irmos lá, que a onda era grande e perigosa e que havia tubarões por toda parte", diz Claw. "De alguma forma, Tony conseguiu se envolver em uma altercação e Marcus o mandou embora. Ele me disse que eu também seria expulso se não me comportasse. Eu não sabia qual era o comportamento exigido. Naquela época, as pessoas surfavam juntas as ondas, mas Marcus foi um dos primeiros a adotar a regra 'um homem, uma onda'. Ele detinha a prioridade."

Shaw fez uma exibição magistral que ficou marcada. "Havia uma aura extraordinária sobre o lugar e em ter uma das verdadeiras lendas de Bells Beach por lá – o seu surfe era bastante imponente", conta Claw.

Brian tem uma lembrança semelhante de seu primeiro surfe em Bells, no final de 62, com a mesma figura imponente no line-up. "A primeira vez que fui para lá estava bem grande. Foi desafiador passar as séries, talvez de seis a oito pés, bastante intimidador", diz Brian. "Marcus Shaw estava lá e eu tive problemas para conseguir pegar ondas. Nos fins de semana não era tão vazio, com 15 a 20 pessoas na água. O surfe ficava mais concentrado em torno de alguns pontos mais conhecidos, com menos pessoas e não tão espalhadas."

Eram os dias pré-roupa de borracha, de fogueiras na praia e usando coletes de futebol para tentar ficar aquecido. "Você se esquentava junto ao fogo, saía correndo, pegava algumas ondas e voltava pra se aquecer", conta Claw. "Havia sempre uma fogueira perto da escada em Bells. Eu quase nunca fui lá [quando] não tinha fogueira. Era parte da cultura e do estilo de vida. E havia grandes histórias e brincadeiras ao redor das fogueiras."

Na época em que Brian e Claw surfaram suas primeiras ondas em Bells, os surfistas locais Vic Tantau e Peter Troy organizaram o primeiro "encontro de pranchas de surfe" por lá. Agendado para dezembro de 1961 em Bells, o evento só foi acontecer em janeiro de 1962 e foi vencido por Glynn Ritchie, de Sydney, embora alguns ainda afirmem que Terry Wall foi o legítimo vencedor. No ano seguinte, sob os auspícios da recém-formada Australian Surfriders Association, o evento foi transferido para a Páscoa, onde permaneceu desde então.

O evento deu ao surfe local um foco anual e atraía mais surfistas de outras regiões a cada ano. A indústria de pranchas de surfe de Victoria começava a decolar e Claw trabalhava nas fábricas de pranchas, desde varrer o chão a fazer reparos nas pranchas, depois de lixador a laminador, até virar shaper. A experiência prática deu a Claw uma boa visão geral do negócio de pranchas de surfe, mas ele já estava pensando além da construção de pranchas e dos limites geográficos de Torquay.

"Eu pude perceber o potencial de crescimento do surfe no momento em que começamos a receber os filmes dos Estados Unidos, a revista *Surfer*, as revistas e filmes de surfe australianos, e algumas lojas de surfe rudimentares", diz Claw. "Parecia que algo estava acontecendo. Havia os fabricantes de pranchas em Brookvale e no lado sul de Sydney e em todas as outras cidades. Depois que conseguimos os blocos de espuma, as pessoas começaram a fazer pranchas de surfe por toda a Austrália.

Em 1963, Claw abriu uma loja de surfe na Bell Street, Torquay, que na verdade não era muito mais do que uma gaiola de arame, mas dava a ele o gosto pelo comércio de artigos de surfe. Um ano depois, ele lançou o Bayside Surf Center, em Brighton, em um pequeno espaço com aluguel barato na Railway Arcade, perto da estação de trem onde os passageiros desembarcavam para ir à praia.

"Era uma pequena loja de surfe muito mal abastecida. Ele tinha roupas de borracha White Stag de Sydney – e Claw era o representante da White Stag", lembra Rod Brooks. "Ele ia de carro até os portos de Melbourne e comprava jeans dos marinheiros americanos e os colocava à venda na loja de surfe pelo dobro do preço. Podemos dizer que ele era bastante empreendedor."

Brian Singer, que já andava comprando, consertando e vendendo pranchas, também estava à procura de oportunidades para ganhar alguns dólares com o surfe, então ele e Claw se uniram em seus instintos comerciais. Os dois estavam de olho no lucrativo mercado de exibição de filmes de surfe que Peter Troy havia conseguido, mostrando os últimos filmes de Bruce Brown dos Estados Unidos. Quando Troy partiu para suas lendárias viagens de surfe globais, Claw e Brian começaram a exibir filmes de surfe também. "Sentados na plateia todas as noites, aprendemos o fluxo e refluxo de um bom filme de surfe, o que nos fazia rir e o que causava emoção", diz Brian.

Claw convenceu Brian de que o sustento do surfe não era uma ambição tão absurda. "O interesse dele era voltado a tudo que era ligado ao surfe e, é claro, em tentar ganhar grana suficiente para ir surfar", diz Brian. "Ele era excêntrico, levemente diferente, e era o cara mais antenado no que estava acontecendo, incluindo o que acontecia na Califórnia e em Queensland. Ele era alguém que claramente não iria se interessar por mais nada."

Claw, por sua vez, ficou contente em ter um parceiro de surfe confiável, numa época em que você ainda precisava procurar alguém para ir surfar com você. "Eu tinha essa noção romântica de ser um pouco aquele rato de praia nômade", diz Claw. "Não havia muitos surfistas que estavam o tempo todo na água. Você tinha que dirigir e encontrar alguém para surfar. Brian era bastante consistente em aparecer quando as ondas estavam boas. Ele tinha esse espírito empreendedor. Nós éramos como companheiros de viagem."

Claw e Brian só descobririam tempos depois que seus tios Ted Bellis e Bill Warbrick haviam trabalhado juntos como operadores de linotipos no

Correio de Brisbane. Seus trabalhos envolviam a montagem das placas de metal de cada letra de onde seriam impressos os jornais de cada dia, uma tarefa trabalhosa, que acabaria se tornando obsoleta com o surgimento dos computadores e da impressão digital.

Claw se recorda de longas conversas com Brian ao redor de fogueiras, compartilhando um barril de cerveja nas dunas de areia em Torquay, discutindo como financiar seus estilos de vida. Em 1964, o campeonato de Páscoa também serviu para coroar o campeão regional – no período que antecedeu os títulos mundiais de Manly – e Bernard "Midget" Farrelly foi recrutado como jurado convidado do evento. Claw conta que ele ainda não estava convencido sobre o conceito de competições de surfe, mas colocou de lado estas ressalvas e escolheu o momento certo para fazer uma boa bateria. "As ondas estavam bem medianas: sudeste, ondas pequenas e maré alta. Tivemos baterias de oito homens – havia surfistas pra todo lado", lembra Claw. "Eu apenas fiquei pegando muitas ondas. Eu não tinha ambições, era mais pela diversão. Havia tantos surfistas mais talentosos do que eu [na bateria]."

Claw chegou à semifinal e, embora ele não se lembre de surfar em uma final, isso foi o suficiente para ele se classificar para integrar a equipe de Victoria para competir Manly. "Eles tinham uma equipe relativamente grande. Eu entrei nesse grupo e Brian terminou com uma colocação similar, e então isso se tornou uma possibilidade real", diz Claw. "Essa coisa do título mundial era grandiosa. Eu não tinha nenhuma ambição ou estratégia de competição. Eu fui lá e conheci todos esses personagens."

Brian guarda apenas vagas lembranças da classificação para a equipe de Victoria. "Eu não tinha realmente entrado. Só me incluíram porque eu tinha vencido dois caras que já haviam sido selecionados. Havia 10 ou 12 na equipe de Victoria. Eu não me dei conta na época que grande feito isto era", ele diz. Mas no momento em que chegou a Manly e viu 60 mil pessoas lotando a praia para as finais, ele percebeu. "Eu consigo lembrar da vitória do Midget e fiquei feliz por ele ter vencido, e ele ganhou usando o famoso cutback com as mãos no ar", lembra Brian. A experiência também os manteria em boa situação nos próximos anos, à medida que suas ambições nos negócios se expandiam. "Esses títulos australianos foram ótimos e foi incrível conhecer diversos surfistas de todo o país, e alguns deles se tornaram donos de lojas de surfe", conta Brian.

Os primeiros campeonatos mundiais oficiais de surfe os colocaram em contato com surfistas de todo o mundo e abriram os olhos para horizontes mais amplos. "Havia surfistas, fotógrafos, cineastas, pessoas envolvidas na administração por todo o mundo, reunidos em um só lugar", diz Claw.

Um desses fotógrafos era um jovem surfista, John Witzig, que já tentava criar um nicho para si mesmo na incipiente mídia de surfe da época. John tem boas lembranças da cena de surfe de Torquay dos anos 60, desde a primeira visita ao campeonato de Bells em 1963. "Foi muito divertido. Todos acamparam no pico e o pub era hilário, um lugar cheio de vida", diz John. "Eu conheci todos os personagens fabulosos de Boot Hill como Owen Yateman. Suas histórias eram ultrajantes, eles eram sem vergonhas... Eles tiveram embates de verdade com a polícia. Eles foram uma das motivações que me atraíram para ir a Bells."

John e Brian ficaram fascinados com as mudanças daqueles tempos. "Brian foi a primeira pessoa que conheci no surfe que tinha ensino superior", conta John. "Eu tenho uma lembrança clara de sempre pensar que Brian era inteligente. Eu costumava ter grandes discussões com ele."

Para Claw, o destaque da viagem para Sydney foi poder desfrutar de uma sessão em Palm Beach em uma longa esquerda no meio da praia com apenas um outro surfista na água. Esse surfista era Phil Edwards, amplamente considerado o melhor do mundo na época, que se absteve da competição e atuou como juiz principal no campeonato mundial. Após o evento, Claw se juntou a um grupo de surfistas que percorreu a costa em busca das relativamente novas descobertas de surfe de Crescent Head e Angourie, na costa norte de New South Wales. Ele testemunhou as célebres sessões de surfe do americano Joey Cabell em Angourie, que muitos concordam que apresentaram um surfe mais avançado do que as exibições do campeonato em Manly.

Brian não teve tanta sorte. "Terry Klemm [o fabricante de pranchas de surfe de Victoria] me convenceu a ir para Phillip Island", conta Brian. A decisão o machuca até hoje: "Eu não sei como fui convencido a ir pra lá em vez de Crescent Head ou Angourie."

Foi importante para Claw e Brian conhecerem muitos dos principais atores da chamada Máfia de Brookvale, os grandes fabricantes de pranchas de surfe da época. Empresários de pranchas bem-sucedidos como Gordon Woods e Barry Bennett alimentaram a crença em Claw de que a indústria do surfe tinha futuro. "Para mim, a Máfia de Brookvale foi uma mentora. Gordon Woods me pareceu muito profissional e organizado, e eu tirei muita inspiração de Gordon. Barry Bennett era esse australiano muito impassível", diz Claw. "Eles eram rígidos com seus trabalhadores: você tinha que fazer o trabalho e tinha que fazê-lo direito. Fundamentos realmente bons – se vale a pena fazer um trabalho, vale a pena fazê-lo bem. Honestidade e integridade. Eu escolheria suas inteligências para tudo."

O campeonato da Páscoa de 1965 em Bells entrou para a história como o evento com as maiores ondas de todos os tempos em Bells, maior até que o famoso lançamento da *thruster* de Simon Anderson em 1981. Era um evento que Claw ficou aliviado de julgar em vez de competir. "O chão tremia, você podia ouvir as ondas rugindo em Tubes, em Point Danger", diz Claw. "Amanheceu sem ondas na Sexta-Feira Santa, e à tarde já tinha seis pés. Cinco e meia da manhã de sábado, China Gilbert pega o telefone. Ele morava no clube de surfe e disse: "Você precisa ver as ondas, parecem montanhas, parecem prédios"".

O evento foi vencido por Rob Conneely à frente de Nat Young, mas Claw se lembra mais vividamente de duas ondas de destaque de colegas goofy. "As duas ondas mais épicas foram de Marcus Shaw e John Monie. Poderíamos dizer que tinham de 20 a 25 pés", ele avalia, "e ambos tiveram uma abordagem incrível de base goofy".

Naquele ano, a tragédia abalou a família de Brian com o falecimento de sua mãe. "Eu tinha 21 anos e esse foi meio que o fim da vida familiar. Meu pai estava viajando para a Ford em Melbourne e depois se mudou para lá", diz Brian. "A mãe é geralmente a cola que mantém uma família unida. Olhando para trás, egoisticamente eu não fui atencioso o suficiente com a situação do meu pai. Deve ter sido muito difícil para ele também." Mas a essa altura, embora ele ainda estivesse tentando terminar o curso de ciência na universidade de Melbourne, o surfe o estava chamando. Torquay tornou-se cada vez mais a sua casa.

Há uma dinâmica particular do surfe de Victoria que costuma deixar os surfistas divididos entre as oportunidades de carreira em Melbourne e a liberdade e a aventura oferecidas ao longo da costa. E os surfistas mais dedicados resolvem o dilema da maneira que podem. Claw trabalhou por um tempo como barman e cortador de grama no clube de golfe de Torquay, o que lhe permitia ter muito tempo para surfar, com o benefício adicional de refeições gratuitas na sala de jantar do clube, um privilégio que Claw aproveitou generosamente. Brian arranjou trabalho como chapeiro de hambúrgueres e como faxineiro de praia, recolhendo o lixo e limpando os banheiros do acampamento. Seu chefe era Joe Sweeney, o homem que primeiro escavou uma estrada para Bells.

Mas Claw estava determinado a criar suas próprias oportunidades de negócios na costa. Em seguida ao modesto sucesso de seu Bayside Surf Center e da loja de surfe em Torquay, ele abriu uma loja de surfe de verão sob o Cumberland Hotel em Lorne, 40 quilômetros a sudoeste de Torquay, no verão de 65-66. Brian foi o seu primeiro empregado.

"Eu era o gerente e ele vinha nos fins de semana, e então eu tinha que sair do sofá e dormir em uma pequena maca ao lado de um tambor de resina de 44 litros", lembra Brian. Lorne tinha uma cena bastante badalada na época, com o famoso Arab Café, o Pacific Hotel perto de Lorne Pier e o Wild Colonial Club com shows de rock ao vivo em frente à praia. Havia muitas perspectivas de diversão e romance para os dois jovens surfistas. Mas a loja era apenas uma ocupação de verão e, depois que as férias terminavam, era hora de voltar a Torquay e explorar novas maneiras de ganhar um trocado.

A CASA DE BROOKO

Por volta dessa época, um grupo de jovens surfistas se mudou para uma casa inacabada de propriedade de Rod Brooks, um velho companheiro de Claw em Brighton, com aberturas sem portas na parte interna e cobertores como paredes. As conversas iam desde o design de pranchas até o movimento Hare Krishna.

"Durante toda a década de 60, eu tive essa casa que comprei aos 18 anos por US$ 2 mil. Todos passaram por lá até conseguirem se estabelecer", conta Rod, que estava concluindo um curso de aprendiz em criação de mobiliário em Melbourne e passava todos os fins de semana em Torquay. "Mal dava para trancar a casa. Era quase mais do que eu conseguia pagar com meu salário de aprendiz. Foi impossível colocar revestimento nas paredes ou água quente, mas era melhor que uma casa pré-fabricada."

Brian lembra de comer muito feijão cozido com torradas e de ouvir bastante três discos: *Blonde on Blonde*, de Dylan, *High Tide and Green Grass*, dos Stones, e os roqueiros psicodélicos Fugs. Um pouco depois, eles mudaram para trilhas sonoras de filmes de surfe australianos. "O primeiro a acordar já colocava a trilha sonora do *Hot Generation*, então isso nos animava em pleno inverno", diz Brian.

"Não era uma casa de festa, mas se alguém estivesse completando 21 anos, comprávamos barris de cerveja e toda a galera do clube de surfe se reunia lá", diz Rod. "Estávamos cercados por estábulos, então podíamos fazer o que quiséssemos. Nós sempre tínhamos um barril de cerveja saindo pela porta."

Terry Wall ainda guarda boas lembranças da casa barulhenta. "Era fantástico... No inverno, havia toda uma multidão de pessoas ali – que variava muito", lembra ele. "Rod, que começou a Piping Hot e a linha de roupa de mergulho da Quiksilver, comandou os campeonatos Quik Pro por muitos anos e é um membro do Hall da Fama australiano; Paddy Morgan, que era o mestre dos escoteiros e treinador de futebol do Rod, e na época estava fazendo pranchas e foi recentemente indicado ao Hall da Fama dos Shapers em Huntington Beach; Claw e Brian; "Boots" Dowling, que se mudou para Noosa e comandou uma empresa imobiliária de sucesso; Simon Buttonshaw, o artista que foi o guru criativo da Quik; e Wayne Lynch, que estava desenvolvendo o surfe vertical e de costas pra onda.

A galera se unia nas sessões de surfe em uma era de experimentação e oportunidade ilimitada. "Naqueles invernos em que a turma surfava, não havia mais nada na cidade, então surgiram designs criativos de pranchas e ideias de vida", diz Terry. "Nós nos amontoávamos ao redor de um aquecedor, e o toca-discos de vinil tocava o mesmo lado do disco sem parar. A épica "Sad-eyed Lady of the Lowlands" de Dylan costumava tocar durante a noite. Planos eram feitos para diferentes vidas em torno do surfe...

Não havia muita conversa sobre como iniciar uma indústria. Eu não acho que isso tenha surgido. Simon era o membro artístico. Ele era um cara muito jovem, mas muito espiritual. Houve muita conversa sobre moral e música. Aquela casa e aquelas pessoas juntas por um par de invernos foi um tesouro. Se você olhar para o sucesso de quase todas essas pessoas... A maioria [de nós] conseguiu se dar bem na vida mais tarde." A maioria dessas amizades perdurou, e os colegas da casa já se reuniram algumas vezes ao longo dos anos.

Brian concorda que não havia uma visão de longo prazo de uma indústria ou negócio de surfe. "Todos os surfistas que eu conhecia eram iguais – eles não pensavam mais além do 'como será que vão estar as ondas amanhã?' e 'para onde vamos?'. Estávamos vivendo no presente e aproveitando as oportunidades quando elas surgiram", diz ele.

Depois, Claw e Brian dividiram outra casa em Riverside Drive, onde enfrentaram o gelado inverno vitoriano arrastando um poste de telégrafo para dentro da casa, enfiando uma das extremidades na lareira e gradualmente queimando-o no fogo. "Nós tínhamos o poste de telégrafo no fogo, estendendo-se pela sala de estar e saindo pela porta da frente. Nós fomos arrastando-o ele progressivamente para o fogo enquanto ele queimava durante algumas semanas, até podermos fechar a porta da frente", conta Brian.

A NOBRE ARTE

Claw e Rod Brooks também compartilhavam o amor pelo boxe e se juntavam ao pai de Claw, Arch, em viagens ao ginásio de Melbourne, quando acontecia uma grande luta, junto com Pat Morgan e Brian. "Todos os lutadores de Queensland em Melbourne chamavam o Arch", diz Claw, então eles acabavam sempre indo parar no corner do adversário de fora da cidade. Quando um lutador nativo de Queensland derrotou Aldo Pravisani de Sydney por alguns pontos, a galera se viu no meio de um motim em grande escala.

Em outra ocasião, quando eles conseguiram lugares ao lado do ringue para uma luta entre Lionel Rose e Rocky Gattellari, Brian deu uma paquerada numa mulher atraente sentada atrás deles. Ele não conseguia entender por que não estava progredindo com o seu charme até que seus amigos avisaram que ela era a namorada do campeão de boxe Johnny Famechon, que estava sentado ao lado dela com uma carranca sinistra. As apostas ilegais no ringue também eram frequentes e Brian gostava de apostar, mas as coisas quase ficaram feias certa vez, quando ele e o apostador adversário alegaram ter apostado no lutador vencedor.

AGORA ESTAMOS NO TOPO

Quando Nat Young saiu vitorioso na disputa do título mundial de 1966 em San Diego, o surfe australiano avisou oficialmente que estava liderando o mundo. Os surfistas australianos que retornaram da Califórnia trouxeram consigo a influência da emergente cena da contracultura, mas também uma visão para forjar a sua própria cultura e estilo de surfe. O surfe australiano estava prestes a passar por sua mudança mais dramática desde a introdução de pranchas de balsa dez anos antes.

No final de 1966, Brian decidiu tentar mais uma vez na academia. Ele dirigia até Melbourne para uma entrevista com seu professor universitário sobre como ele iria se endireitar e assistir às aulas, independentemente das condições do surfe. O swell tinha subido naquela manhã, mas felizmente o vento estava maral de sudeste, então ele não estava perdendo nada. "Na metade do caminho para Melbourne, pude ver essas vagens de sementes brancas e fofas vindo do noroeste. Saí do carro e senti o cheiro do noroeste. Fiz o retorno e voltei para Torquay." Brian calcula que até hoje poderia contar em uma mão os dias em que um forte de sudeste virou de repente para terral no meio do dia. Essa mudança fatal na direção do vento marcou o fim de seu ensino superior.

Mas o cabo de guerra entre carreira e surfe seria resolvido para Brian, pelo menos temporariamente, por uma oferta de trabalho surpresa para assumir um cargo de professor de matemática na escola Lorne High School. O surfista e professor Jeff Watt havia terminado em terceiro lugar, atrás de Rob Conneely e Nat Young, nas ondas gigantes no campeonato de Bells de 1965, e deve ter gostado da ideia de ter outro surfista entre os funcionários da Lorne High School, porque ofereceu o cargo a Brian, apesar de sua falta de qualificação como professor. O fato de Brian ter estudado matemática e ciências na universidade foi considerado suficiente.

Os alunos de Brian incluíam um absurdamente talentoso goofy chamado Wayne Lynch. "Wayne vivia apenas para surfar. Ele era claramente um garoto-prodígio desde os 12 ou 13 anos de idade. Eu costumava ficar em Lorne Point observando esse jovem garoto", diz Brian.

Brian dividia uma garagem adaptada com Jeff e lembra que foi uma época mágica de pescar, surfar e ensinar matemática elementar para as turmas de 7 a 10 anos. Mas o mundo estava mudando rapidamente e o surfe estava na vanguarda da iminente revolução juvenil.

O VERÃO DO AMOR

Na primavera do Hemisfério Norte em 1967, hordas de jovens começaram a frequentar o distrito de Haight-Ashbury em San Francisco, num florescimento espontâneo da contracultura ou movimento hippie. Inspirado pelo trabalho de escritores da Geração Beat como Allen Ginsberg e Jack Kerouac, turbinados pelo movimento pelos direitos civis, pela libertação das mulheres, pela revolução sexual e pela oposição à Guerra do Vietnã, e alimentados por uma dieta anticonsumista da Nova Era e uma adesão às drogas psicodélicas e à vida comunitária, o Verão do Amor viu dezenas de milhares de jovens se reunirem em parques e dividirem casas.

O jornal hippie de Haight-Ashbury, *San Francisco Oracle*, anunciou: "Um novo conceito de celebrações por baixo do submundo humano deve emergir, tornar-se consciente e ser compartilhado, para que uma revolução possa ser formada com um renascimento da compaixão, da consciência, e amor, e a revelação da unidade para toda a humanidade".

Mesmo nas distantes praias de Torquay, o grito de guerra do guru do ácido Timothy Leary para "ligar, sintonizar e cair fora" ressoou com uma geração mais jovem que já rejeitava os valores de seus pais. "Isso teve um grande impacto", diz Brian. "Socialmente, o mundo mudou naquele ano de uma geração industrial, orientada para o trabalho, nascida da necessidade depois da Depressão e da Segunda Guerra Mundial, e através dos anos 50 e do acúmulo de coisas: carros, máquinas de lavar roupa, geladeiras...

Houve uma mudança bastante rápida na forma como a nova geração que estava crescendo enxergava o seu lugar no mundo."

Os Beatles lançaram sua obra-prima psicodélica, *Sgt. Pepper's Lonely Hearts Club Band*. Os protestos contra o Vietnã e pelos direitos civis ocorreram nos Estados Unidos. A pílula contraceptiva desencadeou uma revolução sexual, e o uso recreativo de drogas, principalmente da cannabis e do LSD, foi adotado pelo movimento hippie como uma ferramenta de expansão da mente e autorrealização.

Simon Buttonshaw foi um dos primeiros a adotar a contracultura e se tornou um artista influente, responsável por grande parte das imagens mais poderosas das empresas de surfe Torquay. Em uma entrevista de 1978 na revista *Sea Notes*, ele descreveu o espírito de liberdade que permeou a comunidade dos surfistas de Torquay. "As pessoas já não sentiam a necessidade de se apoiar em coisas com as quais tinham sido criadas", disse ele a John Witzig. "Elas criaram para si próprias uma espécie de estilo de vida e filosofia semialternativos e isso estava funcionando para elas. Pessoas diferentes viam as coisas de maneiras diferentes, então havia pessoas com um direcionamento mais espiritual e outras pensando que poderiam simplesmente se mudar para Torquay e ter a mesma segurança que tinham em Melbourne."

Claw e Brian marcaram o Verão do Amor dirigindo 2 mil quilômetros de Torquay a Noosa Heads, na perua Falcon de Brian, atraídos pela reunião da tribo do surfe nas longas e reluzentes paredes dos místicos pointbreaks de Noosa. "Claw e eu éramos bem diferentes", diz Brian. "Nós entramos no carro em Torquay e depois de meia hora ele me colocou no assento do motorista, então eu dirigi até Queensland com ele falando sem parar."

Claw tinha boas razões para ficar empolgado com a viagem a Noosa. Líderes da chamada Shortboard Revolution (Revolução das Pranchinhas) ou "escola de envolvimento" do surfe, o shaper Bob McTavish e o enigmático inventor e kneeboarder californiano George Greenough tinham fixado residência na normalmente tranquila cidade de Queensland, e Claw e Brian eram estudantes entusiastas. Nat Young havia se preparado para a sua campanha pelo título mundial e desenvolvera a sua prancha vencedora "Magic Sam" em Noosa no ano anterior, quando as longas ondas tubulares da região tornaram-se o campo de testes final para o novo equipamento.

Brian teve que voltar depois de algumas semanas para o trabalho de professor, mas Claw ficou para o inverno. "Passei o inverno em Lorne ensinando, surfando, pescando, e viajando para Torquay nos finais de semana para ficar na casa de Brooko com o resto da galera", lembra Brian. "Embora Lorne estivesse longe do emergente Verão do Amor de São Francisco, a música e alguns fragmentos de informação chegavam até lá."

Em Noosa, as longas quilhas de Greenough e seu surfe selvagem de joelhos em kneeboards em forma de "colher" com volume extremamente baixo, fomentaram o entusiasmo de Bob McTavish por pranchas mais leves e fundos vee mais suaves. Em parceria com as longas e retocadas paredes das famosas ondas de pointbreak de Noosa, rápidos avanços foram alcançados em termos de desempenho e de equipamento. Claw não estava muito por fora em termos de design, com sua versão inicial do fundo vee de George Rice e uma refinada quilha Bob Cooper. Seu equipamento progressivo fez com que ele entrasse no seleto grupo e ele absorveu tudo.

"Foi um ótimo inverno de surfe. Costumávamos passear e surfar – Noosa, a foz do rio, o promontório de Alexandria, Point Cartwright", lembra Claw. "O surfe estava se desenvolvendo a cada dia. Bob falava de design de pranchas, revolução e evolução, e George contribuiu muito para isso.

No final do inverno, Bob McTavish anunciou que estava indo a Sydney para criar a "prancha revolucionária". Ele tinha um novo e lucrativo contrato com a fabricante Brookvale, do shaper Denny Keyo. Claw sentiu a oportunidade e seguiu não muito atrás dele.

"Eu disse a Bob: 'vou voltar a Torquay para surfar na etapa estadual de Victoria e vou passar por Brookvale'. Eu sempre parava lá para ver o Gordon Woods e o Barry Bennett", conta Claw. "Eu cheguei lá e vi a primeira Fantastic Plastic Machine." Keyo ficou tenso com as criações estranhas de Bob, com seus veios extremos (vee) e proporções que encolhiam rapidamente. "Denny me perguntou: 'Claw, você acha que o Bob é louco? Eles sempre me disseram para não contratá-lo e ele sempre ia embora quando as ondas estavam boas'."

Claw lhe assegurou que eles estavam chegando em algo interessante. "Eu disse a Denny: 'Eles vão mudar tudo'. Foi uma explosão social e as pessoas simplesmente adotaram as pranchas mais curtas com vee bottom", lembra Claw. Ele negociou um acordo para ser o representante da parceria McTavish-Keyo em Victoria e seguiu a estrada rumo ao sul com novas ideias de negócios fervilhando em sua mente.

Brian lembra que Claw apareceu em Lorne High School resplandecente no colorido traje hippie da moda quando voltou de Noosa, compartilhando a notícia do importante desenvolvimento no design de pranchas de surfe. Nem a escola e nem a polícia local ficaram entusiasmadas com a aparição dessa nova guarda contracultural prestes a varrer o país. "O sargento de polícia local não aceitou de bom grado a minha aparição junto com Simon Buttonshaw em trajes hippies", conta Claw. "Ele chegou em uma van da polícia e disse: 'Vocês malucos devem se mandar daqui'."

Claw ficou feliz em obedecer, na intenção de voltar rapidamente a Torquay para agilizar as oportunidades de negócios representadas pelos novos vee bottoms. Ele tinha gerenciado suas lojas de surfe sazonais por alguns verões, mas sentia-se pronto para apostar mais alto. "Estávamos apenas arranjando o suficiente para sobreviver até o próximo dia ou a próxima semana, e ter dinheiro suficiente para surfar quando quiséssemos, sem precisar ir trabalhar quando o surfe estava bom", diz Claw.

Eles recrutaram Terry Wall e abriram a Bells Beach Surf Shop em um pequeno posto de gasolina de propriedade de um personagem local chamado Mumbles Walker, em frente ao pub Torquay, na 42 Bell Street. "Claw sempre foi o pensador da equipe; Brian era o cara organizado. Eu não sei o que diabos fazia. Não éramos uma equipe muito séria, nem extremamente organizada", lembra Terry. "Eles formaram uma dupla que se complementava, com Claw sendo o homem de ideias criativas e entusiasmadas, e Brian o gerente sóbrio. Os dois tinham se mudado para Torquay e estavam dispostos a fazer de tudo para ganhar o sustento – seja encher bolsas de fertilizante em Geelong ou fazer conserto de pranchas."

Um pequeno anúncio no jornal local anunciava a chegada da Bells Beach Surf Shop: "Fornecedores das melhores pranchas de surfe e equipamentos disponíveis... Roupas da moda e tudo mais!". "Compre o seu equipamento de surfe dos próprios sócios do clube. Proprietários: Doug (Claw) Warbrick, Terry Wall, Brian Singer – os surfistas mais experientes do estado."

"Nosso principal produto era a Fantastic Plastic Machine da Keyo Surfboards, shapeada por Bob McTavish", diz Claw. "Tínhamos também em Wayne Lynch um surfista incrivelmente influente e brilhante. Conseguimos arranjar uma das primeiras Plastic Machines para Wayne. Eu acho que foi a número quatro. Chegou um dia depois de eu ter voltado dirigindo para Torquay. Houve um certo ritual nisso, com as pessoas chegando para dar uma olhada. Wayne veio para Torquay e foi cair em Bells ou Winki e surfou como ninguém havia surfado antes."

O surfe inovador de Wayne foi a melhor propaganda possível para o novo design. "Ele surfou muito com a prancha para cima e para baixo na Surf Coast, e muitos surfistas da época o viram surfar... Ele tinha um séquito local", conta Claw. "Para mim, Wayne tinha uma imaginação poderosa para o surfe." O fundo vee permitiu a Lynch inclinar a prancha com força sobre a borda, vir direto do fundo e subir verticalmente para cima da face da onda, e depois esculpir manobras cada vez mais radicais no lip da onda quebrando. Wayne foi capaz de surfar do jeito que ele imaginava poder surfar, girando constantemente em torno do pocket, ou centro da onda, oferecendo aos outros um vislumbre do futuro.

Na corrida para abraçar o novo equipamento, a demanda superou em muito a oferta, proporcionando uma lição crucial inicial para o negócio. "Nós recebemos 100 pedidos em pouco tempo, mas as pranchas nunca vieram. Paramos de receber pedidos em cerca de 200, mas as encomendas chegaram a milhares em toda a Austrália", lembra Claw. "Denny Keyo disse: 'Não podemos fabricá-las, não temos como conseguir blocos de espuma suficientes, não temos uma fábrica grande o suficiente, Bob não quer usar shapers terceirizados'."

Foi a vez de Brian viajar até Sydney e fazer uma visita às fábricas de pranchas de surfe da Brookvale para tentar garantir o fornecimento dos novos fundos vee. Sua busca o levou a um jovem shaper progressivo chamado Shane Steadman, que estava pronto e apto a atender à demanda pelo novo design. Stedman disse a eles que eles precisariam de um nome e decalques para suas pranchas, então, quando Claw, Brian e Simon Buttonshaw estavam na loja de surfe uma tarde, eles começaram a fazer um brainstorming. Simon havia pintado a arte psicodélica na primeira prancha de Claw com fundo vee da

McTavish e, em meio às cores vivas e desenhos floridos, ele pintou as palavras "rip curl hot dog". Era um pouco um jogo de palavras cósmicas com o novo jargão de surfe da moda, e uma variação do mantra que Bob havia pintado em uma das suas primeiras pranchas com vee bottom: "hot kid, rip board".

"Hot Dog" era um termo popular nos Estados Unidos há anos, mas Claw e Brian gostaram do som de "rip curl", uma expressão mais antagônica desse novo estilo de surfe. Rasgar a crista (*ripping the curl*) era precisamente o que Lynch tinha sido capaz de fazer no novo equipamento. A frase nitidamente capturou o momento em que o surfe se tornou 3D, à medida que surfistas como Lynch aproveitavam a força centrífuga para subir na onda e penetrar no lip delas.

O nome pegou. Simon elaborou algumas obras de arte evocativas em torno do novo nome e Brian se lembra de ir atrás de Jim, o impressor gráfico em Brookvale, que produzia decalques para todos os maiores fabricantes de pranchas do país. Claw e Brian estavam convencidos de que estavam bem posicionados para lucrar com a crescente revolução das pranchas de surfe, mas o ritmo da mudança dificultou o acompanhamento das inovações de design.

"Os vee bottoms saíram de moda tão rápido quanto chegaram", diz Claw. "Em alguns meses, as pessoas começaram a fazer pranchas progressivas por toda a Austrália. Polegadas desapareciam a cada semana. Os antigos shapers ficaram fora de moda do dia pra noite, os carpinteiros e marceneiros."

"Os tamanhos se reduziam rapidamente; tudo o que estávamos fazendo era trocar as pranchas de nove pés que ninguém queria mais", conta Terry. "Não tínhamos um lugar bom para fazer reparos e armazenamento. Brian tinha o plano de comprar uma garagem e colocá-la no estacionamento do pub. Eu não sei se alguém foi questionado sobre isso. Nós compramos esta garagem – ela era preta e nós pintamos flores em cores psicodélicas – mas ela era muito quente para ficarmos dentro durante o dia. Foi ali que colocamos o crescente número de relíquias de nove pés que ninguém queria mais e onde fazíamos os reparos. A garagem foi onde muita coisa aconteceu."

Claw teve uma ideia inicial de que a indústria do surfe precisaria ser mais do que apenas pranchas de surfe, então eles resolveram se ramificar. Os jeans americanos muito procurados, como o Levi's e o Lee Cooper, foram originalmente distribuídos em lojas de surfe para tentar atrair a juventude descolada. Quando Claw não conseguia garantir o estoque, ele ia até os ancoradouros em Melbourne quando navios da Marinha dos Estados Unidos chegavam e lá comprava pares de segunda mão dos fuzileiros navais. Mas mesmo esses esforços não conseguiam manter a Bells Beach Surf Shop no lucro.

"Ela se esgotou; nós não estávamos ganhando dinheiro", lembra Brian. "Por algum motivo a coisa toda chegou a um impasse e eu voltei a lecionar ciências na North Geelong High. Certamente não era tão legal quanto Lorne, mas eu lembro que as crianças eram ótimas."

"Acho que toda Brookvale ficou sobrecarregada com a demanda por essas novas pranchas", acrescenta Claw. "E nós passávamos muito tempo surfando e correndo atrás de garotas."

Terry mudou-se para Newcastle no final do verão para estudar para um doutorado em engenharia química, e acabou tendo uma reconhecida carreira na ciência e na academia. "Quando saí, tínhamos uma garagem de longboards usados que ninguém queria, e roupas de surfe tamanhos XXS e XXL que não serviam em ninguém", diz ele. "Não foi um sucesso financeiro retumbante. Mas as primeiras pranchas da Rip Curl tinham sido feitas, Simon criara uma ótima logomarca, relações de trabalho foram estabelecidas e uma empresa estava em formação... Eu percebi que tinha sido uma boa época e disse adeus, mas Claw resolveu que me devia uma grana e me passou 20 dólares."

Depois dessa experiência fracassada, Terry percebeu que era hora de cair na real e forjar uma carreira de verdade. "A outra razão pela qual eu me mudei para o norte foi que eu não conseguia enxergar como eu poderia viver na praia e ganhar a vida", diz Terry. "A pergunta que todos estávamos fazendo era: como podemos viver a vida que queremos viver e ainda ganhar um sustento qualquer?"

CAPÍTULO 2

RASGANDO A ONDA: 1969-1974

À medida que o surfe australiano desenvolvia a sua própria identidade
e uma revolução juvenil em ascensão afastava as velhas noções de como
viver, o final dos anos 60 foi o momento ideal para o surgimento de uma
indústria de surfe caseira.

John Witzig, um dos principais documentaristas dessa época, diz: "Havia um desrespeito à autoridade, uma relativa prosperidade, a ideia de que
realmente tínhamos algo que era importante e que poderíamos ser nós
mesmos. O fato de os garotos poderem pegar um carro e sair por aí –
poder circular era algo extremamente importante... Havia uma rejeição à
autoridade. A Guerra do Vietnã foi um momento fundamental. Eu estava
na universidade e fui em todos os protestos. Era evidente que o governo
mentia para você. Foi uma convergência de todos os tipos de coisas."

Depois que Brian voltou a lecionar, nos dois anos seguintes ele manteve
o hábito de abandonar a escola quando as ondas estavam rolando. "Eu não
deixava de ir no dia do pagamento porque, obviamente, eu seria muito
trapaceiro se não aparecesse nesse dia", diz ele. E não é que ele não estava
nem aí pra profissão escolhida. "Eu amava as crianças, mas não curtia muito os professores", diz ele. Brian percebeu o quanto seus colegas professores
pareciam apenas conseguir sobreviver de pagamento em pagamento e ele já
aspirava a uma existência menos desesperada. Ele também guardava uma
lembrança vívida de ver o pai indo para o trabalho: "Vendo meu pai entrar

no carro em um dia quente de verão em um terno em Miranda, eu pensei, merda, eu nunca vou querer fazer isso."

Então, quando Brian esbarrou com Claw andando pela Gilbert Street, Torquay, em março de 1969, ele foi prontamente receptivo ao mais recente esquema de seu amigo. "Ele disse: 'Você quer fazer pranchas de surfe?', e eu disse: 'Sim'", explica Brian de forma simples. As qualificações de Brian para essa nova e ousada parceria de negócios eram convincentes: "Eu tinha uma plaina de prancha e uma garagem", sendo que a última havia sido um presente de casamento dos pais de sua esposa.

Brian havia se casado com a namorada Jenny sete meses antes. "Eu conheci Jenny quando estava em Lorne em 1967. Ela era professora na escola primária, mas nós não nos conectamos até o final daquele ano e nos casamos em agosto de 68", conta Brian. "Eu tinha 24 anos, ela tinha 21 anos. Eu me mudei da Riverside Drive, uma casa bastante espartana em que morava com Claw e John Clarke, para uma casa que compramos na Great Ocean Road por US$ 7.800. Tínhamos uma ótima vida doméstica, o que foi bom, mas foi uma grande mudança. Depois que eu parei de dar aulas para fazer pranchas de surfe, a Jenny financiou nossa vida até que a Rip Curl começou a dar um pouco de dinheiro."

Enquanto isso, Claw havia testemunhado o ciclo das modas nos designs de pranchas de surfe, sendo profundamente influenciada pela primeira geração de shapers australianos em Brookvale, e estava confiante de que estava bem qualificado para atender aos gostos dos surfistas australianos, que estavam em rápida evolução. "Foi o começo da revolução", diz Claw.

Eles ainda tinham adesivos da Rip Curl com o endereço "42 Bell Street", que sobraram de sua primeira incursão em pranchas de surfe em 1967, então decidiram manter o nome e incorporaram a empresa com um investimento de US$ 500 cada. Um jovem surfista sul-africano chamado Andy Spangler ajudou a cavar buracos no chão da garagem de Brian para montar cavaletes de shape e laminação. E, simples assim, o negócio começou.

Claw se desenvolvera no espírito de experimentação e fazia todo o shape, enquanto Brian tinha o trabalho sujo de laminar, lixar e fazer as quilhas. "Colocar as quilhas e cortá-las com uma faca Stanley no momento em que a laminação estava se fundindo, emitindo quantidades intensas de gases de resina, era o pior trabalho de todos os tempos", diz ele.

No entanto, Claw explica: "Provavelmente houve mais mudança e progressão no tempo em que fiz pranchas de surfe do que em qualquer outra época. Após a fase inicial dos fundos em v (vee bottom), eu apenas fiz shapes de shortboards modernas. Todas as pranchas já tinham menos de oito pés." Claw foi fortemente influenciado pelas quilhas altas e longas de George Greenough e sua sofisticada compreensão dos contornos do fundo das pranchas, assim como as formas inovadoras de Ted Spencer, que passou muito tempo em Torquay e na comunidade Hare Krishna da vizinha Aireys Inlet.

O ano de 1969 foi muito importante para o surfe e houve muitas oportunidades de testar designs em ondas de qualidade. Brian recorda 28 dias consecutivos entre maio e junho de vento terral e poucos surfistas na água no meio da semana. "Eu voltava de Bells, mudava um pouco a posição da quilha e voltava para Bells para testar a prancha", diz ele. Em 20 de julho de 1969, no dia em que Neil Armstrong e Buzz Aldrin caminharam na lua, Brian recorda-se de um dia perfeito, embora cinzento, em Bells, surfando com o surfista local Charlie Bartlett. "Éramos apenas nós dois em ondas de oito a dez pés vindo de Rincon até o Bowl", diz ele. "Saímos da água e fomos direto para casa a tempo de assistir à caminhada lunar deles na TV."

Os negócios estavam rapidamente superando a capacidade da garagem de Brian. "Nós só fazíamos três ou quatro [pranchas de surfe] por semana e percebemos que precisávamos aumentar a produção para o verão, então eu encontrei uma antiga padaria para alugar por US$ 10 por semana no final de 1969", diz Brian. A padaria sem uso na Boston Road foi transformada em uma fábrica de pranchas de surfe e showroom, com uma baía de laminação ao lado e uma baía de shape na parte de trás.

A lixação era feita ao ar livre. Foi o primeiro trabalho que Brian delegou e é justo dizer que os padrões de saúde e segurança ocupacional não eram muito rigorosos. Brian lembra de um de seus lixadores, John Clarke, fazendo uma bagunça com uma prancha. "Um dia, ele estava lixando e havia uma grande lasca ao lado da quilha. Eu fiquei bem mal-humorado", ele lembra. "Ele começou a me contar de como foi eletrocutado e perfurou a prancha. Havia uma cerca de dois metros de altura ao lado. Ele disse: "Tinha um cara passando do lado de fora da cerca e ele pulou pra dentro e derrubou a lixadeira da minha mão."

Brian não acreditou muito naquela história absurda, imaginando que seu lixador estava apenas inventando desculpas pelo trabalho fracassado, mas acabou confirmando a história muitos anos depois. "Quinze ou vinte anos depois, estava no bar conversando com um cara. Eu disse que fazia pranchas de surfe e ele perguntou: 'Você tem um lugar na Boston Road? Um dia eu ouvi um cara gritando e eu tive que pular uma cerca e tirar uma lixadeira da mão dele que o estava eletrocutando'. Foi uma grande revelação para mim perceber que o lixador estava falando a verdade o tempo todo."

A esta altura já havia uma indústria de surfe crescente em Torquay. Fred Pyke havia mudado seu negócio de pranchas de surfe de Melbourne para Torquay em 1966. Pat Morgan seguiu o exemplo em 1967 e estava produzindo lindas pranchas com suas inovadoras quilhas keel em forma de barbatana. Embora os lucros fossem escassos, a recompensa era o surfe abundante e com pouca gente.

Al Green era outro jovem surfista com um perfil empreendedor, que trabalhava como contador em uma empresa chamada Australian Divers, em Melbourne. A empresa tinha os direitos australianos do Aqua-Lung, desenvolvido pela lenda do mergulho francês Jacques Cousteau e pelo engenheiro Émile Gagnan, e também vendia outros equipamentos de mergulho, incluindo roupas de mergulho.

Greeny estava tentando, sem sucesso, convencer seu chefe na Australian Divers a investir em roupas especiais de surfe. As antigas roupas de mergulho eram notórias entre os surfistas por causarem atrito sob os braços e, pior ainda, em torno da virilha, exigindo a aplicação de vaselina e/ou pó de talco. "Eu tentei convencê-los a fazer roupas de mergulho para os surfistas, mas o chefe não queria saber nada sobre surfistas", diz Greeny. "Ele me chamou em seu escritório e disse: 'Você deveria comprar o material de mim e ir fazer as suas próprias roupas de mergulho'", e foi isso que ele fez.

Greeny chegou em Torquay com um monte de moldes de papel pardo e uma pilha de neoprene procurando parceiros para o seu novo empreendimento. "Eu conversei com Klemm Bell sobre isso, falei com a Rip Curl sobre isso. Eu escolhi a Rip Curl", diz Greeny. Ele não consegue lembrar por que optou em entrar no negócio com Claw e Brian. "Eu sabia quem eles eram, mais por estarem próximos, mas não os conhecia tão bem", diz ele.

Brian e Claw inicialmente não se convenceram da ideia. "No início, dissemos não. Mas então eu comecei a pensar, bem, essas roupas de borracha iriam divulgar as nossas pranchas de surfe", lembra Brian. Então eles decidiram tentar a sorte.

"Ninguém realmente tinha a propriedade [da ideia]; ninguém estava realmente no comando", diz Brian.

"Nós fomos criando ao logo do processo", diz Greeny.

Suas primeiras tentativas foram, na melhor das hipóteses, rústicas. A única borracha de neoprene disponível localmente era de uma empresa chamada Leggetts de Clayton, no sudeste de Melbourne, e a qualidade não era boa. Encontrar máquinas de costura que conseguissem passar uma agulha através do material era o próximo desafio. Eles finalmente encontraram uma máquina de costura Pfaff 138 que fazia um ponto em ziguezague depois que as costuras eram coladas.

O neoprene era cortado no chão de acordo com os moldes, depois colado e costurado. Eles só fizeram um modelo: um john curto, que não tinha mangas e terminava acima dos joelhos. Eles instalaram a máquina de costura em um porão alugado perto do pub e empregaram algumas pessoas para trabalhar nela, mas o processo era absurdamente lento e administrar um negócio com três parceiros mostrou-se difícil.

"Havia três de nós nesta fase, e foi um pouco confuso sobre quem fazia o quê", diz Brian. Eles encontraram algumas mulheres locais que ficaram felizes em costurar as peças, mas logo perceberam que precisariam de mais ajuda e mais espaço. Enquanto a padaria continuava sendo a fábrica de pranchas de surfe, eles levaram a operação da roupa de borracha para o pequeno apartamento de um quarto de Claw na Zeally Bay Road.

No início de 1970, ficou claro que os três sócios não conseguiriam trabalhar harmoniosamente juntos. Alguns dizem que Brian e Greeny eram muito parecidos, ambos pragmáticos e de papo reto. Greeny já estava trabalhando na produção de calções de banho e botas de pele de ovelha, e resolveu que seguiria por conta própria.

"Tivemos uma discussão no quintal e decidimos que nós e o Greeny seguiríamos nossos próprios caminhos separados", conta Brian.

Greeny não se lembra de uma discussão. "Eu não acho que nós realmente tivemos uma briga. Eu só queria sair. Eu não queria ser o gerente de produto, queria poder circular... Decidimos não competir – foi assim que fizemos", diz ele. Suas relações comerciais informais foram dissolvidas amigavelmente e Greeny passou para seu próximo empreendimento comercial, o trabalho com pele de carneiro e os calções de banho da Quiksilver. Eles continuaram amigos, e Claw e Brian se juntaram como parceiros ocultos no novo negócio de Greeny.

A LOGOMARCA DO CÍRCULO

A logomarca circular da marca Rip Curl tornou-se uma das mais adoradas na cultura do surfe, mas não há história épica de criação por trás dela. O pai de um amigo deles, Brewster Everett, dirigia um negócio chamado Selex Decals, e a Rip Curl precisava de um tipo específico de desenho que se esticasse com o neoprene. Brewster apareceu com quatro designs para eles escolherem, e Claw e Brian optaram pela circular com a fonte apropriadamente mais transada. Ninguém prestou muita atenção às pequenas figuras transportando pranchas de surfe no canto superior direito do logotipo, que guardam uma semelhança incrível com o pôster do clássico filme de surfe de 1966, *Endless Summer*, de Bruce Brown. De qualquer forma, Claw sempre disse que aquelas figuras eram os surfistas australianos Chris Brock e Russell Hughes.

Não demorou muito para que Brian percebesse que o negócio de roupa de mergulho tinha futuro e era menos trabalhoso e mais lucrativo do que as pranchas de surfe. "No nosso primeiro ano fabricando roupas de borracha, elas ultrapassaram as pranchas de surfe em vendas", diz ele. "Estávamos recebendo pedidos de 100 por semana, ganhando 10 dólares por roupa de borracha. A ficha caiu! Este é o verdadeiro negócio. Isso vai financiar o nosso surfe."

Brian se concentrou em administrar os negócios e seus sistemas de gerenciamento eram simples, mas eficazes. "Você tem um livro de faturas, um talão de cheques e um livro de depósitos bancários. Com esses três documentos, você consegue administrar o show inteiro. As pessoas fazem parecer muito difícil", diz Brian. "Eu admirava o negócio de pranchas de surfe da Barry Bennett no Brookvale, então eu copiei o layout das faturas e das declarações deles quando criamos o nosso próprio material de papelaria."

Um dos primeiros funcionários da Rip Curl era um garoto local que Brian encontrou sentado na porta da frente da padaria numa manhã antes do trabalho. Brian supôs que ele fosse algum tipo de menino de rua, esquecendo-se totalmente de que havia colocado um anúncio de emprego no jornal *Geelong Advertiser* daquela manhã. Gary Crothall tinha apenas 15 anos, mas já estava cansado da escola, e mais entusiasmado com a ideia de ser um baterista de rock-and-roll.

"Eu morava em Jan Juc e minha mãe disse: 'Se você encontrar um emprego em Torquay, poderá deixar a escola', o que era quase impossível", conta Gary. O comércio rudimentar de surfe sendo praticado na antiga padaria era a sua melhor esperança de salvação. "Foi uma entrevista assustadora. Brian era um professor de matemática e ciências. Lembro-me vividamente dele lendo meu relatório e balançando a cabeça, mas consegui o emprego. Eu acho que eles provavelmente estavam desesperados. Foi o meu passaporte de saída da Belmont High School."

O novato ficou fascinado com seus novos empregadores. "Eu fiquei realmente impressionado com a excentricidade de Claw. Ele sempre foi um personagem interessante de se estar por perto. Brian era um pouco mais conservador, o mais profissional. Eu os chamo de Lennon e McCartney da indústria do surfe."

Gary foi colocado para trabalhar como ajudante geral no apartamento de Claw, onde duas mulheres estavam agora trabalhando em máquinas de costura em tempo integral. Seu salário era de US$ 17,60 por semana. "O cheque foi recusado um par de vezes", diz ele.

O financiamento para o crescimento estava se provando um desafio constante. Os wetsuits (roupas de borracha) vendiam o tanto que eles conseguiam produzir, mas isso significava ter de comprar mais borracha, pagar mais salários, manter mais estoque e esperar até serem pagos pelos varejistas. "Tínhamos que dirigir até Melbourne para comprar a borracha. Eles tinham um acordo com os fabricantes de roupa de mergulho de longo prazo; se algum recém-chegado aparecesse, seria cobrado em dobro pela borracha", diz Brian. "Eu escrevia um cheque sabendo que não tinha fundos suficientes para cobri-lo e depois ia atrás dos varejistas antes que o cheque fosse rejeitado pelo banco. Isso perdurou por alguns anos."

Ficar correndo constantemente atrás de dívida inspirou um mantra simples ao lidar com os varejistas: "Nós damos roupas de borracha, você nos dá dinheiro". E as lojas de surfe acabaram pagando. "Nossa taxa de inadimplência era muito baixa, cerca de 0,1% das vendas. Você olhava para outras indústrias e a taxa de inadimplência era muito maior. Todas as pessoas que olhavam negativamente para a indústria do surfe estavam por fora", diz Brian.

Um cara com quem eles poderiam contar para pagar suas contas era o grande amigo Terry "Speaky" Lyons, que abandonou um emprego seguro na Telecom, gigante das telecomunicações que um dia se tornaria a Telstra, para abrir uma das primeiras lojas de surfe de Torquay. Speaky ficou encantado por ter mais produtos para estocar, e até chegou a fazer um bico colando roupas de mergulho no apartamento da Zeally Bay Road. Houve um momento em que ele estava dividindo uma casa com Al e Barb Green e ajudando-os a cortar os calções de surfe da Quiksilver.

"Eu devo ter sido um dos primeiros a vender suas roupas lá... Eu tinha acesso ao estoque, mas era um estoque bastante limitado e eles não permaneciam na prateleira por muito tempo", diz Speaky. "Eu tinha calções de banho e roupas de neoprene feitos em Torquay, o que era ideal para mim... Recebi uma oferta de ser dono de 6,25% da Quiksilver. Eu respondi: 'Não, eu quero ser um varejista. Vocês produzem as coisas e eu as vendo'. Greeny acabou se dando bem – ele estava voando enquanto eu ainda estava vendendo calções de surfe."

Speaky conseguiu isso abrindo lojas nas proximidades de Belmont e Geelong nos anos seguintes e permanece forte até hoje. "Torquay era tão sazonal, nem perto do que é agora. Tinha a época de Natal e depois morria, e o campeonato na Páscoa trazia algumas pessoas", ele diz.

Brian e Claw logo perceberam que precisariam de mais espaço e métodos contábeis mais sofisticados. A antiga casa de fibra na parte de trás da padaria ficou disponível para aluguel, então eles assumiram o espaço e o transformaram na sua primeira fábrica de verdade de wetsuits. Uma velha garagem caindo aos pedaços que ficava ao lado tornou-se a oficina de lixa e conserto de pranchas. "Tínhamos algumas pessoas diferentes por toda a cidade costurando para nós, e depois quando a casa atrás da padaria ficou disponível, ela se tornou a primeira fábrica de roupas de mergulho", diz Brian.

Uma dessas costureiras era Sybil Stock, que recentemente fechara sua loja de roupas em Torquay depois de 12 anos. "Eles vieram me ver já que alguém tinha falado do meu nome como alguém que poderia gostar de costurar as suas roupas de mergulho", lembra Sybil, hoje com 87 anos, que mora no lar de idosos de Lions Village, a poucos passos da sede da Rip Curl. "Quando tinha ondas rolando, eles sumiam. Claw entrava e saía voando quando as ondas estavam boas e nenhum trabalho era realizado."

"Tínhamos uma grande casa branca de dois andares com uma sala de bilhar, e eles colocaram suas máquinas naquela sala", diz Sybil. "Tivemos que aprender a costurar borracha e a borracha não era fácil de costurar. Era terrível, eu ficava horas e horas tentando mexer com o material todo. Era horrível."

Em seu apogeu, Sybil costurava cerca de 100 roupas por semana e seu marido, John, ajudava a consertar as máquinas de costura quando elas quebravam. "Sparrow costumava cortar e Gary Crothall costumava mover as peças pra frente e para trás para mim", diz ela. "Eles não eram apenas surfistas, eles estavam realmente com vontade de fazer dar certo. Muitas pessoas da cidade achavam que eles eram apenas surfistas vadios, que nunca iriam conseguir nada com isso. Ficamos muito felizes de pensar que a coisa deu certo."

Em seguida, Claw foi procurar um surfista local chamado Butch Barr, um contador que voltara de um trabalho para uma empresa de mineração na Nova Guiné, para ver se ele estava interessado em fazer seus livros contábeis.

"Eu estava andando de bicicleta na beira-mar e o Claw me parou e disse: 'O que você está fazendo?'", Butch lembra. "Eu acabei de voltar da

Nova Guiné, Bougainville. Era o velho oeste por lá." Claw lhe ofereceu um emprego na hora e Butch se juntou à crescente equipe instalada na sede da Boston Road. Butch trabalhava em um escritório na casa de fibra e cuidava de todo o incipiente sistema de gerenciamento financeiro da empresa.

"Era como um cofrinho de metal. Uma época pré-computadores, muito mais na base do lápis. Máquinas de escrever e papel carbono. Não havia banco em Torquay. Havia um armazém geral. O leite ainda era entregue a cavalo e carroça", diz Butch. "No início, nenhum de nós tinha dinheiro. Durante meses a fio não nos remuneramos porque não havia fluxo de caixa. Era muito pegar e gastar. Isso importava? Não muito... Eu tinha algum dinheiro guardado do trabalho em Bougainville. Nós estávamos vivendo a vida que queríamos viver."

E se isso significava que seu empregador ocasionalmente podia atravessar com seu carro a parede da frente do seu escritório, bem, que assim seja. O pátio entre a padaria e a antiga casa nos fundos ficava bem pantanoso após chuvas intensas e Butch se lembra de estar sentado em sua mesa um dia, quando ouviu um guincho de freios e, quando olhou para cima, viu Claw indo em sua direção ao volante do furgão da empresa. Claw pisou no freio, mas isso não o impediu de atravessar pela parede da frente.

NA ESTRADA

Ficou decidido que Brian deveria pilotar a van Transit nas primeiras vendas litoral acima, entregando estoque para as lojas de surfe ao longo do caminho. A Rip Curl publicou seu primeiro anúncio no *Surfing World* no final de 1969, divulgando suas pranchas de surfe, e, ao longo das visitas, descobriu que as roupas de borracha também ajudavam a abrir portas com os varejistas.

"Nós trabalhamos com aquele anúncio por muito tempo, para tentar transmitir o sentimento", diz Brian. Sob o título "O alvorecer das pranchas Rip Curl", o anúncio apresentava um line-up com o nascer do sol dourado de Bells Beach, numa foto de Barrie Sutherland. "Inverno de 1969 – manhãs límpidas, dias amenos, ondas velozes e alinhadas", dizia o texto do anúncio, embora seja difícil imaginar em quais padrões o clima de inverno de Torquay poderia ser considerado "agradável". "As pranchas Rip Curl nasceram nos recifes de Bells no inverno passado. Foi um agito para os envolvidos testar de novos designs e ideias. Ainda é. Sabemos o que estamos fazendo e vamos estar por aí por muito tempo", comentava o anúncio. "Vem com a gente. Todas as pranchas projetadas e shapeadas por Doug Warbrick e Brian Singer." O anúncio mostrava o endereço como 5 Boston Road, Torquay, e listava apenas cinco representantes, quatro deles em Melbourne e um em Hobart.

Brian seguiu rumo ao norte no outono de 1970 com a primeira van cheia de roupas de mergulho. "Quando eu dizia que era da Rip Curl, era fácil ser recebido porque eles já tinham ouvido falar de nós em nossos anúncios de prancha de surfe. Eu aprendi o valor de não chegar sem ser conhecido."

Brian saía de Torquay à meia-noite e dirigia noite adentro até Sydney. Quando ele chegava numa nova cidade, ele procurava por lojas de surfe nas páginas amarelas. "Elas vinham indexadas logo antes de 'equipamentos cirúrgicos'", ele se recorda. Ele costumava dormir na parte de trás da van, com as propriedades térmicas dos wetsuits comprovando a sua eficácia como cobertores. Brian amava a vida na estrada.

"Foi ótimo conhecer todas as pessoas das lojas de surfe: John Skipp em Wollongong, G&S em Bulli, Brian Jackson em Caringbah, a Tom Ugly's Surf Shop – eles eram uma das maiores contas de roupa de mergulho – Byrne Brothers em Wollongong, Brothers Neilsen na Gold Coast. Na cidade de Sydney, Tom Tsipris tinha a General Pants e comprou a Surf Dive 'n' Ski de Barry Bennett e John Arnold. Tony Olsson tinha a Melbourne Surf Shop."

Com o tempo, Brian percebeu que era muito difícil carregar estoque suficiente na van. "Então eu apenas anotava os pedidos e ia surfar com os donos das lojas de surfe", diz. Ele adorava explorar os cantos e recantos da costa leste, e tentou aprender sozinho a tocar violão, mas não estava muito interessado em se juntar a uma certa galera de surf shops que gostava de pular de paraquedas depois de tomar ácido.

Sua tarefa foi facilitada pelo fato de que a marca de roupas de mergulho dos Estados Unidos, a O'Neill, estava tendo problemas em satisfazer a demanda dos varejistas. "Um exemplo foi o Ray Richards [em Newcastle]. Ele era muito leal à O'Neill", diz Brian. "Uma vez eu liguei lá e ele finalmente se chateou com a O'Neill por não ter fornecido o material solicitado, e então ele disse: 'Ok, me dê um pouco das suas', e então nós tivemos um ótimo relacionamento com ele e sua esposa Val por muitos anos."

A gama da Rip Curl agora consistia em johns curtos, long johns e jaquetas de mangas compridas, que podiam ser usadas em combinação com long johns para um aquecimento total antes de existir algo como uma roupa inteira. "Long johns entraram na moda, então eu só peguei um papel pardo e o envolvi em minhas pernas enquanto usava um john curto e apenas desenhei linhas de lápis nele, e isso se tornou o padrão para o long John", lembra Brian.

O desafio seguinte foi encontrar uma máquina de costura que pudesse costurar as pernas compridas, uma façanha que as velhas máquinas Pfaff não conseguiam. Brian acabou adquirindo uma antiga máquina de ziguezague Singer de 1910, que havia sido usada para costurar as botas de voo dos pilotos da Primeira Guerra Mundial, de uma empresa de roupas de mergulho.

O negócio recebeu outro novo impulso quando os torneios mundiais – depois de terem ocorrido em Manly, Peru, San Diego e Porto Rico nos seis anos anteriores – foram agendados para Torquay em maio de 1970, com o patrocínio oriundo da improvável aliança do governo de Victoria com os cigarros Marlboro. Nesse meio tempo, questões em torno do profissionalismo e da competição estavam sendo debatidas com entusiasmo. "As pessoas diziam: 'Corky Carroll está recebendo mil dólares por mês para aparecer na contracapa da revista *Surfer*'", diz Claw. "Os melhores surfistas desistiram de outras carreiras profissionais, e se questionavam se poderia haver um retorno financeiro nisso."

Claw observava a maneira como a indústria de surfe dos Estados Unidos evoluía para além das mercadorias essenciais: pranchas de surfe e roupas de mergulho. "Nós já estávamos vendo a indústria dos Estados Unidos indo para o setor de vestuário e usando a imagem dos surfistas e estratégias de branding, e elas pareciam bastante poderosas", diz Claw. "Fabricantes de pranchas da South Bay fabricavam centenas de pranchas por semana, mas as peças leves você podia vender para o interior do país. Os irmãos Meistrell, com a Body Glove e o O'Neill, estavam se fortalecendo."

O contingente internacional trouxe um agito para Torquay, juntamente com os mais recentes modelos de roupas de mergulho das marcas dos Estados Unidos, incluindo as primeiras peças inteiras. A ideia de uma roupa de neoprene completa foi uma revelação. A velha borracha rígida fazia com que tal ideia parecesse impraticável, mas a borracha nova e mais flexível da Rubatex nos Estados Unidos e, mais tarde, da Sedo no Japão, abriu novas possibilidades. A borracha importada era cara, mas uma grande melhoria frente à antiga borracha Leggetts.

"A essa altura, percebemos que alguns dos melhores neoprenes do mundo estavam saindo de Kobe no Japão", diz Brian. "Era uma fábrica pertencente a um cara velho, o Sr. Sedo, que fazia elásticos durante a Segunda Guerra Mundial. Fiz muitas visitas ao Japão durante esse período e gostei muito de todas elas, especialmente do desafio de lidar com os japoneses – a língua, a cultura era totalmente estranha, mas totalmente fascinante, e devo dizer que eles eram anfitriões muito hospitaleiros."

"O acesso ao material japonês e um pouco de neoprene americano foi o verdadeiro começo de poder ser capaz de fazer wetsuits especificamente para surfistas, que podiam ser projetados para permitir uma remada muito mais fácil, o que significava pegar mais ondas. Básico, porém verdadeiro", relembra Ray Thomas, um surfista local que se juntou à Rip Curl nessa época. "O esforço da Rip Curl em continuar inovando no design de roupa de mergulho no intuito de melhorar a experiência na água se manteve desde então."

Não demorou muito para a Rip Curl conseguir fazer sua própria roupa inteira. Eles até patentearam o reforço das axilas, com o próprio Claw como modelo vestindo a roupa na foto do pedido de patente.

Brian passava horas mexendo no layout dos moldes no neoprene para minimizar o desperdício da borracha que era cara, e constantemente aperfeiçoava os padrões de conforto e ajuste. "Eu me sentava na água e voltava, e de um dia pro outro mudava o padrão para ficar um pouco melhor e já o colocava em produção imediatamente", diz Brian. "Tínhamos um grande foco no teste de produtos que permeava toda a empresa. Ainda hoje, se houver algum problema, levamos para o gerente de produto e dizemos: 'Isso não está certo. Por que isso deu errado? Conserte isso'."

Os campeonatos mundiais também abriram o conceito de patrocínio ou, no mínimo, proporcionaram aos melhores surfistas da época roupas de borracha gratuitas em troca da exposição e da credibilidade que emprestariam à marca. "Quando começamos em 1969, eles faziam fila", lembra Claw. "Quando o patrocínio surgiu, nós atendíamos muitas pessoas. Nós tínhamos muitos deles em nossos livros. Eu acho que você tinha que os encurralar para conseguir que alguém como Nat Young pagasse por um wetsuit."

Brian não assistiu muito ao campeonato mundial ao vivo, pois estava ocupado no QG da Rip Curl tentando dar conta dos pedidos. "Eu estava preso em Torquay fazendo roupas de mergulho. A máquina de costura continuava quebrando e eu procurava por mais delas", lembra Brian. Ele finalmente encontrou um par delas em um negócio de máquinas de costura de segunda mão em Melbourne, o que era essencial para poder encontrar peças de reposição quando elas inevitavelmente quebravam.

Claw era o juiz australiano do evento e ficou praticamente ausente do trabalho durante o período, especialmente quando a competição foi movida costa abaixo até Johanna, no lado oeste do Cabo Otway. A invasão de uma competição internacional em um local que ainda era um segredo de surfe muito bem guardado ofendeu alguns surfistas da região, incluindo o favorito local Wayne Lynch. Isto sinalizou o início de um afluxo de surfistas para o que ficaria conhecido como a Surf Coast.

Este padrão de migração das cidades para as áreas regionais foi imitado em todo o litoral australiano. Os surfistas de Sydney reuniram-se nas costas norte e sul de NSW, e os surfistas de Brisbane foram atraídos pelos sublimes points de Noosa ou da Gold Coast. Os surfistas de Adelaide começaram a explorar a costa oeste rica em ondas, e os surfistas de Perth se dirigiram para o sul, para as ondas impressionantes da região de Margaret River. Em muitas dessas áreas regionais, a aparência dos surfistas, com seus cabelos compridos, veículos dilapidados, um aparente desdém pelo trabalho duro, além das ondas de fumaça e da descontração social turbulenta, deixava as comunidades rurais conservadoras desconfortáveis. Em

Margaret River, os surfistas recebiam cusparadas na rua e não recebiam atendimento em postos de gasolina. A polícia de Byron Bay e Coolangatta se deliciava em prender os surfistas itinerantes por qualquer coisa, desde vagabundagem a infrações falsas de trânsito, até a posse de pequenas quantidades de maconha.

Um novo estilo de revista de surfe havia sido lançado logo após o início da Rip Curl, um jornal obscuro e irreverente chamado *Tracks*, que com seu ethos hippie e seu tom natureba alimentou a migração rural. "A *Tracks* estava começando a falar sobre a coisa *country-soul... Isso marcou a primeira grande onda de surfistas que se mudou para viver em Torquay", diz Brian.

Os moradores locais de Torquay pareciam mais receptivos a esses novos e estranhos imigrantes do surfe, talvez porque eles estivessem administrando empresas, gastando dinheiro na cidade e oferecendo emprego onde pouco existia. O clube de surfe e o clube de futebol ofereciam instituições sociais onde os surfistas se misturavam aos locais mais conservadores, e se os recém-chegados conseguissem ganhar uma corrida de remada ou ocupar uma vaga no flanco de defesa no jogo, tanto melhor.

"Muitos dos moradores da cidade trabalharam com a gente. Tivemos essa integração com a comunidade", afirma Claw.

"Eu nunca senti nenhum antagonismo. Muitas das mulheres locais mais velhas estavam costurando para nós", diz Brian.

"Era um lugar feliz, todo mundo conhecia todo mundo", concorda Gary Crothall.

Talvez, se os bons cidadãos de Torquay soubessem o que se passava a portas fechadas e depois do expediente, ficariam mais escandalizados. Uma festa em uma fazenda no início dos anos 70 entrou para a história como algo parecido com um mini-Woodstock de Torquay, com bandas ao vivo, muita bebida e maconha, e um convite que dava o tom com seu grito de guerra, que eventualmente tornou-se um slogan publicitário da Quiksilver: "Se você não sabe dançar rock-and-roll, não venha, porra".

As coisas ficaram realmente interessantes quando alguém teve a brilhante ideia de tentar extrair o máximo do óleo de haxixe residual preso no interior de um recipiente, fervendo um barril de chá de óleo de haxixe. Ninguém tinha ideia da potência da bebida e alegremente sorveram a caneca inteira. A festa acabou bem cedo, com a maioria dos foliões desmaiando nos campos, olhando para as nuvens. "Essa festa mudou Torquay. Algumas pessoas nunca se recuperaram", um dos convidados me conta. "Alguém andou 30 quilômetros até a fazenda Krishna, nos fundos de Aireys Inlet, e se tornou um krishna."

Mas as migrações entre a Rip Curl e a fazenda Hare Krishna vizinha eram uma via de mão dupla. "Alguns deles saíam dos trilhos e encontravam Krishna para se reerguer, e o ponto final era a Rip Curl", diz Brian. "Era um grupo bem estranho. Não havia pensamentos sobre saúde e segurança ocupacional. O inspetor aparecia de vez em quando e lá havia tambores abertos com quatro galões de acetona na fábrica de pranchas de surfe. Certamente isso não seria considerado como um ambiente de trabalho seguro hoje em dia."

A Rip Curl ganhou uma reputação por organizar excelentes festas, mas só depois do trabalho estar concluído. Brian e Claw se empenhavam em priorizar as horas de surfe e as festas, mesmo quando o dinheiro estava apertado. "Toda sexta-feira à tarde depois do trabalho costumávamos ficar muito bêbados. Nós detonávamos – essa era a regra – e acabávamos no pub", conta Butch.

"Brian dizia: 'Nós não temos o suficiente para pagar você. Apenas temos o suficiente para comprar algumas caixas de cerveja e fazer uma festa'", relembra Steve Perry, outro funcionário da Curl. Ninguém parecia se importar muito. A realidade de ter um trabalho na costa que permitia muito tempo de surfe era um sonho tornado realidade para a maioria dos funcionários, e o atraso ocasional em receber o pagamento parecia ser apenas um pequeno inconveniente. "Todo mês éramos chamados pelo posto de gasolina porque nossa conta não havia sido paga", diz Steve.

Nos tempos atuais, Steve mora em uma bela casa à beira-mar, uma moderna maravilha cubista de madeira e vidro, em meio a jardins zen e arbustos costeiros, com uma vista espetacular do oceano sobre Winki Pop. Ele claramente se deu bem trabalhando na indústria do surfe, passando de sua época na Rip Curl para o lançamento da Oakley na Austrália. Ele continuou amigo do contador Butch Barr, que obteve sucesso semelhante, fazendo sua fortuna administrando a Reef na Austrália.

"Se não fosse por Brian e Claw, eu não teria esta casa. Eles me ensinaram a administrar um negócio", disse Steve, apreciando a opulência de seu entorno. Mas quando marcamos o encontro para nossa entrevista, Steve encarava a dureza de lutar contra um câncer de garganta, sofrendo os efeitos da radiação prolongada e da quimioterapia. A questão de saber se ele sequer estaria disposto a conceder a entrevista era delicada, mas ele pareceu contente em ter a nossa companhia, e feliz por ver seu companheiro Butch. Conforme as histórias fluíam, ele ficou cada vez mais animado apesar de sua saúde debilitada. Infelizmente, não muito tempo depois, Steve sucumbiu à doença e foi homenageado em uma missa no Cozy Corner, em Torquay.

Steve veio para a Rip Curl através de um histórico de empregos incomum. "Eu saí da escola, entrei para o serviço público e me tornei um oficial da alfândega. Eu tinha que estacionar a minha kombi ao lado de onde eles mantinham os cães farejadores e era uma festa sobre rodas", diz Steve. "Eu ia para o litoral todo fim de semana... Havia traficantes me abordando e dizendo: 'Soube que você trabalha na alfândega, precisamos ter uma conversa'. E eu fui, isso é loucura, o que estou fazendo?"

Steve acabou desistindo da carreira na alfândega e mudou-se para Torquay. Ele pegou o trabalho no turno da noite na Rip Curl, recém-criado em um esforço para dar conta da demanda. "Todo mundo saía às cinco; você aparecia e alguém descolava algumas drogas ou bebida, e aquilo se tornava uma festa", diz Steve. Ele ganhava US$ 10 por semana, e orçava US$ 2 para alimentação, US$ 2 para gasolina, US$ 2 para aluguel e US$ 4 para festa no fim de semana. "Eu realmente não bebia naquela época, porque o LSD era muito bom", diz Steve.

Você poderia comprar uma casa em Torquay por apenas US$ 10 mil ou alugar uma por US$ 10 por semana, e os surfistas se empilhavam o quanto podiam em uma casa e rachavam o dinheiro que restava em comida e estilo de vida. A querida senhora da lanchonete Giddings, Molly Ross, sentia pena dos pobres surfistas e lhes servia os restos de comida, além das frutas e vegetais que estavam prestes a estragar. As ondas eram de graça.

Mas ainda havia perigos à espreita dos jovens surfistas que ameaçavam romper essa idílica existência. O recrutamento do Vietnã, a temida cédula de aniversário, ainda estava em vigor. Steve tornou-se elegível quando completou 20 anos e estava preparado para se esconder a fim de evitar o recrutamento. "Comprei um carro por 140 dólares e dirigimos até Margaret River, passamos algumas semanas no Cactus e depois fui para Margaret. Eu não fui convocado, então voltamos", lembra ele.

Steve foi recebido de volta à Rip Curl e conseguiu um emprego em sua mais nova linha de produtos, colchões de surfe infláveis. A operação do tapete de surfe acontecia na garagem nos fundos da casa de Brian em Jan Juc, e Ray Thomas liderou um grupo de desajustados por lá. "A equipe do colchão de surfe era uma mistura estranha", diz Ray. "Tinha o 'Fledge', Greg Hill – ele era o rei de Bird Rock, um grande surfista; Anne Herriot, agora esposa de Maurice Cole; e 'Pup', outro bom surfista. Naquela época, esses caras estavam na maior parte do tempo desempregados, vivendo a vida de surfe hippie. O meu trabalho era garantir que produzíssemos um determinado número de colchões por semana, mas, infelizmente, eu era o único que se importava com a cota. Às vezes eu era o único a aparecer na garagem... o que significava que às vezes trabalhava à noite para cumprir a cota."

A equipe do colchão de surfe costumava precisar de um empurrão para pegar no tranco de manhã, o gorgolejar da água no "bong" era um prelúdio quase obrigatório para o trabalho do dia. "Eu tinha um cachimbo na casa, para fazer os outros caras trabalharem com mais frequência", diz Ray. "Eu me lembro de um dia depois de uma grande festa no 'Rock', que era uma casa infame perto de Bird Rock, em que tive que acordar o Fledge botando minha cabeça pela janela do quarto, pois ele não atendia a porta. Eu disse a ele que tinha uma pedra do melhor haxixe e se ele não se levantasse e viesse trabalhar, iria perder isso. Esse era o tipo de incentivo que eu usava para motivar os outros também."

Ray é uma figura gigante na história da Rip Curl, conhecido como o Rei, o Dugongo e o Dugongo Rosa, porque ele ficava facilmente queimado de sol. Brian costumava pegar Ray pedindo carona quando estava matando aula para ir surfar. Mais tarde, quando Ray foi expulso no fim do segundo grau por suas repetidas faltas, Claw chegou à conclusão de que aquele jovem fugitivo tinha potencial para integrar a Rip Curl.

Quando Ray ganhou um prêmio em dinheiro de US$ 100 em um torneio profissional em Phillip Island, ele imaginou que poderia se dar ao luxo de surfar por três meses pagando US$ 8,00 por semana por uma casa. "Num dia de vento maral, Claw veio até a praia e me assediou para trabalhar para eles", diz Ray. "Claw disse que o vento ia ficar maral por vários dias, então por que não ganhar um pouco de dinheiro nesse meio tempo? Foi assim que comecei."

As importações baratas de Taiwan acabaram prejudicando o mercado de tapetes de surfe, mas o costume peculiar que o produto fabricado localmente tinha de explodir como um balão quando as costuras cediam pode ter contribuído para o seu desaparecimento.

Ray administrava a loja nos finais de semana até se mudar para a Nova Zelândia. Steve Perry assumiu a loja de varejo nos fins de semana, e durante a semana ele ia de carro até Melbourne para deixar roupas de borracha e pegar mais borracha da Leggetts, antes da chegada da borracha importada. Os fins de semana eram corridos na loja. Muitos wetsuits eram feitos sob encomenda, então os surfistas vinham para tirar as medidas de suas roupas de borracha ou fazer pedidos de pranchas, ou para pegar seus novos wetsuits ou pranchas. À medida que o comércio varejista crescia, Steve sempre saía carregado com grandes quantias em dinheiro ao final do dia.

"Eu não queria ter que trabalhar em qualquer outra atividade, então eu fazia tudo que podia para ter certeza de que havia dinheiro suficiente naquela caixa registradora para poder continuar ali", conta Steve. "Se eu desse uma sacola de dinheiro para Brian, ele me deixaria em paz."

"Não se tratava de ambição de ganhar dinheiro", diz Butch.

"Era uma questão de sobrevivência", diz Steve.

"Era como um time de futebol", diz Butch.

Steve incrementa a analogia. "Brian era o treinador: 'Esta semana precisa ser uma boa semana e assim estaremos bem'."

A Quiksilver e a Rip Curl tinham relações próximas naqueles primeiros tempos. Se alguém estava passando algum apuro, o outro poderia vir ajudar. "Eu telefonava para Greeny pedindo um empréstimo de uma semana e depois ele me ligava para pedir um empréstimo", diz Butch. Ambos sabiam como era ter credores perseguindo-os, de modo que criaram uma espécie de código telefônico para falar um com o outro. "Eu tinha que deixar tocar três vezes e depois ligar de volta, e então ele sabia que não havia problema em atender", lembra Butch.

NOVAS CHEGADAS

Um dos próximos funcionários da Rip Curl teria um impacto profundo no negócio e na indústria de roupas de borracha como um todo. John "Sparrow" Pyburne era um moleque que frequentava a primeira loja de Claw em Brighton, e vinha surfando as ondulações de vento entre o cais de Brighton Beach e as casinhas de banho. Em 1972, Claw ouviu que Sparrow completara o aprendizado de mecânico e achava que ele poderia ser útil para cuidar de suas antigas máquinas de costura. Sparrow [Pardal], assim chamado em Brighton por causa de suas pernas magras, não precisou de muito convencimento.

"Aqueles primeiros tempos foram para mim a melhor época da minha vida", diz ele melancolicamente. "Eu cortava neoprene à noite e depois surfava o dia todo. As garotas vinham costurar e nós pegávamos nossos almoços e íamos para Winki."

Sparrow demonstrava uma afinidade com o ofício de fazer roupas de borracha e se tornaria um dos técnicos de roupa de mergulho mais influentes do mundo. Mas sua carreira teve um começo humilde. "Eu estava cortando roupas de mergulho e tinha lá uma garota chamada Sue que era costureira e me mostrou como juntar as peças para fazer uma roupa de borracha personalizada, e assim me envolvi com os moldes", conta Sparrow.

Maurice Cole foi outro jovem surfista atraído pela antiga padaria, originalmente em um papel de curta duração como colador de roupa de mergulho. Foi ali que ele conheceu sua futura esposa, Anne, que costurava wetsuits. Maurice mudou-se para Torquay em 1971 e lembra-se de ter sido informado que era o 16º surfista a mudar-se para Torquay para viver em tempo integral. "Todo dia você se levantava – ah, está terral. Caramba, tem seis pés. E o que quer que você tinha pensado em fazer caía por terra, então você não tinha como ter um emprego regular", diz Maurice. "Nós éramos as pessoas menos confiáveis do mundo. Lembro-me de tentar ganhar US$ 15 por semana: US$ 7,50 para aluguel, o restante faria comida para a semana, e eu tinha 20 ou 25 centavos para a maconha da sexta e sábado à noite."

Hoje a Rip Curl se orgulha de que ninguém é demitido por surfar, mas naquela época, se você não aparecesse por dias a fio, havia limites para essa política. Maurice durou apenas uma semana como um colador de roupas de mergulho: "As ondas estavam muito boas, então eu não apareci para trabalhar, e um dia Sing Ding remou até mim e disse: 'Eu acho que você sabe que está demitido', já que eu não tinha aparecido por um tempo, pois tivemos uma boa temporada de ondas. E eu lembro que ele disse: 'Porra, mas quão boas estão essas malditas ondas?' Tipo, não teve drama algum."

Mesmo assim, Maurice continuou circulando pela padaria, observando Donny Allcroft shapear e Jim Pollock lixar, absorvendo os fundamentos da produção de pranchas de surfe. "Não havia mais nada pra fazer quando não tinha onda", diz Maurice. "Então Claw, um dia, disse: 'Ei, por que você não faz o shape de uma prancha?' Eu pedi a Donny para me ajudar... Ray Thomas estava de folga e um jovem Steve Perry trabalhou naquele fim de semana e vendeu a prancha, então eu fiz outra e assim fui em frente."

Maurice se uniu ao surfista de destaque local Wayne Lynch e se engajaram num intenso período de surfe, exploração e desenvolvimento de design. "Nós descobrimos que entre Portland e Phillip Island você conseguia surfar todos os dias. O nível de trabalho foi muito baixo – é por isso que não há muitas pranchas de um de nós daquela época. Eu estava ocupado demais aprendendo sobre o ato de surfar", diz Maurice. "Você tem que lembrar que muitas pessoas estavam fumando e usando muitas drogas naquele tempo: ácido, maconha, haxixe... Era tudo muito descontraído."

HOJE TORQUAY, AMANHÃ O MUNDO

Em 1972, Claw viajou para San Diego para o campeonato mundial como juiz australiano e chefe de equipe, junto com uma equipe australiana com Peter Townend, Mark Richards, Michael Peterson, Mark Warren, Simon Anderson, Paul Neilsen e um jovem Wayne "Rabbit" Bartholomew. O evento foi o último dos grandes títulos mundiais amadores antes do início da era profissional e entrou para a história como uma festa selvagem de uma semana, turbinada por grandes quantidades de substâncias ilícitas.

O título mundial foi conquistado pelo improvável havaiano Jimmy Blears no masculino e Sharron Weber no feminino, mas para Claw o evento foi significativo em abrir os seus olhos ainda mais para o cenário internacional do surfe. Como muitos dos australianos, ele voou para o Havaí, onde testemunhou em primeira mão os primeiros eventos profissionais do famigerado North Shore, o Hang Ten e o Smirnoff Pro-Am, ambos em Sunset Beach.

Longas conversas com o diretor de eventos e mentor George Downing convenceram Claw de que esse conceito de surfe profissional tinha futuro, e ele retornou a Torquay no início de 73 com um esquema ousado para transformar o evento de Bells no primeiro evento profissional da Austrália. "Ele voltou e disse para mim: 'Você quer fazer isso?' Soava viável", diz Brian. "Então tivemos que conversar com Tony Olsson, da ASA [Associação Australiana de Surfriders, hoje Surfing Austrália], e convencê-lo."

Já era janeiro e a Páscoa era em abril, então não havia tempo a perder. Claw e Brian se aventuraram em Melbourne para encontrar Tony em sua loja na Bourke Street, a Melbourne Surf Shop. Os escritórios da ASA em Victoria ficavam no andar de cima e Brian lembra de sentar em um degrau na loja de Tony e discutir a sua ideia. Tony levou um tempo até se convencer, mas terminou entusiasmado com o plano.

Desde o início, eles decidiram que precisavam se comprometer a longo prazo. "Eu pensei, se fizermos isso só uma vez, será uma coisa passageira. Temos que fazer isso por pelo menos três anos para ganhar algum impulso", diz Brian.

"Estávamos meio ferrados; precisávamos das vendas do fim de semana para obter algum lucro", conta Claw. "Talvez não conseguíssemos pagar a equipe e nem nos pagar por algumas semanas, mas não era um grande comprometimento financeiro. Nós achávamos que iria funcionar. Pensávamos que era importante ter a Rip Curl associada a esse novo movimento." Butch, o contador sitiado da Rip Curl, não tinha tanta certeza. "Não havia dinheiro", diz ele. "O dinheiro do prêmio veio das vendas do fim de semana. Apresentamos aos vencedores os cheques e informamos: não tentem descontá-los por alguns dias."

Felizmente para a Rip Curl, a multidão do fim de semana da Páscoa gastou mais do que o suficiente para cobrir o prêmio em dinheiro. Bells também tinha a vantagem geográfica e rodoviária que permitia cobrar ingresso dos espectadores. Durante anos, o pedágio no portão dos eventos em Bells ajudaram a financiar as viagens da equipe de Victoria aos eventos nacionais, e agora essa receita ajudou a tornar o primeiro grande evento profissional do país viável financeiramente. O conselho do condado oficializou a classificação do estacionamento de Bells. O movimento do surfe rumo ao profissionalismo foi um tema muito debatido, mesmo entre os melhores surfistas da época que se beneficiavam dele. Mas com a competição amadora em declínio após os mundiais de 1972, a maioria estava mais do que feliz em pular no trem em busca de um meio de vida ligado ao ato de deslizar nas ondas.

Claw adotou o sistema de pontos por manobras de George Downing, uma tentativa inicial de um sistema de julgamento verdadeiramente objetivo, pois ele havia visto em primeira mão as armadilhas do sistema antigo. "Era algo altamente tendencioso nas competições nacionais. Havia coalizões de juízes: os juízes seguiam a linha de julgar sob o estilo havaiano ou sob o estilo australiano. A percepção é de que era tudo meio manipulado."

No sistema de George, os pontos eram alocados para cada manobra, com pontos extras ponderados pela altura da onda e manobras consideradas "radicais". Os surfistas podiam surfar quantas ondas quisessem, acumulando pontos o tempo todo. Essa metodologia rigorosa estava um pouco fora de sintonia com o temperamento antissistema da época e os organizadores enfrentaram uma parada dura na reunião com os competidores no pub de Torquay. Mesmo assim, a maior parte da elite do surfe reunida estava preparada para descer e se sujar na arena competitiva por uma fatia de US$ 2.500 em prêmios, com o vencedor ganhando US$ 1.000. A competição durou três rodadas, com uma tabela de classificação registrada ao final de cada rodada.

Quem liderou a turma que não prestou atenção na conversa foi Michael Peterson, MP. "Michael estava lá de corpo presente, mas talvez sua mente não; ele não estava focado", diz Claw. Assim, o enigmático e altamente apreciado local Queensland perdeu na primeira rodada em Bells com seis pés, usando uma estratégia totalmente errada para o novo sistema. "Michael entrou e surfou três ondas do lado de fora do recife de Bells e saiu da onda no Bowl, surfou suas três ondas e saiu da água", conta Claw. "Michael estava em grande forma com domínio absoluto, e ele é ótimo em Bells. Mas na tabela de classificação, Michael Peterson estava lá embaixo, e o segundo no fim da lista era Peter Drouyn, outro grande surfista. Uma grande falha do sistema de pontos por manobras: ele é um agregado de tudo o que você faz, cada manobra que você pode chamar de manobra definida ganha pontos. Michael ficou chocado quando viu seu nome em último. Ele perguntou a três ou quatro pessoas o que havia acontecido. Eles estavam todos olhando para a tabela e a ficha caiu para Michael."

MP não ficaria no fim da tabela por muito tempo. "Ele pegou os critérios e colou no painel do carro dele. De último colocado na primeira rodada, ele marcou quase 2 mil pontos na segunda rodada e na seguinte, assim ele ganhou com larga vantagem", diz Claw. "Ele era um remador feroz e começou a surfar 13, 14 ondas, fazendo todas as manobras que você já viu. Ele surpreendeu a todos."

Michael levou o primeiro Rip Curl Pro dizendo quase sem fôlego, "Caramba, eu ganhei US$ 1.000". O sistema de pontos por manobras foi arquivado após aquele experimento audacioso, mas Claw ainda vê mérito nele. "Tivemos os mesmos vencedores. O sistema foi deixado de lado, mas talvez não tenha sido tão falho porque os mesmos caras venceram."

"MP havia sacado tudo. Ele surfou como um giroscópio superalimentado fazendo 10 manobras por segundo", concorda Brian. "Não me lembro de haver muitos estrangeiros no primeiro ano, mas pareceu um passo à frente para o negócio. E as festas eram bem grandes na época da Páscoa."

Paul Holmes era um jovem surfista e shaper viajante de Newquay, na Inglaterra, que trabalhava nas fábricas Keyo e Farrelly, em Sydney, quando foi até Bells para conferir o primeiro Rip Curl Pro e conseguiu um emprego como assistente dos juízes. "Havia um grande entusiasmo, todos curtiram o conceito", diz Paul. "Foi uma festa de uma semana com um pouco de surfe rolando. Eu estava no paraíso, conhecendo esses surfistas que eu via em revistas – eles eram heróis e eu estava tomando uma cerveja com eles."

Holmes havia deixado a Inglaterra em 1972 com o ingênuo sonho de ganhar a vida surfando, e o primeiro Rip Curl Pro colocou em movimento uma série de eventos que tornaram esse sonho possível. Ele se tornou juiz no Rip Curl Pro de 74, depois diretor de competição do Coke Surfabout em 1978, e passou a atuar como editor da revista *Tracks* e, em seguida, da revista *Surfer* nos Estados Unidos nos anos 80.

"A partir dos 18 anos eu pensava que deveria haver alguma maneira de ganhar a vida vivendo esse estilo de vida. Como você pode ganhar dinheiro suficiente para pagar o aluguel e surfar quando as ondas estão boas?", questiona Paul. "Quando surgiu o surfe profissional, pensei que aqui estava a minha oportunidade. As pessoas serão pagas para julgar, as pessoas serão pagas para escrever sobre isso. Ficou claro para nós que isso era algo que valia a pena perseguir."

A operação da Rip Curl e seus animados proprietários também causou uma enorme impressão no jovem Rabbit Bartholomew, que ganhou um *wildcard* [convite] para o primeiro Rip Curl Pro com uma vitória no campeonato de Queensland, triunfando sobre Michael Peterson e Peter Townend. "Eu apareci no radar do Claw e ele ficou bastante impressionado com o calibre dos surfistas que eu venci", diz Rabbit. "A minha primeira roupa de borracha foi um wetsuit de mangas compridas e progredimos a partir daí."

O que Rabbit recorda mais claramente é a cena social em torno do evento. "Eu me lembro bem das festas antes e depois de Bells a cada Páscoa. No feriado de Páscoa, todas as regras eram jogadas pela janela, valia tudo", recorda Rabbit. "Eu me lembro de entrar em uma festa e Sing Ding estava pirando ao som dos Rolling Stones e ele parecia um personagem daquela cena, puro rock-and-roll. Ele era definitivamente selvagem."

Em 1974, Bells já fazia parte das migrações sazonais de Rabbit. "As grandes lembranças foram de 1974 com Andrew McKinnon. Acho que passei seis semanas em Torquay e conheci de verdade esses caras", diz Rabbit. "Quando conheci Claw, achei que ele era como Gyro Gearloose. Eu achava que Claw era maluco: essa figura clássica que aparecia em Bells Beach com suas cintas e meias – ele ainda faz isso – girando o cabelo, pulando para cima e para baixo e esfregando as mãos."

UMA CERVEJA COM TOMMY

Está bem documentado que Michael Peterson passou a dominar completamente o Rip Curl Pro nos primeiros três anos, e seu porte esbelto, juba selvagem e a dilaceração hiperativa das ondas do Bells Bowl tornaram-se sinônimos da marca Rip Curl. Infelizmente, MP não está mais entre nós para explicar sua dominação de outro mundo nas escancaradas paredes de Bells, já que ele morreu de um ataque cardíaco em 2012, aos 59 anos de idade. E ele nunca teve muito a dizer sobre o assunto quando ainda estava vivo, lutando contra a esquizofrenia e os efeitos da terapia de eletrochoque. Mas seu irmão mais novo, Tommy, está bem vivo e possui uma memória forense de datas e detalhes desse passado remoto.

Tom mora atualmente na North Stradbroke Island, mas nós nos reunimos para almoçar no Coolangatta Sands Hotel durante uma de suas estadias frequentes. A carreira underground de Tom foi jogada ao centro das atenções pelo patrocínio de outro ícone da Rip Curl, Tom Curren, quando Curren surfou num fim de tarde com uma pequena Fireball Fish em grande estilo, em uma missão "The Search" na Indonésia em 1994.

"Uma caneca de New" são as primeiras palavras com que Tommy me cumprimenta quando chego ao bar da frente de Sands, numa quinta-feira na hora do almoço. Fiquei mais do que feliz em aceitar. Tom é um contador de histórias magistral com uma incrível memória, e ele leva a sério seu papel de guardião do legado do seu irmão. Ele até preparou anotações rabiscadas no verso dos bilhetes de apostas da TAB.

Ele lembra da primeira viagem de Mick para Bells em 1970 com o shaper Joe Larkin e o juiz Terry Baker. "Michael desceu para Bells e voltou para casa duas semanas depois. Ele venceu os juniores e venceu Wayne Lynch, então ele estava feliz, e apareceu com esse pedaço de borracha chamado long john", diz Tom. O wetsuit foi uma revelação, mesmo para os invernos amenos da Gold Coast. "Quando íamos surfar em Green Mount no inverno, ele ficava mais horas na água do que eu."

"Michael chegou em casa no ano seguinte com uma roupa nova. Eu disse: "O que você vai fazer com a antiga?" Era muito longo, então peguei a tesoura e três polegadas saíram da perna. Eu usei aquela roupa por alguns anos. Então Mick descobriu que ele deveria ter enviado suas velhas roupas de mergulho de volta."

Mick gostava das ondas e do ambiente campestre de Torquay, e Bells tornou-se uma peregrinação regular na Páscoa. Tom e sua mãe, Joan, acompanharam Mick em 1972 e formaram um elo com a equipe da Rip Curl. "Eu até hoje ainda chamo Doug de tio Doug, e chamo Singer por esse apelido. Tio Doug sempre me ajudou quando precisei. Eu pedi conselhos ao Singer sobre um divórcio uma vez", conta Tom.

Naquela época em Torquay, eles encontraram Sparrow e Donny Allcroft: "Eles estavam costurando roupas de mergulho nos fundos da fábrica. Mick fez uma prancha lá, na verdade shapeou um par de pranchas." Fazer shapes de pranchas específicos para aquelas ondas foi a chave para o sucesso de MP, diz Tommy. "Ele fazia o equipamento para as ondas, igual ao MR [o quatro vezes campeão mundial Mark Richards]. É por isso que eles dominaram Bells por tanto tempo. Você precisa ter área e volume para aumentar a velocidade."

Ele se recorda de Mick partindo para Bells em 75, consumido em ansiedade pela perspectiva de vencer o evento pelo terceiro ano consecutivo. "Ele disse: 'Se eu ganhar de novo, eles vão me odiar', e eu disse: 'Vá lá e ganhe e faça com que eles te odeiem'." Tom foi para a North Stradbroke Island naquele ano e ganhou um torneio local. "Foi a primeira vez que dois irmãos em dois estados diferentes venceram dois campeonatos com roupas de mergulho da Rip Curl", diz ele.

Um acordo de aperto de mão foi feito para manter Mick vestido com novos wetsuits em troca de usar a sua imagem nos anúncios da Rip Curl. Embora o acordo não envolvesse dinheiro, Mick embolsou a parte do apoio em dinheiro nos primeiros três anos do Rip Curl Pro. Mas Mick nunca gostou de aparecer em anúncios ou de cumprir suas obrigações oficiais como surfista patrocinado. "Mick tinha que fazer um anúncio da Rip Curl. Chegou o dia das filmagens e ele estava surfando no Angourie", lembra Tom. "Acho que ele não compareceu a nenhuma sessão de fotos de anúncios. Na maior parte do tempo eles o pegavam saindo da água. A maneira mais rápida de se livrar dele era ter câmeras piscando em sua direção."

Esse acordo de aperto de mão também abrangeu Tommy e segue até hoje. "Basicamente, desde os meus 17 anos até hoje – e estou com 63, quase 64 anos – não comprei uma única roupa de mergulho desde 1988. E com Mick foi assim também", diz Tommy. "Mamãe ficou bastante impressionada com a empresa Rip Curl, porque eles economizaram muito dinheiro com isso."

Tom tem inúmeras lembranças de loucuras junto à equipe da Rip Curl ao longo dos anos. Ele se recorda de nadar nu na piscina de Claw ao final de uma grande festa, e do hábito de Brian de remover carros estacionados na rua com seu veículo de tração nas quatro rodas. "Eu me diverti muito com Brian, ele é como um irmão mais velho porque eu o conheço desde os 17 anos", diz Tom. "Brian descia e bebia com os rapazes da área de expedição, porque costumava dizer: 'Sem vocês, não estaríamos ganhando dinheiro'."

PEGANDO A ESTRADA

Não houve descanso em cima dos louros do sucesso do primeiro campeonato de surfe profissional da Austrália. Claw embarcou quase que imediatamente em uma viagem com uma kombi carregada de roupas de mergulho em uma corrida de vendas pelo oeste da Austrália por conta dos campeonatos australianos. Maurice Cole e um jovem surfista da Califórnia, John Patton, foram junto. Normalmente Claw retirava-se de suas funções de motorista logo no início e colocava Cole, que não tinha carteira de motorista, no volante. Ele assumiu a kombi já na saída de Ceduna.

Claw dormia na traseira da van sobre uma montanha de roupas de mergulho com os pés salientes entre os bancos da frente. Patton cochilava no banco do passageiro e o cachorro de Maurice estava aos pés de John. Maurice calcula que não tinha visto um outro carro passar por mais de uma hora e estava se divertindo durante o longo e monótono percurso botando biscoitos de cachorro nos pés de Claw, tentando fazer com que seu cachorro mordesse os dedos dele ao tentar apanhar os biscoitos em sua boca. Enquanto isso, um vento cruzado de 40 nós exigia um aperto firme na roda. Distraído com o jogo dos biscoitos, Maurice olhou para cima e viu uma van com um bando de garotos aparecer do nada na estrada. Ele desviou uma vez para se esquivar deles, depois corrigiu demais para o outro lado, ficou em duas rodas, e depois capotou em um barranco.

Os passageiros ficaram abalados, mas sem ferimentos. "Nós viramos de volta o veículo e dirigimos até Ceduna, onde eles consertaram tudo", conta Maurice. Mas o cachorro de Maurice saiu em disparada pelo deserto e, apesar de seus melhores esforços, não conseguiram encontrar nenhum vestígio dele.

Em Cactus, eles foram atingidos por uma tempestade selvagem e Claw dormiu na van, enquanto Maurice e John acamparam sob uma lona amarrada com corda. Eles acharam ondas perfeitas no Caves, um recife de qualidade para a direita, onde encontraram a estrela do surfe havaiano Reno Abellira, no que foi o começo de uma amizade, que serviu bem a Maurice em suas viagens seguintes ao Havaí.

No caminho de volta do oeste da Austrália, eles souberam que um fazendeiro local havia notado um cachorro esperando, dia após dia, ao lado da rodovia onde a kombi capotou. Ele finalmente conseguiu pegar o cachorro pra si e, quando eles acharam o fazendeiro, Maurice e seu cachorro tiveram um emocionante reencontro.

ILUMINAÇÃO INDONÉSIA

Brian celebrou o sucesso do primeiro Rip Curl Pro com uma viagem a Bali, junto com os cineastas Jack McCoy e Dick Hoole. A viagem foi uma oportunidade para Brian reavaliar sua vida: Brian e Jenny tiveram uma filha, Samala, em 1971, mas as exigências de um negócio em crescimento afetaram a vida familiar e o casal se separou temporariamente em 73.

O filme *Morning of the Earth,* de Alby Falzon tinha sido lançado no ano anterior e explodiu a mente coletiva do surfe. A debandada para Bali estava a pleno vapor. "Bali teve um impacto enorme em mim", diz Brian. "Havia alguns vagabundos na trilha hippie do caminho de Londres até a Austrália, trabalhadores da plataforma petrolífera do Sudeste Asiático, artistas. Era um grande caldeirão de pessoas incomuns em um lugar muito espiritual. E depois você adiciona os surfistas nessa mistura, com alguns deles ganhando a vida por meios ilícitos."

Ele se lembra de ter viajado para Uluwatu na traseira de um ônibus, engasgado com fumaça, e andando de moto sentado no bico da prancha com a rabeta pendendo para trás. Isso foi antes de haver qualquer warung em Uluwatu, quando ainda era preciso caminhar 30 minutos a pé saindo da estrada e encarar uma dança cuidadosa em uma escada de bambu para poder remar pela caverna. "Havia algumas pessoas, então você nunca estava surfando sozinho, mas não havia warungs, nem carregadores de prancha, e um velho local que costumava sentar-se acima da caverna e ficar observando por horas", lembra Brian.

Eles surfaram nas ondas vazias de Balangan, remaram até o recife de Kuta, desfrutaram das divertidas praias dali e exploraram o litoral norte até Medewi. Pode ter sido apenas uma viagem de três semanas, mas Brian achou profundamente transformadora e teve que lutar para se ajustar à vida normal quando voltou para casa. "Eu fiquei um pouco chocado depois, e sofri com os efeitos da separação e pensando sobre as coisas pela primeira vez na minha vida." Ele fez uma pausa nas praias do norte de Sydney, acalmadas pelas suaves tensões do álbum Hare Krishna de George Harrison, *The Radha Krsna Temple*, no ambiente hippie de Whale Beach.

Os fundadores da Rip Curl se recordam de uma improvável reunião com o líder Hare Krishna Swami Prabhupada em Melbourne por volta dessa época, enquanto oscilavam entre o empreendedorismo e a busca pela iluminação. O conselho do professor espiritual reverenciado? "Passe menos tempo comportando-se como peixe, e mais tempo em autorreflexão." Eles entenderam isso como significado de que o Swami considerava o surfe uma perda de tempo no caminho para a iluminação, o que praticamente significou o fim do flerte deles com o movimento Krishna.

O INÍCIO DO PATROCÍNIO

Mas, como Bob Dylan cantou, os tempos estavam mudando. O surfe profissional estava ganhando força e, em 1974, Claw se envolveu na formação da Associação Australiana de Surfe Profissional e foi eleito presidente fundador. Um jornalista do jornal de Sydney, Graham Cassidy, conseguiu persuadir a Coca-Cola a depositar dinheiro suficiente para organizar o mais rico campeonato australiano até aquele momento, o Coke Surfabout em Sydney, e de repente havia dois campeonatos na Austrália para atrair os melhores do mundo.

Um crescente número de surfistas de elite usava roupas de borracha da Rip Curl, muitas vezes com cores distintas que se tornaram a sua marca registrada e eram feitas sob encomenda. Sparrow tornou-se o mestre da fita métrica, registrando as dimensões dos melhores surfistas do mundo e garantindo um ajuste para satisfazer as mais exigentes estrelas do surfe. "Eu costumava ir a Sydney com o Claw e medir as pessoas na praia, na frente de todo mundo. Pode ter sido uma manobra do Claw para cativar a imaginação das pessoas", diz Sparrow.

À medida que mais surfistas internacionais eram atraídos para seu evento anual, a Rip Curl teve a chance de ver de perto os mais recentes modelos de wetsuits dos concorrentes. "Nós tínhamos caras como o surfista havaiano Rory Russell, que queriam trocar suas roupas de mergulho por nossos modelos. Eu pensei, nossos wetsuits devem ser muito bons! Foi aí que começamos a acreditar que nossos trajes de mergulho estavam no mesmo nível dos melhores do mundo", diz Brian.

Embora o contato internacional fosse bem-vindo, por outro lado, o isolamento geográfico tinha sido bom para o negócio, promovendo a autossuficiência e o desenvolvimento de seus próprios sistemas de negócios a partir do zero. "Não sabíamos muito sobre negócios e cheguei à conclusão de que ter esse isolamento e ter que fazer as coisas a partir do senso comum era positivo", avalia Brian.

A identidade do primeiro surfista a ser pago para usar uma roupa de mergulho da Rip Curl parece ter se perdido nas névoas do tempo: Nat? Midget? Wayne Lynch? Michael Peterson? MP pode não ter sido oficialmente remunerado, mas ao faturar os três primeiros Rip Curl Pro, ele certamente se tornou um dos principais beneficiários.

"O que eu sabia era que o preço de mercado para os surfistas era muito difícil de definir", diz Brian. "Depois de um certo tempo em meados dos anos 70, quando alguns surfistas começaram a ser patrocinados por diferentes empresas de surfe, um mercado foi estabelecido, então ficou mais fácil estabelecer o valor dos surfistas."

Wayne Lynch emergiu de seu autoimposto exílio na costa sudoeste para escapar do recrutamento do Vietnã e foi atraído a abandonar a aposentadoria das competições de surfe por conta da era profissional. Wayne mostrou que não perdera nenhuma habilidade ou inteligência competitiva ganhando o '75 Coke Surfabout, sendo patrocinado pela Rip Curl.

Era inevitável que o sucesso da Rip Curl atraísse concorrentes, e não demorou muito para que o veterano shaper Fred Pyke garantisse a licença australiana da fabricante norte-americana Dive N' Surf, cujas roupas de surfe eram comercializadas sob o nome Body Glove. Claw e Brian rapidamente registraram o nome Body Glove na Austrália, então Pyke foi forçado a usar o menos sexy Dive N' Surf para os seus wetsuits, e não ficou muito feliz com isso.

Rod Brooks, velho amigo de Claw de Brighton, entrou na parceria com Pyke para tentar modernizar a sua operação. "Fred estava um pouco ressentido. Ele era de uma cultura diferente, e parte da razão pela qual nós só duramos três anos foi porque eu era mais parecido com a Rip Curl", diz Rod. "Fred não gastaria um tostão em uma nova máquina, ele consertaria as antigas. Mas Fred era um excelente comerciante, um dos melhores que já encontrei na minha vida."

Rod acabou fundando a sua própria marca de roupas de mergulho, Piping Hot, em 1975, mas logo descobriu que seus antigos colegas de casa faziam forte concorrência nos negócios. "Nós crescemos todos juntos, mas eles eram formidáveis", diz Rod. "Eles tinham o campeonato de Bells. Muitas vezes nós estávamos alcançando-os, daí chegava Bells e eles davam um grande salto à frente."

CAPÍTULO 3

DE MUDANÇA: 1975-1979

Em 1975, a empolgação que muitos sentiam em relação à enorme mudança social no governo Whitlam deu lugar a um temor frente à perigosa situação econômica do país, com o desemprego e a inflação em alta e uma crise orçamentária se aproximando. Nesse ambiente, bastava apenas citar o termo "emprego regional" para que vários órgãos governamentais se prontificassem em oferecer assistência.

Na Rip Curl, chegara a hora de deixar as singulares, porém bagunçadas, instalações na antiga padaria. Para esse fim, a Rip Curl conseguiu um subsídio de desenvolvimento regional, na verdade um empréstimo a juros baixos, da recém-formada Comissão de Desenvolvimento Econômico de Victoria. O empréstimo permitiria que eles construíssem uma fábrica, escritórios e showrooms de varejo na Geelong Road (hoje denominada Surf Coast Highway), numa posição de destaque na entrada principal de Torquay.

Poderia parecer presunçoso para uma jovem empresa de surfe imaginar que se qualificaria para receber o apoio do governo em um momento em que a sociedade via os surfistas como vadios drogados. Maurice Cole tinha sido preso recentemente por portar uma pequena quantidade de haxixe, e as autoridades decidiram fazer dele um exemplo. Maurice foi preso por dois anos e teve seu título estadual destituído, confirmando os piores receios de todos os pais sobre o surfe ser um caminho para a ruína.

Mas os chefes da Rip Curl pareciam seguros de si. "Fomos os primeiros a receber o empréstimo do sistema e os primeiros a pagá-lo. Alguns nunca pagaram de volta", diz Brian. "Sentimos que merecíamos isso, pois éramos jovens e arrogantes – 'Temos um negócio, estamos empregando pessoas. Por que não conseguiríamos? Claro que nós vamos pagar de volta'."

Brian tem apenas uma vaga lembrança do processo de candidatura – "Acho que devo ter preenchido uns formulários" – e da subsequente despedida da antiga padaria. "Talvez tenhamos despejado alguns galões de acetona na rua e ateado fogo", diz ele.

A nova sede da Rip Curl foi inaugurada no início de 1976 e abrigava cerca de 70 funcionários em tempo integral, que supervisionavam uma loja de varejo, fábricas de wetsuits e pranchas de surfe, além do primeiro galpão de despacho e expedição específico da empresa.

Como não conseguiam produzir roupas de mergulho suficientes para atender à demanda durante o inverno, Brian insistiu que eles precisavam receber encomendas antecipadas para as roupas de borracha. A ideia era reduzir o risco, oferecendo aos varejistas um incentivo para garantir seus pedidos com mais antecedência, dando à Rip Curl mais tempo para atender aos pedidos e permitindo maior precisão na previsão dos números de produção. A Rip Curl ofereceu aos varejistas um desconto de 5% nas pré--encomendas, se pedissem pelo menos 75% do que encomendaram no ano anterior. "Eles disseram que isso nunca daria certo, mas dentro de seis meses já tínhamos planilhas para as roupas de mergulho", diz Brian. "Foi outra lição de que você pode fazer todo tipo de coisas que as pessoas acham que você não vai conseguir fazer."

Em 1976, Al Green estava procurando parceiros ativos para ajudar a gerenciar o crescimento de seu negócio de calções de surfe em rápida expansão com a Quiksilver, e estava procurando comprar a parte de seus parceiros ocultos, Claw e Brian. Outro jovem surfista de Torquay, John Law, que terminou em terceiro no Rip Curl Pro de 1974, estava de olho em uma carreira na indústria do surfe e não nos retornos incertos do surfe profissional, e aproveitou a chance para comprar uma parte da Quik. Claw vendeu suas ações para John Law por US$ 13 mil, e Brian trocou sua participação de 33% por um terreno.

Claw, Brian, Greeny e Butch Barr haviam comprado 48 acres de terrenos nos arredores de Bells Beach alguns anos antes. Butch havia adquirido a propriedade original da família Bell, Addiscot, como parte do acordo, mas Greeny ficou frustrado tentando obter permissão do conselho para aumentar sua parte no terreno, então ele e Brian concordaram em trocá-lo pelas ações de Brian na Quik. Os dois amigos formalizaram a transação sem a ajuda de advogados e com um acordo por escrito em uma folha de papel A4, que já foi perdida. Brian ainda mora nesse terreno até hoje. "Nós discutimos sobre o valor relativo entre o terreno e as ações", diz Brian. "Provavelmente era alguns milhares de dólares e nós jogamos na sorte para decidir a diferença. Não consigo lembrar quem ganhou o sorteio ou se houve qualquer troca de dinheiro envolvida."

VOANDO ALTO

Brian tinha outras coisas em mente, sendo que a principal delas era aprender a pilotar o avião Cessna da empresa, que haviam comprado por US$ 26 mil na primeira onda de sucesso. Eles já haviam começado a detectar uma interessante peculiaridade contracíclica em seus negócios. Quando a economia sofria uma queda, os negócios pareciam crescer: se os surfistas tinham pouco trabalho, surfavam mais e, embora pudessem renunciar aos itens mais caros como carros novos, casas ou férias no exterior, eles se consolavam com prazeres mais acessíveis como pranchas de surfe e roupas de mergulho.

O maior impedimento para Brian abraçar o estilo de vida "jetset" de um empresário de sucesso era o seu medo permanente de voar: "Eu costumava ficar com medo de voar, eu me cagava todo, então, depois que voltei de Bali, eu estava dirigindo de volta de Melbourne e parei em Grovedale [onde o antigo aeroporto de Geelong estava] para fazer umas aulas de voo."

Depois que colocou as mãos nas alavancas, Brian descobriu um amor profundo por voar. "Quando você está lá em cima, você se afasta de todos os problemas terrenos, você precisa se concentrar para não bater e queimar", diz ele. "Era uma ótima maneira de desestressar, apenas sair pra voar."

O segundo voo solo de Brian em Ballarat não foi totalmente livre de estresse. "Eu decolei e não consegui aterrisar na primeira tentativa, devido aos fortes ventos. Eu arremeti e pensei, é melhor eu conseguir descer na próxima vez." Apesar desse começo hesitante, ele e Claw logo voaram para Canberra e Sydney a trabalho, ou até a Gold Coast para perseguir uma ondulação de ciclone, ou atravessar até a ilha Phillip para surfar algumas ondas em alto-mar no Flynn's Reef com um swell de sudeste.

"Era um avião de seis lugares, então você podia colocar quatro caras e pranchas de surfe, geralmente com Claw ou Greeny e vários amigos", diz Brian. Ele ainda se lembra do sinal de chamada do avião: Delta Papa Whiskey. "Você tinha que pousar em lugares diferentes por conta do mau tempo. Aterrissei em Mallacoota e Goulburn algumas vezes e fiquei lá até o tempo melhorar."

Certa vez, Brian caiu em um forte vento cruzado em Phillip Island e terminou embicado em uma vala. Claw testemunhou o malfadado desembarque enquanto esperava Brian e Speaky chegarem à ilha para o campeonato Alan Oke Memorial, que então fazia parte do circuito profissional.

"Eu fui para a pista de pouso perto de Woolamai para buscá-los e havia um vento que soprava muito em direção ao oeste – condições traiçoeiras de vento cruzado", conta Claw. "Estávamos esperando no pequeno galpão com dois outros caras, incluindo o campeão mundial de Fórmula 1, Jack Brabham, que já havia pousado seu bimotor Piper Comanche na pista e disse: 'Hoje está perigoso'... A aterrissagem inicial pareceu boa, então de repente o avião desviou violentamente para a direita pela faixa de grama e depois para dentro de uma grande vala de irrigação, parando de bico e com a hélice arando o campo."

Enquanto corriam para o avião atingido para ver se os passageiros estavam bem, a porta do passageiro foi escancarada. "Speaky saiu caindo pra fora e ficou pendurado pelo cinto de segurança. Ficamos preocupados com isso, mas eu podia ver que eles estavam bem porque o Speaky estava rindo muito", conta Claw. Uma investigação subsequente descobriu que a roda dianteira havia travado, impossibilitando direcionar a aeronave no solo.

Havia outros aparatos do sucesso: um GT Falcon e uma lancha de 16 pés, que eles apelidaram de *Corsair Express*, comprados para permitir expedições até a onda semissecreta na boca de Port Phillip Bay. O Cessna também facilitou uma outra grande extravagância, viagens cada vez mais regulares ao Monte Buller para satisfazer o seu amor em deslizar pela água na sua forma congelada.

A EXPERIÊNCIA ALPINA

Brian estava caminhando em Winki Pop em 1970, quando um amigo, Randall Hawkins, um shaper de Frankston, gritou: "Você quer ir para Mount Buller?"

A resposta de Brian foi rápida e direta: "Claro".

"Aí entra esse senso de oportunidade novamente", diz Brian, identificando o que ele diz ser um dos traços definidores de sua carreira, uma disposição em abraçar as oportunidades: Você quer começar uma loja de surfe? Você quer fazer pranchas de surfe? Fazer roupas de mergulho? Patrocinar o campeonato da Páscoa em Bells? Ir para Bali? Expandir o negócio para os Estados Unidos, Japão, Bali, Europa, América do Sul?

Buller era uma oportunidade de lazer e não de negócios, mas passou a dominar a vida de Brian quase tanto quanto a empresa de surfe que ele cofundou. Ele foi para Buller no inverno de 1970 com Randall e dormiu no chão do Monash Uni Lodge. Ele adorava o estilo de vida alpino e seus paralelos com a cena do surfe e da praia. Dentro de um ano ou dois, Claw, Greeny e metade dos surfistas em Torquay estavam regularmente indo para Mount Buller toda vez que havia uma nevasca decente, com Brian voando até uma pequena pista de pouso na cidade vizinha de Merrijig para reduzir o tempo de viagem.

Em 1976, Claw e Brian já estavam passando a maior parte dos invernos no Mount Buller, mesmo com o crescimento rápido do negócio. "Agora que expandimos nossos horizontes, o custo de nosso estilo de vida e a busca por emoções estava se tornando difícil de financiar, por isso muitos de nossos funcionários procuraram empregos confortáveis e de prestígio ao redor da montanha", diz Claw. "Os mais atraentes eram na patrulha de esqui ou na escola de esqui." Isso provavelmente diz muito sobre as personalidades contrastantes dos fundadores, já que Claw escolheu o retorno financeiro incerto em nome da vida social de um instrutor de esqui, enquanto Brian optou pela renda regular, mas a realidade por vezes dura da patrulha de esqui.

"A patrulha de esqui tinha a vantagem de oferecer um salário regular, enquanto a escola de esqui se baseava mais em quantas horas você realmente trabalhava e onde você estava na hierarquia de instrutor de esqui", diz Claw. "Naqueles dias, levava anos para se chegar perto do topo, que era ocupado por especialistas estrangeiros, normalmente austríacos e franceses, com alguns americanos. De qualquer forma, a comunidade de instrutores de esqui e o estilo de vida foram muito divertidos e absolutamente loucos. Todas as noites, em Buller, havia uma vigorosa competição entre os jovens e experientes austríacos com os suaves franceses, pela afeição de garotas que ousassem sair à noite."

Depois da separação, Brian e Jenny reataram e tiveram uma segunda filha, Naomi, e logo após um filho, Doji. "Eu tinha uma esposa e filhos e, à medida que cresciam, não conseguia me dar ao luxo de levá-los para esquiar. "Eu precisava de um esconderijo. A patrulha de esqui pagava um salário, um subsídio para equipamentos de esqui e estacionamento gratuito na montanha", diz Brian. "Foi ótimo para as crianças... Elas ganharam muita autoconfiança quando perceberam que conheciam a montanha melhor do que a maioria dos adultos e que podiam esquiar tão bem quanto a metade deles."

Por 25 anos, Brian atuou na equipe profissional de patrulhamento de esqui da Buller, servindo sob as ordens de seu líder e grande amigo Speaky. "Brian me chamava de chefe e as pessoas olhavam estranho para mim, dizendo: 'Como você pode ser o chefe dele? Não é ele o seu chefe?'", Speaky relembra com uma risada.

Mesmo agora, 16 anos depois de ter se aposentado da patrulha de esqui, Brian ainda passa a maior parte do inverno em Buller, em um apartamento moderno ao lado de outros semelhantes que pertencem a Claw, à família Perry e Greeny. Quando cheguei no final da tarde de um dia de inverno perfeito, depois de uma semana das melhores nevascas da temporada, Brian passara o dia esquiando com Samala e Doji e cinco de seus netos. Samala é uma ex-campeã nacional de esqui e a próxima geração parece seguir a obsessão da família pela neve. Até mesmo o mais novo dos netos de Brian, Misty, aos quatro anos, poderia acompanhá-lo nas encostas, diz ele.

Nos dias que se seguiram, em condições molhadas, ventosas e cinzentas, marcadas por chuviscos consistentes, tive dificuldade em manter-me próximo a Brian, apesar de ele ser mais de 20 anos mais velho do que eu e ter feito uma reconstrução do joelho 18 meses antes. Se ele ficasse mais de 30 ou 40 metros à minha frente, eu não o enxergaria nem quase nada naquelas condições quase brancas. E não conhecendo a montanha, se o perdesse de vista suspeito que logo me perderia no vendaval uivante. E eu então precisaria da ajuda da patrulha de esqui.

"Me desculpe se estou te atrasando", digo quando o vejo na parte inferior do teleférico de Shaky Knee. Sou um esquiador intermitente, com talvez doze anos de experiência nos últimos 30 anos, em comparação aos cinquenta invernos de Brian nos Hemisférios Norte e Sul, e minhas pernas estavam queimando depois de algumas descidas naquelas difíceis condições.

"Não se preocupe", diz ele. "Seria diferente se fosse um dia de powder [neve fofa]. Não existe amizade em um dia de powder."

No mais miserável dos meus dias em Buller, com 80 milímetros de chuva lavando boa parte das ladeiras da semana anterior e o vendaval ainda açoitando a montanha, não tinha certeza se queria deixar o conforto aconchegante do apartamento. Mas mesmo estando aqui por toda a temporada, Brian estava ansioso para pegar o primeiro teleférico às 8h30 da manhã, como faz todos os dias. "O que mais vamos fazer?", ele diz. "Se você pensar demais a respeito disso, vai se convencer e mudar de ideia. É como surfar – você sempre fica feliz de ter ido."

Brian já resgatou muitas pessoas que se perderam e ficaram feridas na montanha, e ele já foi o primeiro a chegar em casos eventuais com vítima fatal. Ele diz que suas experiências na patrulha de esqui serviram como um saudável contrapeso aos desafios do mundo dos negócios, onde as questões podem parecer monumentais, mas raramente ameaçam a vida. Aqui ele era apenas um dos garotos e há um espírito impressionante de camaradagem entre os patrulheiros de esqui.

Brian lembra-se de ter encontrado o corpo de seu companheiro Mick Thulke, um funcionário do teleférico que não se apresentou ao trabalho certa manhã. Brian esquiou para o fundo da popular descida da Federação e ficou surpreso ao não encontrar Mick em seu posto regular. "Eu perguntei para o cara no topo onde [Mick] estava, e ele disse que tinha esquiado ladeira abaixo há muito tempo", diz Brian. Ele foi à procura de seu amigo e encontrou-o fora da pista entre algumas árvores, onde sofrera um ferimento fatal na cabeça. "Ele havia deslizado por um longo caminho", diz Brian com naturalidade. A perda de um dos seus chocou a comunidade Buller.

Uma espécie de humor negro ajuda os patrulheiros de esqui a lidar com a realidade cinzenta de seu trabalho. "Don [Morgan] teve um trabalho em que um sujeito havia se chocado com uma árvore esquiando. Um jovem patrulheiro realmente esperto apareceu e disse: 'O que podemos fazer para ajudar?' E Don se virou e disse: 'Cave um maldito buraco'. Quando há uma situação como essa, nossas emoções simplesmente se apagam", diz Brian.

Durante a maior parte de sua carreira profissional, Brian passou de dois a três meses por ano em Buller, e na maioria dos invernos do Hemisfério Norte ele esquiava em Chamonix, na França, onde também é dono de uma casa. Seus filhos foram para a pequena escola primária de Buller quando ela tinha apenas sete alunos, e sua segunda filha mais velha, Noemi, iniciou sua escola primária em Chamonix, onde apenas o francês era falado.

Esquiar com helicóptero no Canadá também tornou-se um ritual anual. "Atualmente, vamos ao mesmo lugar com o mesmo grupo de esquiadores e snowboarders de Buller e Thredbo, 30 pessoas ao todo, e isso é incrível", diz Brian. "Você esquia o pó de neve intocado o tempo todo. E nós conhecemos os guias de lá e eles se tornaram amigos íntimos. Exige muito preparo físico. Não tenho certeza de quantos anos mais eu vou conseguir fazer isso com meu novo joelho de metal."

Em nossa temporada em Buller, também acompanho Brian no jantar anual da patrulha de esqui no Grimus Lodge, no restaurante de inspiração austríaca presidido pelo gregário austríaco Hans Grimus. Hans estava em Buller há mais de 50 anos, tendo ajudado a construir alguns dos primeiros teleféricos na montanha, e seu Hotel Pension Grimus foi premiado oito vezes como melhor hotel de esqui da Austrália. Hans bebia schnapps em meio à ornamentada decoração de madeira esculpida de seu celebrado restaurante, tão intensamente como sempre, e os patrulheiros de esqui eram a sua clientela mais querida. Infelizmente, no ano seguinte Hans morreu aos 78 anos de idade após uma doença prolongada, deixando um vazio na comunidade de Buller. Mas naquela noite ele estava em grande forma, apesar dos problemas de saúde.

Houve um elaborado ritual com cânticos em alemão para cada dose virada de schnapps, e os relatos de tempos selvagens na montanha nos primeiros dias logo começaram a fluir: o esqui noturno ao luar, facilitado por um snowmobile emprestado; cigarros de ervas acesos com chamas, quando ninguém lembrou de levar fósforos nas corridas de campo; o patrulheiro da fazenda Western Districts chegando a cada temporada com uma mala cheia de cogumelos alucinógenos, servidos a qualquer um que tivesse interesse.

Isto não é para lançar dúvidas sobre o profissionalismo e dedicação dos patrulheiros de esqui atuais, mas é justo dizer que a mesma alegria de viver que conquistou a antiga galera de Boot Hill e atraiu Brian e Claw para Torquay também estava presente nos caçadores de emoções de Buller.

O SURFE PROFISSIONAL SE GLOBALIZA

O Rip Curl Pro cresceu rapidamente nos primeiros anos. Dos prêmios em dinheiro de US$ 2.500 em 1973, mais do que dobrou em dois anos, oferecendo um prêmio em dinheiro de US$ 6.000 no evento de 1975, copatrocinado pela Surf Blanks, o negócio de pranchas de surfe de Midget Farrelly em Brookvale. Em 1976, o prêmio saltou para US$ 10.000, novamente copatrocinado pela Surf Blanks e com a Quiksilver agora a bordo. "Midget venceu o primeiro campeonato mundial em Manly em 1964 e foi apropriado que ele estivesse lá para o nascimento do surfe profissional na Austrália como patrocinador, apoiando nossa visão para o Rip Curl Pro", avalia Claw.

O evento anual em Bells começava a alcançar um espectro mais internacional, atraído pela perspectiva de prêmios em dinheiro do Rip Curl Pro e do Coke Surfabout, e pelo potencial tentador de uma carreira de verdade no surfe profissional. "A cada ano parecia que a loja estava maior e a estrutura da competição também", diz Shaun Tomson, o maior surfista profissional da África do Sul na época. "Adorávamos ir a Bells anualmente. Era muito divertido surfar em Winki Pop e Bells."

Shaun havia comprado o sonho do surfe profissional e esteve em Torquay como o mais jovem competidor no mundial de 1970, quando tinha apenas

14 anos. Em 1975, ele tentava a vida no circuito profissional. Ele fez amizade com o surfista e shaper de Wollongong, Phil Byrne, no Havaí, e Phil era próximo da equipe Rip Curl. "Ele me disse: 'Existe uma pequena empresa chamada Rip Curl e talvez eu possa convencê-los a te oferecer uma roupa de borracha grátis'", lembra Shaun. "Fui até lá e conheci Claw, Brian e Sparrow. Ele tirou minhas medidas e fez o primeiro traje personalizado que tive."

A cena florescente do comércio de surfe e a cultura surfe de espírito livre da Austrália capturaram a imaginação de Shaun. "Claw, Sing Ding, Sparrow, Greeny, Lawro, Boong – fiquei fascinado com os nomes. Nós surfávamos o dia todo e íamos ao pub e todo mundo ia pra casa de alguém depois que o pub fechava... Nós pegávamos onda juntos, festejávamos juntos, era superpuro", diz Shaun. "Claw era um cara muito animado... Ele sempre esfregava as mãos e pulava para cima e para baixo. Singer era mais analista e reservado."

Shaun ficou impressionado com a relação próxima entre as duas marcas locais de surfe. "A Quiksilver fazia apenas shorts de surfe e a Rip Curl apenas roupas de borracha. Havia uma amizade entre essas duas marcas porque elas não eram nada na época", diz Shaun. "Foi bom estar perto do nascimento das marcas [que] acompanharam o crescimento do surfe profissional. Ambas estavam muito focadas no patrocínio e envolvimento com os atletas... Elas apoiavam os surfistas. Elas viram uma equação simples: ótimos surfistas equivalem a ótimas vendas."

Shaun se jogou no circuito profissional quando ele foi lançado em 1976, tornando-se o segundo campeão mundial oficial de surfe em 77. "Meu primeiro evento em Bells foi uma revelação", diz ele. "O surfe na África do Sul estava começando a ter uma presença cultural. Tínhamos o Gunston 500, mas a Austrália tinha uma população verdadeiramente instruída sobre surfe. Quando cheguei lá, as pessoas sabiam de mim. Em casa, ninguém tinha ouvido falar de mim. Eu nunca tinha visto uma foto minha em uma revista de surfe. Peguei um avião em Perth e comprei a *Surfing World* e havia seis fotos minhas... Você percebia que o surfe tinha essa entrada na cultura."

Tom Carroll teve sua primeira experiência com Torquay e sua emergente indústria de surfe na mesma época, viajando para a Páscoa com a equipe de Narrabeen em 1976, quando tinha 14 anos de idade. "Eu era tão moleque. Eu fui com o Fatty Al [o futuro diretor da Associação dos Profissionais de Surf, Al Hunt] e alguns dos caras de Narrabeen", lembra Tom. Ele estava conectado à Rip Curl pelo seu shaper de pranchas de surfe, Col Smith de Narrabeen. "Eu estava muito feliz por ter um de seus wetsuits porque todos os melhores caras os usavam", diz Tom.

Rip Curl e Quiksilver ainda eram vizinhas no lado leste da Geelong Road, e os surfistas profissionais andavam regularmente de um local para o outro para pegar seus produtos patrocinados. "Sparrow me mediu e me colocou em um wetsuit de mangas compridas de pele de tubarão com zíper frontal", lembra Tom. "Então a Quiksilver me ofereceu um acordo de roupas e eu senti que tinha sido aceito pelo clube."

As duas marcas de surfe caseiras de Torquay eram tão aconchegantes nos primeiros tempos, que as festas de Natal costumavam ser um encontro geral. "As festas de Natal de antigamente eram clássicas. A maioria das pessoas que trabalhava lá eram mulheres envolvidas na produção de roupas de mergulho. Com o escritório e a fábrica, havia cerca de 50 pessoas no total ", diz Ray Thomas. "As mulheres haviam votado em uma regra de não levar parceiros, o que significava que elas podiam soltar os cabelos sem serem constrangidas por seus parceiros ou maridos. Todo mundo ficava totalmente embriagado e fazia coisas loucas e, geralmente, a Quiksilver fazia sua festa na mesma noite, então era uma grande noite em Torquay, com as pós-festas misturando gente das duas empresas."

John Pawson era um dos principais surfistas locais e filho do dono do pub local, que tragicamente se afogou no mar de Bells Beach em 1984. Em uma entrevista em 1978 à revista *Sea Notes* de John Witzig, ele estava otimista sobre o impacto da indústria do surfe na cidade. "Primeiro, Torquay é uma cidade de surfe e muitas pessoas vieram a Torquay para surfar... antes de pensarem em montar negócios", disse John. "Não sei se eles estão ficando ricos, mas estão mantendo um estilo de vida fantástico. Ser capaz de viajar duas ou três vezes por ano, poder curtir a neve durante o inverno – quer dizer, muitos deles curtem a neve durante toda a temporada de inverno – e de ir ao Havaí no verão e poder aumentar seus negócios também, eu acho que é realmente muito bom."

A FÁBRICA DE PRANCHAS

Claw tinha praticamente desistido de ser shaper já em 1971, quando o negócio de roupas de mergulho cresceu e ele fazia apenas umas pranchas ocasionais até 1975. Mas as pranchas de surfe foram o primeiro produto da Rip Curl, e a fábrica de pranchas de surfe permaneceu como o coração e a alma dos negócios por muitos anos.

Russell Graham cresceu em Narrabeen e fez seu aprendizado de fabricante de pranchas de surfe sob a tutela exigente de Midget Farrelly em Brookvale. Em 1974, ele foi contratado para trabalhar na Rip Curl e se mudou para Torquay.

"Eu me dava bem com Midget. Eu apenas segui o que ele fazia – ainda faço as coisas da mesma maneira", diz Russ, que tem uma coleção incrível de pranchas de surfe e um conhecimento profundo da indústria australiana de pranchas de surfe. "Midget sempre incutiu em mim que não é preciso se esforçar muito mais para acertar a mão... Ray Richards vinha de Newcastle na sexta-feira para pegar as pranchas e se elas não estivessem perfeitas, eu teria que consertá-las e levá-las no sábado."

Russ teve a liberdade para executar o programa de pranchas de surfe da Curl. Ele estranhou o tempo frio, mas o surfe constante e de alta qualidade logo o conquistou.

"Depois de 12 meses, eu disse: 'Isso é inacreditável'." Ele logo se incorporou à família Rip Curl; sua esposa, Barb, foi uma das primeiras coladoras de roupas de mergulho da Rip Curl.

Seu colaborador de longa data na fábrica foi o shaper local Doug Rogers. Doug cresceu em Lorne, filho e neto de pescadores, antes que o vírus do surfe sabotasse qualquer perspectiva de ele seguir no comércio da família. Doug comprou sua primeira prancha de surfe de Brian Singer e experimentou primeiro a sua habilidade como vendedor de pranchas. "Brian era o perfeito vendedor de pranchas de surfe. Ele me disse: 'Eu vi você surfar, você é muito hábil. Eu tenho uma prancha que realmente combina com você'", lembra Doug. "Acabei comprando essa prancha dele, mas não gostei muito, então decidi que iria fazer uma prancha."

Doug passou a circular pela antiga padaria para observar o processo de fabricação, até que Claw ofereceu vender a ele os materiais necessários para fazer suas próprias pranchas: bloco, tecido de fibra de vidro e resina. Ele disse: "Se você comprar suas coisas conosco, poderá ser meu aprendiz", lembra Doug. "Ainda estávamos no ensino médio. Nós achávamos que éramos os maiorais: 'Somos aprendizes da Rip Curl'."

Doug trabalhou para Fred Pyke antes de abrir a primeira loja de surfe na Geelong Road. Em 1975, ele começou a lixar para Russ e acabou trabalhando em período integral na Rip Curl. "Uma coisa de que sempre nos orgulhamos: nunca deixamos uma prancha com algum defeito", diz Doug. "A fábrica de pranchas de surfe era o lugar para trabalhar, porque você tinha a flexibilidade de horário e nos divertíamos bastante. A equipe de trabalho descia lá para desestressar."

Pat Morgan, o velho companheiro de Claw em Brighton, entrou na fábrica em 1976 e iniciou uma longa carreira na Rip Curl. Pat já administrava seu próprio negócio de pranchas de surfe há 10 anos e era altamente respeitado no setor. A Pat Morgan Surfboards, instalada em um antigo açougue virando a esquina da antiga padaria Rip Curl, tinha sido um modelo de eficiência, com uma ética de trabalho que faltava nos negócios menos organizados ao seu redor. Pat, que não bebia e se casara com sua namorada, Elaine (estão juntos até hoje), comprou um terreno e construiu uma casa enquanto a era hippie dos anos 60 e início dos anos 70 acontecia ao seu redor.

Pat havia feito amizade com o vencedor do mundial de 1970, Rolf Aurness e seu pai, estrela da série de TV *Gunsmoke*, James Arness. (Rolf adicionou um "u" ao sobrenome para se distanciar da celebridade do pai.) "James disse: 'Todas as terras atrás de Bells Beach e Torquay, eu vi o que aconteceu na Califórnia, você deve comprar algumas destas terras'. Então foi o que fizemos. Tudo isso veio de James Arness." Embora poucas pessoas tenham enriquecido com pranchas de surfe, Pat se deu muito bem com o desenvolvimento da região nas décadas seguintes e tinha boas razões para agradecer a James por sua percepção.

Pat acabou atraído para a maior segurança de se juntar ao império da Rip Curl. "O governo Whitlam entrou e eles aumentaram a aposentadoria, e eu percebi que os caras que trabalhavam para mim estavam ganhando o mesmo dinheiro que eu", diz Pat. "Eu fiz 10 mil pranchas em 10 anos, não ganhando muito dinheiro, trabalhando sete dias por semana, e nossos filhos estavam crescendo. Liguei para Brian Singer e disse o quanto queria trabalhar para eles. Ele ligou de volta em 15 minutos e disse que sim. Quando entrei, eles também já estavam liquidando com a concorrência."

Pat também tinha trabalhado em uma fábrica de móveis, onde construíam 40 cômodos em uma semana, então ele entendia sobre eficiência em produção e introduziu uma abordagem mais profissional ao programa de pranchas de surfe da Rip Curl. "Paddy começou a nos organizar um pouco. Ele falava pouco, mas era um grande pensador", diz Doug Rogers. "Ele tinha modelos nos anos 60 com um pequeno logotipo diferente para cada um. Pat juntou tudo e fez com que as coisas andassem juntas."

"Pat era um verdadeiro chefe. Você tinha que colocar os logotipos no mesmo lugar em cada prancha. No começo eu pensei, eu não gosto disso, então depois vi que isso funcionava", conta Russ.

No auge do verão, eles faziam 25 pranchas por semana, talvez metade disso no inverno. Russ recorda o desfile de grandes shapers que passaram pela fábrica, particularmente na Páscoa: Bob McTavish, Randy Rarick, Michael Peterson, Terry Fitzgerald, Ted Spencer, Mike Cundith e Ed Angulo. "Nós pudemos conhecer muitos grandes shapers estrangeiros, foi fantástico", diz Russ.

"Sempre havia pessoas entrando. Não sei como Russ conseguia fazer o trabalho dele. Eu acho que as fábricas de pranchas sempre foram assim, elas sempre foram um ponto de encontro", diz Doug. "De segunda a sexta-feira era uma calmaria e então eu ia trabalhar na loja aos sábados porque ela estava bombando."

Mais tarde, em meados dos anos 90, à medida que o negócio continuou a crescer, a decisão foi tomada de terceirizar a produção de pranchas de surfe. "O gerenciamento de pranchas em série é muito difícil. Não há dinheiro, a menos que você seja o shaper criador de seu próprio negócio", diz Brian. Russ comprou a antiga fábrica da Watercooled numa rua próxima e continuou fazendo pranchas sob licença para a Rip Curl. Seu filho, Cory, seguiu o comércio familiar e Russ até hoje lamina as pranchas de seu filho.

A fábrica de pranchas de surfe treinou muita gente que ainda trabalha na indústria e, embora os custos crescentes e as importações asiáticas baratas tenham tornado a produção local de pranchas inviável para a Rip Curl, Doug e Russ guardam somente boas lembranças do tempo que passaram na fábrica.

"Você não conseguia um emprego na Rip Curl se não soubesse surfar. Todo mundo era surfista, todo mundo era interessado. Todos nós conseguimos ter uma vida decente com isso", diz Russ.

"E sempre tivemos tempo para surfar", diz Doug. "Ganhávamos roupas de borracha personalizadas e gratuitas. Nós éramos muito bem tratados."

"Brian e Claw foram fantásticos, eles ajeitaram a minha vida", diz Russ.

REVISTA *BACKDOOR*

De alguma forma, durante o rápido crescimento da Rip Curl, Claw e Brian encontraram tempo para lançar a sua própria revista de surfe, a *Backdoor*, visando fornecer uma alternativa sulista para a mídia de surfe centrada em Sydney na época.

"Até certo ponto, [a *Tracks*] era uma visão dos surfistas de Sydney sobre o surfe", diz Claw. "Isso era uma coisa boa, mas nos deu a oportunidade de termos um diferencial."

A *Backdoor* surgiu da sopa criativa da indústria de surfe de Torquay em meados dos anos 70, cinco anos depois que a *Tracks* capturou o zeitgeist com sua sensibilidade contracultural lo-fi, em papel de jornal. A *Backdoor* vinha da mesma linhagem, papel de jornal em preto e branco com uma estética vagamente hippie, mas abordava a cultura do surfe a partir de uma perspectiva do litoral sul. No centro do empreendimento, estava um engajado jovem jornalista e surfista chamado Michael Gordon, filho de um lendário jornalista, Harry Gordon, e destinado a uma ilustre carreira como um dos principais repórteres políticos do país. Os cineastas e fotógrafos Dick Hoole e Jack McCoy também estavam no esquema.

"Pode ter sido no Rip Curl Pro. De repente, juntamos essas cinco pessoas – alguém teve uma ideia maluca, vamos tentar isso", diz Claw. "Pode ter sido uma das minhas ideias malucas. Ou eu posso ter pegado de Dick, Jack ou Michael."

Seja de quem tenha sido a ideia, Michael era a força motriz, o editor e o pivô da operação. "Michael era muito profissional e muito perspicaz, muito motivado e queria ousar um pouco criativamente. Ele tinha padrões muito altos estabelecidos por seu pai e queria sair da carreira traçada seguindo o vácuo dele", diz Claw. "Não sabíamos o que estávamos fazendo, mas nos divertimos muito fazendo isso por três ou quatro anos. Eu acho que a ambição era fazer edições mensais, mas fomos um pouco mais esporádicos."

Aqueles eram os dias de digitação em brometo com um adesivo de cera colocado nas pranchetas – exótico e arcaico para os padrões digitais de hoje. "Eu botei a mão na massa o tempo todo. Costumávamos colar com cera. Eu era bastante preciso na configuração, mas todos nós podíamos cortar e colar", diz Claw.

Claw e Brian também enxergaram valor em ter um canal de divulgação para suas próprias viagens de equipe e poder pegar carona em projetos da revista. "Era um pacote completo", diz Claw. "Poderíamos fornecer surfistas da Rip Curl para os filmes de Dick e Jack, ou o material seria apresentado a outras pessoas fazendo filmes de surfe, alguns poderiam ser usados para a *Backdoor* e outros para o uso da Rip Curl. Uma viagem até a costa norte de New South Wales, ou ao oeste da Austrália Ocidental ou à Indonésia rendia vários usos diferentes. Foram alguns dos meus melhores momentos fazendo sessões de fotos."

O surfista na capa da primeira edição da *Backdoor* foi Rabbit Bartholomew, agachado casualmente em um tubo em Burleigh – e que conquistou o título mundial em 1978. "Rabbit personificou o espírito do surfe australiano, ele era um competidor feroz e um grande personagem", diz Claw. "Ele também representou nossa marca com distinção e foi fundamental para nos ajudar em nosso ataque aos Estados Unidos", acrescenta Brian.

Jack McCoy também dirigia o restaurante Summer House em Torquay, que se tornou o ponto central de uma cena social agitada. "Jack e Tony Squirrel tinham a Summer House, uma cozinha costeira australiana bastante saudável. Era o lugar para se frequentar", afirma Claw. A atmosfera social era espetacular, uma variedade de personagens soltos e livres. Quanto mais você ficava, mais eles se comportavam mal."

Com as outras carreiras de seus criadores exigindo mais tempo, a *Backdoor* acabou esgotando seu curso e imprimiu sua última edição em 1978, mas continua sendo uma parte da história do surfe vitoriano lembrada com carinho. "Acho que todo mundo perdeu um pouco o interesse – todas as carreiras estavam decolando em direções diferentes", diz Claw. "Michael foi levado a seguir sua própria carreira, Dick foi para Byron Bay." Jack McCoy, é claro, se tornou um dos mais célebres e prolíficos cineastas de surfe da era moderna.

Michael Gordon seguiu uma carreira condecorada como o principal correspondente político da Fairfax Media e infelizmente morreu de um ataque cardíaco durante um nado oceânico, logo após sua aposentadoria em fevereiro de 2018. Seu funeral foi um verdadeiro quem é quem da política e da mídia australiana. "Michael era realmente um excelente jornalista, o que ficou evidente em seu funeral – centenas estavam lá. Foram elogios após elogios. O primeiro foi do [ex-primeiro-ministro] Paul Keating. Fiquei bastante impressionado", conta Claw. "Muitos de seus colegas de trabalho citaram o seu amor pelo surfe."

SURFANDO NOS ESTADOS UNIDOS

Enquanto os fundadores da Rip Curl estavam se acostumando à boa vida, seu contador Butch Barr teve que soar o alarme de forma dramática em uma venda urgente, enquanto eles estavam escalando montanhas ou fazendo heliski, ou surfando em locais exóticos. Quando voltaram, perceberam que Butch havia vendido seus brinquedos extravagantes para pagar os trabalhadores.

"Não tínhamos dinheiro para pagar os salários", diz Brian. "Ele dizia: 'Estamos em processo de falência', e nós dizíamos: 'Não, não, não, não estamos' e continuávamos lutando."

Brian levou a perda abrupta de seus novos brinquedos em consideração. "Foi divertido, mas foi nessa época que eu percebi que não estava voando o suficiente a cada ano para me manter seguro e que eles não eram confiáveis sem a navegação por instrumentos", diz Brian.

Uma das razões para problemas críticos de fluxo de caixa foi a ousada expansão da Rip Curl nos Estados Unidos. Eles estavam um pouco mais lentos do que seus vizinhos, a Quiksilver, que havia concedido a licença dos

Estados Unidos para o surfista campeão havaiano Jeff Hakman e seu amigo formado em administração, Bob McKnight, em 1976. Hakman ganhou o Rip Curl Pro naquele ano e esteve abertamente insistindo com Greeny pela licença americana da Quiksilver. Greeny desafiou Hakman a comer um guardanapo de papel na mesa diante deles para provar seu comprometimento. Hakman obedeceu e, fiel à sua palavra, Greeny concedeu-lhe a licença. A história está no folclore da indústria do surfe. "Eu sei que é verdade porque eu vi e... não era apenas um daqueles pequenos guardanapos", diz Brian. "Foi no restaurante Maxwell em Bell Street, de propriedade de um antigo surfista de Torquay chamado Max Innes. Eu estava em uma mesa ao lado deles e o negócio ficou agitado. Demorou um pouco — ele comeu um pouco e depois bebeu um pouco de água, depois comeu um pouco mais."

A velha camaradagem ainda estava bem viva entre as marcas gêmeas de surfe de Torquay e, inicialmente, pelo menos, a equipe da Quik nos Estados Unidos foi de grande ajuda para os seus compatriotas. A Quiksilver se tornou a distribuidora da Rip Curl no maior mercado de surfe do mundo, um acordo que pareceria impensável hoje.

Brian lembrou de como o primeiro anúncio na *Surfing World* em 1969 abriu as portas quando ele começou a visitar lojas de surfe com suas primeiras roupas de mergulho. "Então fizemos um anúncio na revista *Surfer* por quatro a seis meses antes de irmos para lá", diz Brian. "Não tínhamos endereço, mas estávamos recebendo cartas endereçadas à Rip Curl em Torquay, então sabíamos que havia interesse."

Brian viajou para os Estados Unidos em 1977 e Jeff Hakman levou-o a todas as maiores contas da Quiksilver. "Viajamos por algumas semanas conhecendo todos os varejistas. Havia 17 deles. Eles eram muito focados na O'Neill naquele ponto, mas recebemos pedidos de todos eles e voltamos e os produzimos", diz Brian.

Mas a Quiksilver logo se focou na demanda por seus próprios produtos nos Estados Unidos e a cooperação agradável terminou. "Em algum momento, antes que qualquer roupa de mergulho fosse entregue, a Quiksilver decidiu que não seria mais nossa distribuidora", lembra Brian. A Rip Curl precisou encontrar rapidamente o seu próprio escritório e equipe para manter o embalo.

O homem que eles encontraram para liderar suas operações nos Estados Unidos estava mergulhado na história do surfe californiano. Don Craig era um conhecido surfista da segunda geração, que já havia participado das prestigiadas equipes de surfe da Bing e Weber, e cujo pai Doug era membro fundador do famoso San Onofre Surfing Club. "Encontramos Don Craig, usamos seu escritório em Newport Beach, e conseguimos um telefone. Talvez tenham sido os caras da Quiksilver que me apresentaram a Don", diz Brian.

Foi isso mesmo. Don estava trabalhando para um arquiteto em Newport quando foi abordado por seu amigo Bob McKnight para se tornar um representante de vendas da Quiksilver em um contrato de comissão. Don achou muito arriscado desistir de seu emprego diurno, então tentou fazer as duas coisas.

"Tentava sair pra vender às quatro da tarde, mas os donos das lojas estavam cansados. Eu disse: 'Eu não acho que possa fazer isso direito'. Eu tinha uma esposa e filhos na época. Não parecia seguro o suficiente", conta Don. "Eles disseram: 'Espera aí, temos esses caras que são nossos vizinhos de Torquay vindo também'."

Quando Claw e Brian chegaram à Califórnia, Bob os apresentou a Don, esperando que eles pudessem proporcionar ao jovem representante de vendas um meio de vida. Em vez disso, Don acabou assumindo o cargo da Rip Curl com a promessa de um salário regular. Ele passava metade do tempo com a Rip Curl e a outra metade com o arquiteto. "Éramos como empresas irmãs", diz Don. "Montamos um galpão em Costa Mesa. Tivemos um relacionamento muito divertido e foi ótimo trabalhar juntos."

"Queríamos acompanhar nossos clientes por todo o mundo. Era caro exportar roupas de mergulho para os Estados Unidos devido ao frete e à alfândega. Foi uma decisão óbvia montar um escritório na costa oeste", diz Brian. "Claw e eu havíamos dirigido pela Califórnia e tínhamos pensado em Santa Bárbara, porque nos lembrava Torquay. Mas achamos que o condado de Orange tinha melhor acesso para equipe, e a indústria do surfe e as revistas estavam lá."

A casa de Don tornou-se uma casa de passagem para os surfistas e funcionários da Rip Curl visitantes. "Nos primeiros dois anos, durante 18 meses alguém da Rip Curl ficou hospedado comigo", diz Don. "Conheci Wayne Lynch e Terry Fitzgerald, Derek Hynd, Steve Wilson, Butch e Chris Barr – todos eles eram ótimas pessoas. Tínhamos esse vínculo comum do surfe e eles tinham um produto muito bom."

O momento era propício. O surfe australiano crescera como uma potência mundial e uma fonte de inovação desde a revolução do shortboard no final dos anos 60. Steve Pezman era editor da revista *Surfer* na época e testemunhou em primeira mão a chegada das marcas australianas.

"Antes disso, a Califórnia se considerava a cultura de surfe mais avançada. No início dos anos 70, a Austrália subiu na hierarquia e era igual à Califórnia... A Austrália passou a influenciar as principais tendências do surfe", diz Steve. "Eles se mudaram para o mercado aqui de cima... e foram aceitos imediatamente como uma marca válida. Ter um produto funcional como sua base confere validade. A coisa com roupas de mergulho é que você precisa ser surfista para precisar de uma."

Bob Mignona era o gerente de publicidade da arquirrival da *Surfer*, a revista *Surfing*, e estava desesperado para tentar conquistar o negócio dessa nova start-up australiana. "Quando a Quiksilver chegou, eu conhecia o McKnight e o Jeff [Hakman]. Eu conheci Jeff no Havaí e eles vieram até mim para veicular toda a publicidade deles na revista *Surfing*", diz Bob. "Ficamos muito orgulhosos do fato deles terem publicado seus primeiros anúncios conosco."

A *Surfing* era vista como uma revista mais focada na juventude, que havia abraçado a nova era profissional e seus heróis emergentes. Mas Claw sentiu um apego à revista *Surfer*, que ele cresceu lendo como um portal para a cultura do surfe nos Estados Unidos. "Claw era claramente um fã da *Surfer*. Minha suspeita era que ele sentiu que poderia causar um impacto sem ter que competir com a Quiksilver em nossa revista", diz Bob Mignona. Ele tentou em vão conseguir o negócio de anúncios da Rip Curl, mas, mesmo assim, ele se interessou por esses australianos mal-educados com seus modos informais.

"Claw era incrivelmente bem informado sobre o esporte. Ele estava superconectado aos melhores surfistas", diz Bob. "Ele tinha um pedigree incrível de surfe, e tinha todas as credenciais de um tipo de Jack Shipley

Acima: Claw: "Eu e meu amigo de infância Dick Milledge com meu primeiro carro, um EJ Holden em Bell Street, Torquay, estacionado na saída da lanchonete Davis's Milk, por volta de 1961."

Esquerda: Brian: "Eu e Wayne Lynch por volta de 1967 em Jan Juc, pouco antes da revolução das shortboards." *Cortesia acervo Rip Curl*

Brian posicionado no bico numa ondinha em Lorne Point, em 1965, uma das primeiras fotos tiradas pelo renomado fotógrafo local Barrie Sutherland.

Claw: "Noosa, em 1967: um belo registro do line-up do estacionamento do parque nacional feito por nosso amigo Andy Spangler, com pouca gente, logo antes da chegada das Fantastic Plastic Machines. Nós fomos abençoados com intermináveis dias descompromissados como este, surfando ondas vazias e conversando sobre design e desempenho de pranchas entre as sessões." *Andy Spangler*

Claw manobrando um antigo e grande longboard na cavada, num dia trivial em Rincon, a sessão do inside em Bells, enquanto Max Innes rema de joelhos sobre a onda. *Barrie Sutherland*

Brian: "Minha primeira viagem a Bali, em 1973, deixou uma marca profunda em mim e acho que deixamos também no povo local." *Dick Hoole*

Claw: "No terminal de balsa em Gilimanuk, vindo de Bali para novas descobertas, em 1975, divertindo a garotada local e pensando em ingressar no comércio de baldes local. Acho que ficar com as roupas de borracha foi a decisão certa." *Dick Hoole*

Claw: "Em Grajagan, em 1975, com os amigos Dick Allcock, Tony Ball e Terry Fitzgerald, antes de montarem o acampamento. Nós vivíamos à base de arroz e vegetais, pescávamos alguns peixes e eu encontrei uma enseada com água fresca para nos lavarmos depois das longas sessões de surfe. Estávamos sempre atentos às criaturas da selva em nosso entorno: tigres, rinocerontes, cobras e macacos. Fizemos uma fuga apressada depois que seis barcos com piratas apareceram e levaram todos os nossos suprimentos." *Dick Hoole*

Claw: "Em Nusa Lembongan, em meados dos anos 70, com Tony Ball e Carmel, sua namorada tailandesa, Terry Fitzgerald, Dick Allcock e outras figuras interessantes. Nós fomos uns dos primeiros a surfar Shipwrecks e Lacerations, nas primeiras levas de surfistas a sair de Bali para explorar as ilhas vizinhas, repletas de boas ondas." *Dick Hoole*

Claw: "Curtindo um dia liso nas divertidas esquerdas de Point Danger."
Cortesia acervo Rip Curl

Nenhum surfista captava tão bem o espírito independente da Rip Curl em meados dos anos 70 quanto Michael Peterson, da Gold Coast, com seu talento de outro mundo.
Dick Hoole

Abaixo: Claw: "Dois de nossos pilotos favoritos das décadas de 80 e 90, o bicampeão mundial Damien Hardman e o Searcher pioneiro, Gary Green, fazendo a mesma coisa uma década depois." *Cortesia acervo Rip Curl*

Acima: Claw: "Com o *Corsair Express*, nossa primeira embarcação de exploração da Rip Curl, cruzando a baía de Port Phillip até a nossa esquerda secreta favorita. Isso realmente aguçou nosso apetite por barcos que fornecessem os meios para novas descobertas de surfe. Brian está ao volante e eu estou de guarda, com Mick Spitteri, não identificado, e Damien Wilson, juntos no passeio." *Cortesia acervo Rip Curl*

Damien Hardman levantou a bandeira da Rip Curl no circuito mundial nas décadas de 80 e 90, com suas estratégias competitivas implacáveis e uma técnica impecável. *Peter Simons*

Claw: "A viagem de barco original a Sumbawa, em 1991, que deu origem à campanha The Search. Brian liderando um pequeno comércio local."
Cortesia acervo Rip Curl

Claw: "Todos a bordo. A partir da esquerda, eu, François Payot, Marty Gilchrist e Rohan 'Bagman' Robinson nos preparando para embarcar na fatídica viagem de barco." *Cortesia acervo Rip Curl*

François e Brian, com um ar reflexivo em meio ao brilho da tarde, enquanto a equipe de gerenciamento da Rip Curl partia para novos e distantes picos de surfe.
Cortesia acervo Rip Curl

Claw: "No *Indies Trader*, a embarcação de exploração de surfe original da Indonésia (da esquerda para a direita) com o cineasta Sonny Miller, o tricampeão mundial Tom Curren guiando o percurso, Brian aproveitando o momento com uma cerveja relaxante e eu ao volante. Uma viagem épica em 1994 que entrou para o folclore da exploração de surfe." *Ted Grambeau*

Claw: "Uma versão equatorial em ilhas tropicais do filme *Cães de aluguel*. A equipe da Rip Curl Search desembarca em uma remota ilha da Indonésia, perto de Macaronis, para reconhecer o terreno. Da esquerda para a direita, Frankie Oberholzer, Chris Davidson, Brian, eu, Byron Howarth, Sonny Miller e Tom Curren (tocando violão) e nosso cozinheiro em primeiro plano (com cocos)." *Ted Grambeau*

Claw: "Tom Curren no grande dia em Fish Bowls, surfando a agora lendária Fish Fireball de Tommy Peterson. Parece um pouco estranho que o irmão de Tommy, Michael, tenha sido um surfista tão influente para a Rip Curl nos anos 70, e que 20 anos depois uma das pranchas de Tommy tenha inspirado outro ícone da Rip Curl, Tom Curren, a reescrever os parâmetros de desempenho e design em circunstâncias tão dramáticas." *Ted Grambeau*

Claw: "O primeiro e célebre encontro de Tom Curren com Jeffreys Bay, na África do Sul, a reunião de duas poderosas influências no surfe se unindo em perfeita sincronicidade para registrar um momento de sublime magia do surfe." *Ted Grambeau*

Searching for Tom Curren (1996) tornou-se um dos filmes de surfe mais célebres da era moderna, com a foto de Curren se esforçando para garantir que o seu novo relógio de maré ficasse visível na boca do tubo. *Cortesia acervo Rip Curl*

Claw: "Em nossa conferência informal de administração em Bali, no início dos anos 90, discutindo o impacto iminente de Kelly Slater, os méritos da campanha The Search e a necessidade de recrutar a próxima geração, (a partir da esquerda) com François, Fred Basse, Brian, Neil Campbell, não identificado e Grant Forbes." *Cortesia acervo Rip Curl*

Um jovem Mick Fanning, recém-saído da escola para a Search, no comando de uma viagem de barco pelas Maldivas, e a caminho de uma carreira condecorada junto à Rip Curl. *Ted Grambeau*

François Payot se sacia com uma pequena pesquisa de campo durante um encontro de gerenciamento flutuante nas Mentawais. *Geni/Addiction*

Brian: "Aproveitando minha viagem anual a Galena, Canadá, praticando esqui de helicóptero embrenhado na floresta." *Mike Welch*

Samala Singer voando em Chamonix, na França, onde trabalhou como instrutora e modelo de esqui em meados dos anos 90. *Mat Lingren*

Dan Warbrick curtindo as escarpas. Ele é hoje um fotógrafo bem-sucedido e ainda tira fotos para a Rip Curl. *Kathy Brown*

As vantagens do trabalho: o presidente de marketing Neil Ridgway e o diretor criativo James Taylor profundamente imersos em pesquisas de campo. *Cortesia acervo Rip Curl*

A pioneira viagem de Ted Grambeau à Islândia produziu algumas das imagens publicitárias de roupa de mergulho mais evocativas da história. *Ted Grambeau*

Mick Fanning fatura um tubo pesado numa direita na América Central, durante as filmagens de *Missing*.
Ted Grambeau

Mick se prepara para a transição de competidor para Searcher (pesquisador) em tempo integral. Observe atentamente o carrinho de bagagem com uma foto do inimigo de Mick em Jeffreys Bay.
Ted Grambeau

Cenas da Search: Mick e Matt "Wilko" Wilkinson conhecendo os habitantes locais pela estrada na África.
Ted Grambeau

Ainda botando pra baixo aos 70 anos: Brian desfruta de uma recente viagem de barco pela Indonésia, em Greenbush, Sumatra. *Eric Sonderquist*

Claw na função em Las Leñas, Argentina, testando a última linha de roupas de montanha. *Cortesia acervo Rip Curl*

Sobre o que é a Search: Wilko, Gabriel Medina e Mason Ho batem os olhos pela primeira vez em um novo pico de surfe. *Ted Grambeau*

O navio de exploração de surfe Rip Curl *Quest* esbarra em outro atraente line-up na Indonésia. *Cortesia acervo Rip Curl*

Nascida em Bells: o line-up original que inspirou o nascimento da Rip Curl. De saltar ao longo da antiga pista de terra no penhasco, a Search se expandiu para os confins do mundo das ondas. *Steve Ryan*

[o cofundador do Lightning Bolt e o principal juiz da época]. Jack sabia tudo sobre todos. Brian era como um MBA em Harvard. Ele era astuto, realmente inteligente e, às vezes, quando ficava sério, ficava extremamente sério. Se você começar a falar de negócios, ele logo entra na conversa. Ele estava realmente decidido a aprender o ofício de ser um chefe executivo."

Depois de um ano, foi decidido que a Rip Curl precisava de uma posição mais proeminente e Don escolheu a antiga loja de surfe Del Cannon em San Clemente, perto de um dos principais pontos de surfe do sul da Califórnia, a praia de Trestles. "Ainda havia resina nas paredes e pisos", diz Don. "Eu escolhi o local... Todo mundo tinha que estacionar ali para ir a Trestles." A atitude ousada enfureceu os proprietários de algumas marcas locais de longa data, que exigiam que os varejistas banissem os australianos recém-chegados.

Havia uma concorrência seriamente estabelecida a se enfrentar, na forma da O'Neill e da Body Glove. A estratégia de Don era simples. "O atendimento ao cliente era essencial para mim", diz ele. "Aprendi a consertar roupas de mergulho. Os joelhos sempre se desgastavam. Aprendi a cortar os remendos em forma de bola de futebol americano e levava as roupas de mergulho a uma oficina de calçados, e uma vez que ele tivesse material suficiente, passaria o dia fazendo aquilo. A O'Neill levava seis semanas para efetuar um conserto. Eu reduzi para duas semanas. Eu matei a maioria dos varejistas com atendimento ao cliente. Eu carregava zíperes comigo. Um cara entrava em uma loja quando eu estava lá e dizia: 'Meu zíper acabou de quebrar'. Eu dizia: 'Traz aqui que eu vou consertar para você'. Eu sabia que teria um cliente para a vida toda e ele iria contar para os amigos dele. Na véspera de Natal, estava entregando roupas de mergulho por todo o litoral. A O'Neill acabou contratando mais pessoas para a função. Eles criaram seu próprio centro de reparo e distribuição, porque eu estava basicamente atendendo os clientes deles."

Os wetsuits ainda eram fabricados em Torquay e enviados para os Estados Unidos, mas Don tinha o conhecimento local para entender as nuances das diferentes regiões de surfe. "Todos os trajes vindos do exterior eram desempacotados das caixas e nós os enviávamos para as contas", diz Don. "Os caras de Santa Bárbara queriam roupas de mergulho de cor escura, os surfistas de South Bay queriam roupas coloridas."

Don considera que um de seus grandes avanços foi o que eles denominaram de roupas de neoprene de "dupla densidade", com 3 milímetros de neoprene no torso para aquecimento e 2 milímetros nos braços e ombros para facilitar a remada. Brian acha que a ideia veio de um garoto em uma loja de surfe durante uma saída de vendas na costa leste dos Estados Unidos. "Um garoto da loja de surfe disse: 'Por que você não faz os braços com 2 milímetros para facilitar a remada?'", lembra Brian. "E eu apenas pensei, Claro! E foi assim que tudo começou. Em outras palavras, ouça o cliente."

O GAROTO DA LOJA

Sam George era um jovem surfista da Califórnia central que tinha visto os primeiros anúncios da Rip Curl na revista *Surfer* e, quando entrou na loja de surfe de Hobie e bateu os olhos nos wetsuits pela primeira vez, tinha que ter um. "Ficamos tipo, nossa, o que são essas roupas de mergulho", diz Sam. "Eles faziam roupas de neoprene coloridas, proibidas em Santa Bárbara. Eu peguei muita coisa."

Sam tornou-se um campeão entusiasta da marca. "Eu convenci a loja em que trabalhava a pegar roupas de mergulho da Rip Curl", diz ele. "Foi assim que me conectei com a Rip Curl. Eu peguei uma roupa personalizada. Fomos dos primeiros a começar a usar Rip Curl e apresentar a marca em muitas áreas fora do condado de Orange."

Em 1979, Sam era o campeão masculino da Western Surfing Association e escreveu uma carta educada para a sede da Rip Curl em Torquay, perguntando se ele se qualificava para participar das triagens do Rip Curl Pro. Antes mesmo de receber uma resposta, ele estava num avião para a Austrália em uma viagem de seis semanas, com US$ 100 no bolso e determinado a pelo menos assistir aos famosos campeonatos de Burleigh Heads e Bells Beach com os próprios olhos. Ele circulou pelo Stubbies Classic na Gold Coast, sem uma vaga no evento, apenas para aproveitar a vibe do circuito profissional. Quando o Stubbies terminou e os surfistas entraram em vans ou se encaminharam para o aeroporto para viajar 2 mil quilômetros ao sul, Sam ficou no acostamento da Gold Coast Highway com sua prancha de surfe e mochila e esticou o polegar. Uma caminhonete amarela de Kingswood parou e um sujeito amigável com uma franja estilo Beatles, garrafas de Coca-Cola e um dente cinza falou pra ele entrar.

O motorista era Claw. Ele ofereceu uma carona ao jovem americano para Torquay com uma condição. "Ele disse: 'Nós lhe daremos uma carona, mas há um problema. Estamos atendendo a todos os clientes da Rip Curl, de Noosa a Bells'. Fiz uma turnê pela Austrália que eu nunca conseguiria. Dirigimos até Noosa e todo o caminho de volta e paramos em todas as lojas de surfe", conta Sam.

Sam lembra-se de jantar com o lendário aventureiro do surfe Peter Troy na Gold Coast, tendo por anos se emocionado com as histórias das viagens de Troy nas revistas de surfe. "Não ficamos em hotéis, ficamos na casa das pessoas", diz ele. Ele conheceu uma lista de shapers relevantes e proprietários de lojas de surfe por toda a costa leste. Sam cita os nomes: Hayden Kenny, Bob Cooper, Mike Davis, os irmãos Byrne. "E eu apenas absorvia as histórias."

Quando chegaram a Bells, Sam conseguiu um trabalho na loja Rip Curl, dada a sua experiência de varejo em casa. Claw deixou Sam dormir no Kingswood, que finalmente morreu e foi deixado arriado no jardim da frente da casa de Claw. "Depois que ele ia trabalhar e levava as crianças para a escola, eu entrava furtivamente na casa e tomava banho", diz Sam. "Um dia – devia ser férias escolares – eu saí do banho e o pai de Claw estava lá e perguntou: 'Quem é você?' E a filha de Claw, Tanya, que era muito pequena, disse: 'Você não sabe? Esse é o homem que dorme no carro do papai'."

Sam entrou nas triagens e chegou até a final, seu melhor resultado no circuito, e imediatamente se aconchegou nos arredores rurais de Torquay. "Eu me identifiquei imediatamente porque era como estar em casa, mas as ondas eram melhores e a água mais quente", diz Sam. "Era meu sonho de surfe, muito mais do que a Gold Coast. Eu me identifiquei com a topografia. Estar associado à Rip Curl me deu um sentido de pertencimento. Descer esses degraus e ouvir a música e os comentários – não acho que exista algo parecido com isso no surfe profissional."

E ele podia sentir o zumbido do emergente centro de comércio de surfe. "Havia um sentimento de que algo estava acontecendo. Era tudo novo", diz Sam. "Havia personagens em todos os lugares – Sparrow, Simon

Buttonshaw. Eu cheguei a ficar na casa de Pat Morgan atrás de Bells e falar sobre as quilhas com barbatana. Ele me deixou surfar com uma delas. Surfei com uma oito pés de Pat Morgan em Bells. E isso foi tudo por causa de Claw. Aquela carona com Claw influenciou muito a minha vida de surfista. Por que ele me pegou? Eu acho que muito da alma da Rip Curl tem a ver com Doug Warbrick. Havia algo a mais na paixão de Claw."

A CHEGADA DE CURREN

A Rip Curl ainda estava determinada a entrar no mercado americano como a Quiksilver. Mas, como fabricante de um equipamento essencial para o surfe, a roupa de mergulho, eles nunca conseguiriam vender para as massas do interior como a Quiksilver poderia fazer com as bermudas de banho.

As perspectivas de conquistar os Estados Unidos tiveram um grande impulso quando Claw identificou e assinou contrato com um jovem talentoso de Santa Bárbara, destinado a tirar o surfe californiano de seu tédio local de roupas pretas e anticompetição, e elevá-lo de volta a uma superpotência mundial do surfe. Mas o talento natural deslumbrante e as ambições grandiosas da próxima grande promessa do surfe dos Estados Unidos contrastavam com seu comportamento tímido e reservado.

"Eu conheci Claw na loja Channel Island. Ele estava em viagem com Critta Byrne e Terry Fitzgerald", diz Tom Curren. "Eles tinham roupas de mergulho que estavam distribuindo e me deram uma... Era um wetsuit jaqueta, ótimo para Santa Bárbara", ele brinca, com uma expressão impassível.

Para um novato subindo à categoria de amador e sonhando com uma carreira como surfista profissional, a chegada em sua cidade natal desse proprietário da marca de surfe australiana no final dos anos 70, junto com dois atletas patrocinados, foi um presságio poderoso.

"Eu estava iniciando com a equipe da Channel Island", diz Tom. "Eu conhecia Critta e Terry Fitzgerald dos meus estudos na escola de filmes de surfe. Eu sabia quem eles eram." Ele pode ter ficado impressionado com os profissionais australianos, mas o fundador da empresa também o impressionou com seu jeito misterioso. "Ele era e ainda é um sujeito enérgico e falador. Ele tem uma linguagem corporal única", diz Tom.

O papel de Claw como caçador de talentos raramente tinha sido tão importante quanto quando ele ficou sabendo desse prodígio emergente. "Acho que vimos Tom aos 13 anos... Pessoas na cena do surfe amador, particularmente na Califórnia, além das revistas e fotógrafos, estavam todas falando sobre ele. Nós ouvíamos direto essas histórias. Era quase como se ele fosse o messias", diz Claw.

E Tom também é filho de uma figura lendária no surfe americano, Pat Curren, o surfista de ondas grandes e shaper de pranchas de surfe que se tornara uma figura sombria e reclusa, e esteve bastante ausente na adolescência de Tom. "Nós lidávamos com Tom e sua mãe. Ela era uma mãe coruja clássica, levando-o a todos os torneios amadores", diz Claw, embora o famoso pai de Tom tenha tido uma forte influência a distância. "O pai dele costumava fazer suas próprias roupas de mergulho – seu pai era esse tipo de trabalhador", diz Claw.

Claw pode ter visto sua estrela do surfe nos Estados Unidos, mas diante das obrigações de Tom como membro da National Scholastic Surfing Association (NSSA), uma entidade estritamente amadora, a Rip Curl teria que esperar até que Tom se tornasse profissional para contratar a sua grande esperança americana.

INÍCIO EUROPEU

Em 1979, Quiksilver e Rip Curl dividiram um estande em uma grande feira de esportes de ação chamada BOOT em Düsseldorf, Alemanha, administrada por Brian e John Law, parceiro de Greeny na Quiksilver. A Rip Curl havia fechado um acordo de distribuição na França com um francês extravagante, Yves Bessas, que exibia filmes de esqui nos campos de neve franceses e via o surfe como um complemento contrassazonal lógico para o seu negócio.

"Eu estava nos Estados Unidos e recebi um telefonema de um cara chamado Yves Bessas que atuava com exibição de filmes de esqui", diz Brian. "Ele queria obter a licença na França. Nos conhecemos em um restaurante em Newport e ele se tornou o licenciado na França. Ele era bastante vanguardista."

Brian confiava muito no seu instinto quando se tratava de escolher distribuidores ou licenciados. "O ideal é você passar um tempo com seus distribuidores, e eu percebi que não era bom ter um distribuidor com o qual você não gostava de sair, porque depois não iria querer sair com eles", conta Brian.

Yves era um pensador alternativo, ligado no movimento de saúde e bem-estar antes disso estar na moda. Sua ex-mulher, Maritxu Darrigrand, se tornaria chefe da Roxy na Europa. Yves contratou um surfista adolescente chamado Fred Basse para ajudar a exibir filmes na França. Ele se tornou um integrante importante da Rip Curl Europa.

"Yves tinha um cara que trabalhava com ele, Alan Teigen, mas de alguma forma Alan acabou sendo distribuidor para a Rip Curl e para a Quiksilver", diz Brian.

Yves ganhou o afeto eterno de Brian por levá-lo a Chamonix pela primeira vez. "Era pra eu ficar três dias mas fiquei por três ou quatro semanas porque o esqui era inacreditável", lembra Brian.

Essa descoberta provavelmente foi tão importante quanto qualquer outra coisa pra garantir o foco da Rip Curl no mercado europeu. A cultura se adaptava totalmente aos fundadores da Rip Curl. "Também percebemos que os franceses e os australianos eram muito semelhantes de várias maneiras, apesar da diferença de idioma", diz Brian. "Tivemos algumas noites bem interessantes na exposição de barcos de Düsseldorf com nossos distribuidores na Dinamarca, França e Alemanha." Apoiada por subsídios de exportação do governo australiano, a Europa logo se tornou uma região importante para os negócios.

A ESCOLA DA VIDA

Peter Coles chegou à Rip Curl neste momento fascinante de sua evolução, quando lidava com a transformação de uma indústria em parte caseira para uma roupagem mais profissional, pronta para expandir internacionalmente. Peter estava morando em Jan Juc e, como tantos outros antes dele, se perguntando como poderia manter vivo o sonho do surfe.

"Eu nem tinha 17 anos na época, acabara de terminar o ensino médio. Meu pai tinha formação militar, era um disciplinador", diz Peter. Seu pai viu um anúncio de emprego da Rip Curl no *Geelong Advertiser* e arrastou o filho para uma entrevista. "Era abril de 1979, e entrei com o velho, conversei com a recepcionista e esperei por Ray Thomas", diz Peter. "Ele era um sujeito grande, com uma barba comprida, realmente intimidador. Eu disse que estava me candidatando à posição que ele anunciara no jornal. Ray disse: 'Desculpe, estou procurando uma garota'. Agarrei meu pai e disse: 'Vamos nessa'. E Ray disse: 'Espera aí, vamos tentar'."

Peter imaginou que ficaria uns dois meses. "Eu iria começar um estágio em carpintaria dois meses depois na International Harvester [fabricantes de máquinas agrícolas]. Mas eles tiveram problemas e fecharam." Quarenta anos depois, Peter é um dos funcionários mais antigos da Curl, mais recentemente ocupa a posição-chave de Gerente Global de Pesquisa e Desenvolvimento da divisão de roupas de mergulho. "Ray me colocou em uma sala de trabalho com Sparrow e eu era o seu aprendiz. Eu retirava borracha em um antigo carro Holden levando até a saída de Torquay. Eu joguei fora toneladas e toneladas de resíduos de neoprene, fazendo queimadas, antes de aprendermos a reciclar neoprene", conta Peter.

O negócio ofereceu a ele oportunidades muito maiores nos anos seguintes. "Eu entrei em uma empresa que estava começando a crescer e se desenvolver", diz Peter. "Era leve e orgânico. Nenhum de nós realmente recebeu treinamento formal em gestão, mas todos fizemos vários cursos de gestão. Fomos contratando mais gente graduada, mas sempre dizíamos que você se formava na escola da vida trabalhando na Rip Curl."

Quando os turbulentos anos 70 chegaram ao fim, parecia que a Rip Curl havia resistido aos mares revoltos em boa forma. O surfe transformara-se de sua época contracultural e rural para um profissionalismo crescente, no qual os surfistas ousavam sonhar com carreiras viáveis em busca de sua paixão. A Rip Curl havia surfado essa onda com instinto de surfista, levando as coisas longe demais em uma direção e retornando ao que funcionava.

"Dez anos depois do nosso início, começamos a analisar o que havia tornado o negócio bem-sucedido", diz Brian. Eles chegaram a quatro fatores principais: "Trabalhávamos duro, conhecíamos o cliente muito bem porque éramos o cliente, e devíamos ser meio espertos. E sorte – no lugar certo, na hora certa".

CAPÍTULO 4

FLUORESCÊNCIA E EXTRAVAGÂNCIA: 1980-1984

Quando a reluzente década dos anos 80 começou, o otimismo tomou conta da indústria do surfe. O circuito profissional estava crescendo, com um elenco de impressionantes e articulados campeões mundiais, como Mark Richards, Shaun Tomson e Rabbit Bartholomew, e o apelo do surfe na Austrália estava se espalhando muito além do litoral.

"O surfe estava crescendo e nós estávamos crescendo", diz Brian. "Os anos 80 foram uma década de fluorescência e competição, certamente uma reviravolta em relação aos anos 70. Estávamos realmente começando a expandir para o exterior."

E assim a Rip Curl teve que se mudar novamente. Claw e Brian estavam de olho em um grande galpão vazio em frente ao seu local atual na Geelong Road, com o objetivo de construir uma grande loja de varejo, fábrica e sedes corporativas dignas de um negócio internacional. O único problema era que a área precisaria ser rezoneada de rural para comercial/industrial. A Rip Curl não estava chegando a lugar nenhum com o conselho local até que a Comissão Regional de Geelong (GRC) se envolveu. Nesta época, a Rip Curl já era um empregador local significativo em uma área desesperada por novas oportunidades de emprego, especialmente para a juventude. Claw e Brian estavam confiantes de que o conselho poderia ser persuadido de que a indústria do surfe representava a resposta para os problemas econômicos e de emprego da região, e idealizaram um projeto para uma área de varejo de surfe, complementada com um museu do surfe.

A ideia de um museu do surfe havia sido desenvolvida por Claw e Peter Troy durante uma viagem de acampamento de três dias à ilha Mudjimba, na Sunshine Coast, onde Claw registrara algumas de suas primeiras lembranças no surfe. "Peter tinha uma licença na ilha naquela época. Ele ficou bastante surpreso com o meu conhecimento da ilha e ficou um pouco incrédulo com minhas histórias de ter remado até lá, rebocando uma prancha de surfe atrás de uma prancha de corrida de madeira com quatro metros, que já tinha sido o orgulho e a alegria de Peter", conta Claw. A dupla chegou à conclusão de que Claw havia herdado a mesma prancha que Peter levou de Torquay para Maroochydore muitos anos antes. "Peter costumava secar essa prancha no forno da antiga padaria Torquay nos tempos pré-Rip Curl. É incrível como todos os pontos da história do surfe estão interligados."

"Eu, Brian, Pat Morgan e alguns outros gerentes seniores da Rip Curl trabalhamos no conceito do Surf Coast Plaza", lembra Claw. "Achamos que seria uma coisa progressista para a indústria de surfe da região, e uma boa maneira de convencer a Shire a rezonear o terreno e apoiar os planos de expansão da Rip Curl. "Nós entendíamos que o desenvolvimento do surfe era mais que uma indústria, era mais do que um passatempo. E sempre nos esforçamos muito para tentar desenvolver toda a cultura e estilo de vida do surfe de uma maneira responsável, que se sustentaria no futuro."

"Houve rumores de que iríamos para Queensland porque não havia pessoas suficientes aqui para empregarmos. Foi quando percebemos que emprego era algo muito importante para a Comissão Regional de Geelong. E as rodas giraram e eles nos concederam permissão rapidamente", diz Brian.

Foi Pat Morgan quem agilizou tudo tão rapidamente. Claw e Brian estavam esquiando em Mount Buller durante o inverno quando Pat foi encarregado de resolver a situação. Pat foi convidado para uma reunião do conselho e astutamente convidou o jornalista do *Geelong Advertiser*, Gary Cotton, um antigo colega de surfe de Brian no início dos anos 60, para documentar os acontecimentos.

"Os conselheiros diziam que não queriam fábricas em Torquay. Levantei-me e disse: 'Ok, então estamos nos mudando para Queensland', e no dia seguinte Gary Cotton colocou na primeira página do *Geelong Advertiser*", diz Pat. "Um cara da Comissão Regional de Geelong soube da história e me ligou, e então eu fui vê-lo."

Pat pensou que se pedissem um grande terreno poderiam pelo menos conseguir uma área menor, então ele deslumbrou o cara do GRC com a grande visão da Rip Curl. Pat fez um desenho elaborado e descreveu em detalhes vívidos um complexo semelhante ao Surf Coast Plaza que existe hoje, incluindo o museu do surfe, lojas, cafés e restaurantes, varandas, jardins paisagísticos e calçadões. "Eu descrevi o que está lá agora, e esse cara comprou a ideia toda e foi lá e negociou com John Spittle, o agricultor [dono do terreno]", conta Pat. "A GRC comprou o terreno, fez o rezoneamento e construiu o museu. Conseguimos o terreno que queríamos e, alguns anos depois, eles construíram mais lojas na área frontal, ao lado do prédio da Rip Curl."

Pat Morgan recebeu a missão de gerenciar o projeto do novo complexo. (Suas qualificações para a gigantesca tarefa consistiam em ser um ex-marceneiro.) Ele contratou uma firma de Melbourne, apropriadamente chamada Progress Builders, e supervisionou a construção que durou um ano. Claw e Brian fizeram várias mudanças em tempo real, o que representou um problema quando chegou o momento da inspeção final do edifício. "O inspetor de construção veio e eu tive que guiá-lo, e fiz isso tão rapidamente que ele não conseguiu compreender o que havia sido alterado", diz Pat.

Então Pat teve a tarefa de preencher as novas instalações com móveis de escritório. Trabalhando com um orçamento apertado, ele encontrou um lugar em Geelong que disse que poderia fornecer tudo por cerca de US$ 40 mil. Mas Brian e Claw voltaram de sua viagem a Buller com visões grandiosas e levaram seu investimento para uma loja de móveis de luxo na Collins Street em Melbourne. "Brian disse: 'Vamos ter pessoas de todo o mundo vindo falar conosco, temos que ter uma boa mesa de trabalho'", Pat recorda. "Eles gastaram uns duzentos mil. Eu apenas balançava a cabeça... Eles fizeram uma grande inauguração e o que Brian disse aconteceu – vieram pessoas de todo o mundo."

"Queríamos móveis realmente bons. Queríamos vestir o lugar", diz Brian. O novo showroom foi um grande passo à frente em relação à loja na beira da estrada, e a um mundo de distância da antiga padaria. As instalações incluíam a maior loja de surfe do Hemisfério Sul, com instalações espaçosas de escritórios, fábricas e armazéns para a crescente força de trabalho. E eles ainda estão no mesmo local hoje, com alguns acréscimos substanciais.

Eles se despediram do antigo local com uma festa monumental que quase saiu do controle depois de alguém ter a brilhante ideia de denominá-la uma "festa de demolição da fábrica". "Alguns dos caras da Rip Curl nos deram a ideia, e estávamos cientes de que a Quiksilver faria uma grande reestruturação interna do prédio para atender às suas necessidades", diz Claw. "Nós fizemos a festa na parte de trás da área suja onde colávamos as roupas de mergulho e fazíamos as pranchas de surfe. A festa acabou acontecendo perto da Páscoa. Eu não achei que alguns dos convidados levariam a ideia de destruir a fábrica em termos tão literais. Alguns deles ficaram muito furiosos e danificaram e quebraram muitas coisas que não pretendíamos que fossem danificadas."

Foi na maior parte uma diversão inofensiva, mas houve um lado mais sinistro para a ocasião, que causou alguma angústia entre a comunidade de surfe de Torquay. "Eu notei que alguns dos visitantes da Páscoa pareciam estar embalados com algum novo tipo de droga que... promoveu agressividade e até mesmo violência, o que é um pouco assustador e algo que muitos da equipe da Rip Curl e locais de Torquay repararam", diz Claw.

"Voltei na manhã seguinte e não havia uma janela que não estivesse quebrada", avalia Butch Barr.

A abertura das novas instalações foi um assunto mais digno. O campeão mundial de 1966, Nat Young, foi enviado para presidir e um elenco de políticos e dignitários locais, incluindo o membro local e ministro federal Tony Street, estiveram lá para se deixar fotografar e mostrar como estavam apoiando os negócios locais.

"Foi uma boa festa... Mesmo quando eles não tinham muito dinheiro, eles já faziam bem as coisas", diz Nat. "Eu tive que fazer um discurso. Lembro-me de pensar que era um edifício grande e impressionante e todos que deveriam estar lá estavam presentes. Eles realmente se tornaram uma força a ser reconhecida."

O Surf Coast Plaza incluiu o Surfworld Surf Museum, hoje chamado Australian National Surfing Museum, e a Geelong Road foi renomeada como Surf Coast Highway. Eventualmente, a área do governo local se tornaria conhecida como a Surf Coast Shire. Os surfistas selvagens do final dos anos 60 e início dos anos 70 estavam gradualmente tornando-se respeitáveis, pelo menos em público.

No privado, Claw e Brian ficaram alarmados com o surgimento de drogas mais pesadas na comunidade do surfe e viram isso como uma perturbadora mudança do uso relativamente benigno e mais suave das drogas da era hippie. "De um modo geral, parecia que a maioria das pessoas, incluindo os surfistas, estava usando drogas como cannabis e alucinógenos como uma experiência de expansão da mente e autoiluminação", diz Brian. "Mas ficou aparente que algumas pessoas estavam usando drogas, incluindo drogas mais pesadas como heroína e *speed* e eventualmente *ice*, apenas para ficarem doidas e não como uma busca por autoiluminação. Todos nós juramos que se a heroína aparecesse em Torquay nós expulsaríamos os traficantes da cidade; no entanto, quando nos demos conta, algumas das pessoas que conhecíamos estavam usando e a coisa tinha saído do controle. E pelo menos um dos nossos amigos daquela época morreu de uma overdose de heroína."

"De minha parte, eu confrontei um número de surfistas proeminentes em relação ao seu comportamento imprudente em relação às drogas pesadas e prejudiciais", diz Claw. "Isso nunca pareceu ter muito efeito positivo. Eles apenas continuaram e houve muitas baixas."

"Posteriormente, a cocaína entrou em cena e os surfistas, junto com muitos outros setores da sociedade, foram levados a experimentar, mas a grande maioria logo percebeu que era um beco sem saída", diz Brian. "Embora as autoridades dissessem que não era uma droga viciante, houve poucas pessoas na comunidade do surfe que abusaram dela a ponto de realmente prejudicar suas vidas."

A ENTRADA NO SURFWEAR

O primeiro funcionário da Rip Curl a se mudar para as novas instalações foi o recém-nomeado "gerente de desenvolvimento de produtos", Doug Spong, um antigo companheiro de Claw de Brighton, encarregado de ampliar a gama de produtos da Rip Curl.

Spongy se lembra de ficar maravilhado com as ambições iniciais de Claw em suas primeiras viagens de surfe ao longo da costa vitoriana uma década antes. "Lembro-me de dirigir em um velho FJ Holden voltando de Phillip Island, e Claw estava recostado no banco, enrolando os cabelos e dizendo: 'Eles vão precisar de bolsas para colocar suas roupas de mergulho. Eles vão precisar de chapéus para se proteger das queimaduras do sol'", diz Spongy. "Nós achávamos que ele estava em outra dimensão."

Spongy chamara a atenção de Claw com seu ar de empreendedorismo, como um viajante livre seguindo a trilha dos hippies nos anos 70. Como a maioria dos surfistas que começaram a visitar Torquay nos fins de semana, Spongy estava procurando uma maneira de evitar voltar pra cidade para encarar a rotina das nove às cinco. Mas, em vez de se juntar à indústria de fundo de quintal, o destino tinha outros planos para ele.

Spongy se lembra de estar curtindo uma pelada pós-surfe com alguns companheiros quando um cachorro fugiu com a bola de futebol. Eles conseguiram pegar o cão rebelde, encontraram uma etiqueta de endereço na coleira e o devolveram ao seu emocionado dono. "Esse cara italiano chegou aos prantos e caiu de joelhos chorando: 'Meu cachorro, você encontrou o meu cachorro. Eu vou te dar uma recompensa. Meu pai é dono de uma linha de transporte marítimo. Vou te dar uma viagem de primeira classe para qualquer lugar que você quiser ir'."

Três dias depois, Spongy e seus companheiros embarcavam no navio de cruzeiro *Achille Lauro* (mais lembrado por ter sido sequestrado pela OLP na costa do Egito em 1985) com destino à Inglaterra, via Perth e Cidade do Cabo. "A bordo, o clima era hippie", conta Spongy. Na Cidade do Cabo, eles desembarcaram e compraram toda a Durban Poison (uma potente variedade local de cannabis) que puderam conseguir e a esconderam dentro de suas roupas íntimas – e logo ficaram muito populares entre seus companheiros de viagem. Eles tinham tanta, que tiveram que assar dois enormes bolos de chocolate e dar uma festa para se livrarem dela antes de chegarem à Inglaterra.

Spongy e seus amigos financiaram um surfari de um ano pela Europa e Marrocos, fabricando sandálias e bolsas de couro, vendidas para as lojas hippies de Londres ou na saída dos shows de rock. "Ficávamos doidões e esquecíamos da nossa barraca, mas tivemos a chance de assistir a Jimi Hendrix, The Doors, The Who", lembra ele.

Spongy acabou em Bali e viu surfistas enviando caixas de roupas para o Havaí e a Califórnia para vender e assim financiarem a sua próxima viagem, então ele decidiu tentar também. Ele voltou para a Austrália com uma caixa de amostras e conseguiu um pedido de US$ 10 mil com a Myer, que na época era a maior loja de departamentos de Melbourne. Nasceram ali as roupas Double Dragon. Spongy fez três idas para Bali, aumentando a aposta a cada viagem, até que seus fornecedores balineses não puderam mais dar conta, então ele levou os seus negócios para a Índia. Todo o empreendimento parou quando seu fornecedor indiano estava atrasado com uma grande encomenda e entregou as peças inacabadas e sem condições de venda. Doug ficou com um empréstimo bancário de US$ 80 mil que ele não conseguiu pagar e saiu em busca de um emprego regular. Ele trabalhou para uma empresa de tecidos por algumas semanas, vestindo terno e gravata na cidade, mas decidiu que não conseguiria suportar.

Claw achou que Spongy havia desvendado os mistérios da fabricação e importação asiáticas e poderia ser um reforço útil. Claw estava indo para o Stubbies de 1979 na Gold Coast e sugeriu que Spongy o acompanhasse na viagem para que eles pudessem compartilhar a direção e avaliassem a perspectiva dele se juntar à Rip Curl.

"Então eu dirigi até Queensland, com ele dormindo na traseira. Eu tinha dois quilos de maconha escondidos no carro. Ele ficaria apavorado se soubesse", diz Spongy. Burleigh Heads era um ponto central do novo circuito profissional e Spongy se sentiu em casa. "Estava bombando e rolando de tudo... Garotas, festas, drogas. Eu me diverti muito." O parceiro de crime número um de Spongy na Gold Coast era outro jovem surfista empreendedor chamado Dave Cross, que tinha um apetite insaciável por momentos selvagens e passaria a desempenhar um papel fundamental na história da Rip Curl.

Claw e Spongy voltaram para casa com alguns modelos de calção de banho da premiação do campeonato e os deixaram em Sydney e lá pegaram o surfista profissional Jim Banks e o fotógrafo Aaron Chang para a viagem de Páscoa até Torquay. Foi neste momento que Spongy foi nomeado gerente de desenvolvimento de produto, um papel que ele assumiu com entusiasmo, logo construindo uma grande e lucrativa divisão de acessórios e roupas de surfe.

Do negócio principal de pranchas de surfe e roupas de mergulho, a Rip Curl se expandiu para camisetas, bolsas, chapéus, toalhas e até carteiras, todas projetadas em Torquay, mas frequentemente fabricadas no exterior, com muitas visitas à Ásia para garantir o controle de qualidade. Quase qualquer coisa com o logotipo da Rip Curl parecia voar pela porta das lojas de surfe. Spongy lembra das onipresentes carteiras de nylon com velcro como um item especialmente lucrativo. Os calções de banho permaneciam fora do radar por enquanto, sendo o legado de um entendimento informal com o seu velho companheiro de Quiksilver, Al Green, de que a Rip Curl não faria calções de banho e a Quiksilver não faria roupas de mergulho.

DAWN PATROLS, AGGROLITES E INSULATORS

A nova e chamativa sede da Rip Curl inaugurou uma abordagem mais sofisticada para os negócios, cuja manifestação mais visível foi uma nova gama de roupas de mergulho com surfistas específicos da equipe e campanhas de marketing direcionadas para promover cada modelo. Este foi um longo caminho de evolução desde os genéricos johns curtos e longos com os quais a empresa tinha começado uma década antes.

Brian e Claw adotaram o conceito de segmentação de produtos: criar produtos diferentes para atender a diferentes tipos de clientes, incentivados por seu novo homem nos Estados Unidos, Ron Grimes, que tinha experiência em marketing. "Estávamos na sala de reuniões do novo prédio e tínhamos um quadro-negro, e nele estava escrito: 'Novo é melhor'", lembra Brian. "E essa foi a ideia de Ron. Ele dizia: 'Precisamos de algo que empolgue o mercado nos Estados Unidos'."

"Ron, Brian e eu desenvolvemos a ideia dessa nova linha segmentada de roupas de mergulho com alguns de nossos principais atletas", diz Claw. "Grimes estava seguindo a sua visão de pós-graduado em administração, mas Brian e eu tínhamos uma visão de como queríamos que nossas roupas de mergulho fossem percebidas e como queríamos que seu desempenho fosse para nossos clientes."

"Queríamos uma para climas mais frios, a Insulator. A roupa normal era a Dawn Patrol e o modelo de competição era o Aggrolite", explica Brian. "Foi depois disso que pensamos: quem melhor representaria esses três tipos diferentes de roupas de mergulho? Foi uma grande revolução no mundo dos wetsuits." Eles promoveram Cheyne Horan como o cara Aggrolite, Rabbit Bartholomew como o Dawn Patrol e Wayne Lynch como o homem Insulator.

O designer gráfico Grant Forbes ingressou na Rip Curl pouco antes do lançamento da nova linha, depois de ter trabalhado como freelancer em publicidade e arte gráfica para diversas empresas em Torquay nos cinco ou seis anos anteriores. Seu estilo gráfico arrojado teve um impacto imediato e ele ficou impressionado com a abordagem de marketing da jovem empresa de surfe. "Trabalhei muito na aparência dos produtos, sob a direção de Claw", diz Grant. "Ray Thomas e Sparrow eram os caras habilidosos com a borracha, mas Claw realmente conduziu o programa. A campanha de marketing foi intensificada por Ron Grimes, que, apesar de não surfar, era um cara de marketing muito agressivo, porém educado. E eu devo dizer que foi uma campanha brilhante. Fiquei realmente impressionado com o estudo que havia sido empreendido no projeto e me senti privilegiado de ter a oportunidade de criar todas as artes e publicidade do produto. Phil Jarratt redigiu todo o texto e isso também foi ótimo."

Para Rabbit Bartholomew, a campanha capturou o colorido e a individualidade da primeira era profissional. "Isso foi totalmente ideia do Claw. Eu me lembro do Claw dizendo: 'Você é definitivamente Dawn Patrol'", conta Rabbit. O fato de os surfistas patrocinados estarem começando a ganhar uma renda decente tornou tudo mais doce. "Essas empresas ficaram grandes o suficiente para poderem nos pagar. Foi muito rápido. Em meados dos anos 80 os caras estavam ganhando bastante dinheiro", diz Rabbit.

Para Grant Forbes, a nova campanha capturou o surgimento de uma abordagem mais moderna e ponderada para os negócios, mesmo persistindo alguns aspectos da velha abordagem hedonista e caótica. "Em muitos aspectos foi muito, muito sofisticado e transbordava estilo de muitas maneiras, era muito, muito solto", diz Grant. "Havia algumas tangentes e muita diversão, mas sempre rolavam muitos debates acalorados sobre produto e marketing, que geralmente se arrastavam noite adentro, porque todos queriam o melhor resultado. Coisas incrivelmente apaixonadas. A empresa era muito frágil. Parecia muito rica olhando de fora, mas não havia muita disposição para tocar a parte simples e chata do negócio, algo que alguém como Butch Barr, e Brian quando estava disposto, faziam muito bem."

CAVALOS DE CORRIDA

No início dos anos 80, Brian descobriu um novo interesse quando Al Green conseguiu convencê-lo de uma emocionante oportunidade de investimento. Os dois permaneceram próximos, apesar da crescente rivalidade comercial e, embora eles passassem os dias úteis um tentando fechar o negócio do outro, na hora da diversão eles iam ao pub Torquay para resolver os problemas do mundo tomando algumas purificadoras cervejas.

Durante uma dessas sessões, Greeny conseguiu convencer Brian de que seria seguro investir US$ 3 mil por uma terça parte de um cavalo de corrida chamado Vênus e Marte. Greeny já havia convencido Brian a tomar algumas decisões impulsivas, mas isso alcançava um novo nível.

"Uma amiga nossa, Lesley Burroughs, disse: 'Tenho um cavalo que vou colocar na venda anual'", lembra Greeny. "Eu me guiei pelo [treinador] Meggs Elkington. Meggs veio junto, olhou para ele e disse: 'Se você conseguir comprá-lo por 10 mil, eu o classifico como um cavalo de corrida. Se você o comprar, eu o treinarei'."

Quando Greeny decidiu procurar parceiros para ajudar a comprar o cavalo, ele aplicou uma estratégia simples. "Quem vou escolher? Aqueles com quem eu costumo beber. Brian devia estar por perto quando isso aconteceu", diz Greeny.

Fiel à sua palavra, Elkington preparou Vênus e Marte e foi para o Derby australiano em Perth com cotação de 3 para 1. Foi uma emocionante primeira incursão para Brian quando o cavalo chegou na frente por uma pequena margem, depois de 2.400 metros, dando a ele um gosto por cavalos de corrida que continua até hoje.

"Como vencemos o Derby australiano, os caras envolvidos em corridas de cavalos há anos falam com você como se você fosse um guru", diz Brian. "Isso me surpreendeu. Era o meu primeiro cavalo – eu não sabia de nada, e esses velhos pensaram que eu era algum tipo de especialista. Foi bizarro."

Brian relembra um jantar generoso com seus colegas donos de cavalos com um enorme elenco participante, antes de se retirarem para uma festa mais privada em seu hotel e depois para uma festa selvagem em Torquay. No entanto, seus ganhos não duraram muito. Eu era estúpido e estraguei uma parte em alguns outros cavalos. Depois pensei que seria um gênio na negociação com câmbio e perdi tudo", diz Brian com tristeza.

Greeny e Brian mantiveram um grande interesse e investimentos consideráveis em cavalos de corrida. "Não fomos tolos, mas sempre mantivemos um interesse. Nosso trabalho era a prioridade. Os cavalos eram um bom esporte para assistir e trazia um pouco de diversão", diz Greeny.

DIAS DIFÍCEIS NOS ESTADOS UNIDOS

Enquanto Claw e Brian haviam visto a Quiksilver disparar em riqueza nos Estados Unidos, o ritmo de seu próprio crescimento parecia lento em comparação.

Don Craig fez um bom trabalho ao colocar a marca em lojas e atender varejistas e clientes, mas havia uma sensação de que, honesto e confiável como ele era, talvez não fosse o cara para alcançar o tipo de crescimento que eles sabiam ser possível nos Estados Unidos. Claw e Brian apostaram em um empresário de fala mansa, chamado Ron Grimes, um não surfista, para ser o novo chefe nos Estados Unidos.

O custo do frete e do imposto de importação estava tornando os wetsuits muito caros, por isso foi tomada a decisão de fabricar nos Estados Unidos. "Eles decidiram que queriam montar uma fábrica aqui, em cinco ou seis anos. Eu não tinha nenhuma experiência em produção. Faturávamos cerca de US$ 3 milhões [em vendas anuais]", diz Don Craig. "Eles contrataram Ron Grimes de uma empresa de raquetes. Ele havia aumentado o faturamento deles de US$ 3 para US$ 15 milhões, e era isso que eles queriam fazer."

Um grupo das melhores costureiras da Rip Curl, apropriadamente chamado de "pacote de seis" por Ray Thomas, foi enviado de Torquay à Califórnia por alguns meses para ensinar à mão de obra local como fazer roupas de mergulho nos exigentes padrões da Rip Curl, e Ray Thomas e Butch Barr supervisionaram a nova fábrica em Oceanside com a missão de tornar a operação americana autossuficiente.

De início, Ray e Grimes não se deram exatamente bem. "Com Claw e Brian, você podia falar besteira fora do ambiente de trabalho o quanto quisesse. Nos Estados Unidos, eles são sempre submissos ao chefe. Eu nunca tinha estado nos Estados Unidos antes", diz Ray. "Ele deveria ter uma fábrica para mim, um green card, um carro e um lugar para eu morar. Quando cheguei lá, ele não tinha nada. Ele me levou para almoçar na chegada e começou a me dizer: 'Quando pegarmos a fábrica, quero que você administre todo o transporte e expedição'. Eu ri dele e disse: 'Eu posso pegar um avião e voltar para casa agora. Eu trabalho para Brian e Claw'. Ele disse: 'Você não pode dizer isso para mim'. Ele teve um chilique. Foi um começo meio volátil."

Depois que as primeiras costureiras australianas treinaram as americanas, outras seis vieram. Depois que foram embora, Ray ficou sozinho. "As garotas do 'pacote de seis' fizeram um ótimo trabalho e puderam vivenciar uma experiência única. Sei que aquelas com maridos e filhos tiveram que negociar muito com seus parceiros. Também era uma responsabilidade extra para mim garantir que elas tivessem boa acomodação e transporte, e se sentissem confortáveis em estar lá. Lembro que tínhamos uma mistura grande de nacionalidades entre os funcionários. Americanos brancos e negros, samoanos, mexicanos e até russos. Tínhamos uma equipe muito boa e costumávamos fazer festas regulares em salões de chá, onde as mulheres levavam comidas de diferentes origens e eu comprava a bebida, já que Ron Grimes não apreciava meus métodos de construção de um espírito de equipe. Meu trabalho era melhorar a autossuficiência em 12 meses, o que alcançamos."

Barb Williams trabalha na Rip Curl desde 1979 e foi uma das primeiras costureiras a ir para os Estados Unidos, deixando o marido e os filhos para trás por 12 semanas. "Ele não gostou no começo, mas tinha sua irmã lá, então estava tudo bem", diz Barb, hoje com 80 anos e morando em Echuca. "Adorei cada minuto. Eu não mudaria isso por nada. Ray era um chefe muito bom, ele sempre se certificava de que tudo corria bem. Sempre havia festas na fábrica... Outras seis meninas foram depois que voltamos. Todos se divertiram muito. Havia algumas jovens e elas sabiam se divertir."

Uma dessas jovens era Heather Beggs, agora Jennings, que tinha 21 anos quando recebeu a chamada e deixou em Torquay um namorado que agora é seu marido. "Todas nós morávamos juntas. Era sempre o aniversário de alguém. Sei que tivemos muitas festas. É assim que me lembro, muitas festas", diz Heather. "Estávamos sempre festejando com Ray ou saindo para jantar com ele. Durante esses três meses acho que não ficamos muito sóbrios. Nós definitivamente nos divertimos... Rosalie, uma das meninas que foi com a gente, encontrou um marido lá. Ficamos três meses e ela se casou com ele antes de partirmos, e eles moram em Geelong."

Heather lembra de assistir a um show de David Bowie, visitar a Disney e viajar de carro até o México. "Me abriu os olhos", diz ela. As garotas do grupo de seis podem ter se divertido, mas também realizaram o trabalho. "Lembro-me de ensinar uma mexicana a costurar e ela não falava inglês, foi basicamente na linguagem de sinais", lembra Heather. "No ano seguinte, recebi um cartão de Natal dela e não fazia ideia do que dizia."

A Rip Curl também comprou as instalações do recentemente extinto Museu Richard Nixon, ao lado de sua loja próxima a Trestles em San Clemente. O museu ficava a poucos passos do retiro presidencial à beira-mar de Nixon, conhecido como "Casa Branca Ocidental". Claw se lembra de uma reunião tensa com os representantes de Nixon para negociar a venda do imóvel. "Brian e eu fomos nos encontrar com alguns dos antigos companheiros de Nixon da Casa Branca Ocidental", diz Claw. "Esses tipos turrões de extrema-direita ficaram mais surpresos com nossas vestimentas e comportamento do que qualquer um que eu já havia visto antes, mas eles pareciam apenas movidos por dinheiro e preparados para fazer acordo conosco de qualquer forma. Eles falaram longamente sobre um monte de besteiras e lembro-me de uma certa discussão com o motorista favorito do [ex-presidente dos Estados Unidos] Dwight Eisenhower dentro do museu. Eu pensei que este seria o fim do negócio, mas eles quiseram fazer um acordo."

Don Craig lembra-se de levar fotos antigas emolduradas do presidente deposto e caixas de bolas de golfe não vendidas, gravadas com o nome dele, pois o mercado de produtos Nixon havia completamente azedado com o escândalo de Watergate. "Os habitantes locais estavam irritados. Um artigo de jornal falava sobre o quão ruim era o fato desses surfistas australianos terem comprado o museu", lembra Brian. "Estávamos olhando o local e tivemos acesso a ele do dia pra noite, por isso fizemos uma festa lá em meio às suas fotografias antigas, tacos de golfe e memorabilia."

Ron Grimes foi responsável pelo lançamento dos modelos Dawn Patrol, Aggrolite e Insulator nos Estados Unidos, mas as coisas não saíram exatamente como planejadas. "Ele montou um armazém e nós introduzimos os novos wetsuis e eles os inseriram em todos os anúncios", diz Don. Havia apenas um problema com essa nova e ousada iniciativa de marketing. "Eles não perceberam que tinham US$ 700 mil em roupas de mergulho que ficaram repentinamente obsoletas. Todo mundo queria um Aggrolite, um Dawn Patrol ou um Insulator, com as novas cores", diz Don. O acúmulo de roupas antigas criou uma enorme dor de cabeça para os negócios nos Estados Unidos e o estilo de gestão de Grimes estava causando certa ansiedade em Torquay.

Butch Barr foi enviado para tentar limpar a bagunça. "Quando cheguei lá, toda a empresa corria o risco de falir porque os Estados Unidos haviam sangrado dinheiro", diz Butch. "Dentro de duas semanas, cortamos as despesas em 47%. Era absurdo no que o dinheiro estava sendo gasto. Tivemos um ou dois anos difíceis. Grant Forbes veio e trabalhamos duro para mudar a ética de trabalho para uma mais ética australiana – trabalhe duro, jogue duro. Uma coisa que Torquay ensinou a todos nós foi que tínhamos que fazer malabarismos com muitas bolas. Eu conseguia produzir uma roupa de mergulho do começo ao fim, eu sabia consertar uma máquina de costura. Foi quando a América começou a ir muito bem."

Mas a queda deixou um gosto amargo para Don Craig, que pulou fora durante o infeliz reinado de Grimes. "Havia a previsão de eu receber um aumento, mas eles disseram: 'Não podemos pagar o seu aumento, temos todos esses problemas'. Saí em 85-86, depois de oito ou nove anos no total", diz Don, que acabou trabalhando para O'Neill.

Nesse meio tempo, Bob Mignona finalmente convencera Claw e Brian a anunciar na revista *Surfing* depois de um estridente jantar de sushi em Costa Mesa com os fundadores. "Eu era um cara que não desistia. Eu queria a publicidade da Rip Curl porque, no mundo do surfe, Quiksilver e Rip Curl eram as duas principais marcas", diz Bob. Mas ele viu que a Rip Curl estava enfrentando dificuldades nos Estados Unidos.

"Butch entrou e ele tinha uma percepção muito melhor sobre o esporte e para onde ele estava indo", diz Bob. "Eles passaram por um período em que Brian e Claw vinham muito aqui, porque agora toda a parte americana da empresa estava em risco. Com o tamanho da população e do litoral, eles deveriam ter conseguido cinco ou seis vezes mais faturamento do que tinham na Austrália."

CURREN AO RESGATE

A Rip Curl tinha um ás na manga, que deveria garantir seu sucesso na América do Norte. Tom Curren era um talento natural extraordinário que tinha todos os atributos para se tornar a figura principal perfeita.

"Roubar participação de mercado da O'Neill seria muito difícil. Os americanos abraçavam o localismo, roupas de neoprene pretas e pranchas brancas", diz Paul Holmes, que editava a *Surfer* na época. "Acho que houve muita resistência a esses australianos iniciantes que tiveram a audácia de criar neoprene colorido. A única coisa que os salvou foi Tom Curren. O relacionamento de longa data com Tom Curren foi o que os manteve. Ele tinha essa personalidade californiana."

"Tom Curren tinha uma mística sobre ele e acho que isso desempenhou um papel importante para a Rip Curl. Ele capturou o interesse de caras que não estavam interessados no surfe profissional", diz Sam George.

À medida que Tom mirava numa carreira profissional, seu shaper de longa data Al Merrick o ajudou a negociar com possíveis patrocinadores. "Em certo momento, houve um apelo nacionalista feito pela O'Neill a respeito de eu fechar com uma empresa americana em vez de australiana", diz Tom. "Isso não importava para mim, porque eu tinha uma verdadeira admiração pelos australianos de qualquer maneira. A O'Neill estava experimentando todo tipo de coisas diferentes com as roupas de mergulho e era um pouco exagerado. As roupas de mergulho da Rip Curl eram vistas como menos experimentais e a equipe estava se dando bem com esses wetsuits. Todo mundo tinha essas roupas – MR, Michael Peterson, Rabbit, Cheyne. Todo mundo reparava. Nós percebemos isso em Santa Bárbara. Eles estavam dominando o esporte."

Tom havia conquistado um título mundial amador juvenil na França em 1980, um presságio da profunda afinidade que ele desenvolveria com os beach breaks franceses nos anos seguintes, antes de conquistar o título mundial amador adulto em 1982, na Gold Coast. Quando se tornou profissional em 1983, assinou com a Ocean Pacific surfwear e com as roupas de mergulho Rip Curl. "Nós o patrocinamos tranquilamente junto com a OP por uma década ou mais", diz Claw.

Tom Curren era um tipo diferente de surfista profissional. Não havia nele nada da postura de estrela do rock de Rabbit, ou dos emergentes australianos Gary "Kong" Elkerton e Mark Occhilupo. Tom se casou com a sua namorada e surfista francesa Marie-Pascale quando ainda eram adolescentes, manteve um perfil discreto e evitou a cena festiva do circuito mundial e a mídia tanto quanto sua fama ascendente permitiu.

Curren dizia tudo o que precisava dizer dentro da água, suas linhas afiadas adaptando-se perfeitamente à segunda geração de triquilhas lindamente criadas para ele por Al Merrick. O potencial da revolução da shortboard no final dos anos 60, a agressividade de Nat Young e Michael Peterson, a leveza e imaginação de Wayne Lynch, o foco veloz e a psique competitiva de Rabbit e MR: todos os elementos convergiram nas performances tecnicamente impecáveis e infalíveis do jovem californiano.

Quando Tom Curren chegou em Torquay pela primeira vez em 1983, a expectativa era alta para testemunhar em primeira mão a mais recente contratação de alto nível da Rip Curl. E ele não decepcionou, abrindo uma forte liderança no Grand Slam australiano como novato, antes mesmo de chegar a Bells.

"Acho que foi a penúltima parada nessa perna e eu tinha me saído bem em Cronulla e Burleigh", diz Tom. Como muitos grandes surfistas antes e depois dele, Tom inicialmente teve que se esforçar para entender os amplos espaços e as longas paredes de Bells. "Bells era complicado porque leva um tempo para se acostumar e eu estava usando uma prancha bem pequena. Eu não mapeei o line-up muito bem e fiquei sendo apanhado na zona de impacto."

O que ele lembra mais vividamente foi o surfe livre da jovem sensação sul-africana Martin Potter e a performance arrojada e explosiva do local da Gold Coast, Joe Engel, que avançou desde as triagens para vencer o evento. "Martin Potter estava dando aéreos naquele ano, nas sessões fora do evento, saindo de Rincon direto para o bowl, voando pelo ar e completando", diz Tom. "Surfei em Winki Pop contra Joe Engel nas semifinais... Joe era realmente difícil de parar quando estava conectado."

Tom abraçou os arredores rurais e a costa rochosa de Torquay. "Era parecido com estar em casa. Meio que me lembrou Santa Cruz", diz Tom. "Eu tinha bons resultados e bastante experiência com águas mais geladas, então sabia que poderia me dar bem."

Ficar na casa de seu novo patrocinador rendeu algumas habilidades importantes. "Fiquei com o Claw e aprendi a navegar na TV e tentar ver os três boletins meteorológicos e das ondas. Você tinha que navegar entre os três canais e obter todos os três relatórios em uma mesma TV. Ele se organizava muito bem", diz Tom. Ele teve menos sucesso tentando imitar o talento extraordinário de Claw para prever as condições locais de surfe. "Os sistemas climáticos – eu ainda não entendo como eles funcionam quando circulam pela Tasmânia e como Claw consegue prever o que está longe lá em Perth, quando ele lê esses mapas. Eu não entendi na época e ainda não entendo."

Apesar disso, Bells Beach se tornaria um território de conquista feliz para Curren nos anos seguintes, pois ele conquistou o título do Rip Curl Pro duas vezes, em 1985 e 1990, que o ajudaram a conquistar três títulos mundiais. E nenhum surfista se tornaria sinônimo maior da marca na década seguinte, ou mais reverenciado nos dois lados do Oceano Pacífico. O apelo universal de Curren, no entanto, não conseguiu acabar com os desafios da Rip Curl nos Estados Unidos.

O CONTO DAS MALFADADAS CROKIES

Um acessório de surfe que teve um fim prematuro foi um produto inócuo: as tiras para óculos de sol feitas a partir de cortes de neoprene. Era realmente apenas uma maneira prática de usar restos de neoprene, mas Claw levou vários deles para uma feira para ver se eles vendiam. "Acho que não vendemos muitos", diz Brian. "Foi quando recebi uma carta em Torquay de um escritório de advocacia em Nova Iorque."

Os advogados representaram uma empresa nos Estados Unidos que produzia tiras de óculos de sol semelhantes a partir de neoprene, chamadas "Crokies", que seu cliente havia patenteado nos Estados Unidos. A breve carta exigia que a Rip Curl parasse e desistisse de fabricar suas próprias tiras de óculos de sol.

"Não foi muito depois da minha ida para a América com o Speaky", diz Brian. Os velhos amigos de esqui foram para Jackson Hole atrás de pistas de neve frescas e se viram curtindo uma cerveja em uma pequena cidade chamada Wilson, onde conheceram um cara da patrulha de esqui local. "Esse cara disse: 'Eu faço Crokies e estamos processando esses australianos'", diz Brian. "Mesmo assim, eu tomei mais umas cervejas com ele e lhe contei a história."

Sem o envolvimento de advogados e ao custo de algumas cervejas, Brian e seu novo amigo americano conseguiram resolver suas diferenças e a Rip Curl concordou em interromper a produção do produto em disputa. "Foi uma boa lição do que você pode conseguir apenas se encontrando com alguém pessoalmente, sem advogados", diz Brian.

Os cortes de neoprene da Rip Curl acabaram sendo usados como suportes térmicos de bebidas, até que as novas tecnologias de reciclagem permitiram que eles fossem reaproveitados como material para calçados.

WINDSURF

Quando o windsurf cresceu em meados dos anos 80, a Rip Curl procurou Pat Morgan para lançar e administrar uma divisão de windsurf. Afinal, ele era um dedicado velejador e seu filho Brendan era um campeão de windsurf. Além de produzir pranchas a vela e supervisionar o desenvolvimento de roupas de mergulho, mastros e velas específicas de windsurf, o trabalho de Pat também era administrar o Rip Curl Wave Classic, evento que não durou muito. Esperava-se que um campeonato de windsurf lhes desse credibilidade dentro do esporte emergente, assim como o Rip Curl Pro teve uma década antes.

Alguém sonhou com a ideia de oferecer aos varejistas europeus uma prancha a vela gratuita se eles comparecessem ao evento, na tentativa de atrair o próspero mercado europeu. As pranchas eram os novos modelos mais leves para ondas, que eles desenvolveram para as condições locais, praticamente inéditas na Europa. Nada menos que 40 lojistas aceitaram a oferta, principalmente da Alemanha, que não tem surfe, testando seriamente a capacidades de produção da nova divisão, sem mencionar a capacidade de Torquay em acomodar os competidores.

"Vieram essas pessoas de todas as partes do mundo para Torquay. Nós estávamos tentando conseguir acomodação para elas", diz Pat.

"Todos em Torquay tiveram que colocar lençóis limpos em suas camas extras", conta a sua esposa Elaine.

Mas as pranchas a vela gratuitas se mostraram perigosas para os varejistas europeus, que não estavam acostumados com os últimos avanços no design local. "Na Europa, todos estavam surfando com grandes e longas pranchas a vela. Tínhamos acabado de começar a usar as pranchas curtas de saltar nas ondas", diz Pat. "Esses alemães loucos vieram e pegaram suas pranchas e entraram em Point Danger, bateram no fundo e arrebentaram as quilhas. Foi horrível", diz Pat.

Mesmo assim, o evento foi considerado um grande sucesso. "Isso fez o windsurf funcionar para nós. Acho que realizamos o evento por três anos", diz Pat. Embora o windsurf tenha surgido e desaparecido rapidamente como parte significativa dos negócios na Austrália, ele ajudou a Rip Curl a se firmar no próximo mercado importante que tinha em vista.

A CONEXÃO FRANCESA

Em 1980, o campeão de surfe vitoriano Maurice Cole demorou a deixar a prisão, tendo cumprido dois anos por uma apreensão relativamente pequena por posse de haxixe. Ele fez um acordo para se declarar culpado e esperava ser libertado por bom comportamento, mas, em vez disso, se viu usado como um exemplo, cumprindo a sentença mais dura para esta acusação na história de Victoria, a maior parte em segurança máxima na infame Bluestone College, prisão de Pentridge.

Maurice foi destituído de seu título vitoriano pelo órgão dirigente do esporte, a Australian Surfriders Association, ansioso para se distanciar do temido estigma do surfista-drogado. A linha dura da ASA significava que Maurice era inelegível para a liberdade temporária durante o dia para competir em eventos enquanto estava preso. Mesmo assim, um ano depois de ser libertado, Maurice havia novamente conquistado o título vitoriano e conseguiu se qualificar para a equipe australiana e competir no Mundial realizado na sonolenta e pouco conhecida cidade de surfe de Hossegor, na França.

Maurice se viu caminhando pelas vastas dunas da praia de La Gravière, em Hossegor – nomeada em homenagem a uma antiga pedreira – e presenciou uma cena que mudaria profundamente o curso de sua vida, a evolução do surfe francês e os negócios da Rip Curl. "Havia ondas em todos os lugares, cuspindo tubos pros dois lados e sem nenhuma alma viva", Maurice conta, com um ar de surpresa quase igual até hoje, cerca de 40 anos depois.

Maurice descreve a sua corrida na praia "como uma cena de *Carruagens de fogo*", com a música agitada imaginária acompanhando a sua corrida em câmera lenta em direção ao oceano. "Até hoje este ainda é o melhor dia de surfe da minha vida", afirma Maurice. "Surfei por sete horas. A certa altura, meu cabelo ficou seco por cerca de quatro horas, porque eu estava tão conectado, só pegando tubo atrás de tubo."

Logo se juntaram a ele vários de seus compatriotas, alguns um pouco zoados depois de uma noitada saboreando o vinho tinto local, mas todos transfigurados da mesma forma pela vista surreal diante deles. Maurice se recorda de um Rabbit Bartholomew de ressaca, arrastando obstinadamente sua prancha sobre as dunas e entrando na mesma corrida de *Carruagens de fogo* ao ver a formação das ondas.

"O que se seguiu foi o dia mais perfeito de surfe que já experimentamos... Nós surfamos até a exaustão, os tubos ficavam cada vez mais profundos à medida que a tarde passava", lembra Rabbit em seu livro de memórias, *Bustin' Down the Door*. "Este dia teve um efeito profundo em todos nós. Nunca em nossos sonhos mais loucos poderíamos imaginar tamanha perfeição na Europa."

No final da sessão que mudou sua vida, Maurice notou pela primeira vez que uma grande multidão se reunira na praia para assistir. Quando ele finalmente chegou à praia, recebeu as boas-vindas de um herói, com gritos e aplausos retumbantes. Maurice lembra de uma francesa idosa ofegando, "*C'est quoi? C'est quoi?* O que é isso? O que é isso?" Ele percebeu que eles estavam confusos com seu truque Houdini de desaparecer dentro de uma onda, apenas para reaparecer num passe de mágica 30 ou 40 metros mais adiante em uma lufada de spray.

Essa sessão épica colocou Maurice no marco zero do nascimento da indústria de surfe francesa. Procurando um novo começo após sua amarga experiência na prisão, ainda indignado com o tratamento recebido da ASA, e sentindo a oportunidade de negócios e das ondas desertas, Maurice e sua esposa Anne logo se mudaram para Hossegor. "Vir pra cá foi um alívio. Ainda éramos desprezados [na Austrália], mas aqui os franceses disseram: 'Esse cara é meio excêntrico, ele deve ser um artista!'", diz ele.

A Rip Curl já havia começado a fazer algumas tentativas de entrar no mercado europeu sob um acordo de distribuição com o cineasta francês Yves Bessas. Mas em 1982, o franco francês havia desvalorizado e o dólar australiano havia subido a um ponto que simplesmente não havia margem suficiente para o distribuidor francês. Brian e Claw ainda estavam convencidos de que a França e a Europa representavam mercados novos e empolgantes, e viam semelhanças entre as cidades de surfe semirrurais de Torquay e Hossegor. A ideia de estar no lugar certo, na hora certa, enquanto o surfe crescia novamente era irresistível, então eles decidiram abrir a sua própria empresa na França.

Enquanto isso, Maurice montou uma fábrica de pranchas de surfe em uma propriedade industrial nos quarteirões atrás de Hossegor, lutando contra os desafios formidáveis de conseguir blocos e fibra de vidro em um país que não possuía indústria de pranchas de surfe. Felizmente, ele fez amizade com um jovem e bem relacionado estudante de arquitetura François Payot, que estava interessado em encontrar maneiras de sustentar a sua obsessão pelo surfe vivendo na costa, em vez de ter que seguir uma carreira de arquitetura em Paris.

A história de como essa colaboração improvável deu início ao grande boom europeu do surfe exigia um exame minucioso. Viajo para a França em outubro de 2017, assim que o evento anual Quiksilver Pro chegava ao fim naqueles épicos bancos de areia da praia de La Gravière, com a final conquistada de maneira espetacular pelo campeão mundial brasileiro da Rip Curl, Gabriel Medina. Sua vitória na semifinal sobre o campeão havaiano John John Florence é o capítulo mais recente de uma nova e intrigante rivalidade, e Gab conquistou a vitória em uma veloz disputa de manobras aéreas.

O campeonato já havia terminado quando chego à cidade, a multidão se foi e os surfistas profissionais já estão a caminho do próximo evento, o Rip Curl Pro, em Peniche, Portugal. Gosto de ver uma cidade de surfe voltar ao normal, a multidão partir e o surfe esvaziar. Hossegor rapidamente começa a se parecer com uma cidade fantasma, à medida que mais e mais empresas – lojas, bares, restaurantes, hotéis – começam a se ajeitar para a hibernação do inverno. No dia seguinte, sou literalmente o único hóspede do histórico Hôtel le Mercedes, que estava lotado de funcionários da World Surf League apenas um dia antes.

Há um temor local de que um novo calendário da WSL possa significar o fim do campeonato de outono na melhor época de surfe. O evento de outubro estende a temporada de verão e, sem ela, os negócios podem ocasionar um fechamento abrupto no final do verão.

Maurice Cole voltou para a Austrália em 1995, mas ainda vem passar uma temporada anual de formação de shapers, e seus conselhos continuam em alta demanda. Ele me pega para surfar em La Gravière – com quatro a cinco pés liso, poucas pessoas na água e, aos 62 anos, depois de sobreviver a um câncer e a vários desastres nos negócios, Maurice ainda é uma presença ativa e imponente no line-up – pegando ondas da série, conversando animadamente em francês com velhos amigos e deslizando suavemente sobre as ondas pulsantes em um estoico agachamento tai chi. Depois, ele me leva para passear pelo vasto recinto industrial de surfe no interior da cidade. Vamos até a fábrica de pranchas de surfe local onde ele fabrica suas pranchas, a Surf Odyssey, e era como estar em qualquer recinto industrial nos quarteirões das cidades de surfe pelo mundo: as prateleiras de pranchas com pedidos manuscritos colados nelas, as pequenas baías de shape e laminação em forma de célula, e a construção rudimentar de gesso quatro por dois.

Maurice parece se sentir totalmente em casa na França, apesar de não morar aqui há 20 anos. Toda tarde, por volta das quatro horas, quando ele faz uma pausa na modelagem das pranchas, ele saca uma seleção de queijos locais, uma garrafa de vinho tinto e desfruta de um chá da tarde europeu com quem quer que esteja por perto.

Maurice se hospeda na fazenda francesa imaculadamente restaurada de François, no interior, nos arredores de Hossegor. A instalação opulenta é decorada com artigos domésticos, esculturas e obras de arte das viagens globais de François, particularmente de Bali. As dependências de madeira foram transformadas em um retiro exclusivo de ioga, procurado pelas prósperas donas de casa da região. As vigas antigas e originais de madeira da fazenda ainda estão expostas, como um contraponto aos interiores luxuosos. O site do retiro de ioga, traduzido do francês, declara poeticamente, "A decoração do quarto da fazenda Audine reflete as memórias exóticas coletadas durante as múltiplas e reais (ou imaginárias) jornadas de seus anfitriões. O desejo deles era criar para você um mundo de paz, conforto e suavidade. Durante os retiros de ioga, esse cenário de sonho facilitará a convivência com surfistas e budas, reunidos em fragrâncias africanas."

Durante minha visita, François estava em Paris, mas sua influência é grande na história da Rip Curl Europa. Ele ainda é o único acionista majoritário da empresa-mãe, além de Claw e Brian, e as histórias do arrojado bon-vivant e conquistador de mulheres, com diversos interesses comerciais em restaurantes e retiros de ioga em todo o mundo, criam um personagem semimítico, maior do que a vida.

No meu voo, assisti à espetacular adaptação de Baz Luhrmann do clássico de F. Scott Fitzgerald, *O grande Gatsby*, a história do esquivo milionário playboy que organizava festas ultrajantes na decadente cena social de Nova

Iorque nos ferozes anos 20, e se vangloriava do passado de sua família aristocrática e de glórias militares. Na ausência de François, enquanto abundam as histórias de sua generosidade, suas conexões familiares, seu gosto por mulheres exóticas e seus atos de generosidade, chego a pensar nele como um surfista Gatsby francês. Mas, no caso dele, a formação aristocrática e a história militar heroica são inteiramente genuínas. Quem é Payot?

"Você ainda não conheceu François?", me pergunta o seu ex-parceiro de negócios e braço direito de longa data Fred Basse.

Eu disse não.

"Boa sorte", diz ele sorrindo.

ENCONTRANDO FRANÇOIS

É difícil conseguir uma audiência com o misterioso Monsieur Payot. Ele está morando em Paris porque sua filha Dune está doente e ele tem se dedicado à recuperação dela. Mas ele chega inesperadamente a Hossegor para o funeral de sua tia e, em meio a sua agenda lotada, Maurice consegue providenciar para que todos nos encontremos para o café da manhã na fazenda. Juntando-se a nós está Fred Basse, o yin do yang de François: uma presença tranquila e sóbria e perfeito contraste para a energia volátil de François.

Em meio a café e croissants, cobrimos tudo, desde a história do surfe na França, às proezas de Maurice como cobrador de dívidas, até como a indústria do surfe se perdeu nos anos 2000. É uma conversa animada e abrangente, dominada pela sagacidade seca de François com suas observações francas em seu forte sotaque francês e inglês lírico como segunda língua.

A versão popular do começo do surfe na França é adequadamente glamourosa. Em 1957, o roteirista de Hollywood Peter Viertel esteve em Biarritz para as filmagens da versão cinematográfica do clássico de Hemingway, *O Sol também se levanta*. Viertel, um surfista afiado, viu as ondas na La Grande Plage em frente ao hotel e ligou para casa, nos Estados Unidos, para que enviassem sua prancha de surfe. Os habitantes locais ficaram hipnotizados com suas ondas e estavam ansiosos para imitar os seus feitos. Ele ensinou um punhado de moradores a fabricar pranchas de surfe e deixou a sua prancha para trás quando voltou aos Estados Unidos. O surfe francês nascia ali.

Diferentemente da evolução do surfe na Califórnia ou na Austrália, o esporte não se tornou uma seara de errantes vagabundos de praia, atraindo os filhos da aristocracia. Os clubes de surfe formados eram mais como clubes de campo exclusivos do que os clubes de salva-vidas da classe trabalhadora ou os clubes de surfe rebeldes da Austrália.

A segunda geração de surfistas franceses nos anos 60 combinou essas origens elitizadas com uma nova estética boêmia e hippie, como poetas bronzeados da Geração Beat, Kerouacs endinheirados com pranchas de surfe. No final dos anos 60, os surfistas visitantes do exterior começaram a descobrir que a Europa realmente oferecia surfe abundante e potente, sem aglomerações, trazendo pranchinhas modernas e vendendo-as para os locais quando iam embora. As estrelas australianas Nat Young e Wayne Lynch percorreram a região com o cineasta Paul Witzig, filmando o clássico da era da transição, *Evolution*, que exibiu o novo surfe de prancha pequena e os sublimes picos de areia das praias francesas, com efeito igualmente impressionante.

O foco do surfe francês começou a se deslocar para o norte de Biarritz, até as ondas fortes de Hossegor, que não eram adequadas aos velhos longboards. Os surfistas franceses começaram a perceber a prodigiosa herança de suas ondas e desfrutavam dos meios para se satisfazer nelas em sua plenitude, financiados em grande parte por suas heranças familiares.

François Payot era filho e neto de médicos, de quem se esperava que seguisse na profissão da família. Ele cresceu principalmente em Paris, mas começou a surfar em uma prancha de madeira compensada para surfe de peito durante as férias de família em Hossegor aos 13 anos. Sua mãe era de Hossegor e sua avó construiu uma das primeiras casas no que então era uma vila rural adormecida. "Em toda a região, as pessoas tinham medo do mar, então todas as aldeias nativas ficam no interior", explica François.

A costa aqui é conhecida como La Côte Sauvage, a Costa Selvagem, e era evitada pelos habitantes locais até os turistas parisienses começarem a desfrutar de seu clima mais ameno no verão. François foi alguém que se deixou enfeitiçar, tanto que seu caminho decretado para a medicina foi logo sabotado por sua obsessão pela água salgada.

"Minha mãe me tirou da faculdade de medicina porque eles diziam que eu passava muito tempo na praia e pouco tempo na universidade", diz ele. Então ele mudou para a arquitetura, que poderia estudar em Bordeaux, muito mais perto de suas amadas ondas de Hossegor. "Foi ali que a época de surfe real se iniciou, passamos a ter longos cabelos loiros, camisa de flanela e pedras marroquinas ao redor do pescoço, como hippies", diz ele.

Hossegor se tornou o foco desta nova geração por conta do que os locais chamam de "la Gouf", um enorme cânion subaquático que canaliza as ondas do Atlântico diretamente das águas profundas nas praias de Hossegor. O que havia sido uma fonte de medo para os locais se tornou um ímã para os surfistas. "Os surfistas australianos ou americanos chegavam em Londres ou Amsterdã, compravam uma van, passavam aqui entre agosto e setembro, iam para o Marrocos no inverno e depois em algum momento voltavam aos seus países, e foi ali que começamos a comprar as pranchas de surfe deles antes de partirem", diz François.

François ganhou sua primeira prancha de surfe em um jogo de cartas. "Gin rummy, eu era um bom jogador de cartas. Eu ganhei o jogo e com o dinheiro comprei uma prancha", diz ele. Ele conseguiu um emprego de verão administrando um dos clubes de surfe onde os surfistas locais deixavam suas pranchas e seus instintos empresariais se revelaram. "Fui o primeiro a ter a ideia de alugar pranchas de surfe e ganhei mais dinheiro do que podia imaginar", diz ele. "Na universidade, não tínhamos dinheiro, então esse foi o meu primeiro negócio de surfe."

Ao longo do caminho, François encontrou tempo para concluir o serviço militar francês obrigatório por dois anos, servindo como paraquedista ao lado do exército italiano em conflitos na África. Isto estava a um milhão de milhas de distância do estilo de vida francês boêmio do surfe no final dos anos 60 e início dos anos 70. Embora François não goste de falar sobre seus tempos de militar, existem muitos rumores sombrios de seus heroísmos, e ele admite que a experiência o serviu bem quando ingressou nos negócios.

"Foi uma experiência bastante emocionante. Hoje não há mais serviço militar", diz François. "Você aprende a ser um líder e como tomar boas decisões. Quando empregava pessoas, para mim era um fator positivo se o cara tivesse passado pelo exército. Eu sabia que se dissesse pra fazerem isso, eles fariam."

Em 1979, durante os títulos nacionais franceses em Hossegor, François conheceu outro jovem surfista de olho nos negócios. Fred Basse era um ex-campeão francês júnior de surfe que tinha um emprego de meio período no verão exibindo filmes de surfe e esqui com Yves Bessas. François emprestou a Fred sua estimada prancha para a final, Fred terminou em segundo e uma amizade nasceu.

Foi uma reunião que lembrou a dos fundadores da Rip Curl em Torquay, 16 anos antes. François era o visionário sonhador como Claw, e Fred era o pragmático de fala franca, como Brian. O par deu liga. Ambos estavam procurando maneiras de ficar na praia em vez de ter um emprego regular na cidade. De muitas maneiras, o início da Rip Curl em Hossegor parece uma repetição de eventos em Torquay em um universo paralelo, quando uma nova geração descobre o surfe e joga fora os grilhões conservadores dos caminhos esperados para suas vidas.

Fred se classificou para a equipe francesa na disputa dos títulos mundiais de 1980, quando conheceu Maurice Cole e compartilhou a sessão épica em La Gravière. Pergunto a François qual foi a contribuição de Maurice para a indústria do surfe francês. "Sua contribuição para a indústria? Nada. É um pesadelo fazer negócios com ele. Sua contribuição foi a habilidade de surfar", diz François. "Quando você trabalha com Maurice, um dia você é o homem mais rico do mundo e no dia seguinte está falido", diz ele rindo.

Quando Maurice decidiu abrir a primeira fábrica de pranchas de surfe de Hossegor, ele nem sabia falar o idioma e não fazia ideia de como navegar no labirinto administrativo de iniciar um negócio em um país estrangeiro. François teve pena dele e decidiu ajudar. "Eu achava que era uma boa ideia por quatro ou cinco meses ajudá-lo a administrar o negócio", diz François. "Não foi realmente difícil, então começamos isso. Eu não fui pago. Essa foi uma boa desculpa para eu não trabalhar como arquiteto. Eu nunca achei que seria um negócio. Nós não tínhamos dinheiro. Então eu ajudaria Maurice nesses seis meses e depois voltaria ao meu estudo." Embora esse fosse o plano imaginado por François, acabou que ele nunca voltou para a universidade.

Em vez disso, François ajudou Maurice a registrar seu negócio com o bem-humorado nome Aussiegor, e começou a gerenciar a fábrica enquanto Maurice fazia os shapes. Maurice calcula que ficou meses tentando obter a sua licença de negócios através da enlouquecedora burocracia francesa. Quando François se envolveu e falou palavras bem escolhidas para as pessoas certas, tudo foi resolvido em 24 horas.

Quando o franco francês foi desvalorizado e tornou-se inviável para Yves Bessas ou Alan Teigen importar produtos Rip Curl, Maurice e François pegaram a brecha. Brian e Claw foram até lá para prospectar a criação de sua própria empresa na França e, enquanto isso, os negócios de Maurice deram a eles uma plataforma para continuar importando produtos para tentar atender à crescente demanda. "Fizemos isso na base da amizade para manter o negócio e a Rip Curl nos disse, vamos criar nossa própria empresa, e aqui estava eu com essa pequena empresa [Aussiegor] que tinha talvez 20 mil francos em seu nome", diz Maurice.

"Brian disse: 'Deseja importar produtos da Rip Curl?' E eu respondi: 'Não, não temos dinheiro e não é possível, mas com seu dinheiro e meu trabalho podemos fazer algo ótimo'", lembra François. Brian, Claw e François se deram bem na hora e a Rip Curl concordou em uma joint venture com ele para estabelecer uma operação europeia com sede na França. "Eu também era surfista, éramos pessoas mágicas. O mundo do surfe estava muito longe da Europa, mas quando uma pessoa mágica conhece outra pessoa mágica, elas se dão bem", diz François. "Eles me ofereceram um salário, eu nunca recebera um salário na minha vida. Deve ter sido cerca de US$ 2 mil por mês, então isso estava mudando minha vida."

François diz que de imediato sentiu que Claw e Brian eram almas irmãs. "Foi natural – eles eram um pouco mais velhos que eu, mais experientes na vida – mas nos encaixamos bem. O espírito do estilo era: trabalhamos com surfe, somos rebeldes", diz François. "Brian é normal, Claw não é tão normal. A primeira vez que encontrei Brian, ele veio com sua família, ele era um cara totalmente normal. Somos surfistas, compartilhamos o mesmo sentimento. Claw era mais original, a maneira como ele se veste, mas, como disse, estávamos em um mundo onde havia tantos diferentes tipos de personagens que eu realmente não me surpreendi."

François chamou Fred Basse para ajudar e eles formaram uma empresa, chamada Frogs, a Rip Curl com 50%, François com 40% e Maurice e Fred com 5% cada. Eles começaram em um pequeno escritório na cidade, com janelas quebradas e sem aquecimento, construindo suas próprias instalações com madeira de demolição. "No início da Rip Curl, eu estava sozinho. Eu fazia tudo. Isso te dá legitimidade mais tarde – você pede à sua equipe que faça algo que você já fez. Eu sei o que você faz, porque eu já fiz isso", explica François.

O momento, assim como em Torquay em 1969, foi ideal. O surfe europeu estava prestes a crescer e seu esporte irmão, o windsurf, já passava por um surto maciço de crescimento, fornecendo outro mercado pronto para ser explorado.

"Então o verdadeiro começo da Rip Curl como é hoje na Europa não foi fruto de uma visão e sim a desvalorização [da moeda] francesa", diz François. "Ao mesmo tempo, o windsurf cresceu, então o que era um nicho de mercado, as roupas de borracha, tiveram no windsurf um outro mercado. E os praticantes de windsurf começaram a descobrir o surfe, o que abriu a mente de milhões de pessoas na Europa [que] usam o mesmo produto que o nosso. E eles também começaram a querer nossas pranchas a vela, o que significava ainda mais interesse vindo desse segmento."

Os pais de François, tendo assistido às carreiras em medicina e arquitetura serem vitimadas pelo vício do filho com o surfe, não ficaram exatamente empolgados com seu empreendimento no negócio de roupas de mergulho, mas continuaram apoiando. "Eles desconfiavam, mas pelo menos doaram o dinheiro para encarar o primeiro ano e depois acho que ficaram muito orgulhosos", diz François. "No primeiro ano, meu pai me emprestou 20 mil francos para a primeira temporada, e isso foi o suficiente para prosseguir. Nós o pagamos de volta bem rápido."

Mas o crescimento foi tão rápido que, no segundo ano, eles precisaram de mais financiamento do que o pai de François estava preparado para contribuir. "O banco francês não entendia de surfe... Você precisava convencer os pais, o banco e os administradores de que existia um mercado", diz François. "Quando você diz que está no negócio e está de short e camiseta, os bancos não confiam em você. A empresa australiana foi obrigada a colocar algum dinheiro no banco para nós porque precisávamos de 1,6 milhão de francos, cerca de US$ 250 mil. Nós crescemos muito rápido. Quando o mercado começa a explodir, você enfrenta novas situações todos os dias, o que torna tudo emocionante. Tivemos a sorte como empresa de estar nesse momento em que tudo era novo. Ficávamos encantados com uma nova roupa de mergulho, com uma nova invenção. Como crianças, você tinha brinquedos novos todos os dias."

A Rip Curl causou uma impressão imediata nas feiras europeias de esportes de ação, onde o surfe ainda era uma novidade. A maioria dos europeus equiparava surfe com a prancha a vela, e as pranchas a vela de Maurice eram vistas como revolucionárias. "Quando começamos a ir nas feiras, tínhamos três metros quadrados ao lado do banheiro", diz Maurice. "Tínhamos todas as pranchas da Rip Curl e ninguém nunca tinha visto pranchas a vela com foil. De repente, a partir desse pequeno estande, vendemos todas elas, vendemos 30 delas. Todo mundo queria uma, todos os caras, todos os campeões do mundo. Nós nos tornamos sensação da noite para o dia – 'Tem esse cara, esse australiano louco'... E a festa, foi isso que nos diferenciou. Estávamos bebendo e festejando."

A expansão europeia foi auxiliada por subsídios de exportação do governo australiano, que ajudaram a subsidiar as incursões da Rip Curl em novos mercados internacionais. Em poucos anos, a cidade de Hossegor, assim como Torquay antes dela, começou a entender que esses surfistas hippies de cabelos compridos estavam empregando pessoas, gastando dinheiro na cidade e atraindo mais visitantes para a área. Em 1985, um financiamento da cidade permitiu à Rip Curl França construir a sua própria fábrica em Soorts, partindo do centro da cidade para o interior, onde os terrenos eram baratos. Foi um investimento que traria um retorno generoso para a cidade nos anos seguintes.

"Você tem que convencer a todos e depois todos te seguem. Você precisa convencer a região de que será uma boa atração turística. Você traz algo novo para o mundo tradicional", diz François.

Apesar dos benefícios econômicos, a velha guarda de Hossegor, a comunidade agrícola conservadora e os ricos turistas parisienses permaneceram chocados com os jovens surfistas que fumavam drogas e eram atraídos para a sua cidade. Se Torquay no início dos anos 70 era selvagem, Hossegor nos anos 80 não estava muito atrás.

"Quando chegamos, surfávamos muito, éramos realmente apaixonados pelo que fazíamos e festejávamos exatamente da mesma maneira", acrescenta Maurice. "Eu não tinha tempo para os negócios. Toda vez que as ondas paravam ou o vento parava, você tinha que sair para festejar e se divertir. Estávamos queimando a vela nos dois lados. Havia muito sexo e drogas, e bastante rock-and-roll."

François sempre adotou uma atitude pragmática em relação à cultura festiva da indústria do surfe, principalmente à medida que os negócios cresciam. "Você pode festejar o tempo todo, enlouquecer, mas se você tiver uma reunião às nove da manhã, então você tem que estar lá na sua reunião", ele diz. "Seu estilo de vida não deve ser um perigo para os seus negócios. Se você emprega 50 pessoas, são 50 famílias para alimentar."

Aos poucos, os locais foram conquistados e os tipos conservadores trataram seus novos empresários vagabundos com orgulho. "Hossegor era apenas uma vila de verão totalmente adormecida o resto do ano, então, na verdade, trouxemos alguma atividade", diz François. "Então eles não confiavam muito em nós, mas também não se opuseram. Depois, quando viram que trazíamos uma boa imagem, começaram a se orgulhar de nós e a cidade nos ajudou a fazer a fábrica. O gerente do banco trouxe alguns de seus clientes – 'Veja bem, estamos trabalhando com pessoas que nem usam gravata e camisa, estão de short e sunga, por isso temos uma mente muito aberta porque trabalhamos com essas pessoas'."

Mas havia ainda uma faceta áspera em se fazer negócios com a Curl, principalmente se você não pagasse suas contas em dia e eles ligassem para o ex-presidiário selvagem e colonial da Austrália para reforçar o departamento de contas. Maurice lembra que uma grande cadeia de varejo não pagou por algumas pranchas a vela. Ele descobriu o nome, o endereço residencial e o número de telefone do chefe de contas e foi lá esclarecer tudo. "Eu sabia o que estava fazendo porque costumava cobrar dívidas para a agência de cobrança Pentridge quando saí da cadeia, um cenário bem diferente", conta Maurice, rindo. "Essas pessoas nunca tinham se deparado com alguém como nós... No meu francês quebrado, estava começando a dizer: 'Quero falar com você. Maurice Cole, eu preciso falar com você, Pierre. Vai ser entre você e eu'. Ele não sabia o que eu queria... 'Agora você vai me dar a sua promessa, sua palavra, de que o cheque será enviado muito rapidamente', e ele disse: 'Sim, sim, sim'. E eu disse: 'Bom, porque se o cheque não estiver na caixa de correio, eu voltarei a esse endereço e provavelmente serão duas horas da manhã e eu vou recolher o dinheiro'."

Como era esperado, o contador, agora completamente apavorado, ligou para o departamento de contas da Rip Curl, querendo saber quem era aquele lunático ameaçando chegar em sua casa na calada da noite. Eles tinham a resposta perfeitamente ensaiada. "[Nosso contador] disse: 'O quê? Ele ligou para você? Ah não! Ah não! O que ele disse? Ah não. Você quer dizer...? Ele não fez isso! Ele vai passar pela sua porta às duas da manhã? Isso é o que ele costumava fazer. É por isso que agora ele está morando na França'. Recebemos a porra do cheque no dia seguinte", relata Maurice de forma teatral.

A reputação de Maurice como cobrador de dívidas oficial da Rip Curl logo se espalhou, com consequências às vezes não intencionais. Em outra ocasião, Maurice e François estavam viajando para uma feira quando decidiram entrar em uma de suas contas de loja de varejo. "Queríamos ir lá cumprimentar, para sermos gentis... Chegamos e dissemos ao vendedor: 'O dono da loja está? Viemos da Rip Curl para cumprimentá-lo'", diz François. O atendente da loja deu a notícia ao proprietário, que parecia consternado e saiu correndo. "Ele voltou depois até nós e disse: 'Eu sei que não paguei a tempo. Aqui está o dinheiro... Desculpe, desculpe. Prometo que nunca mais vou me atrasar'. Fomos lá apenas para sermos legais com o cara!", exclama François, enquanto ele e Maurice riem.

A Rip Curl Europa estava prestes a explodir, a ponto de ajudar a sustentar a sua empresa-mãe e outras regiões, principalmente os Estados Unidos, que passou por tempos difíceis. "O tempo passa rápido demais, eu estava vivendo cada dia", diz François. "Não diria que tenho a visão de mercado grande. Eu não tenho visão. Eu não ligo. Eu sei que estamos crescendo. O importante era que podíamos viver, ganhar dinheiro e ajudar as crianças a viverem sua paixão."

Em meio a todo o crescimento febril do surfe, das festas e dos negócios, levou vários anos para a Rip Curl formalizar os negócios franceses. Em um padrão que se desenrolava frequentemente em sua vida de negócios cheia de altos e baixos, Maurice vendeu a sua parte para Fred por cerca de US$ 25 mil, um ano antes que valesse muitas vezes esse valor. Maurice tinha um problema com uma enorme dívida de impostos e precisava do dinheiro às pressas.

Quando ligo para a fábrica da Surf Odyssey para me despedir de Maurice antes de partir para Portugal, no intuito de rastrear a expansão europeia da Rip Curl, há uma grande ondulação que deve chegar em 48 horas. Maurice, aos 62 anos, em remissão do câncer, lutando para se manter à tona financeiramente e atolado em pedidos, está terminando uma prancha gun de dois metros e meio para enfrentar La Nord, o lendário banco de areia oceânico, daqui a dois dias.

"Alguém me perguntou, nunca te ocorreu que todo mundo ganhou milhões e você não ganhou nada?", Maurice questiona. "E eu disse, sim, mas ninguém mais viveu minha vida e ainda estou aqui e acho que ainda sou relevante, ainda estou fazendo pranchas e tenho tantas coisas novas por vir."

Apesar de suas experiências totalmente diferentes nos negócios, Maurice e François continuam sendo melhores amigos. "Sempre nos apoiamos quando a merda acontece", diz Maurice. Quando Maurice foi diagnosticado com câncer, ele precisava de um fiador de um empréstimo de US$ 100 mil para obter tratamento nos Estados Unidos. François não pestanejou. "Fiquei muito envergonhado. Eu não tinha dinheiro. Perdi tudo com a BASE [uma empresa de surfe australiana que faliu]. Eu disse que precisava de alguém para me garantir 100 mil. E ele olhou para mim e disse: 'Você escreve a carta e a leva para a Monica [assistente pessoal de François] e você vai melhorar. E então, quando vamos surfar?'"

CAPÍTULO 5

PROSPERIDADE E FALÊNCIA: 1985-1989

Em meados dos anos 80, o grande boom do surfe não mostrava sinais de desaceleração, tanto na Austrália quanto no mundo. As grandes empresas de surfe estavam crescendo muito além dos seus principais mercados de surfistas fissurados, pois o estilo da praia era adotado com entusiasmo pelas massas dos subúrbios. As três grandes marcas de surfe australianas – Quiksilver, Billabong e Rip Curl – aproveitaram a onda de popularidade levada a um sucesso inimaginável.

"Acho que foi o forte instinto competitivo que as três empresas possuíam que ajudou a forjar a indústria do surfe na Austrália", diz Brian. "É como ir surfar com seus amigos, você precisa tentar ser mais sagaz que eles para conseguir pegar a onda."

Na Rip Curl, o boom se manifestava em eventos como a noite da mídia, uma festa anual na quinta-feira antes do final de semana da Páscoa que se tornava mais elaborada a cada ano. "Bells estava ficando muito grande e percebemos que a mídia de surfe não estava sendo muito bem cuidada, então queríamos fazer algo por eles, e isso ganhou vida própria", lembra Brian.

"Um dos nossos objetivos era receber algum feedback das revistas de surfe sobre como nossas campanhas e equipes de publicidade estavam sendo recebidas e o clima geral da selva", diz Claw.

"Não sei se rolou muito disso na noitada, porque todo mundo ficou muito bêbado", acrescenta Brian.

O designer gráfico recém-contratado Neil Campbell testemunhou em primeira mão o caos crescente da noite da mídia. "Lembro da primeira noite da mídia. Brian me disse para ir ao pub comprar uma caixa de cerveja e convidar a galera das revistas. E o lance decolou e se tornou um grande evento de mídia", lembra Cambo.

"Elas costumavam ficar um pouco selvagens. O antigo escritório tinha uma sauna. Só Deus sabe o que aconteceu lá", diz Shayne Paterson, responsável pelo marketing e promoções da Rip Curl durante esses tempos intoxicantes. "Tenho uma lembrança clara de levar Brian para casa na minha caminhonete e ele se recusando a descer do teto. Não havia regras sobre dirigir com bebida por lá. Os caras mandavam em Torquay. Provavelmente havia apenas um único policial na cidade. Foram tempos loucos... uma sociedade sem regras."

Shayne começou na Rip Curl em Sydney como gerente de escritório em 1982, fazendo de tudo, desde despachar pedidos até tirar as medidas dos surfistas da equipe e fazer reparos nas roupas de mergulho. Em 1985, ela foi transferida para Torquay para assumir o cargo de marketing, além de servir como assistente de Claw. Na época, ela estava namorando John Howitt, proprietário da Peak Wetsuits, uma nova marca econômica com sede em Sydney – o equivalente comercial de dormir com o inimigo. "Acho que Brian e Claw pensaram, vamos tirá-la de lá", ela brinca. Shayne foi a primeira mulher a ocupar um cargo de gerência sênior no negócio. "A empresa tinha um teto de concreto. Era muito machista", diz ela. Mesmo assim, ela prosperou na cultura informal da Rip Curl. "A camaradagem do negócio era como uma família. Ainda me sinto parte disso, nunca perdi contato com ninguém", conta ela.

Embora o local de trabalho fosse ótimo, foi difícil ir para uma cidade do interior vinda das praias do norte de Sydney. Shayne ao menos encontrou alguma irmandade e solidariedade quando a chefe de marketing da Quiksilver, Rikki Jansen, também se mudou de Sydney para Torquay. "Vivíamos numa fazenda em Grossman's Road, palco de muitas festas", diz Shayne. "Num ano, eu tinha [os surfistas da equipe] Rabbit, Nick Wood, Gary Green e Stuart Bedford-Brown ficando comigo, e tinha meninas subindo pelas janelas à meia-noite. Me surpreendia como essas garotas se jogavam pra cima desses surfistas."

Esse foi o período rock-and-roll do surfe, quando as celebridades gravitaram na cena do surfe como mariposas em chamas. Jogadores de futebol e astros do rock em particular pareciam atraídos pela cultura de festa da Rip Curl. O Australian Crawl, uma das principais bandas australianas da época, chegou a ser copatrocinador do Rip Curl Pro em 1984. "A cena social era incrível. Com o meu cartão de visitas, eu podia entrar em qualquer boate", diz Shayne. "Nós saíamos com os caras do Dire Straits... Nós levávamos esses caras para surfar e íamos ver eles tocar. Eu medi os caras do Australian Crawl e os vesti com roupas de mergulho personalizadas."

O outro destaque do calendário social da Rip Curl era a festa anual de Natal, embora conseguir reservar os locais se tornasse cada vez mais difícil à medida que a reputação se espalhava. "Fomos expulsos de alguns restaurantes em Torquay. A certa altura, fomos banidos de todos os restaurantes de Torquay a Geelong", diz Shayne.

Pat Morgan era uma rara presença sóbria no meio do caos. "Lembro-me de uma vez que fomos a um local de eventos em Geelong. Deviam ter 150 pessoas entrando de uma vez. Todas já vinham bebendo no ônibus", conta Pat. "A banda começou a todo vapor. O sujeito do centro de conferências quase teve um ataque cardíaco. Ele podia ver que a coisa já estava fora de controle. Ele corria tentando encontrar o dono e me perguntou se eu era o dono."

É provável que Pat Morgan se lembre de coisas das festas da Rip Curl perdidas na memória de todos os outros humanos. "Eu ia escrever um livro, fazer 50 cópias e cobrar 100 mil dólares de cada sujeito, porque eu sou o único que ficou sóbrio todo esse tempo", brinca Pat.

Jamie Brisick era um jovem surfista profissional californiano que se juntou ao time da Rip Curl durante esses tempos inebriantes. Quando garoto nas ondas fechantes de Zuma Beach, a oeste de Los Angeles, Jamie desenvolveu um profundo fascínio pelo surfe australiano e a Rip Curl era o seu portal para esta terra de ondas perfeitas e personagens grandiosos. "A Rip Curl era sinônimo de Austrália, e a Austrália era tão sedutora", diz ele.

Quando Jamie se viu em Torquay para o Rip Curl Pro, ele mal podia acreditar na sua sorte. "Eu estava com Wes Laine e Willy Morris e ficamos no estacionamento de trailers. Fomos a um evento no pub Torquay e lembro-me de ir ficando cada vez mais bêbado. Todos os meus heróis estavam lá, Simon [Anderson], Derek [Hynd], foi incrível estar entre eles. Eles estavam curtindo na tenda ao meu lado. Foi como um evento de Woodstock. Torquay era maior do que eu esperava, muito mais do que eu imaginava."

Claw lhe causou uma impressão particularmente poderosa. "Claw estava sacudindo seus pés, ele era como uma foca com aquele bater de palmas e aqueles dentes saltados. Ele estava tão animado. Ele era tão legal, solto e divertido", diz Jamie. "Era quase como se ele estivesse piscando para nós, dizendo: 'Somos apenas um monte de surfistas vadios e estamos fazendo coisas legais mundo afora'. Havia uma sensação de ser um golpe que estávamos dando e que iria acabar em breve, então íamos nos divertir com isso... Sair na noite anterior a um campeonato? Claro que sim. A Rip Curl não se opunha a isso. Eles não estavam tentando nos transformar em superatletas robóticos. Eles queriam que fosse divertido."

O CONTADOR E O ESTUDANTE DE ARTE GRADUADO

A metade dos anos 80 também sinalizou a chegada de dois personagens no QG da Rip Curl, que causariam um impacto cada um à sua maneira. Um deles era o artista gráfico Neil Campbell, substituindo o imponente trabalho de Grant Forbes, que havia se mudado para os Estados Unidos para sustentar a conturbada operação norte-americana. O outro era Rod Adams, que originalmente havia ingressado na Rip Curl como auditor, trabalhando para a PricewaterhouseCoopers. Rod ficou tão impressionado com o lugar que jogou para o alto sua promissora carreira em uma das maiores empresas de contabilidade do mundo para se tornar contador da Rip Curl.

"No início, não éramos totalmente responsáveis o tempo todo, mas tínhamos a vantagem de ter pessoas fortes que entravam em cena para preencher o vazio", diz Claw. "O primeiro desses homens fortes foi Butch Barr. Efetivamente, ele foi gerente de finanças e operações e teve seu turno como CEO da Rip Curl Estados Unidos. E o seguinte foi Rod Adams, que assumiu uma ampla gama de responsabilidades."

Certa tarde, cerca de uma semana após o início de Rod, Brian pediu pra ele ir até a fábrica de pranchas de surfe nos fundos do prédio para pegar algumas latas de quatro litros de acetona. "Ele as atravessou pela estrada Surf Coast, que tinha duas faixas de largura e depois ateou fogo nelas", diz Rod. O rito de passagem remonta aos primeiros dias da padaria e significava que Rod havia sido aceito no rebanho.

A equipe da Rip Curl logo percebeu que havia algum benefício em ter um não surfista na equipe. "Lembro-me de um dia, nos primeiros dois meses em que estive lá, que o tesoureiro estava estressado porque tinha boas ondas", diz Rod. "Ele disse: 'Não tenho como pagar as pessoas e ir surfar'. Ele abandonou aquilo e eu fiquei lá até quatro da manhã, sem ter ideia de como usar o sistema, mas paguei todo mundo... Você não pode simplesmente ir embora, sair e não pagar as pessoas."

Às vezes, a ética de trabalho de Rod estava em desacordo com a cultura de festas do local. "Uma vez, teve uma festa no salão de chá e eles não iam embora, então eu abri uma mangueira de incêndio neles", diz Rod. "Eu tive que voltar na manhã seguinte e limpar tudo." Em outra ocasião, quando os foliões relutavam em encerrar a noite e desocupar a área da recepção, Rod acionou um extintor de incêndio em cima deles.

"Nos primeiros tempos, tínhamos que ser criativos com nossas finanças para financiar um negócio em rápido crescimento e que ao mesmo tempo estava perdendo dinheiro. Nós trabalhamos duro para fazer a coisa funcionar", diz Rod. "Acho que eles pensaram que eu era viciado em trabalho, mas eu simplesmente gostava muito. Gostava dos aspectos envolvidos no negócio e de fazer a diferença todos os dias. Foi isso que me estimulou."

Neil Campbell não poderia ser uma figura mais diferente – o cara desencanado e antissistema, que apoiava o início boêmio da empresa. "Ficou tudo muito, muito corporativo. Rod Adams era a víbora negra, era nosso inimigo", diz Cambo. "Brian o amava. Tínhamos o costume de chamá-lo de Mister Bean. Eu costumava ter problemas com o departamento de contabilidade."

Cambo era um garoto do campo que se mudou para Geelong para estudar arte na Universidade Deakin, então descobriu as ondas de Torquay e nunca mais foi embora. Doug Spong pediu para ele pintar uma prancha de surfe para ele, no estilo esparramado do artista Ralph Steadman, imitando a famosa imagem de Hunter S. Thompson vomitando espetacularmente em um vaso sanitário, na sua clássica obra estilo gonzo, *Medo e delírio em Las Vegas*. Spongy ficou tão impressionado com o trabalho de Cambo que lhe ofereceu um emprego.

Cambo foi colocado na entrega, lidando com a maior parte do trabalho de design e publicidade, em estreita colaboração com Claw. A sala de arte tornou-se um paraíso para os pensadores livres e desajustados da organização. Cambo lembra de seu colega artista Silas Hickey "queimando incenso e tocando música estranha". Mesmo assim, o trabalho sempre foi feito. "Estávamos ocupados o tempo todo, talvez um pouco sem direção, mas eu realmente gostava disso. Não gosto de muita supervisão", diz Cambo.

Ele estava ciente dos problemas financeiros da empresa, enquanto percorriam a montanha-russa do boom e da quase falência no final dos anos 80. "Parecia sempre que estávamos flutuando e desmoronando", diz Cambo. "Uma coisa estava indo particularmente bem, enquanto outra estava passando sufoco. Internamente nos saíamos muito bem, mas a América estava sugando. Mas sempre havia uma grande empolgação: vamos continuar de qualquer jeito, vamos marcar outra viagem, porque amanhã isso pode acabar."

Um dos legados de Cambo foi colaborar com o cineasta local Peter Kirkhouse em uma série de vídeos da Rip Curl, à medida que o VHS crescia em popularidade. Sua estética grunge baniu qualquer percepção de que a Curl se tornasse corporativa demais e prenunciou um afastamento do foco dos anos 80 em campeonatos de surfe. "PK e eu começamos a fazer *Savage Cuts* e *Rubber Soul* no final dos anos 80 – 1986, 1987. Isso realmente começou a mudar as coisas. Eu sempre tive a ideia de que os campeonatos não eram tão importantes."

Cambo também era próximo da estrela infantil da Rip Curl nos anos 80, Nick Wood, que criou um recorde que permanece até hoje, como o mais jovem surfista a vencer um grande evento profissional masculino. Nick, afilhado de Mark Richards, causou alvoroço ao vencer o Rip Curl Pro em 1987, com apenas 16 anos, derrotando pelo caminho o então bicampeão mundial Tom Curren.

"Nick Wood estava hospedado comigo quando ganhou o Bells. Pude ver que seria difícil porque ele era muito tímido", diz Cambo. Shayne

Paterson lembra-se de compartilhar as mesmas preocupações com sua estrela de surfe adolescente, que já havia desenvolvido um apetite pelo estilo de vida frenético do circuito mundial que fisgou o seu potencial ilimitado. "Eu tive que arrastá-lo para fora da cama e levá-lo ao campeonato no ano em que ele ganhou. Ele quase não chegou a tempo para a bateria", lembra Shayne. "Ele era apenas um garoto muito tímido, e acho que não conseguia lidar com a fama. É uma pena que, nos anos 80, eles não tivessem os recursos para educar essas crianças."

SPONGY PARTE PARA OUTRA

Com as oportunidades de crescimento da indústria do surfe surgiram cargas de trabalho cada vez maiores, no que ainda era uma operação enxuta. Como chefe de roupas de surfe, Doug Spong percorria Hong Kong, Seul, Taiwan e Califórnia quatro ou cinco vezes por ano, com duas ou três viagens adicionais à Europa, e ficava em grande parte sozinho para realizar seu trabalho. "Eu não recebia orientação diária, só recebia orientação duas vezes por ano, em uma viagem de esqui ou de surfe", conta ele.

Sua gama de produtos cresceu tanto que a linha de acessórios foi deslocada como uma divisão separada sob a direção de Pat Morgan, uma mudança que Spongy não aprovou inteiramente. "Eu sabia que precisava de um orçamento decente para chegar a algum lugar, se algum dia fosse conseguir um aumento salarial", diz Pat. "Doug saiu para uma viagem de compras; portanto, eu fui para o escritório dele enquanto ele estava fora. Ele ficou louco quando voltou."

Em 1988, Spongy havia transformado a surfwear em uma divisão grande e lucrativa e queria entrar no negócio, mas Claw e Brian relutavam. Cansado da carga de trabalho e das viagens constantes, Spongy se afastou. "Eu disse: 'Foda-se isso. Vou vender minha casa em Torquay e me mudar para a Gold Coast. Vou fazer faxina à noite e surfar o dia todo'", diz Spongy. Eventualmente, ele foi atraído de volta para a indústria do surfe pela Billabong, na Gold Coast, nos anos 90, e executou com sucesso o programa de acessórios deles sob a sua própria empresa, Thin Air. A Billabong comprou o negócio dele por US$ 30 milhões quando abriram capital em 2000.

Spongy usou o dinheiro para lançar a sua própria marca de surfe, Cult, que desfrutou de um crescimento rápido até ele sofrer com um dispendioso divórcio e a crise financeira global. Ele perdeu tudo.

Hoje Spongy vive em uma casa modesta em Broadbeach Waters. Ele está trabalhando em um livro de memórias sobre o empresário de surfe da alta roda, que fez e perdeu fortunas, um conto selvagem de ondas perfeitas, tocas de ópio e viagens de primeira classe. Spongy diz que ainda está se acostumando a ter que virar à direita para a classe Econômica quando entra em um avião, em vez de ir para a esquerda e entrar na Primeira Classe.

Uma das únicas marcas de sua antiga boa vida que sobreviveu é um barco de pesca de luxo. Quando o encontramos, Spongy acabara de voltar de uma viagem de pesca em Airlie Beach, no norte de Queensland, com seus dois velhos companheiros daquela improvável viagem de cruzeiro, tantos anos atrás. A viagem de pesca foi apelidada de The Red Dog Tour em homenagem àquele louco cachorro setter vermelho que pegou sua bola de futebol e deu início à bizarra aventura.

A ENTRADA NOS CALÇÕES DE SURFE

Antes de deixar a Rip Curl, Spongy podia ver que a entrada da Rip Curl no mercado de calções de banho era iminente. "Não houve acordo por escrito [com a Quiksilver] sobre shorts e roupas de mergulho. Eram dois amigos que aderiram a um entendimento não escrito", diz Spongy.

O homem que finalmente deu início à mudança para a bermuda foi Grant Forbes, quando retornou de seu período de reconstrução dos negócios nos Estados Unidos e assumiu o surfwear. "Reconheci que não iríamos a lugar nenhum no ramo de roupas se não pudéssemos fazer shorts. Comecei a fabricá-los", diz Grant.

A Quiksilver respondeu fabricando roupas de mergulho na mesma época, e a competição se intensificou entre as duas marcas de surfe, embora as antigas amizades persistissem. "Um dia, Brian estava andando pelos corredores o dia todo dizendo: 'Maldita Quiksilver'. Às quinze para as cinco, ele pega o telefone e diz: 'Greeny, o que você está fazendo? Você ainda vai esquiar no fim de semana? Certo, vejo você no pub'", lembra Steve Perry.

Rod Brooks, que vendeu sua própria marca de roupas de mergulho, a Piping Hot, durante a crise de crédito do final dos anos 80, iniciou o programa de roupas de borracha da Quiksilver. "Quando eu cheguei, a Rip Curl começou a fazer shorts, então Greeny disse: 'Todos os acordos estão desfeitos, nós também vamos fazer roupas de neoprene'", conta Rod. "Comecei a montar a primeira leva... Socialmente, ainda nos dávamos bem, mas houve um período a partir dos anos 90 em que se tornou muito competitivo."

A rivalidade crescente significava que os surfistas patrocinados pelas duas marcas agora tinham que escolher entre elas. O bicampeão mundial Tom Carroll havia contornado o conflito iminente alguns anos antes, em 1986, ao desertar da Rip Curl para a O'Neill. "Era difícil ir para uma empresa americana naquela época, mas eu senti que iria obter um melhor suporte, porque Curren era muito importante [na Rip Curl]", diz Tom. "Fazer a mudança de patrocinador quando eles me apoiavam e eu amava o produto foi particularmente difícil."

Brian Singer lembra-se de Tom voando de Sydney e convidando-os para jantar e dar a notícia. "Ele foi um verdadeiro cavalheiro", diz Brian. Alguns anos depois, Carroll fez história assinando o primeiro contrato de patrocínio de um milhão de dólares do surfe profissional, embora com duração de cinco anos, quando ele se tornou 100% patrocinado pela Quiksilver.

LA BRADERIE

Em 1986, a Rip Curl Europe abriu sua fábrica de roupas de mergulho em Soorts-Hossegor. Por volta dessa época, dois membros da equipe, a gerente Cécile Lormeau e o cortador de roupas Nicolas Lartizien, foram enviados a Torquay para aprender a arte de fazer roupas com o homem que se tornara o guru do ofício, John "Sparrow" Pyburne.

"Naquela época, não estávamos confiando na Ásia para fazer os wetsuits e a Rip Curl queria controlar a sua produção", diz Fred Bass. "Era uma operação bonita, que nos dava uma forte credibilidade no mercado. Produzíamos a maioria das roupas de mergulho para o mercado europeu, fazendo roupas sob medida e oferecendo um serviço de pós-venda de qualidade."

Eles também abriram sua primeira loja Rip Curl no centro de Hossegor. "Durante o inverno de 1985-1986, François fez uma turnê de vendas de quatro dias na Europa", conta Fred. "Estávamos conversando sobre abrir uma loja naquele momento. Em três dias, com um estagiário chamado Pierre Agnes trabalhando comigo, construímos uma loja completa. Foi a primeira loja de surfe com a marca Rip Curl." Pierre Agnes seguiria uma carreira distinta na indústria do surfe, chegando a CEO do Quiksilver Group, até tragicamente se perder no mar em um acidente de barco no início de 2018.

Mas esses novos empreendimentos puxaram as contas e a operação francesa logo se viu com um sério problema de fluxo de caixa. Os negócios europeus ainda eram muito sazonais e no inverno quase morriam. "Certo dia estávamos falidos, então dissemos que tínhamos que criar alguma coisa para ganhar dinheiro", diz François.

Eles organizaram uma grande venda de estoque excedente do armazém e planejaram arrecadar 300 mil francos ao longo de quatro dias. "Na verdade, ganhamos 300 mil francos em duas horas", diz François. A venda da Páscoa tornou-se uma tradição anual, tão essencial para os negócios europeus quanto o Rip Curl Pro em Torquay. A venda, conhecida como *braderie* (liquidação), foi tão bem-sucedida que logo atraiu outros negócios de surfe para a região. Existem 57 negócios relacionados a esportes de prancha em Soorts, a maior concentração de lojas de surfe na Europa e possivelmente no mundo, e as vendas da Páscoa rendem em torno de três milhões de euros. A polícia é obrigada a desviar o tráfego, o estacionamento é um pesadelo e as multidões vêm da vizinha Espanha para estocar produtos de surfe com desconto. Os terrenos na área dispararam em valor.

Quando a liquidação começou, os cartões de crédito não eram comuns e as máquinas de débito não existiam, então as vendas eram todas em dinheiro. "Vimos que a coisa tinha ficado séria quando carros-fortes com seguranças armados apareciam para cuidar do dinheiro", diz Maurice Cole.

Impulsionado por esse sucesso, François se motivou a patrocinar um campeonato de surfe em Hossegor. O Lacanau Pro existia desde 1979, ao norte de Hossegor, e a Europa era uma presença crescente no circuito mundial. O primeiro Rip Curl Hossegor Pro em 1986 não fazia parte do circuito da ASP (Associação de Surfe Profissional), mas em 1987 François assumiu o cargo de presidente da ASP Europa, atualizou seu evento para ter status de evento do circuito mundial e fundou a Associação Europeia de Surfe Profissional para administrar um circuito local para surfistas europeus.

François tinha uma visão ampla do que era necessário para uma indústria de surfe saudável e assumiu o cargo de presidente da SIMA (Associação dos Fabricantes e da Indústria de Surfe) na Europa, lançou uma revista de surfe, *Trip Surf*, para que houvesse alguma concorrência com a revista que existia, a *Surf Session*, e distribuía produtos de outras marcas como Billabong e Mambo para promover a competição. Ele começou sua própria gráfica e fazia a impressão para a indústria de surfe local, depois de descobrir que um surfista local estava pirateando camisetas da Rip Curl. Em vez de denunciá-lo às autoridades, François o colocou para trabalhar num negócio legítimo. Eles batizaram a empresa de serigrafia de Toads, numa brincadeira com a sua empresa controladora, Frogs.

"Se eu faço crescer o mercado como um todo, eu expando o meu negócio. Você precisa de competição, de imprensa livre, você precisa de um esporte", diz François. "Eu não sabia o quanto de retorno nós tínhamos e quantas pessoas empregávamos. Eu media o sucesso pela percepção da minha marca."

A estratégia funcionou: o negócio cresceu, o número de funcionários e a equipe local de surfe foram estabelecidos. Christine Pourtau, conhecida universalmente como Kiki, foi uma das primeiras funcionárias em 1985, lidando com faturamento e contabilidade, e está na Rip Curl desde então. Além dela, havia cinco ou seis funcionários. Hoje existem mais de cem trabalhando na sede de Hossegor.

"Fui chamada para substituir uma garota que entrou de férias, e isso já faz 33 anos", conta Kiki, rindo. "François e eu éramos amigos antes disso, então foi complicado pensar nele com um chefe... Ele não é paciente, ele não é um cara que gosta de esperar até que você entenda."

Mesmo assim, ela lembra daqueles primeiros dias com muito carinho. "Eles meio que faziam isso por diversão. Foi apenas uma boa oportunidade, porque François era arquiteto, e ele teve a oportunidade de surfar, festejar com os amigos e estar na praia", diz Kiki. "Havia drogas por toda parte, [os funcionários] trabalhavam descalços, mas trabalhavam duro. Uma vez, um cara veio tentar vender uma coleção de calçados, mas quando viu que todos estavam sem sapatos, ele foi embora."

Gilles Darque, conhecido como Keke, foi um dos primeiros patrocinados da equipe europeia da Rip Curl e acabou tornando-se um representante de vendas e chefe de equipe. Ele agora trabalha como gerente de vendas de produtos técnicos e é responsável pela "distribuição principal" para as lojas especializadas de surfe. Kiki e Keke formam uma bela dupla, frequentemente trocando gargalhadas com suas memórias nostálgicas.

"Eu fazia parte da equipe e chegava ao armazém para pegar minhas coisas e ela dizia: 'Você pegou todas essas coisas para quê?'", diz Keke. "Eu vinha com Patrick [Beven] e Miky [Picon] com um carrinho de compras no armazém e nós pegávamos de tudo. Não tínhamos dinheiro, mas podíamos pegar o que quiséssemos. Muitas coisas. Kiki dizia: 'O que você está fazendo? Você vai vender para seus amigos'."

"Estávamos em família, até mesmo os surfistas da equipe, fazíamos parte de uma família. Costumávamos fazer roupas de mergulho personalizadas com nossas próprias cores. Eles tinham um livro com todas as nossas medidas."

A mulher que tirava as medidas era a gerente de roupas de mergulho Patricea Dohen, que ainda está usando a fita métrica da Rip Curl em Hossegor. Através da tradução de Keke, ela me conta que a fábrica era diferente de qualquer outro local de trabalho que já havia visto.

"As pessoas na fábrica trabalhavam sem camisa, sem sapatos e com música estridente. As pessoas diziam, o que está rolando? Este lugar é louco", conta Patricea. "No começo, os caras chegavam às 10 horas e tomavam banho depois de surfar, e se houvesse ondas eles desapareciam e não trabalhavam. E no inverno era uma festa. Eu disse à minha mãe: 'Esta fábrica vai fechar, ninguém quer trabalhar'. Tinha duas pessoas lá cortando e uma dizia que tinha ondas e então você ouvia as máquinas desligando e eles sumiam. No final, apenas as meninas e os cachorros ficavam na fábrica enquanto todos os meninos iam surfar."

O escritório de Hossegor ficou famoso pelo número de cães que acompanhavam seus donos ao trabalho. "Quando você começa a trabalhar na Rip Curl, eles te dizem: 'Eu sou Guille, meu cachorro é...' Eles têm dois nomes", diz Keke. "Quando eles iam surfar, muitos cães ficavam esperando pelos caras, havia cães por toda parte."

Logo se junta à conversa a primeira contadora da Rip Curl Europa, Mado Ustarroz, que está por aqui desde 1987. "Eu trabalhava para um auditor e um cara me disse: 'Eles estão procurando um contador em uma empresa de surfe'. Eu questionei: 'Eles fumam maconha? Não sei se quero trabalhar aqui'", diz ela. "Eu peguei um contrato curto de três meses. Minha mãe disse: 'Como está o trabalho?' e eu respondia: 'Eles são muito estranhos. Não tenho certeza se vou ficar'." Isso foi há 30 anos.

"Quando cheguei por aqui, eles não tinham um sistema contábil, acho que o computador estava quebrado. Eu tive que montar toda a organização", diz Mado. "Acho que vendemos um sonho. Quando tínhamos reuniões com o banco, todos ficavam felizes em nos ver, porque estávamos de camiseta e eles estavam de terno e gravata. Nós representávamos um sonho para eles."

A equipe de Hossegor herdou dos colegas de Torquay o gosto por fundir trabalho e diversão. "Na sexta-feira à tarde, havia um aperitivo [bebidas]", diz Mado. "Eu tive que parar com isso porque na tarde de sexta-feira eles trabalhavam bêbados e nenhum serviço era realizado."

As reminiscências calorosas fluem quando estamos de pé em volta de uma antiga máquina de corte, no que é hoje uma fábrica de roupas de mergulho desativada. Fileiras de máquinas de costura amarradas inativas, usadas apenas para fazer reparos ocasionais ou novos serviços customizados, como as excêntricas roupas de mergulho de inspiração europeia do surfista australiano Matt Wilkinson. Essas mãos velhas sentem falta dos cheiros, dos barulhos, da agitação de uma fábrica de roupas de mergulho em atividade, das visitas dos surfistas da equipe sendo medidos, da complexidade de trabalhos personalizados. Existe um livro com as estatísticas vitais de cada surfista da equipe, com 15 medições do pescoço ao tornozelo e suas cores especificadas.

O processo de medição era intrincado e por vezes até íntimo. Houve uma rajada de conversa rápida em francês e risos quase histéricos. Eu olho para Keke em busca de tradução. Ele explica que o atual gerente de vendas espanhol e ex-campeão europeu Pablo Guttierrez era o surfista mais jovem da equipe, quando se juntou a eles aos 15 anos. "Patricea foi a primeira pessoa a tocar em suas bolas", anuncia Keke com um sorriso malicioso, desencadeando gargalhadas neles de novo.

François inspira uma enorme lealdade entre sua equipe e seu estilo comercial extravagante permeia a empresa. "Se você tiver um problema realmente grande, você liga para o François em busca de ajuda e ele sempre te dirá sim. Ele tem um lado social, ele tem uma humanidade que é muito importante", diz Keke. "François dizia: 'Ah, você vai estar sozinho no Natal. Venha para a fazenda'. Sempre ajudando."

Mado concorda. "Ele é carismático, então você quer segui-lo, mesmo que não saiba para onde."

Mas ele também poderia mostrar-se um comandante duro e volátil. "Às vezes gritando e no dia seguinte sendo superlegal", diz Keke.

"Ele dizia: 'Eu não te pago para você ter problemas, então me traga soluções'", acrescenta Mado.

Hoje François não é tão envolvido no negócio e eles lamentam o fato de que a geração mais jovem da Rip Curl não tem conhecimento do seu legado. "A maioria da equipe atual não o conhece, mas para as demais gerações, sua influência foi imensa. A nova equipe chega e pergunta, quem é esse cara de calça rosa?", diz Kiki.

Há um enorme carinho pela empresa-mãe australiana e seus excêntricos fundadores, que ainda impressionam quando chegam à cidade. "Organizamos uma festa para o novo armazém e havia pessoas muito importantes lá, e lá estava Claw de meias e chinelo", conta Keke, rindo. "Ainda somos uma família com a turma da Austrália e o resto do mundo, Brasil e Havaí. Se você precisar de alguma coisa, sem problemas."

Comento que Patricea seria a Sparrow de Hossegor, na função de guru residente das roupas de mergulho. Todos riem conscientes disso, provocando uma série de observações semelhantes, como se Hossegor fosse um universo paralelo da sede de Torquay, habitada por avatares de seus equivalentes no Hemisfério Sul.

"Para mim foi estranho quando fomos a Torquay. Foi como estar em Hossegor, a mesma sensação. Eu conheci uma garota, ela era como Kiki", conta Mado. Quando Keke conheceu Gary Dunne, gerente da equipe Rip

Curl, ele teve a sensação peculiar de estar conhecendo uma versão australiana de si mesmo.

Quando o Rip Curl Hossegor Pro tornou-se parte do circuito mundial da ASP em 1987, a cidade passou a figurar pra valer no mapa do surfe mundial, e a fama de suas bancadas de areia de sonho, estilo de vida cultural, praias de nudismo e vida noturna agitada se espalharam pelo mundo do surfe. Até o presidente francês François Mitterrand participou do evento.

Os profissionais do circuito desenvolveram uma paixão instantânea pelo estilo de vida francês: a comida, o vinho, as mulheres, as ondas, o fato de poderem vender suas pranchas por uma pequena fortuna para os surfistas locais famintos pelos mais recentes modelos do exterior. Muitos competidores financiavam a próxima etapa do circuito vendendo as pranchas sobressalentes de seu quiver. Em Hossegor, o bar local Rock Food e seu exuberante DJ Roland viraram um enorme sucesso. "O primeiro Rip Curl foi incrível – havia uma festa no Rock Food todas as noites. A Foster's era patrocinadora, então bebíamos a Foster's no campeonato", lembra Keke.

OS CURRENS VÊM PARA HOSSEGOR

O outro evento monumental para o surfe francês nos anos 80 foi que Tom Curren conheceu e se casou com uma garota local, Marie-Pascale, originalmente de Biarritz, e o casal mudou-se para Hossegor em 1989. Eles eram o casal 20 do circuito profissional, o casal Kennedy do surfe, mesmo que parecessem não se importar com a adoração do público.

Tom e Mary se conheceram no mundial de 1980 na França e se casaram em 1983. E se o surfe francês não tinha um herói local, Curren era o mais próximo disso, casado com uma nativa e fluente no idioma, e os franceses o receberam de braços abertos. O que é menos conhecido é que Marie-Pascale foi ela própria uma surfista acima da média, três vezes vice-campeã do circuito francês e vice-campeã do título europeu.

"Eu cresci em Biarritz. Assim que o surfe começou já tinha garotas surfando. Havia algumas aqui em Hossegor, em Lacanau, Biarritz. Éramos pioneiras, com certeza – agora existem garotas surfando por toda parte", conta Marie.

Embora Marie-Pascale e Tom tenham se divorciado em 1993, Marie permaneceu parte da família Rip Curl e agora trabalha no departamento de marketing da sede de Hossegor. Ela concorda que sua mudança com Tom para Hossegor teve um profundo impacto no surfe francês.

"No Rip Curl Hossegor Pro, toda a multidão estava apoiando Tom", diz ela. Quando pergunto a Tom se ele estava ciente do impacto que teve no surfe francês, ele reverte a pergunta. "A França me impressionou", diz ele. "Houve muitos bons dias de surfe com a galera local." E ele tem uma explicação simples para o rápido sucesso da Rip Curl na Europa. "A demanda pelas roupas de mergulho pode ter algo a ver com isso. Faz muito frio. Se você tivesse um wetsuit, você podia surfar; se você não tivesse uma roupa boa, não ficava tão disposto."

Tom tem lembranças afetuosas de seu tempo na França e um grande respeito pelo homem por trás da Rip Curl França e seu parceiro de negócios Fred Bass. "Acho que o Fred é o cara mais importante dentro da água. François sempre foi um grande amigo. Acho que ele tem sido um colaborador incrível da empresa por causa de sua mente", diz Tom.

E Torquay causou uma impressão igualmente favorável em Marie. "Foi muito legal esse tempo com Tom e a Rip Curl. A empresa estava sempre cuidando de nós. Podíamos pedir as roupas de mergulho que quiséssemos com as cores de nossa escolha. Fomos muito mimados", diz Marie. "Claw e eu costumávamos surfar juntos o tempo todo com seu filho Daniel, quando ele tinha 10 ou 11 anos, porque gostamos de surfar ondas menores, de 1 a 2 metros, não indo a Bells com os outros caras. Subíamos e descíamos a costa e ele me mostrava todos os picos. Gostávamos de dirigir por aí verificando as ondas quase tanto quanto surfar. Saíamos nessas pequenas viagens de busca (Search)."

A CALIFÓRNIA DA EUROPA

Mesmo enquanto o surfe francês crescia e o windsurf abria novos mercados em países predominantemente sem surfe, como Alemanha e Suécia, François tinha uma visão de que Portugal seria uma importante nação do surfe. A outrora grande superpotência marítima havia sido descartada como um dos países menos prósperos da Europa, mas seus 1.800 quilômetros de costa e a concentração de sua população no litoral veriam o surfe florescer.

José Farinha, o homem da Rip Curl em Portugal, começou a surfar nos anos 70, quando havia cerca de uma dúzia de surfistas ao longo da vasta praia da Costa da Caparica, no sul de Lisboa. Hoje existem muitas escolas de surfe, cada uma introduzindo centenas de iniciantes no surfe todos os anos.

"Quando comecei a surfar, era uma praia enorme, então olhávamos e nos juntávamos à multidão apenas para nos divertir com os outros caras", diz José. Seu pai gostava de velejar e a família passava os fins de semana e as férias na praia. José começou a surfar de bodyboard aos 12 anos, quando não havia lojas de surfe em Portugal. Sua primeira prancha de surfe foi feita na garagem de um amigo, uma réplica da gun de Pipeline de Gerry Lopez, com base nas dimensões que eles copiaram de um artigo da revista *Surfer*.

Aquela start-up de garagem tornou-se a Lipsticks, a primeira marca de pranchas de surfe de Portugal. José se lembra do primeiro campeonato de surfe de seu país em 1977, entre alguns visitantes australianos e ingleses e um punhado de surfistas locais. "Não era reconhecido como um esporte, era visto como uma aventura para drogados, vagabundos de praia", diz ele.

Em 1987, José viajou para a França para assistir ao Lacanau Pro, onde conheceu François e Fred. No tipo de negociação impulsiva que caracterizou a expansão global da Rip Curl, os franceses ficaram impressionados com o jovem empresário português e ofereceram-lhe um emprego. "Eles disseram: 'Não temos ninguém representando a Rip Curl em Portugal e, se você quiser, vamos fazer isso'", diz José. "Eu estava trabalhando em Lisboa... Eu andava vendendo arte e trabalhando em galerias de arte, preso nos engarrafamentos das grandes cidades, trabalhando das nove às cinco – não muito bom para surfar – então parei."

José não foi o primeiro nem o último a ser arrebatado pelo entusiasmo infeccioso de François sobre o potencial do mercado europeu de surfe. "Ele disse: 'Portugal será um país enorme, porque 80% do país vive perto da costa, tem ondas durante todo o ano, será a Califórnia da Europa'", lembra José. "Ele é um cara especial, um líder natural, um festeiro de primeira. Foi muito fácil lidar com ele porque tínhamos as mesmas ideias. Ele é bom em motivar as pessoas. Ele dizia: 'Vamos à guerra' e todo mundo o seguia."

Peniche, a pouco mais de uma hora de carro ao norte de Lisboa, era o lugar lógico para o lançamento do negócio em Portugal. José passara muitos finais de semana e férias por lá, por conta de suas ondas abundantes. Sua geografia única – quase uma ilha, conectada ao continente por um dedo estreito de terra – significa que em algum lugar próximo haverá sempre vento terral. "Peniche foi a melhor opção – sem multidões, surfar de manhã, trabalhar um pouco e surfar novamente", diz José. Eles venderam um total de 80 roupas de mergulho em seu primeiro ano completo de operação em 1989, mas o crescimento foi rápido, quando os atingiu nos anos 90.

"O negócio decolou por volta de 1995 e começamos a ganhar muito dinheiro. E estamos crescendo naturalmente, com cada vez mais lojas de surfe em Portugal. Temos uma loja de surfe em todas as praias onde há boas ondas. De repente, tínhamos 40 lojas de surfe", diz José.

Mesmo assim, teria sido difícil imaginar o quão profundamente o surfe e a Rip Curl remodelariam a antiga cidade pesqueira de Peniche, e que parte importante do império da Rip Curl ela se tornaria.

VIRANDO JAPONÊS

Peter Hodgart era um surfista durão e ex-eletricista de Williamstown, um subúrbio barra pesada de Melbourne, que passara 10 anos viajando pela Ásia quando decidiu que era hora de voltar para casa, em 1987.

"Você aprende a se virar de várias maneiras. Eu era apenas um hippie com um bom papo", diz Hodg.

Hodg se estabelecera em Tóquio trabalhando como professor de inglês, mas estava com saudades de casa. Ele conseguiu um emprego com o licenciado local da Rip Curl, como parte de um plano maior de obter depois um emprego no QG da Rip Curl em Torquay. Hodg teve sua chance quando Brian veio a Tóquio para jantar com um pretendente que estava fazendo lobby pela licença japonesa.

"Havia umas meninas gueixas nos servindo petiscos, Hodg e eu de um lado e esses dois japoneses do outro lado", lembra Brian. "Um dos caras começou a fazer perguntas impertinentes sobre quanto dinheiro eu ganhava e depois começou a denegrir a esposa de Hodg."

"Hodg se levantou e foi pra cima do sujeito e disse: 'Escuta aqui, seu merda, mais uma dessas e eu vou te arrebentar'. Ficou bem tenso – mas acho que ele não quis confusão com Hodg."

Hodg achou que tinha perdido sua chance de conseguir um emprego em Torquay, mas Brian admirou seu temperamento. "Hodg achou que tinha estragado tudo comigo, mas eu estava falando em silêncio pra mim mesmo: 'Sim! Sim! Sim!' Acho que não demorou muito tempo para levarmos Hodg de volta a Torquay", diz Brian.

"Brian me disse: 'Eu não dou responsabilidade às pessoas, elas vêm e a tiram de mim'", diz Hodg. "Eu pensei, esse cara acabou de me dizer que posso voltar para a Austrália e administrar a empresa dele." Era típico da maneira como Brian opera – dê a alguém uma oportunidade e veja o que eles fazem com ela.

Mas depois de dez anos na Ásia, Hodg teve um começo difícil no escritório de Torquay. "Brian me disse: 'Se manda, você vai trabalhar para o Claw'. Pensei: o que estou fazendo de errado?", lembra Hodg. Ray Thomas disse: "Você está andando por aí inclinando a cabeça e sendo subserviente com todo mundo". "Eu era três quartos japonês. Estive por lá por muito tempo."

"Trabalhar para mim naquele momento incluía uma posição com a Rip Curl Internacional, se comunicando e atendendo às necessidades de nossos licenciados no exterior", diz Claw. "Eu vinha me comunicando com Hodg com frequência nos últimos dois anos no seu trabalho com o licenciado na Rip Curl Japão, e reconhecia a comunicação clara e rápida, e que ele obviamente entendia a posição dos licenciados no outro lado do mundo."

Hodg finalmente se adaptou ao novo ambiente e se viu bem posicionado. "A indústria caseira estava prestes a explodir. Eu estava no lugar certo na hora certa", diz Hodg. "Nunca pensei que seria capaz de ter um emprego sendo 100% eu mesmo. Havia perdido empregos por conta dos meus cabelos compridos, do surfe e de fumar maconha."

Hodg desenvolveu um carinho especial pelas excentricidades do fundador da empresa. "Existe a antena marciana de Claw, ou o cacho de Claw, ou a auréola de Claw", ressalta, imitando a marca registrada de Claw, girando seu cabelo com um dedo. "Todos sabemos que trabalhamos para dois malditos marcianos."

A memória favorita que Hodg tem de Brian é de ser chamado à sala de reuniões para um encontro com alguns figurões do banco ANZ que queriam presentear a Rip Curl com um prêmio comercial. "O cara do ANZ se inclinou e disse a Brian: 'Qual é o seu segredo? Como você fez isso?' A resposta de Brian foi: 'Se eu soubesse, hoje já teria dez iguais a esta'. Foi apenas uma dessas coisas mágicas que acontecem."

Hodg finalmente se mudou para o desenvolvimento de produtos, onde sua filosofia se encaixava perfeitamente com a dos fundadores. "Ganhar dinheiro é importante, mas os melhores produtos fazem a diferença, eles têm uma razão de ser", diz Hodg. Sua abordagem rapidamente conquistou o respeito de seus empregadores e uma posição de confiança como mentor residente para os recém-chegados. "Para quem estava entrando no negócio e tinha que aprender os processos, o melhor lugar para colocá-los era com Hodg", diz Brian. Claw concorda: "Hodg sempre foi um dos melhores treinadores da empresa, principalmente em produtos, comunicações e clientes".

Mas Hodg observou uma tendência preocupante, à medida que os recém-formados nas escolas de negócios começaram a tomar o lugar dos surfistas que haviam feito o negócio crescer. "Você contratava viajantes com esperteza nas ruas e depois passou a contratar pessoas que a vida toda foram instruídas sobre o que fazer, vindas de escolas particulares e da universidade de Melbourne, com formação em marketing", diz Hodg. "Alguns foram embora porque se perderam no meio disso. Alguns conseguiram."

Um desses antigos surfistas que foi embora foi Pat Morgan, e Hodg herdou dele a nova divisão de relógios. Pat fundou a divisão quase por acidente, e muito para o ceticismo de seus empregadores. "Um dia, encontrei um cara que fazia relógios, um australiano que vive em Hong Kong. Ele me levou à sua fábrica e eu pedi mil relógios e os coloquei na loja", diz Pat. Embora os relógios vendessem bem, eles também eram devolvidos com a mesma rapidez, porque não foram construídos para lidar com os rigores do surfe. Caberia ao substituto de Pat resolver o problema da durabilidade.

A nova era de estudos de tempo e movimento e reuniões de vendas tornou-se um pouco demais para o antigo fabricante de pranchas de surfe, mas, felizmente para Pat, ele tinha uma estratégia de saída. Ele seguira o conselho de James Arness muitos anos antes e desenvolvera o terreno que comprou por nada nos anos 70. "Havia comprado todo esse terreno, então sabia que poderia sair", diz ele. "No Natal de 1989 nos mudamos para a Gold Coast."

Apesar do estresse e do deboche, Pat relembra o seu tempo na Rip Curl com um afeto genuíno. Ele tem 76 anos, segue em boa forma e ativo, ainda surfando diariamente, e quando o visito em sua luxuosa casa, a uma quadra de Rainbow Bay, em Coolangatta, ele está ocupado na garagem projetando e construindo foils e se dedicando a aprender a arte dos foilboards, ainda descobrindo novas maneiras de surfar as ondas.

Hoje em dia, Pat não vai a Torquay com frequência, pois considera o frio muito opressivo, mas gosta de conversar com a galera das antigas em ocasiões especiais. Infelizmente, nos dias de hoje essas ocasiões costumam ser funerais. "Fui ao velório do [surfista local] Joe Sweeney e vi Brian e agradeci por aqueles anos. Foi um bom momento."

ROUPAS DE MONTANHA

Era inevitável que a Rip Curl investisse em roupas de montanha, pois seus fundadores há mais de uma década passavam o inverno na neve. E os clientes já estavam começando a usar jaquetas Rip Curl nas pistas, mesmo que elas não tivessem sido projetadas para isso.

"Naquela altura, víamos muitas pessoas no Mount Buller vestindo jaquetas da Rip Curl, e elas voltavam ao ônibus molhadas e enlameadas. Achamos que seria melhor fazer produtos bons para elas", diz Brian.

Seus esforços iniciais não foram espetaculares e a primeira leva mostrada no show de esqui de Canberra obteve uma recepção morna. "Foi tão ruim que ficamos envergonhados. Decidimos que faríamos isso de maneira adequada ou não faríamos nada", diz Brian. Claw assumiu a divisão de roupas de montanha e uma nova linha foi desenvolvida com o tipo de foco que eles aplicavam às roupas de mergulho, usando a si próprios como pilotos de teste. Logo depois, a Quiksilver decidiu abordar seu logotipo de montanha e ondas de forma literal e também investiu em roupas de montanha.

"De alguma forma, conseguimos entrar novamente naquela feira de esqui em Canberra, que era uma espécie de loja semifechada", diz Brian. Seu segundo esforço agitou as coisas, com um produto funcional e bem projetado, e de repente as principais marcas de surfe passaram a ter uma presença séria nas montanhas.

Brian diz que houve várias razões para o sucesso no novo mercado. "Primeiro, tínhamos uma política de preços confiável. As outras empresas tinham vários descontos que dependiam de quão boa era a sua lábia. Todo mundo dizia que você precisava dar desconto. Dissemos que não fazíamos isso, era pegar ou largar. Eles sabiam que quando viessem a nós receberiam o mesmo preço que todos os outros."

O outro fator óbvio era a paixão genuína pela neve. "E nós organizamos o show de esqui com um monte de pessoas conhecedoras – os designers estavam lá, eu estava sempre lá, Claw estava sempre lá", diz Brian. "Nós focamos no cliente e acho que as empresas de surfe, por conta de uma intensa concorrência entre si, eram empresas muito mais bem administradas e às quais muitas pessoas davam crédito."

Os surfistas causaram impacto na indústria do esqui de outras maneiras. "A feira de esqui era um negócio bastante careta com pessoas andando de terno e gravata. Quando chegamos é justo dizer que éramos um pouco diferentes", diz Brian. "Éramos sempre os últimos a deixar a feira e depois íamos a um restaurante local."

Um azarado restaurante japonês sentiu o peso do gosto por confusão da equipe da Rip Curl. "Acabou em uma enorme guerra de comida... e algumas pessoas do nosso grupo haviam se preparado e levado ovos. Quando começaram a jogar os ovos, eles atravessavam as paredes de papel", lembra Claw.

EMERGINDO DO MERGULHO

Era bom que a Europa e as roupas de montanha estivessem florescendo porque a Rip Curl sofreu sérias turbulências no final dos anos 80, em casa e nos Estados Unidos. Brian foi para os Estados Unidos por três meses para manejar o machado pessoalmente, demitindo funcionários e cortando custos. A gerência encarregada foi removida e Butch Barr e Grant Forbes foram convocados para firmar o navio. "Demorou alguns anos, mas com Butch encontramos o caminho para sair da floresta e eu ganhei experiência em lidar com a situação de uma empresa que não tinha dinheiro. Eu aprendi muito, e nós seguimos em frente", diz Grant.

Embora estressantes, os Estados Unidos foram uma grande inspiração e proporcionaram a Forbes uma ampla experiência no negócio. "A Califórnia era um foco absoluto de criação na época", diz Grant. "Comecei a trabalhar no desenvolvimento de roupas e gostei muito de criar coisas, levando-as para as feiras e vendo as pessoas começarem a fazer fila para comprá-las. E comprei o primeiro Mac da empresa, um 'Mac II' com as primeiras versões do Adobe Illustrator e Aldus PageMaker, e aprendi como manejar isso."

Em casa, o negócio passou por uma crise de fluxo de caixa. A Austrália estava mostrando os primeiros sinais de alerta da "recessão que precisávamos ter", como o então tesoureiro Paul Keating a apelidou. As taxas de juros dispararam, atingindo uma alta de 17% em junho de 1989, e a Austrália experimentou a sua crise econômica mais aguda desde a Grande Depressão. A Rip Curl não ficou imune. Os surfistas da equipe foram convidados a aceitar uma suspensão de pagamentos, os empregos foram cortados e alguns descontos vigorosos foram adotados para circular o estoque excedente.

"Acho que ficamos preguiçosos, complacentes", diz Brian. "Tínhamos dois consultores externos que encontramos através de nossos contadores. Nós nos permitimos, ou eu me permiti, nos distrair. As reuniões se concentravam em nossos números de vendas e lucros e perdemos de vista o principal, que era produzir coisas de boa qualidade para os surfistas. Foi nessa fase que quase falimos."

Passar raspando pelo desastre financeiro foi um aviso importante sobre a facilidade com que eles poderiam perder tudo. "Eu teria saído com nada, nem mesmo um carro. Não tínhamos dinheiro fora da Rip Curl. Todos os anos, os lucros eram devolvidos ao negócio para financiar o crescimento. Com altas taxas de juros, o banco nos pegou de jeito", diz Brian. O banco queria que eles vendessem o negócio pelo que pudessem pegar para saldar suas dívidas, mas Claw e Brian estavam determinados a negociar a saída para os problemas. "Foi um pouco estressante. Essa foi a única época em que eu acordava no meio da noite, principalmente quando achei que iríamos quebrar", diz Brian.

Para o campeão mundial Damien Hardman ficou bastante óbvio que o negócio estava com problemas. "Eu sabia que eles estavam apertados. Quando ganhei meu primeiro título mundial, na época eu tinha um contrato bastante razoável e levou dois anos para me pagarem meu bônus de incentivo", diz ele. "Em certo momento eles disseram: 'Se pagarmos o seu incentivo, talvez não estejamos mais aqui'. Foi sendo pago aos poucos."

Houve muitas demissões que geraram a saída de muitos funcionários de longa data e a alta gerência não foi poupada. "Fui encolhida. Eles reduziram pela metade os salários da administração. Foi pesado", diz Shayne Paterson. "Isso estava matando Brian e Claw, porque eles tiveram que mandar embora muitas pessoas que estiveram lá o tempo todo."

A improvável salvação foi a venda do problemático negócio americano para a marca de roupas de banho Raisins. "Fizemos as negociações com eles, que nos pagaram metade do dinheiro que deviam e foi essa metade do dinheiro que salvou nossos traseiros. Sem isso, poderíamos ter sido pegos no anzol", diz Brian.

O preço de venda foi de US$ 3 milhões e a taxa de câmbio era favorável na época. Mas a sobrevida da Raisins não ajudou em nada a resolver os problemas persistentes da marca nos Estados Unidos. "Nós nunca conseguimos a outra metade porque eles administraram mal, então compramos de volta por basicamente nada", diz Brian. "Durante esse período, fizemos Butch ir lá novamente e administrar a operação nos Estados Unidos. Ele rapidamente virou o jogo... nos cinco ou seis anos em que esteve lá."

Brian assumiu relutantemente a problemática divisão de roupas de surfe em colaboração com Grant Forbes e colocou-a de volta nos trilhos. "Nossa divisão de roupas de surfe estava uma bagunça porque eu esperei muito tempo para me envolver, pois eu não achava que entendia muito sobre vestuário", diz Brian. "Eu só conhecia roupas de mergulho, mas não é muito difícil se você se concentrar no básico – o que os clientes querem?"

A longo prazo, muita coisa positiva surgiu com o que ficou para trás. "Se você parar de ser preguiçoso, levantar o seu traseiro, arregaçar as mangas e se concentrar em fazer coisas boas, esse é o procedimento básico", diz Brian. "Esse foi provavelmente o meu período mais satisfatório, emergindo do mergulho... fazendo bons produtos e boas relações com os clientes. Desenvolvendo termos claros de engajamento com nossos clientes de varejo aos quais possamos nos ater. Eu acho injusto se você tratar melhor um varejista do que outro."

"Foi quando a empresa estava contra a parede que Brian esteve no seu melhor momento. Brian não tinha medo de tomar decisões difíceis, aplicar remédios ruins", diz Steve Perry.

Grant tem sentimentos contraditórios sobre esse período de reconstrução. "Foi um pouco desanimador empenhar quatro anos de trabalho duro para ajudar a ressuscitar a operação nos Estados Unidos e depois finalmente voltar à Austrália e encontrar o centro do universo tão instável", diz Grant. "Pelo menos comprei um Mac novo e um para o Cambo [Neil Campbell], que assumira meu antigo emprego em publicidade. Havia todo tipo de loucura acontecendo e demorou um tempo até as pessoas se estabilizarem um pouco... Havia um pequeno grupo unido de trabalhadores muito esforçados."

Levou cerca de dois anos para salvar os negócios. Naquele tempo, Brian mudou-se de seu grande escritório para um buraco no departamento de roupas de surfe. "Nosso maior problema foi financiar o crescimento durante esse período", diz ele. Ele dá um enorme crédito a Forbes pela reviravolta em seus negócios. "Naquela altura, ele era a pessoa mais produtiva que trabalhava na Rip Curl. Ele se concentrou no que o cliente queria e não precisava de um exército de pessoas trabalhando para ele", diz Brian. "E nessa época, com a empresa e as pessoas amadurecendo um pouco, havia menos festas. Obviamente que quando a equipe se reúne para contar histórias são sempre os momentos divertidos que vêm à tona; no entanto, o dia era sempre dedicado seriamente ao trabalho."

Brian dá especial crédito a Rod Adams, que, como CFO e contador, apresentou relatórios bons e oportunos, juntamente com Ray Thomas, Peter Hodgart e Grant Forbes. "Tínhamos uma equipe muito boa", diz ele. "Claw estava focado em ter os surfistas certos em nossa equipe e a gerenciar as roupas de montanha. E também tínhamos uma ótima equipe de agentes de vendas. Essa era provavelmente a parte mais agradável do meu trabalho, visitar lojas de surfe com os agentes de vendas. Você ficava na ação direta, era real. Era lá que tudo era posto à prova. Você aprendia mais sobre os negócios no varejo e no depósito, porque é ali que você enxerga todos os seus erros."

A crise dos negócios chegou em um período pessoalmente difícil para Brian, que admite que as demandas da administração da Rip Curl haviam afetado o seu casamento. "No lado pessoal, foi um período bastante tumultuado porque meu casamento não estava dando certo, e Jenny e eu nos separamos novamente por volta de 1982", lembra Brian. "Depois de alguns anos na vida de solteiro, conheci Leighanne, uma das funcionárias que trabalhava para Steve Perry na loja de varejo, e pouco tempo depois tivemos uma filha, Jade, e ela se tornou parte do clã Singer, com Samala, Naomi e Doji. Jade nasceu no final de 1988 e Leighanne e eu nos casamos mais tarde, tendo Jade como dama."

A SEMENTE DA BUSCA

Em 1987, Gary Green, surfista goofy de Cronulla, estava em sexto lugar no mundo quando largou abruptamente o circuito profissional, citando a desilusão com o agitado calendário de competições, julgamentos duvidosos, ondas abaixo da média e os retornos financeiros incertos do surfe profissional. Greeny sempre foi uma presença divertida e irreverente no circuito, com um estilo rápido e ágil, desenvolvido nos picos e recifes da praia de Cronulla. Mas o circuito parecia estar minando seu espírito.

Ele fez uma nova tentativa em 1988, mas "meu coração não estava ali", diz ele hoje. Uma viagem fatídica a Bells mudou sua vida e expandiu as opções de carreira para os surfistas profissionais do futuro. Greeny usava roupas de mergulho da Rip Curl desde que deixara seu antigo patrocinador, Billabong, e estava na casa de Claw quando ele e o técnico da Rip Curl, Derek Hynd, desapareceram no andar de cima para uma reunião. Hynd era um ex-surfista profissional que perdeu o olho em um acidente de surfe e se tornou um dos primeiros treinadores em tempo integral do surfe profissional.

"Eu estava lá embaixo e nem sabia o que estava acontecendo, mas eles estavam planejando alguma coisa", lembra Greeny. "E então eles me ligaram e disseram: 'O que você acha disso?' E eu disse: 'Isso é uma piada? Isso é inacreditável'."

O que Claw e DH estavam criando era um esquema inovador para empregar Greeny como surfista profissional, para ele estar de plantão sempre que precisassem de um surfista para fazer uma viagem para filmagens e sessões de fotos. O plano mais imediato era enviá-lo em uma longa viagem pela Indonésia com o cineasta Peter Kirkhouse e o fotógrafo Ted Grambeau.

Greeny não foi o primeiro surfista a deixar o circuito no auge de sua forma para perseguir ondas de qualidade. Um outro goofy de Cronulla, Jim Banks, fez um movimento semelhante em 1981, mas ninguém estava pagando Banksy quando ele foi caçar tubos pela Indonésia e pelo noroeste da Austrália. Greeny foi o primeiro a ser patrocinado exclusivamente para viajar e surfar, e isso provaria um monte de maravilhas que viriam na próxima década. "A ideia era brilhante porque nem todo mundo gosta do lado competitivo das coisas", diz Greeny.

Mas naquela reunião no andar de cima, Claw e Derek podiam estar imaginando mais do que a descrição do trabalho de um surfista em uma viagem à Indo. Hynd era um grande admirador do surfe de Greeny, desde seus tempos como treinador da Billabong, e também companheiro de equipe dele na Newport Plus, quando Greeny migrou de Cronulla para as praias do norte de Sydney para se juntar ao superclube dos anos 80. "Para mim, Greeny em seus bons tempos era tão animal de assistir quanto Curren... Ele simplesmente não podia ser deixado de lado", diz Derek.

Os anos 80 foram turbulentos para a Rip Curl, com expansões geográficas, diversificação de produtos, crescimento espetacular e quase falência. Com o surgimento de uma nova década, a Rip Curl estava pronta para uma nova inspiração. Logotipos de cores extravagantes e grandes eventos nas praias da cidade estavam prestes a dar lugar a toda uma nova viagem.

A BUSCA PESSOAL DE BRIAN

Em meio à emergência comercial, Brian conseguiu fazer uma boa busca por conta própria. Se ele não estivesse no escritório, provavelmente estaria esquiando no Monte Buller ou Chamonix, ou farejando algum destino de surfe em algum lugar ao longo do caminho. Tendo sido um dos primeiros a chegar em Bells Beach e Bali, Brian entendeu o valor de fazer parte da primeira onda de surfistas migrantes para uma região de novas ondas. No final dos anos 80, ele conseguiu isso novamente quando visitou as pouco conhecidas ilhas Maldivas, no Oceano Índico.

"Eu estava esquiando em Chamonix e estava procurando um lugar para surfar no caminho de volta para casa, e ouvi dizer que Alby Falzon [o cineasta por trás de *Morning of the Earth*] havia feito um filme nas Maldivas", diz Brian.

Brian entrou em contato com o QG da Rip Curl para enviar suas pranchas de surfe para Malé, a capital das Maldivas, e chegou ao atol tropical carregado com todo o seu equipamento de esqui. "Embarquei numa viagem de barco a uma autêntica vila de pescadores e um cara começou a me contar sobre Tony Hussein", diz Brian.

Tony "Hussein" Hinde era um velho e salgado cachorro do mar de Sydney, creditado como pioneiro do surfe nas Maldivas, depois que ele e o parceiro de surfe Mark Scanlon ficaram abandonados por lá durante uma aventura de veleiro em 1973. Os dois pilotavam um ketch chamado *Whitewings*, a caminho do Sri Lanka para a Ilha Reunião, quando naufragaram em um recife na calada da noite. Tendo tropeçado no paraíso de todos os surfistas, Hinde nunca mais foi embora. Ele se converteu ao Islã e mudou seu sobrenome para "Hussein", casou-se com uma mulher local chamada Zulfa e criou o primeiro resort de surfe das Maldivas em Pasta Point.

Brian localizou o lendário pioneiro do surfe muito antes de o turismo de surfe chegar ao atol, e Hussein fez um tour abrangente pelos picos de surfe locais que ele havia descoberto. "Ele tinha um zodíaco e eu e ele surfamos todos esses picos sem ninguém lá – Sultan, Pasta Point", conta Brian.

"Ele me perguntou sobre Tavarua [o primeiro surf camp comercial do mundo] e disse que queria começar um surf camp. Não demorou muitos anos e ele começou o resort de surfe em Pasta Point", diz Brian. O resort que ele fundou, hoje conhecido como Cinnamon Dhonveli, é um dos resorts de surfe mais luxuosos do mundo, longe da vida simples que Hussein havia criado para si mesmo. "Ele vivia de forma rústica com a família de sua esposa na ilha que agora é Pasta Point. Ele usava um sarongue e à noite subia na mesa de jantar e se cobria com o sarongue, e essa era a cama dele", lembra Brian.

Hussein viu sua descoberta de surfe se transformar de um remanso remoto a um centro de turismo de luxo que hospeda quase um milhão de visitantes por ano. Em maio de 2008, aos 55 anos, Hussein estava curtindo as ondas de Pasta Point e, quando terminou uma onda, sofreu um ataque cardíaco e foi encontrado boiando de bruços no canal da onda que descobriu.

OS REPRESENTANTES DE VENDAS

O final dos anos 80 e começo dos anos 90 foram o auge dos agentes de vendas, quando os generosos acordos de comissões rendiam fortunas consideráveis. "Tivemos uma grande equipe de agentes de vendas: Steve Jones em Sydney, Phil Bishop no Sul da Austrália, Mick Flynn em Victoria, Barry Young no Oeste da Austrália. Todos estavam muito motivados", diz Brian. "Os agentes de vendas estavam ganhando tanto; gradualmente, eles precisariam ter as suas comissões reduzidas. Mas sempre os avisava sobre as reduções com um ano de antecedência."

As somas recebidas pelos agentes de vendas causavam certa angústia nos funcionários de Torquay, que recebiam apenas uma fração dessas vastas riquezas. "Isso era meio que um pesadelo para nós na sala de máquinas", diz Neil Campbell, que acha que ganhava aproximadamente um décimo dos agentes mais bem-sucedidos.

O primeiro agente da Rip Curl na Austrália foi Barry Young, que se mudou de Adelaide para Perth em 1972 e começou a representar a marca em 1973. "Tomei a decisão de ir para ao Oeste da Austrália porque queria iniciar meu próprio negócio. Pensei que, se realmente queria fazer algo o Oeste da Austrália seria a nova fronteira", diz Barry. Inicialmente, ele só tinha roupas de mergulho para mostrar e havia apenas três lojas de surfe em Perth. "Depois que comecei, eles me ligaram e disseram: 'Companheiro, você quer fazer um pedido de calções de banho? Um de nossos parceiros saiu e iniciou esse pequeno selo chamado Quiksilver'." Barry tornou-se agente de vendas da Rip Curl e da Quiksilver. "Foi um processo lento. Nada realmente aconteceu até cinco anos depois, quando houve um cheirinho de que isso se tornaria alguma coisa", diz ele.

Quando o boom ocorreu nos anos 80, foi além de tudo o que ele poderia ter imaginado. "Eu sabia que algo estava acontecendo quando comecei a vender o produto e as pessoas voltavam e diziam: 'Tudo o que você me deu foi vendido'. Eles pensaram que eu era uma espécie de deus", diz Barry. "Você simplesmente não tinha como errar. Tudo o que os varejistas estavam comprando estava vendendo... Estávamos sendo pagos dentro do prazo porque todos queriam o produto, não tinham como se dar ao luxo de não ter e faziam qualquer coisa para se tornar uma conta."

A certa altura, Young empregava oito pessoas e tinha uma das maiores agências do país e sempre atingia ou excedia as metas de vendas, pois o crescimento da indústria do surfe parecia interminável. "Nós sempre obtivemos os números, isso não era um problema. Tudo era feito com um aperto de mão", diz ele.

Young representou as duas marcas de surfe de Torquay nos anos 80, até que sua crescente rivalidade tornou isso insustentável. Ele deixou a Quiksilver e continuou com a Rip Curl até 1996, quando já havia se saído tão bem com os negócios de surfe que podia bancar sua aposentadoria em sua casa de praia em Yallingup, aos 49 anos.

Steve Jones foi outro agente que participou do grande boom dos surfe dos anos 80 – um ex-surfista profissional que fazia turnos nas usinas de aço de Newcastle para financiar suas viagens no circuito. "Eu estava no circuito há alguns anos quando eles me ofereceram um emprego. Fui um dos primeiros a sair de um campeonato de surfe e me tornar um executivo de surfe", diz Steve. Ele começou no escritório de Sydney, ao lado de Shayne Paterson e Belinda Hardman, inicialmente trabalhando para a Rip Curl e a Quiksilver, antes de assumir o cargo de gerente de vendas da Rip Curl em New South Wales e depois iniciar a sua própria agência.

"Em algum momento no final dos anos 80, o lance explodiu. Uau! Camisetas, roupas, todo mundo começou a fazer acessórios. Basicamente, não conseguíamos manter o fornecimento", diz Steve. "Começou realmente com nós surfistas, foi assim que os produtos foram desenvolvidos, para nós surfistas, e de repente as pessoas estavam comprando nosso estilo de vida, nossa loucura de viajantes, aventureiros e pessoas hardcore." Steve se deu bem o suficiente com seu trabalho com a Rip Curl para poder se aposentar em 2000, com apenas 43 anos de idade. E por 10 anos mais ele se associou a uma loja da Rip Curl em Bondi com seu antigo companheiro, Dave Gyngell, ex-chefe do Channel Nine.

Os agentes de vendas eram um elenco pitoresco que apoiavam com orgulho a cultura de festas da Rip Curl, como o agente de Queensland, Dave Cross. "Um cara muito incomum, muito inteligente, com uma abordagem de vendas pouco ortodoxa", lembra Brian. "Ele não queria gastar muito tempo trabalhando e não precisava, porque era muito inteligente."

Crossy veio da Península de Mornington, em Victoria, era membro da Boardriders da Costa Leste e acabou em Hong Kong trabalhando para a força policial. Ele se casou com uma mulher local, Violet, voltou para a Austrália e acabou vendendo equipamentos de alta fidelidade em Queensland. Mas a crescente indústria do surfe chamou a sua atenção. Crossy lançou sua própria marca de roupas de banho, Wild, da qual a Rip Curl comprou uma participação de 50%, e logo teve um impacto como agente da Rip Curl em Queensland.

Brian ficava com Crossy, como era universalmente conhecido, durante os anos 80, sempre que visitava a Gold Coast e finalmente encontrou seu parceiro de farras. "Ele ingressava numa bebedeira de vários dias. Ele via uma multidão de ciclistas em um bar e desafiava um deles a uma queda de braço e ganhava – ele tinha o talento de se dar bem com as pessoas", diz Brian.

Em uma conferência de vendas em Fraser Island com todos os agentes da Rip Curl, Crossy se destacou por não conseguir entregar seu relatório de vendas porque havia tomado uma dose de ácido antes da reunião. Não é necessário dizer que Brian não ficou muito feliz com isso. Um almoço de negócios com Crossy era tão propenso a acabar em uma boate em Surfers Paradise, quanto em uma busca por cogumelos dourados no interior da Gold Coast. Depois de dias de excessos, Crossy passava o mesmo tempo dormindo por longos períodos de hibernação antes de pegar a estrada pronto para vender novamente. Mas era um ciclo que não poderia acabar bem.

Em 1991, Dave tirou a própria vida gerando ondas de choque na indústria do surfe. "Fiquei chocado e com raiva", diz Brian. Na busca por respostas, Brian lembrou de David falando sobre o suicídio de dois de seus companheiros mais próximos, muitos anos antes, e contra os quais ele lutou. "Nem seus amigos íntimos perceberam que ele provavelmente era um alcoólatra", diz Brian.

Crossy tinha tomado uma grande bebedeira e depois passara nove semanas se recuperando com determinação, mas em algum momento ao longo do caminho a batalha se tornou árdua demais. Para muitos, parecia que uma década selvagem de excessos na indústria do surfe havia chegado a um preocupante fim.

CAPÍTULO 6

O NASCIMENTO DA BUSCA: 1990-1994

Em 1991, dois surfistas australianos que vinham se deliciando com as ondas perfeitas e as oportunidades de negócios do grande boom de surfe em
Bali desde o início dos anos 70, chegaram a Torquay para tentar fazer
um acordo. Em uma atitude audaciosa, Stephen Palmer e Robert Wilson
haviam registrado na Indonésia as marcas das principais empresas de surfe,
na esperança de usá-las como alavanca para se tornarem licenciados legíti-
mos dessas empresas num mercado em crescimento.

As marcas de surfe vinham sendo devastadas por falsificadores e piratas
que há anos exploravam suas marcas na Ásia e estavam ansiosos por encontrar uma solução. Mas ninguém tinha certeza do que pensar sobre esses
dois. Stephen e Robert eram velhos amigos de Parramatta, nos subúrbios
ocidentais de Sydney, os temidos "ocidentais" na linguagem do surfe, que
foram inspirados a viajar para Bali por conta do filme de surfe dos anos
70, *Morning of the Earth*, de Alby Falzon. Embora tenham se apaixonado
pela vibração idílica hippie e pelo surfe e exotismo hipnotizantes de Bali,
eles também tinham uma veia empreendedora precoce, um pouco como os
próprios fundadores da Rip Curl.

Para financiar a primeira viagem de Robert a Bali em 1973, eles alugaram uma cópia de *Morning of the Earth* e um projetor do cinema Silver
Screen em Manly, penduraram um lençol no segundo andar da casa dos pais
de Stephen e convidaram todos os conhecidos para ir. "Lembre-se de que

eram os subúrbios ocidentais, então era uma mistura de gente – tínhamos fanáticos por carros, motociclistas, surfistas e a galera do pub local. A notícia se espalhou e cerca de 500 pessoas apareceram", diz Stephen. Um suprimento liberado de maconha garantiu que não houvesse problemas entre as subculturas rivais presentes. "Não era difícil encontrar o local a ruas de distância – bastava olhar para o céu em busca da grande nuvem de fumaça azul acima de nós, iluminada pelo projetor", conta Stephen.

Robert passou seis semanas em Bali antes de viajar por Java, Sumatra, Tailândia e Malásia. Ele voltou para casa um ano depois e convenceu Stephen a deixar a universidade e se juntar a ele. Nas primeiras viagens a Bali, os dois compravam camisas de viscose por um dólar cada e as vendiam por US$ 8 na Austrália para arrecadar fundos para a próxima viagem. Robert depois encontrou trabalho no noroeste da Austrália e tornou-se um mergulhador comercial para financiar suas viagens à Indonésia, enquanto Stephen permaneceu em Bali e se dedicou a aprender o comércio de roupas, iniciando a OM Clothing Company. Rob retornou a Bali em 1978 e tornou-se um parceiro na OM, e eles tiveram sucesso o suficiente para patrocinar o OM Bali Pro-Am em 1979, em Uluwatu, que evoluiu para um evento sancionado pela ASP em 1980 e 1981.

Mas o estilo balinês da OM saiu de moda nos anos 80. Robert continuou seu trabalho de mergulho e se juntou ao pioneiro explorador de surfe Martin Daly e alguns companheiros. Eles fretaram um barco de resgate chamado *Raider*, então comandado por Dave Barnett, para descobrir as ondas de Panaitan, Enggano e vários picos sem nome nas costas de Java e Sumatra. Daly acabaria comprando o *Raider* da Barnett e renomeando-o como *Indies Trader*, pioneiro na indústria de surf-charters moderna. Mais tarde, Robert lançou os primeiros passeios de motocicleta pelo outback da Austrália, a Wild Bull Tours, enquanto Stephen continuou a trabalhar em roupas e depois fundou a marca Lost Boys, que se tornou um enorme sucesso em Bali nos anos 90.

"Isso foi com Phillip Hergstrom (descanse em paz) da Beach Crew, e Rohan Robinson, hoje um artista plástico", diz Stephen. "Eu estava bem e teria sido um bom candidato, mas Phillip estava com muita pressa de crescer rápido, então trouxe alguns caras locais muito fortes de Jacarta. Um dia eles nos disseram que haviam registrado na Indonésia a marca da Lost Boys e que poderíamos trabalhar para eles a partir de agora, se quiséssemos. Rohan e eu saímos de fininho dizendo: boa sorte, e nunca mais voltamos."

Stephen se recolheu em seu restaurante favorito, Aromas, em Jalan Legian, para lamber suas feridas, pegou uma cópia da revista *Surfer*, folheou páginas e páginas de anúncios das principais marcas que desfrutavam dos tempos de explosão nos Estados Unidos e na Austrália, e uma lâmpada se acendeu. Ele pegou um papel, marcou os logotipos das marcas de surfe em caneta preta e foi ver seu amigo, pioneiro no surfe balinês, Wayan Suwenda. "Eu disse que gostaria de chamar o Robert, registrar essas marcas e solicitar a licença para o maior número possível delas na Indonésia", diz Stephen. "Se assegurássemos as marcas registradas, estaríamos em uma boa posição para conversar diretamente com os proprietários, em vez de passar pela hierarquia da porta da frente."

"Teríamos devolvido as marcas e os scripts a preço de custo, independentemente de nos tornarmos licenciados ou não – não estávamos planejando nos tornar piratas", diz Robert. "O que estávamos contando quando abordamos as marcas de surfe era que tínhamos alguma credibilidade, dado o que havíamos alcançado com a OM."

Stephen e Rob se encontraram no Rip Curl Pro de 1991 nos penhascos de Bells com Brian e Al Green. A recepção inicial foi gelada, para dizer o mínimo. Alan disse: "Então esses são os piratas da Indo que nos pegaram. Vamos atirá-los do penhasco", conta Stephen. "Felizmente, ele estava apenas brincando. Acho que eles respeitavam a nossa atitude de nos arriscar e no dia seguinte nos encontramos pela primeira vez com Brian e Claw na Rip Curl, depois Alan e John [Law] na Quik."

Os fundadores da indústria do surfe podem ter se enxergado um pouco naqueles atrevidos iniciantes da Indonésia, e concordaram em conceder a eles as licenças. Com a missão cumprida, Stephen e Robert saltaram em um trem para o norte. Robert desembarcou em Taree para conversar com Richard Meldrum, fundador do Hot Tuna, e Stephen foi à Gold Coast para se encontrar com Gordon Merchant, da Billabong.

As marcas eram todas concorrentes, então Stephen e Robert as dividiram entre si. Eles decidiram que Wayan deveria ficar com a Billabong.

"Pensamos que Wayan lidaria com as visitas à Gold Coast muito mais facilmente do que com o frio de Torquay", diz Robert. Stephen tinha uma longa história com roupas, então fazia sentido ficar com a Quiksilver e Robert pegar a Rip Curl. "Eu sempre senti uma afinidade com a marca depois de comprar uma de suas primeiras roupas de mergulho e adorar surfar em Bells e Winki", diz Rob.

O grupo tinha contatos fortes em Bali e rapidamente colocou estoques nas lojas de surfe existentes, lançaram suas próprias lojas de marca e enfrentaram os falsificadores. "Ao representar as marcas internacionais no comércio legítimo, o licenciado indonésio tinha o direito legal de processar falsificadores, o que fizemos regularmente e produtivamente", diz Robert.

Eles entenderam que o fluxo de caixa seria uma questão crítica para muitas lojas locais, então ofereciam estoque em consignação para garantir que mantivessem uma gama adequada de produtos e preços consistentes. "A cada semana, cada loja pagava 70% de suas vendas a vários fornecedores, o que significava um grande fluxo de caixa", diz Robert. "Não pagar nada acabava significando não haver reposição de estoque e todo mundo estava indo bem, então não havia problemas a mencionar... Esse mesmo sistema continua em vigor até hoje."

Robert e sua parceira indonésia Fauziah rapidamente se estabeleceram no relacionamento comercial com a Rip Curl. "Fauziah e eu nos tornamos os licenciados da Rip Curl e parte da família Rip Curl, onde desde então temos sido muito bem tratados", diz Robert. O filho de Robert e Fauziah, Lee Wilson, tornou-se um dos melhores surfistas de Bali e bicampeão indonésio.

A primeira tarefa de Robert como licenciado indonésio foi organizar uma viagem de barco para a gerência sênior. Foi uma expedição que teria um impacto de longo alcance no futuro dos negócios.

A BUSCA

A proximidade com a falência no final dos anos 80 fez a gerência da Rip Curl ir atrás de um pouco de busca espiritual ao recuperar as suas origens. "Os anos 70 eram sobre alma rural, otimismo, alimentos orgânicos, drogas leves, todo aquele idealismo de viver bem", diz Brian. "Nos anos 80, virou roupas de borracha fluorescentes e competições, Wall Street e 'a ganância é uma coisa boa'. Você chega no final dos anos 80 e percebe que isso não poderia continuar, e talvez os anos 90 fossem uma espécie de reversão."

Claw concorda: "Nós todos fomos apanhados nessa coisa de ganância. Isso foi o principal para mim e Brian, identificar uma necessidade de mudança. Isso remonta a quando começamos a Rip Curl [pranchas de surfe] em 1967, naquele primeiro Verão do Amor... Havia alguns comportamentos e uma vibração maior na comunidade, a juventude inquieta."

Os fundadores também começaram a pensar na necessidade de fazer campanhas publicitárias coordenadas. "Ficávamos pensando no que nos fez ter sucesso", diz Brian, "e de quando éramos jovens pulando atrás de uma caminhonete com alguns companheiros, procurando ondas, esse espírito dos jovens de 18 a 20 anos – tendo boas ondas e sem crowd, fumando uns baseados, tomando algumas cervejas, conhecendo algumas garotas e depois levantando-se no ensolarado dia seguinte e fazendo tudo de novo."

Brian e Claw se reuniram com vários editores de revistas de surfe na Austrália e nos Estados Unidos, que responderam com entusiasmo a essa imagem. Pesquisas com leitores sempre mostraram que a viagem era a característica mais popular das revistas, então essa era outra indicação de que estavam no caminho certo.

A Rip Curl convocou uma conferência internacional de gerenciamento em uma viagem de barco pelo leste da Indonésia para debater uma nova campanha, e esse clima nostálgico tornou-se um ponto de discussão. "Queríamos retratar esse sentimento de desbravar a costa com alguns companheiros. Alguém simplesmente lançou a palavra 'busca' [search], que simboliza esse sentimento", diz Brian.

"No começo, nós estávamos sempre em uma busca, muito antes da campanha e da famosa viagem de barco", diz Claw. "Eu acho que essas coisas são os verdadeiros valores dos surfistas. Elas eram o espírito do surfe muito antes de nós – entrar no carro e dirigir para cima ou para baixo na costa. Tínhamos feito muitas buscas desse tipo. Estávamos sempre viajando. Eu acho que é uma coisa vitoriana – você precisa viajar para encontrar as ondas – mas isso existia em toda a costa da Austrália. Sempre fomos muito nômades, tentando encontrar novas e melhores ondas."

A bordo dessa reunião administrativa flutuante estavam Claw e Brian, François Payot, os artistas Grant Forbes e Rohan "Bagman" Robinson de Torquay, Marty Gilchrist dos Estados Unidos e Robert Wilson.

"Fretamos o *Kevlacat* de 26 pés recém importado de Brett Beazely para trânsitos rápidos e o iate *Wyeema* de David Plant para morar a bordo", conta Robert. "Além dos barcos tradicionais de Bali e da embarcação de Brett Haysom, *Anne Judith*, a *Wyeema* foi a primeira embarcação de surfe de verdade operando em Bali ou Jacarta."

A viagem os colocou na vanguarda de uma nova era de exploração de surfe na Indonésia. Jogar suas pranchas na parte de trás da caminhonete e desaparecer pela costa logo foi suplantado por pular em um avião para a Indonésia e armazenar suas pranchas em um barco fretado. A equipe seguiu para o leste de Bali, passando por Lombok e Sumbawa, surfando descobertas relativamente recentes, como Scar Reef e Yo-Yos.

"A Rip Curl sempre combinou negócios com prazer e a viagem Lombok-Sumbawa não foi diferente – ótimas ondas, pesca e brainstorming. Não tenho certeza sobre quem exatamente criou a 'Busca'; no entanto, sinto que foi Brian e lembro que todos concordamos imediatamente", diz Robert. Brian desvia o crédito para outro lugar. "Marty Gilchrist pode ter inventado 'The Search'", avalia ele. Claw diz que foi uma ideia que ele vinha tateando já há algum tempo com os artistas Rohan e Cambo, que se uniram durante a viagem de barco.

Independentemente disso, o consenso ao longo de duas semanas de boas ondas, cervejas, peixe fresco e camaradagem era de que eles estavam num bom caminho.

O ARTISTA

O novato a bordo desse passeio de barco foi Rohan "Bagman" Robinson, recém-chegado de um trágico trabalho no infeliz empreendimento da Lost Boys em Bali com Stephen Palmer. Bagman era um cara das antigas de Geelong que vinha orbitando a galáxia Rip Curl desde que era um garoto. Ele participou de uma competição na revista *Tracks* para criar um novo logotipo da Rip Curl quando era criança em 1978, e se candidatou a um emprego na loja de varejo quando deixou a escola. Mas quando não conseguiu o emprego, resolveu ir viajar e acabou em Bali como diretor criativo da Lost Boys.

Assim como Stephen Palmer, ele acredita que a Lost Boys poderia ter se tornado uma grande marca internacional. Houve feiras no Japão, exportações para os Estados Unidos e um breve período com sede em Amsterdã, onde buscaram inspiração no infame cenário das cafeterias, antes do império Lost Boys implodir.

Quando Rohan voltou para casa para avaliar suas opções profissionais, Stephen Palmer estava em Torquay garantindo a licença indonésia das principais marcas de surfe. Quando Brian perguntou a Stephen se ele conhecia bons artistas, Stephen citou o nome de Rohan. Depois de uma entrevista com Brian, Rohan se juntou a seu antigo colega da escola de arte, Neil Campbell, no departamento de arte da Rip Curl. Apenas alguns meses após o início, Rohan se viu a bordo daquela fatídica viagem de barco com a equipe de gerenciamento internacional.

Fui atrás de Bagman até uma cabana isolada no interior perto de Mount Warning, no norte de Nova Gales do Sul, onde ele passa seus dias pintando em um estúdio desorganizado e absorvendo o ambiente rural e subtropical. O local está bem longe da agitação da sede da Rip Curl e de seu papel-chave em uma das campanhas publicitárias mais duradouras da história do surfe.

"Eu vejo toda essa coisa da Busca como uma extensão da Lost Boys", diz Rohan, enquanto rabisca a lápis sobre a velha mesa de madeira em que estamos sentados na varanda da frente. Araras guincham em trepadeiras e bananeiras, com a natureza pairando sobre nós como se pudesse recuperar a cabana se a deixássemos desocupada por muito tempo. Com um rápido floreio, ele recria o logotipo original da Search [Busca] a lápis e evoca memórias da época – Curren, Frankie Oberholzer e a equipe viajando pela Indonésia, África e além.

As imagens originais da busca de Rohan combinaram um sol estilizado projetado por Neil Campbell com o logotipo da onda de diamante da Rip Curl de Grant Forbes e o que Claw chamou de "beijo cósmico", um redemoinho vermelho que parecia um par de lábios. Rohan diz que o trabalho de traço foi inspirado nas imagens icônicas do artista de rua Keith Haring, de Nova

Iorque, e que ele baseou o beijo cósmico em uma imagem que encontrou em um livro de arte asteca, comprado em uma loja de segunda mão. "Foi bang, bang, bang. Acho que não me enrolei muito com isso", diz ele. Então ele, Claw e Cambo criaram uma história em torno do conceito da Busca.

"Como artista, ter profundidade em algo é o que te dá longevidade, construindo profundidade para toda a história, em vez de ficar em um nível apenas", diz Rohan. Ele sempre suspeitou que os gostos musicais retrôs do departamento de arte influenciaram a estética de "alma rural" da campanha da Busca. "Tocávamos muito Neil Young e tocávamos ao lado do escritório de Claw", ele conta com uma risada.

LEVANDO ISSO ATÉ A PRAIA

Quando a equipe do barco retornou a Torquay, o tema foi amplamente aceito e foi tomada uma decisão de apostar tudo nisso. "Comprometemos toda a nossa verba de publicidade para o ano seguinte. É como tudo na vida – se você for fazer, tem que ser pra valer", diz Brian. "Tínhamos o nome 'The Search' [A Busca]. Precisávamos descobrir uma maneira de comunicar isso."

Neil Campbell estava um pouco chateado por não ter conseguido uma vaga na viagem de barco, mas mesmo assim mergulhou de cabeça na campanha da Busca. "Quando Claw entrou pela primeira vez e conversou comigo sobre a Busca eu pensei, isso é realmente brilhante. Ficamos empolgados com isso", lembra Cambo. "Eu apenas disse: 'Claw, isso é genial'. Ninguém está interessado em fotos de surfistas em lycras de competição. Quero ver lugares exóticos e é disso que a maioria dos surfistas gosta, ondas exóticas."

"Percebemos que era um grande risco", diz Brian. "Houve até discussões sobre a interrupção do campeonato de Bells naquela época." Felizmente, o campeonato sobreviveu, mas de resto, a publicidade e a promoção da Rip Curl estavam centradas na Busca.

Eles primeiro fizeram um teaser da campanha com nada além do novo logotipo da Search para criar burburinho, uma técnica que Claw e Brian haviam aprendido nos primeiros tempos exibindo os filmes de surfe de Dave "The Mex" Sumpter. "Em seu filme *Free Form*, saímos com panfletos dizendo: 'O *Free Form* está chegando', uma semana antes da exibição e de que os pôsteres reais dos filmes fossem divulgados", diz Brian.

A etapa seguinte da campanha consistiu em filmagens de ondas vazias com os logotipos Rip Curl e Search, uma mudança dramática em relação às fotos de ação e fotos de produtos que vinham dominando a publicidade de surfe. Cambo avistou o pote de ouro quando o fotógrafo Ted Grambeau presenteou-o com um tesouro de belas filmagens das suas recentes viagens. A campanha The Search estava encaminhada.

Brian estava interessado em testar a recepção no mercado. "Viajei pela costa em uma viagem pelas lojas por três, quatro, cinco meses após o início e depois que as filmagens estavam sendo usadas", diz Brian. "Algumas pessoas, incluindo Mark Richards, vinham conversar comigo utilizando as mesmas palavras usadas por nós no escritório. Obviamente, a campanha estava comunicando exatamente o que queríamos comunicar."

Brian aprendeu outra lição valiosa ao resistir às propostas de seus artistas gráficos para atualizar ou revisar a campanha após 12 meses. Ele estava convencido de que eles precisavam manter a sua linha. "Outra coisa interessante é que os artistas são rápidos em dizer que está ficando chato", diz Brian. "Paul Neilsen [surfista campeão e varejista] disse que seria estúpido mudar, pois estava apenas começando a atingir o surfista comum."

A Busca provou ser uma campanha muito mais duradoura do que se poderia imaginar. "Com o tempo, tornou-se meio que um lema para o espírito dos negócios, que todos na Rip Curl deveriam estar em sua própria busca pessoal e que o local de trabalho deveria ser uma plataforma para eles iniciarem sua própria jornada de descoberta – fosse o objetivo pegar ondas, progredir na carreira, viajar ou encontrar a si mesmos", diz Rob Wilson. "Isso pode parecer excessivamente nobre para uma empresa de surfe, mas está inserido nos principais valores da empresa."

O FOTÓGRAFO

Na mesma época em que a equipe de gerenciamento da Rip Curl estava flutuando pelo leste da Indonésia, um solitário fotógrafo de surfe nômade chamado Ted Grambeau estava percorrendo uma cadeia de ilhas na costa noroeste da África. Ted combinou de se encontrar com Tom Curren e Gary Elkerton, que estavam lá para competir em um evento. Ted esperava levá-los a uma exploração de surfe de verdade, o que era mais do seu agrado.

Só que em vez disso, Ted sofreu uma infecção por estafilococos e passou 10 dias no hospital, depois de Curren e Elkerton já terem ido embora há muito tempo, mas as ondas estavam bombando. Em vez de reduzir suas perdas já que não tinha surfistas para fotografar, Ted percorreu as ilhas, fotografando as ondas de todos os ângulos possíveis.

"Sem surfistas por lá, fiquei liberado para registrar os line-ups porque não tinha uma tarefa a realizar", diz Ted. "Eu ficava no topo de colinas e olhando através dos vales. Havia ondas incríveis de 3 metros direto."

Ted não tinha ideia do que faria com todas essas cenas de paisagens marinhas deslumbrantes e ondas vazias. Quando voltou para casa, soube da campanha da Search e percebeu que tinha um mercado para elas. "Eu pensei que eles tinham projetado isso para mim. A Busca foi uma combinação de todas as coisas que eu desejava na minha jornada fotográfica", diz Ted. "A Busca me ofereceu uma plataforma e uma filosofia sob medida para o que eu já acreditava – mostre, mas não conte. Sempre nos esforçamos para não revelar onde surfávamos, não era para revelar lugares, mas para inspirar as pessoas a fazerem suas próprias buscas."

Derek Hynd foi contratado como diretor criativo freelancer para a campanha, despachando a equipe da Rip Curl para os confins do mundo do surfe, e Ted tornou-se o seu fotógrafo escolhido. Nos anos seguintes, Ted passou mais tempo em viagens de busca do que qualquer um, muitas vezes com o lendário explorador de surfe Martin Daly, capitão do *Indies Trader*.

"Um dos momentos mais significativos foi em uma das primeiras viagens da Busca, quando Brian e Claw vieram", diz Ted. "Muito raramente você teria o CEO ou os proprietários de uma empresa envolvidos em atividades promocionais em um nível tão profundo. Uma das imagens que captura isso é a de Brian, Claw, Curren e Sonny, no comando do *Indies Trader* na Busca – você pode perceber que todo mundo está radiante em estar lá. Essa é a razão de tudo. Para mim, resume a Busca. Ela corre por toda a empresa."

Peça a Ted para nomear seus momentos favoritos da Search e ele recitará uma seleção de destaques de algumas das sessões mais indeléveis da história das viagens de surfe – Curren surfando uma direita estilo Sunset com uma pequena fish de Tommy Peterson, ou a imortal primeira onda de Curren em Jeffreys Bay; descobrindo um pico perfeito em Moçambique com apenas alguns pescadores locais como público; missões pioneiras de surfe na Rússia, Islândia e Noruega. Ted tem uma filosofia de viagem simples que o tornou o guia ideal em tantas expedições de busca. "Quanto mais desafiadora for uma viagem, mais valiosa ela se torna a longo prazo. Compartilhar experiências difíceis com as pessoas torna tudo muito mais especial do que algo que apenas correu como planejado", diz ele.

O CINEASTA

Todas essas exóticas missões de surfe foram capturadas pelo cineasta californiano Sonny Miller. Empregando o seu olhar artístico e sua entusiástica ética de trabalho, o impressionante corpo de trabalho de Miller inclui um lançamento de longa-metragem por ano, durante seis anos consecutivos: *The Search* (1992), *The Search II* (1993), *Beyond the Boundaries: The Search III* (1994), *Feral Kingdom* (1995), *Tripping the Planet* (1996) e sua obra máxima, *Searching for Tom Curren* (1996), que foi premiado como Vídeo do Ano pela revista *Surfer* em 1997.

Infelizmente, Sonny Miller morreu de ataque cardíaco em 2014, com somente 53 anos. Apenas um ano antes de sua morte, Sonny gravou uma rara entrevista ao lado de Curren na frente de uma plateia, ao vivo, para o programa de rádio dos Estados Unidos *Swell Season Surf Radio*, com o apresentador Tyler Breuer. Ela oferece uma rara visão sobre o funcionamento interno do programa Search e a dedicação de Miller ao seu espírito de surfe-aventureiro. A ocasião foi uma arrecadação de fundos para o esforço de socorro do furacão Sandy e foi a única exibição num cinema de *Searching for Tom Curren*.

Miller se dava bem na natureza muitas vezes caótica e espontânea de suas viagens. "Fomos inspirados pela oportunidade de ter recebido esse caminho glorioso", disse Miller. "Não tem Surfline [o serviço de previsão de ondas]. Muitas vezes nossas jornadas foram recompensadas pelo nosso compromisso em acreditar, como comprar um bilhete de loteria. Não confiávamos em garantias: 'Você voa pra cá por quatro dias, que vai dar tudo certo'. Hoje em dia é assim. Nós não tínhamos isso."

Para Ted Grambeau, era inestimável ter um parceiro parecido com ele nessas viagens, sempre pronto a encostar em algum lugar para capturar uma imagem evocativa. "Os momentos com Sonny dirigindo pelo campo e parando para tirar fotos sem os surfistas eram sempre memoráveis", diz Ted. Eles também compartilharam a devoção pura ao seu ofício, no momento em que filmar com película significava que era preciso fazer valer cada tomada.

"Não só era necessário você ser extremamente preciso nos aspectos técnicos de exposição e velocidade do obturador e em como você armazenava o filme, você tinha também uma quantidade muito limitada de filme", diz Ted. "Era quase como balas, e quando você ficava sem filme, a viagem terminava para você. Realmente, isso levou as pessoas a entenderem o seu ofício em um grau muito maior. Sonny era apaixonado pela arte do cinema e incrivelmente experiente em documentar o mundo de maneiras interessantes."

Na entrevista da *Swell Season Surf Radio*, Sonny observou humildemente: "Eu estava criando uma ilusão. Esses três minutos e meio [de filme] podem levar três meses e meio [para serem capturados]. Éramos pacientes e tivemos sorte, foi uma combinação dos dois."

"Eu costumava fazer um pouco de suporte de câmera para Sonny na praia", diz Claw. "Pegávamos uma ou duas garrafas de água, não tínhamos comida e tentávamos encontrar lugares na sombra onde você pudesse cobrir a cena. Às vezes tínhamos rádios, mas geralmente não. Você tinha que responder espontaneamente, pegar as câmeras e percorrer o recife. Foi tudo muito divertido. Muitas vezes fazíamos amizade com pessoas que nem conhecíamos e elas nos forneciam algum sustento, arroz ou peixe ao curry, chá ou água. Sonny tinha pele clara. Ele ficava queimado e desidratado, então alguém apareceria com um coco – 'Aqui homem branco, beba isso!'"

"Sonny foi provavelmente uma das melhores pessoas com quem já viajei. Ele tinha uma natureza superotimista. Você podia estar na situação mais sinistra que Sonny ainda estaria todo feliz e pronto para agir", diz

Ted. "É exatamente disso que você precisa em viagens como a Busca, quando a tolerância de todos está sendo pressionada. Ele sabia como se divertir com a vida e fazer o trabalho da maneira mais profissional."

Tom Curren vai além. "O que mantinha a unidade era a personalidade de Sonny", diz Tom. "Ele tinha uma maneira de animar as pessoas quando elas não estavam se sentindo tão bem. Isso é o que ele era realmente capaz de fazer, enxergar a alegria em vez do aborrecimento."

O MOTIVO OCULTO

Havia outra motivação para a Busca que pouco tinha a ver com ondas exóticas em litorais longínquos. Os surfistas da equipe da Rip Curl desfrutaram de uma sequência estelar nos anos 80 e início dos anos 90. O australiano Tom Carroll, copatrocinado pela Rip Curl e Instinct, e Damien Hardman colecionaram dois títulos mundiais cada, e Tom Curren conquistou outros três, dando à Curl sete títulos mundiais masculinos em uma década. Mas eles viram uma nuvem sinistra no horizonte, sugerindo que sua sequência chegaria ao fim. O nome dessa nuvem era Robert Kelly Slater, um local da Flórida hiper talentoso. Kelly havia surfado para a Ocean Pacific e Rip Curl no início de sua carreira, assim como o seu mentor Tom Curren, mas em 1990 a Quiksilver venceu a maior guerra de propostas da história do surfe para assinar com a nova estrela.

"O empresário dele, Brian Taylor, disse: 'Você pode começar a fazer propostas a partir de um milhão por ano', mas não tínhamos poder de fogo para pagar esse tipo de dinheiro", diz Claw. "Nossa frase oficial era: 'Achamos que você deveria aceitar o acordo com a Quiksilver. Se eles te ofereceram um milhão por ano, pare de falar conosco agora e vá até lá e coloque a assinatura no papel'."

A Rip Curl sabia que não poderia contar com o sucesso no circuito para colocar os seus surfistas em destaque na mente do público na era Slater. "Um dos muitos fatores [para a Busca] foi que pensamos que Kelly iria ser dominante por um período de tempo. Não conseguíamos ver grandes surfistas no horizonte para desafiar Kelly e atingir esse nível de intensidade e excelência", diz Claw.

Nesse contexto, fazia ainda mais sentido criar uma arena não competitiva para exibir talentos deslumbrantes, personalidades interessantes e o desejo de viajar da equipe da Rip Curl. A ideia de ficar entubando na Indonésia em vez de ser dominado por Kelly nas baterias obviamente tinha o seu apelo. Ninguém poderia prever que Kelly iria colecionar surpreendentes 11 títulos mundiais ao longo da carreira mais bem-sucedida e duradoura da história do surfe. Com o benefício da retrospectiva, mudar o foco da competição para a viagem parece ter sido uma ideia genial.

CURREN NA BUSCA

A Busca surgiu no momento perfeito para Tom Curren. Ele ficou cansado do circuito mundial após seus três títulos mundiais e se separou de Marie-Pascale em 1989. Ele estava bem posicionado para se satisfazer no itinerário livre do viajante profissional de surfe.

"Foi apresentado a mim como um trabalho em uma viagem de filmagem", diz Tom. "Sonny estaria envolvido e as viagens nos levariam aqui e ali. Seja como for, Search como nome não é original por si só, é emprestado de outras fontes." Tom aponta para o filme de surfe de Greg Noll, *The Search for Surf*, e o clássico dos anos 70 de Jack McCoy, *A Day in the Life of Wayne Lynch,* como prováveis inspirações.

"Havia alguns destaques importantes e a qualidade das ondas que estávamos pegando. Eu estive olhando algumas cenas recentemente – nós fomos pra todo lado, fomos a todos os tipos de lugares diferentes. Estávamos viajando e foi muito divertido. Eu vinha competindo, então fazer isso foi uma completa mudança de ritmo", diz Tom.

Após a estrutura e as rápidas viagens do tour profissional, havia uma liberdade gloriosa e um escapismo sem fim no projeto Search, mas também uma sensação de que o caminho do surfe livre não oferecia longevidade na carreira. "Havia uma incerteza sobre quanto tempo isso duraria", diz Tom. "A Rip Curl estava disposta a apoiar isso, mas uma empresa que fosse mais mainstream não apoiaria. Eles apostaram nisso, eles gostaram, e podem olhar para trás e ver se foi uma decisão comercial boa ou ruim. Eu sei que muitas pessoas gostaram dos filmes."

Curren era o líder espiritual de uma ala eclética de ciganos do surfe, cuidadosamente selecionados pelo bruxo dos bastidores Derek Hynd: talentos relativamente desconhecidos como Frankie Oberholzer e Byron Howarth da África do Sul, Boris Le Texier de Reunião e os jovens rasgadores de Narrabeen, Chris Davidson e Nathan Hedge.

Frankie e Tom se deram especialmente bem, com seus semelhantes estilos "suaves como seda" e uma propensão a tocar de improviso suas guitarras. Hynd falou sobre as habilidades de Frankie depois de descobri-lo em Jeffreys Bay, e o jovem sul-africano não decepcionou. "Derek estava do tipo: 'Você precisa ver esse garoto, ele é o melhor surfista do mundo'. E ele estava falando sério. Ele estava convicto disso. Ele só consegue enxergar com um olho e não consegue enxergar muito bem", brinca Curren. "Mas em certo sentido ele estava certo. [Frankie] era muito bom – muito jovem, mas muito bom. Ele tinha todos os truques da nova escola e sempre teve uma técnica muito boa. Você não pode alcançar essa técnica sem surfar muitas ondas, e ele simplesmente surfou sem parar e ficou muito bom, e foi quando eu o conheci."

Para muitos, a Busca será sempre sinônimo da primeira onda épica de Curren em Jeffreys Bay, o início de um longo caso de amor e o registro mais atemporal de sincronicidade no surfe já capturada em filme. Tom revela que houve uma rápida entrada e saída em uma onda antes da célebre "primeira onda", mas ninguém está discutindo isso.

"Tivemos ótimas ondulações na África do Sul e ficávamos cansados de tanto surfe, mas tudo bem, porque quando as ondas não estavam boas, não era preciso surfar", diz Tom. "Se fosse num campeonato, eu teria que entrar e tentar me preparar."

A Busca também inspirou o gosto de Curren por projetos alternativos de pranchas de surfe. Foi Derek Hynd quem primeiro despertou Curren para as emoções de passar uma rede de arrasto pela lixeira da história do design de pranchas de surfe.

"Foi na baía de Jeffreys com aquela fish do Skip Frye", diz Tom. "[Derek] apenas dizia: 'Esta prancha é realmente boa', e eu lembro de olhar para ele e pensar que nunca iria funcionar. Ela era muito rápida e se você se acostumasse poderia fazê-la funcionar. Funcionava antigamente, então ainda funciona. Essa cultura, essa visão do que é o surfe, isso vem dos kneeboarders [surfe ajoelhado]. Vem dos kneeboarders de San Diego e de outros como George Greenough e Peter Crawford. Foi quando o impossível se fazia possível, e foi aí que as pessoas começaram a tentar se levantar nessas pranchas. Mesmo naquela época, quando eu tinha cerca de 9 ou 10 anos, eu surfava em pé com um kneeboard."

Esse gosto por equipamentos alternativos e pranchas mais curtas contribuiria especialmente para outra das mais memoráveis sessões da Busca.

A SESSÃO FISH BOWLS

A história das incríveis linhas de Curren em direitas enormes ao estilo Sunset, surfando com uma pequena Fish Fireball 5'7 de Tommy Peterson feita em 1994, é hoje lendária. Mas os estrondosos acontecimentos que antecederam esta sessão seminal nas selvagens regiões do noroeste de Sumatra nunca foram totalmente contados antes.

O *Indies Trader* de Martin Daly adentrou em Nias, a famosa direita em Lagundri Bay, antes de se dirigir a pontos mais ao norte, ao longo de uma missão de três semanas. As ondas tinham de quatro a cinco pés, mas a tripulação não tinha vindo até aqui para surfar um Nias com crowd e ondas medianas. Em vez disso, lutando com os estágios iniciais do enjoo a bordo, Curren e Davo vislumbraram civilização em terra, pegaram umas pranchas de remada de Claw e saltaram na água em busca de diversão.

"Então, eu pulei numa prancha e os segui, surfei uma onda no pranchão de remada e eles se foram. Pensei, caramba, onde eles estão?", recorda Claw. "Eu os encontrei em lugares diferentes, em meio a outros surfistas, passando bons momentos, ambos completamente fora de si, alucinados."

Quando o sol se pôs e a notória hora do mosquito de Nias se aproximou, trazendo o risco considerável de contrair malária cerebral, Claw estava ansioso para levar suas jovens cargas de volta ao barco em segurança. Mas os novos companheiros de brincadeira de Tom não estavam tão ansiosos para que a festa terminasse. "'O que você quer dizer? Tom pode ficar aqui, temos muitas roupas e comida para ele', avaliaram. Davo encontrou alguns ratos de praia australianos", lembra Claw.

Finalmente, Claw conseguiu levar seus principais surfistas de volta ao barco, mas o clima de travessura permaneceu. "No jantar, Tom e Davo estavam sorrindo como gatos de Cheshire e pareciam ter desenvolvido um bom apetite", conta Claw. "O barco estava balançando e sentimos um aumento considerável na ondulação. As séries tinham de cinco a seis pés quando escureceu. O barco estava balançando depois do jantar e já tínhamos seis a oito pés."

A tripulação decidiu que aquela era a hora de uma sessão. "Então, eles surfaram à noite, colocaram fitas nos braços, fitas refletivas, lanternas à prova d'água. Eles se vestiram com essas coisas, vestiram-se como homens do mar e saíram e surfaram por cerca de três horas, pelo menos, das 21h30 às 00h30", diz Claw. "Você podia ouvi-los rindo e gritando, ver flashes de luz e mudanças de direção no tubo. Todas as luzes dos prédios na praia estavam acesas, havia uma multidão gritando e torcendo. Então nós os pegamos a bordo e todos estavam realmente energizados por estar na água salgada surfando. Eles tomaram algumas cervejas e finalmente foram dormir."

O *Trader* viajou durante a noite para um provável reefbreak de direita para aproveitar o novo swell. "No início da manhã, havia só eu e Martin Daly no convés e Bawa estava como Sunset Beach, direitas tubulares de 15 pés", diz Claw. "Tentei acordar os meninos. 'Isso é inacreditável, isso é sério – ondas poderosas e incríveis.' Mas eles não respondiam."

Claw estava quase maníaco a esta altura, na época e na recontagem da história, enquanto pantomima a conversa com suas investidas adormecidas:

"Vocês precisam acordar, pessoal, precisam ver essas ondas!"

"Como é que está?"

"Está como Sunset Beach, mas com melhor formação."

"A resposta que recebia eram grunhidos e gemidos. Então, fomos para Asu [uma esquerda próxima] e ela estava espessa e poderosa", conta Claw. "Um ou dois subiram ao convés, deram uma olhada e disseram: 'Está ruim'. Depois voltamos a Bawa. Tínhamos perdido o grande pulso da ondulação, mas ainda estava magnífico. Colocamos o barco perfeitamente posicionado e eles começaram a dizer: 'Puta merda, olha essas ondas'. Davo saltou na água com uma prancha de tamanho decente, uma 6'10". Ele foi até lá e remou numa onda, deixou ela rodar e foi cuspido para fora."

Houve uma comoção a bordo, enquanto surfistas e equipes de filmagem entravam em ação, escolhendo equipamentos e pegando caronas até o line-up, mas Curren não tinha pressa. "Davo pegou a 6'10" de Tom e Tom só tinha uma 7'10" modelo widowmaker de Dave Parmenter ou a fish 5'7" de Tommy Peterson para escolher, então decidiu esperar Davo voltar", lembra Ted Grambeau.

Tom sentou-se observando a agitação, observando as ondas e demorando-se a escolher o equipamento. "Tudo meio que se alinhou. O swell estava alinhado, era um local novo que eu ainda não tinha visto antes. Martin sabia onde estava. As ondas estavam chegando", lembra Tom. "Ondas que eram tão perfeitas que nem pareciam estar se movendo. Era tão perfeito e ninguém estava lá fora."

Claw tem uma perspectiva diferente da sessão, tendo levado o barco a contornar até o lado soturno da ilha, com Sonny Miller e Brian, para transportar o equipamento de câmera de Sonny para terra, fora do impacto do swell. "Sonny, Brian e eu carregamos várias câmeras que Sonny queria usar em terra", diz Claw. "Levamos duas horas por uma ilha pantanosa e infestada de mosquitos. Tínhamos metade dos habitantes conosco quando chegamos ao outro lado."

Enquanto isso, Ted saltou para o barco menor com Martin Daly e estava filmando o resto da equipe festejando os tubos em pé, enquanto Curren observava do barco. "Davo acaba quebrando a prancha, então Curren pega a maior prancha do barco e sai", conta Ted. Ele pegou uma série com a widowmaker, mas não estava feliz com a prancha. Curren voltou ao barco e agarrou a Fish. "Ele pegou uma prancha que Frankie tinha, uma Fish Fireball de cinco pés – para a maioria dos meros mortais é a escolha totalmente errada de prancha se [as ondas têm] de oito a dez pés", diz Ted.

"Fiquei bastante fascinado com aquela pranchinha, queria experimentar e acabou que era boa", diz Tom. "Eu só testara ela alguns dias antes em Macaronis, ondas de um metro, um metro e meio, mas parecia sólida e segurava bem... Esta é uma prancha que foi construída para ondas pequenas, para se movimentar pela onda, mas parecia uma prancha capaz de lidar com ondas cada vez maiores e na verdade parecia que você tinha mais controle do que com uma prancha maior."

Curren voltou para o pico no outside e achou um caminho para pegar algumas das bombas do dia, vindo rolando do pico espumante, esculpindo linhas radicais na minúscula prancha e deslizando por tubos cavernosos, numa exibição que confundia a maioria das suposições de design de pranchas. "Tom detonou todas as convenções e pegou tubos, revigorando toda a indústria – a demanda por pranchas estilo fish e a carreira de shaper de Tommy Peterson", diz Ted.

O clima depois no barco foi de euforia. "Todo mundo estava doido, experimentando esse momento especial de um surfe incrível produzido pelos melhores surfistas do mundo", diz Ted. "Foi uma das grandes experiências em viagens de surfe. Você acabara de colocar o filme na lata, por assim dizer. Havia uma ótima vibração no barco. Claw e Brian estavam fora de si. Isso realmente mostrava que eles entendem do que se trata o conceito de diversão no surfe. Essa viagem foi duradoura em garantir a longevidade da Busca – literalmente ela conferiu um status de culto aos primeiros filmes da Search."

Existem outros acontecimentos estranhos que ainda se destacam em toda a louca aventura. Claw lembra-se de encontrar duas jovens acampadas em uma barraca e uma cabana de grama em uma ilha no meio do nada. Elas foram convidadas a bordo e passaram uma semana memorável na Busca, antes de serem devolvidas ao acampamento. "Havia um dos anúncios da Busca preso na parede da cabana", diz Claw, como se essa fosse a confirmação final de que a campanha atingira o seu objetivo.

Para Claw, a Busca também proporcionou a oportunidade de observar de perto os modos enigmáticos da estrela de sua equipe, e se maravilhar de novo com a estranha relação dele com o oceano. Claw se lembra de estar ancorado em uma longa esquerda nas Mentawais, mais ao sul, à espera de um swell, quando Curren sacou o pranchão de 10 pés de Claw em ondas pequenas.

"Com um certo tipo de ondulação, este lugar pode ganhar vida, rugindo em ondas longas, com várias seções diferentes. Não é mecânica nem perfeita, mas estávamos ancorados ali em um dia que ficou ótimo", lembra Claw. "Tom tem um olhar clínico para as ondas. Ele estuda o oceano constantemente. Ele foi dar um remada neste pranchão logo atrás desse pico, o mais profundo que você poderia ir, e uma série de quatro pés aparece e ele a surfa bem por trás do pico, por todas essas seções malucas, dentro e fora do tubo, agachado, ajoelhado e deitado, terminando num canal de água azul, e sai, em pé com postura erguida, o Duke [Kahanamoku]. Os rapazes tentam conversar com ele sobre a onda, mas ele é muito reservado, muito impassível. Ele apenas diz: 'Acho que o swell está subindo'. Chegou a seis pés e foi demais. Em todo o mundo, eu já vi isso acontecer – ele pega uma prancha, pula para o lado e consegue essas ondas."

Mais tarde, Tom Curren escreveu um artigo sobre a viagem Search para a revista *Surfer*:

Quem são essas crianças?: A geração do esqui mental

Por Tom Curren

As prioridades estão mudando rapidamente para as crianças de hoje. Conheço três jovens surfistas, Byron Howarth, Chris Davidson e Frankie Oberholzer, que podem legitimamente afirmar que, ao não irem à escola, aprenderam mais do que seus colegas. Como surfistas, eles também podem legitimamente alegar que, ao não competir, surfaram ondas melhores. Pergunte a si mesmo: o que eleva mais um surfista, um título amador mundial ou o melhor tubo da sua vida?

Recentemente eu tive a chance de surfar e viajar com essas crianças e obter informações sobre o que as faz funcionar. Não são os campeonatos de surfe e definitivamente não é a busca de "conhecimento" no sentido tradicional. De muitas maneiras, o que eles procuram está simplesmente além da nossa capacidade de apreciar.

Depois de alguns dias de viagem, chegamos a um pico que os moradores alegavam nunca ter sido surfado antes. Além do mais, ninguém na vila jamais vira pessoas brancas. É o mesmo lugar de sempre. Quantos lugares assim ainda restam no mundo? Trocamos olhares com os nativos ainda ingênuos o suficiente para serem medrosos e respeitosos com os forasteiros, sem a venda de mercadorias que geralmente acompanha esse tipo de reunião.

Consideramos a realização de um campeonato de surfe com os homens da canoa como juízes. Criamos cartões de pontuação para eles registrarem. Critério? Subjetivo. Os caldos sem dúvida trariam a grande pontuação.

Estamos em Kaiser Bowl com dois pés na costa em direção a uma praia de areia. Davo pega a primeira onda, então ele tem o direito de nomear o local. Rivalidade à parte, ele pondera por um momento e surge com Pit Stops. O nome pegou. É um poço [pit]. Muitos dos lugares em que surfamos me lembram de outros picos conhecidos e começamos a nomeá-los de acordo com isso. Até agora estivemos em Kaiser's, Little Drakes e St Leu.

Motor ligado para destinos desconhecidos. O medo da malária nos mantém protegidos no navio St Larry. Passamos por ilhas de selva, a salvo em nosso santuário flutuante, raramente nos aventurando em terra para conhecer os locais. Nós nos perguntamos o que encontraríamos. Seriam eles fãs de Michael Jordan? Viciados em MTV? Caçadores de cabeças?

Essas ilhas são predominantemente cristãs. Como esta religião distante e estrangeira chegou até aqui é algo desconhecido para mim. As pessoas parecem diferentes de ilha para ilha. A razão para isso não é aparente. As próprias ilhas estão afundando lentamente de volta ao oceano. As árvores na costa, sem qualquer nutriente, finalmente tombam, destacando-se dos corais aos quais se penduram. Os coqueiros se aglomeram e se inclinam sobre a água.

Flora e fauna equatoriais, tudo está em crescimento. Este é o esporte do mundo. Coisas invisíveis carregam o Poder da Criação e, por sua vez, são transportadas pelo vento e pelo mar para um destino final onde prosperam ou morrem. O mais estranho de tudo é a inveja purulenta que muitas pessoas da vila exibem em relação aos estrangeiros. Aqui, onde há pouco tráfego turístico, esse fenômeno é inexistente. Por aqui, os poucos locais que encontramos são mais curiosos do que qualquer outra coisa. Eles simplesmente querem saber quem somos.

Os viajantes economizam para tirar férias que serão passadas em condições subumanas e se perguntam como poderiam não precisar retornar à raça humana. Depois de se entregar a um lugar como esse, você pode esquecer dos caminhos ocidentais. Nossos valores são mostrados como niilistas e desprovidos de qualquer utilidade no passado ou no futuro. Achamos que estamos vivendo cada momento ao máximo, quando na realidade é apenas entretenimento vazio. Mas somos muito bons nisso, é claro, com todo esse estímulo muito bem embalado. Produzimos ótimos desenhos animados.

Enquanto isso, a versão homem das cavernas do surfe caiu do mundo e chegou aqui. Ele monta acampamento e espera meses a fio para poder ficar em pé numa caverna por um período de 75 anos. Histórias de malária são comuns. Ainda mais mortais e generalizados são os casos de desesperança relatados quando se tem que voltar para Sydney, Tóquio ou LA. Uma vez em casa, eles rapidamente acumulam libras suficientes para voltar a esses recifes. Também são notáveis os europeus que continuam mochilando em algum tipo interminável de passe europeu. Eles começam a surfar com seus companheiros, vagando no line-up, alheios ao potencial perigo de colisão. Ah, o paraíso como ele era e nunca mais será.

Uma mudança nos valores locais em direção ao materialismo é acelerada por muitos surfistas que visitam este novo mundo, a seu próprio modo e com seus próprios brinquedos. Pois se existe um grupo de pessoas com necessidades mais extravagantes, ainda estou para conhecer. Como os surfistas que passam por aqui ficarão guardados na mente dos moradores? Como turistas? Pior? De qualquer forma, essas pessoas em breve verão muitos de nós; eles vivem próximos demais de ondas boas demais. Será um microcosmo incrível; uma vez estabelecidos os hotéis e os surf camps, a cena passará a buscar o próximo local na periferia. E então a história se repetirá.

No idioma local, a palavra "surfar" se traduz em "mindski" [esquiar com a mente]. Isso significa que está tudo na mente, ou é por causa da experiência penetrante de surfar uma onda comum aqui? De qualquer maneira, o termo funciona. Muitos surfistas que conheço e com quem cresci optaram pelo surfe porque todo o resto era chato. Era uma maneira de escapar de uma sociedade sem sentido. Ao fazer isso, encontramos nosso próprio equilíbrio interno e, por fim, negligenciamos as chamadas coisas importantes e a capacidade de lidar com o mundo exterior. Não havia como mudar o que estava acontecendo ao nosso redor, então encontramos um lugar novo no surfe. Está acontecendo em todo o mundo e não apenas com surfistas. Hoje em dia, muitos jovens dedicam todo o seu tempo e energia aos seus meios de expressão, suas mentes esquiam, por assim dizer, porque a humanidade é absurda demais para se fazer parte dela.

Mesmo aqui, onde milhares e milhares de ondas perfeitas passam despercebidas a cada dia, às vezes você precisa tomar algumas medidas para evitar a multidão. Uma noite, ancorados perto de um "resort" que todos os surfistas sonham em visitar, fizemos uma sessão à meia-noite com um quarto de lua, iluminados pela luz de busca do nosso barco e uma fogueira na praia. Surfe de lanterna apenas para obter algumas ondas depois de horas.

Logo ancoramos novamente. O amanhecer revelou uma direita dos sonhos. Era Sunset, Backdoor, Honolua e Haleiwa juntas, exceto por ser mais longa, cavada, lisa e sem ninguém. Talvez 12 pés nas séries. Algumas grandes ondas vazias que permanecerão para sempre nas mentes de todos no barco. Imagens elípticas, de ladeiras se movendo ao longo de uma trilha estreita de recife por um pico imenso, ganhando espessura e força à medida que a última explosão se dissipava em uma ondulação de Sunset que varreu mais para dentro do que para fora. Quem quer que tenha feito essa onda sabia que ela era ideal para surfar, ou pelo menos assim parece. Juro que nem queria olhar para ela antes de remar, com medo de ficar paralisado pela sua pura beleza.

Dois dias depois, seguimos para o sul em direção a uma área que prometia ondas ainda melhores. Era difícil imaginar algo tão bom quanto o que acabávamos de ter. Nosso próximo pico era uma longa esquerda rodando, como Jeffreys Bay ao contrário, e experimentamos os dois lados da moeda: tubos épicos seguidos de massacres épicos. O nome do jogo era conectar e coletar. Um dia alguém possivelmente irá surfar a melhor onda de todos os tempos neste local em um dia de 15 pés. Talvez isso já tenha sido feito.

Hoje, nada de ondas, então espalhamos a magia do surfe para os garotos nativos. Todos estavam muito entusiasmados com as ondas. Longboards, pranchas de remada e bodyboards foram entregues aos moradores para ver como eles iriam encarar o esqui mental. Algumas crianças encontraram pranchas e iniciaram o esporte por conta própria.

Por muito tempo, as crianças nativas daqui vêm brincando nas ondas e vão para o mar com seus pais em abrigos para aprender a pescar. Isso me faz imaginar o que eles pensam das pranchas de surfe em que estão brincando agora: uma espécie de máquina de esqui mental, criada por crianças crescidas que ainda querem brincar no oceano, recusando-se a desistir de uma fantasia infantil.

Serão essas crianças como nós? Serão elas afastadas do seu próprio povo em direção ao azul vazio? Da inércia à velocidade de escape – esta é a missão da geração do esqui mental.

O BOBO DA CORTE

Curren pode ter sido o rei da campanha de Busca, mas seu ágil bobo da corte foi o mesmo goofy de Cronulla que recebeu de Claw e Derek Hynd o trabalho de surfista livre em 1989. Gary Green já estava na Busca antes de ela ser chamada de Busca e se tornou um dos participantes mais regulares e populares. Das viagens pela Indonésia, Maldivas e América do Sul, Greeny acha difícil apontar os destaques, mas apresenta alguns.

"Provavelmente aquela primeira viagem a Mentawais e o passeio de barco com Poto [o surfista taitiano-francês Vetea David] pela Indo. Apenas ondas perfeitas sem ninguém", indica Greeny. "Depois disso, para onde você vai? Você surfou essas ondas perfeitas com apenas alguns caras na água."

Outros pontos altos incluíram viajar com Brock Little para o Marrocos ("Brock era um cara tão divertido"), sua primeira viagem às Maldivas ("Não havia ninguém lá, apenas alguns mergulhadores de Tassie"), indo para Desert Point pela primeira vez e viajando com personagens sempre soltos e divertidos, como Chris "Davo" Davidson. "Há um milhão de histórias", diz ele. "Nem tínhamos nomes para muitos dos picos."

Apesar de viajar muitas vezes próximo a Tom Curren, Greeny continua a se admirar com ele. De muitas maneiras, eles eram opostos polares: o silencioso e elegante surfista regular americano e o estridente e hiperativo surfista goofy australiano. "Curren é totalmente excêntrico ao máximo. Ele é um homem de poucas palavras, mas é um cara engraçado", diz Greeny. Ele se lembra de uma viagem de barco pela Indonésia quando o californiano mostrou um outro lado de sua personalidade. "Ele estava fumando cigarros e bebendo cerveja às oito ou nove da manhã", diz Greeny. "Chegou a tarde e ele estava meio passado e disse: 'Hoje é meu aniversário'. É como se ele estivesse comemorando por conta própria."

No dia seguinte, a maioria da tripulação ainda estava um pouco detonada com as travessuras da noite, e Greeny mergulhou em um line-up vazio de Macaronis. "Eles mandaram ver nas cervejas e dormiram, e eu surfei sozinho com o cozinheiro." Curren finalmente apareceu, surfando pelo line-up rebocado atrás da lancha, ainda meio avoado.

Greeny diz que foi intimidador se ver surfando numa edição ao lado da graça sobrenatural de Tom Curren nos filmes da Busca. "No primeiro filme da Search, Curren surfa em J-Bay, e depois eu e o Dooma [Damien Hardman] surfamos na G-Land [na Indonésia]. Eu pensei, por que eles não nos colocaram antes? Porque Curren faz você parecer bobo", diz ele. Mesmo assim, Greeny calcula que seu surfe atingiu o ápice durante aquele período de sonhos em ondas perfeitas, longe dos esforços do circuito profissional. "Os surfistas com quem você convive são os melhores do mundo. Acho que provavelmente estava melhor naquela época, quando você chega na faixa dos 30 anos."

Greeny se divertiu por oito anos com o estilo de vida carregado de tubos dos surfistas viajantes profissionais, mas todas as coisas boas têm a sua hora de terminar. "Começa a ficar difícil à medida que você envelhece e faz menos viagens. Cheguei aos 35 e pensei, agora já posso morrer um homem feliz."

Atualmente, Greeny ainda mora em Cronulla, em um pequeno apartamento de dois quartos a poucos passos da praia onde ele cresceu, com uma nova triquilha Force 9 descansando perto da porta, com parafina colocada e pronta para a ação. Ele surfa regularmente e, ironicamente, trabalha como carregador de bagagem no aeroporto de Sydney, transportando bagagem para outros surfistas que partem em suas viagens de sonho, como se pagasse suas dívidas por todos aqueles anos de viagens de surfe sem restrições. Você não poderia desejar que uma pessoa mais qualificada segurasse a sua preciosa capa de pranchas ao embarcar em sua próxima viagem de surfe.

Faz anos desde a última vez que ele esteve na Indonésia, mas Greeny não tem pressa em voltar: "É como lembrar de uma garota bonita. Você deseja mesmo voltar 30 anos depois ou prefere se lembrar dela como era?"

Greeny tem um conjunto raro de uma caixa com toda a coleção de DVDs da Search ainda em seu invólucro, mas ele não está disposto a gastar seu tempo revivendo seus dias de glória. "Eles tiveram um problema com direitos autorais das músicas e tiveram que retirá-las de circulação. Minha antiga namorada comprou antes de ser retirada", diz ele, lidando com a caixa como uma relíquia sagrada. Ele acha que algum dia ela poderá valer alguma coisa, especialmente ainda em seu invólucro, como aqueles bonecos colecionáveis de Guerra nas Estrelas.

"Você volta ao mundo normal e pensa, eu fiz isso? É como outra vida. Sou eternamente grato à Rip Curl porque eu estava vivendo o sonho."

A BUSCA DO HOMEM DE GELO POR UM NOVO CONTRATO

Poucas histórias resumem melhor o estilo comercial da Rip Curl no início dos anos 90 do que as negociações do contrato de Damien Hardman. O goofy de Narrabeen tinha sido apontado como um futuro campeão antes mesmo de chegar à puberdade e usava roupas de mergulho da Rip Curl desde os 12 anos. Dooma conquistou os títulos mundiais de 1987 e 1991 com um mortal ataque vertical de backside e um foco competitivo implacável que lhe rendeu a alcunha de "O Homem do Gelo", e ele se tornou um dos mais valorizados surfistas da equipe Rip Curl.

Damien desenvolveu um bem documentado caso de amor com o bowl de Bells, seu ataque de costas sendo adequado às paredes largas, e ele levou o título do Rip Curl Pro duas vezes, em 1988 e 1993. "Se você era um surfista da Rip Curl, essa era a sua aspiração. Toda a indústria estava lá. Quase parecia que era Rip Curl versus Quiksilver em alguns desses eventos. Rolava uma atmosfera muito boa", diz ele.

Damien se hospedou pela primeira vez com Brian no seu terreno atrás de Bells em 1988, e tem ficado lá todas as Páscoas nos 30 anos desde então. "Eu realmente não conhecia Brian até que comecei a ficar com ele, e ele se tornou uma figura paterna", diz Damien. "Um dos meus filhos foi concebido em sua casa, talvez dois deles."

Ainda assim, não havia espaço para companheirismo quando se tratava de negócios. "O que sempre me surpreendeu sobre Brian é que ele era como duas pessoas diferentes. Ele tem a capacidade de desligar. Você pode ter uma reunião às 4h30 da tarde, em que ele está chutando sua bunda e encontrá-lo às 5h30 no pub como se nada tivesse acontecido", diz Damien.

Essa habilidade veio à tona quando as negociações de contrato de Damien ficaram travadas em 1991. "Meu contrato era muito baseado em incentivos. Quando parecia que eu ia ganhar meu segundo título mundial em 1991, Claw veio até mim e disse: 'Seu incentivo é muito alto, estamos preocupados que se você ganhar outro título mundial, não sobreviveremos'", lembra Damien. Surpreendentemente, Claw conseguiu convencer Damien a receber um corte de 60% em seu bônus pelo título mundial pelo bem dos negócios. Então, quando se tratava de negociar o seu novo contrato, o foco da Rip Curl na Search e seu investimento em Tom Curren como a nova cara do freesurf da campanha enfraqueceram a posição de barganha de Damien, num momento em que ele deveria estar no auge de seu valor de mercado.

"Eles me ofereceram um contrato que era um insulto", diz Damien. Ao mesmo tempo, a Rip Curl organizou uma conferência de imprensa em Bells na Páscoa com uma grande fanfarra, para anunciar a nova contratação de Tom Curren em um contrato 100% da Rip Curl, no valor de um milhão de dólares ao longo de quatro anos. Diante da mídia reunida, o amigo e companheiro de circuito mundial de Damien, Rob Bain, levantou-se e perguntou por que eles estavam jogando tanto dinheiro no americano, enquanto o acordo do campeão mundial australiano permanecia no limbo. "Isso criou uma tempestade na mídia", diz Damien.

O fato de Damien estar na casa de Brian na época poderia ter ocasionado alguns momentos constrangedores na mesa de jantar, mas a capacidade de Brian de compartimentar seus negócios e sua vida pessoal estava à altura do desafio. Ele deixou as negociações do contrato com Claw, mas deu um empurrãozinho no parceiro de negócios para que as coisas mudassem. "Isso apressou um pouco. Ficou perto do que eu já estava esperando", diz Damien.

"De alguma forma, contratamos Tom e Damien em contratos de um milhão de dólares", diz Claw. "Eles pareciam entender a parte econômica quando explicávamos a eles. A Rip Curl é apenas uma pequena empresa de fundo de quintal que está lutando acima do seu peso. Ainda somos uma pequena empresa de surfe de base que de alguma forma se superou. Nossos surfistas entenderam isso."

Damien desfrutou de um longo relacionamento com a Rip Curl desde então. "Durante o período dos anos 80 e início dos anos 90, Damien Hardman e Tom Curren foram os dois principais surfistas da Rip Curl no circuito", diz Brian. De fato, Curren disse uma vez a Claw que parte de sua razão para deixar o tour era que ele estava cansado de tentar superar o modo competitivo implacável de Damien. "Eu conheci Damien muito bem, pois ele e [sua esposa] Belinda ficavam na minha casa toda Páscoa, e não demorou muito tempo para perceber que ele era um tipo de pessoa bastante inteligente, que fazia todo tipo de perguntas importantes sobre a nossa empresa", diz Brian. "Depois que ele terminou a carreira no circuito, não hesitamos em indicá-lo como diretor de prova do Rip Curl Pro."

"Damien era um representante dos surfistas no Conselho da ASP, o que lhe dava ainda mais qualificação", diz Claw. "Ele definiu o modelo para os atuais comissários da WSL [World Surf League] Kieren Perrow e Jessi Miley-Dyer."

Damien é dono de várias lojas Rip Curl em New South Wales e estava sendo preparado para a gerência sênior na matriz depois que deixou o circuito, mas ele finalmente decidiu que queria voltar às suas raízes em Narrabeen. Ele e Brian permanecem grandes amigos, e Dooma é rápido em dar um pitaco em alguma das piadas de Brian quando elas parecem que vão surgir. Ele acha que eles nunca esqueceram do corte de pagamento que ele aceitou para o bem dos negócios.

"A Rip Curl tem cuidado de muitas pessoas. Tenho 52 anos e ainda estou recebendo pagamentos, e tenho certeza de que é por isso que continuarei recebendo. Essa é uma garantia que sempre tive", diz ele.

O POLO SUL

A busca pessoal de Brian pela próxima aventura, entretanto, não mostrou sinais de arrefecer. Em dezembro de 1992, ele embarcou em um sonho antigo de viajar para a Antártica e escalar a montanha mais alta de lá, o Monte Vinson.

Brian se viu no minúsculo posto avançado chileno de Punta Arenas, perto do extremo sul da América do Sul, esperando que o tempo clareasse o suficiente para voar em um antigo DC6. Seus companheiros de viagem incluíam o ex-astro de Monty Python, Michael Palin, e toda a sua equipe de filmagem para a série de documentários de televisão *Pole to Pole*; Peter Hillary, filho do primeiro homem a escalar o Monte Everest, Sir Edmund Hillary; o presidente da Qantas, James Strong, e sua esposa Jeanne-Claude; e uma equipe japonesa que planejava andar de moto até o Polo Sul. "Uma mistura realmente eclética de pessoas", diz Brian.

As condições meteorológicas eram cruciais porque, uma vez que você estivesse na metade do caminho, se o tempo fechasse no avião, não haveria combustível suficiente para voltar e teria que tentar um pouso na Antártica de qualquer jeito. Brian se recorda vividamente do momento em que o piloto anunciou que havia passado do ponto de não retorno e uma alegria surgiu a bordo. O DC6 aterrissou na pista da geleira sem incidentes e a tripulação se instalou no acampamento base das cabanas de Quonset. De lá, eles levaram um pequeno Beaver monomotor, projetado para decolagens e pousos curtos em terrenos montanhosos, até a base do Monte Vinson. "Foi quase um pouso forçado – um pouco mais de dificuldade e nos machucaríamos", diz Brian. "E nós tivemos que dar um empurrão no [avião] para fazer ele ligar de novo."

A equipe teve que montar tendas em condições congelantes antes de desabar nos sacos de dormir. Eles acordaram em seu novo ambiente surreal de 24 horas de luz do dia, em uma vasta paisagem branca e vazia. A expedição deveria passar do acampamento um para o acampamento dois e para o acampamento três antes de atacar o cume. "Quando chegamos ao acampamento três, fomos atingidos por uma tempestade violenta", diz Brian. A tempestade manteve a equipe entocada em suas tendas por uma semana.

"Foi uma experiência interessante de lidar com você mesmo, imaginando o que aconteceria se essa tempestade continuasse por muito mais tempo, permanecendo acordado na tenda durante horas", diz Brian. "Estávamos no nosso último dia de comida. Se continuasse assim, o que faríamos?"

Seus colegas provaram ser a companhia ideal naquelas desafiadoras condições. "Foi muito interessante, as histórias que Hillary contou sobre suas diferentes façanhas, principalmente no Himalaia, e James Strong tinha muitas histórias antigas sobre aviação", diz Brian. "Depois de seis dias de tempestade, todos ficaram preocupados porque estava chegando perto do Natal. Vamos conseguir chegar em casa para o Natal? Devemos abortar a coisa toda? Peter Hillary estava deitado no saco de dormir com os braços cruzados atrás da cabeça e disse: 'Eu não dou a mínima para o Natal. Nós gastamos todo esse tempo, dinheiro e esforço para chegar aqui. Eu vou chegar ao topo'. E eu disse, estou com você."

A decisão foi tomada de fazer uma tentativa em uma pequena janela de clima favorável, e a equipe conseguiu chegar com segurança ao topo do Monte Vinson e voltar em uma árdua viagem de 14 horas. "O tempo abriu no caminho... O cenário era incrivelmente bonito e silenciosamente assustador", diz Brian. "Tivemos que fazer muitos trechos com cordas, caso você caísse em uma fenda."

Quando retornaram ao acampamento três, tinham energia suficiente apenas para devorar uma sopa e cair em sacos de dormir. "Foi uma satisfação conseguir fazer o que você tinha se proposto a fazer... Só queríamos voltar para casa para fazer a barba e nos alimentar", diz Brian.

"Fornecemos um pouco do vestuário de montanha para a viagem e me lembro que James Strong ficou particularmente impressionado com o slogan 'Um produto da Busca', que ele notou em alguns equipamentos", diz Claw. Brian manteve contato com James Strong, uma conexão que teria uma grande influência nos negócios no novo milênio.

O SKIPPING URCHINS

O The Search teve um desvio estranho e inesperado quando Derek Hynd anunciou que ele, Sonny Miller, Tom Curren e um coletivo solitário de músicos embarcariam em uma road trip pelos Estados Unidos, tocando em jam sessions como trilhas sonoras dos filmes de Miller em uma série de pequenos shows íntimos. O empreendimento louco foi anunciado como *Skipping Urchins Tour*, e Claw e Brian alegam que não sabiam nada sobre este assunto até a hora que a coisa já estava quase fora de controle.

Claw reconhece a enorme contribuição que Hynd fez para a Busca, mas calcula que houve um preço a pagar. "É o folclore do surfe e pode nunca mais acontecer. Era pitoresco, selvagem e desprendido", diz Claw. "Mas ele vacilou seriamente em algumas coisas conosco, sendo tão solto, não prestando atenção aos detalhes, deixando as coisas no ar, namorando com o desastre. E o desastre nos pegou algumas vezes... Nós fomos processados algumas vezes por essas coisas que Derek fez."

"Derek Hynd foi definitivamente uma grande inspiração, mas também uma grande dor de cabeça", disse Sonny Miller a Tyler Breuer no podcast *Swell Season* de 2012. "Ele estava diabolicamente sentado, dizendo: 'Como posso tornar isso o empreendimento mais difícil de suas vidas? Acho que esse era o seu objetivo final'."

"Você precisava conhecer o cara, porque ele é muito brilhante e muito enlouquecedor ao mesmo tempo, e se você faz parte do time é ele que está no comando", disse Tom Curren durante a mesma entrevista.

"Acho que ele tinha essa visão, ele tinha um plano de filmar o país em um carro e exibi-lo ao som de rock pesado, e eu estava junto nisso – era algo que eu queria fazer", diz Curren.

O objetivo pessoal de Hynd era atravessar os Estados Unidos – um sonho não compartilhado por seus colaboradores. Derek comprou um carro, um Chrysler Newport em Pismo Beach [no centro da Califórnia, por US$ 500 na beira da estrada] e disse a todos que iria dirigir de carro pela América", conta Sonny Miller. "E então dissemos a Derek, nós amamos você... Você tem uma grande imaginação, boa sorte. Nós o encontramos em Rhode Island [na costa nordeste dos Estados Unidos]. Ele fez a viagem, o carro estava lá."

"Tínhamos um pequeno grupo de músicos e um dos caras estava cansado de dormir no carro de Derek e comer pizza em todas as refeições, então ele foi embora", lembra Curren. Eles dirigiram para o próximo show sem um baixista, e estavam se preparando quando um músico local chamado Chris Shaw apareceu vindo da rua.

"Ele viu alguns carros na frente de um lugar em que costumava tocar", diz Curren. "Então, ele disse: 'O que está acontecendo?' E dissemos que estávamos procurando um baixista... Nós descrevemos o nosso show... e ele se engajou e basicamente detonou com o lugar, e nós ficamos dizendo: 'Como podemos fazer pra você ir com a gente para a próxima cidade?'."

Hynd estava em uma espécie de missão para recuperar tudo o que era real, verdadeiro e puro sobre o estilo de vida do surfe e da música, como se fossem os Blues Brothers com pranchas de surfe, e sabia que estava testando a tolerância de seus empregadores. "Uma coisa sobre Brian e Claw é que eles são dois caras gente fina. Eu amo esses caras", diz Derek. "Mas eles não ficaram nada satisfeitos com a viagem de carro do *Skipping Urchins* e ordenaram que eu puxasse o plugue no meio da viagem... mas o show tinha que continuar", declara ele, desafiador até hoje.

Mas a gerência da Rip Curl ficou preocupada quando surgiu o telefone sem fio vindo dos Estados Unidos sobre o caos na estrada. "Acho que eu já estava tentando acabar com isso, sentindo que estava tão solto e fora de controle", diz Claw. "A turnê *Skipping Urchins* foi totalmente desautorizada."

"A turnê terminou em uma garagem de um carro em Ocean Beach, São Francisco, em uma noite fria de novembro, e acho que isso assustou Brian e Claw com razão", diz Derek. "Mais de cem pessoas em uma garagem para um carro com Tom na bateria pressionado contra a parede e Arno orgulhosamente tocando Hendrix não era exatamente Woodstock, mas na minha opinião [era] incrível, honesto, imbatível. O material de lenda... Insuperável."

Mesmo quando o resto da equipe se recusou a participar do extenuante itinerário de cross-country, Derek aparecia em todos os shows agendados para explicar a sua não aparição, e a banda finalmente embarcou em um voo e se reuniu novamente em Rhode Island para continuar a turnê. "A turnê dos *Urchins* chegou à costa leste e isso foi bom. O surfe e a atitude raiz dominavam por lá. Acho que Tom também sentiu isso", diz Derek. "Durante todo o meu tempo viajando como surfista, nada superou a turnê *Skipping Urchins*. Além disso, eu não teria perdido isso por nada."

Tom também curte essas lembranças e acredita que Derek era presciente em sua ousada visão de que o surfe iria se afastar da competição e se tornar uma exploração cultural. "Derek viu isso, ele sabia que seria assim no futuro", diz Tom. "Ele também fez isso de uma maneira que foi mais raiz. A banda toca, eles exibem alguns filmes e as pessoas se divertem. Era meio barulhento, havia guerras de comida entre a banda e o público. No fim das contas, essas são amizades duradouras que se formam nessas ocasiões. Elas são importantes para mim."

CAPÍTULO 7

DORES DO CRESCIMENTO: 1995-1999

Com a metade da história de 50 anos da Rip Curl sendo alcançada, os meados dos anos 90 foram um período de intensa expansão global. Incursões em novos mercados, crescimento em mercados estabelecidos, as excursões cada vez mais ousadas da Busca, a economia irrefutável da fabricação em outros países e uma grande reestruturação dos negócios em uma única entidade global viram a Rip Curl evoluir para uma marca verdadeiramente internacional. A chegada da internet significou que o mundo estava mais conectado do que nunca, e as tendências e influências se espalharam mais rapidamente através das fronteiras.

"Ficamos mais comprometidos e sofisticados com a Busca, e os negócios estavam tornando-se mais internacionais, mais estabelecidos na Europa, Estados Unidos, América do Sul", diz Claw.

A expansão provou ser um desafio formidável para todos os envolvidos. "Estávamos crescendo tão rápido que precisávamos aprender novas habilidades a cada poucos meses, porque havia mais e mais pessoas na empresa toda semana", diz Grant Forbes. "Voar por instinto em um monomotor, tudo bem, mas não em um 747."

Garantir que a essência de espírito livre da Rip Curl sobrevivesse era uma ciência inexata. "Passamos muito tempo definindo o que era a Rip Curl, todo o material de valores de marca, de fala corporativa, apenas tentando capturar o que havia surgido naturalmente em um pequeno grupo com ideias semelhantes no começo da empresa", diz Grant. "Então a cultura, pelo menos para mim, começou a parecer um pouco artificial mais adiante no jogo. Tornou-se quase impossível pegar uma boa ideia para algo em, digamos, Londres, colocá-la no meu caderno de esboços, ter amostras gravadas algumas semanas depois em Xangai e colocá-las na coleção algumas semanas depois disso. Na verdade, eu teria meia dúzia de funcionários me olhando horrorizados se tentasse. Isso não é uma crítica à empresa, é apenas um fato de que o gerenciamento de linhas de produtos de muitos milhões de dólares não é tão fácil e você precisa de um monte de pessoas confiáveis e conservadoras para mantê-las unidas.

"Novos integrantes entram na equipe e têm suas próprias metas e ambições pessoais, e maneiras profissionais de trabalhar, e trazem habilidades que não precisávamos anteriormente, mas nesse mesmo processo, acho que muita criatividade se dilui."

Respeitar as diferenças regionais e garantir alguma continuidade em todo o mundo foi outro ato delicado de equilíbrio. "Em alguns aspectos, nossa ingenuidade e inocência na indústria da moda nos deram uma nova vantagem", diz Grant. "Eu tinha uma ótima relação de trabalho, particularmente com Fred Basse, na França, e também licenciados no Brasil e na Argentina, que continuamente produziam produtos interessantes, muitas vezes inadequados para a Austrália, mas com muita criatividade. As linhas dos Estados Unidos eram fabulosas às vezes e terríveis na vez seguinte. O gerenciamento eficiente exige design e fornecimento globais homogêneos de produtos, assim me disseram, então muita dessa diversidade teve que desaparecer. As políticas do jogo internacional são difíceis e as habilidades necessárias para equilibrar os egos de um grupo criativo tão solto e louco – o tipo de pessoa que mais se identifica com a Rip Curl – são difíceis de aprender."

Ainda assim, as vendas na Austrália e na Nova Zelândia aumentaram dez vezes nos anos 90. Em 1996, a Rip Curl foi nomeada como uma das "maiores marcas do mundo" pelo grupo global Interbrand e foi uma das duas únicas marcas australianas a aparecer, juntamente com a Qantas. Em 1998, a Rip Curl foi eleita a Fabricante Australiana do Ano pela revista *BRW*.

O PROGRAMA DA ROUPA DE BORRACHA

Neil Campbell acha que o coração e a alma do negócio poderiam ser sempre encontrados na divisão de roupas de mergulho, onde valentões como Ray Thomas e Sparrow ainda dominavam. "Ray Thomas, acho que ele detinha todo o conhecimento", diz Cambo. "Sparrow... era tão compulsivo, o que eu amava... Ele estava totalmente focado na funcionalidade... Ele só mexia em corte e ajuste. Ele era simplesmente uma aberração. Eu adorava ir à sala de corte com Sparrow. Eles sacavam uma roupa de mergulho e você podia vesti-la e ir surfar."

Ray ficou encarregado do programa de roupas por muitos anos, um enorme voto de confiança dos fundadores, e nunca os decepcionou. "Estávamos sempre pressionando para tornar as roupas de mergulho cada vez mais livres. A borracha velha era como papelão. Eu estava pressionando o fornecedor japonês para torná-la cada vez mais flexível", diz Ray. "Não estava fora do alcance, mas geralmente era bom para eles também, porque mais tarde todos os outros conseguiram."

Damien Hardman lembra que uma viagem a Bells sempre começava com uma visita a Sparrow para se medir para a nova roupa de mergulho e ouvir a sua previsão de swell. "Ele tinha todos os gráficos e dizia: 'Vai estar assim'. Ele era um guru das previsões", diz Damien.

Duas das maiores inovações em roupas de mergulho surgiram da Rip Curl em meados dos anos 90: o Ultimate, um traje de primeira linha com preço alto que combinava todos os recursos mais recentes, com tiras contornadas para melhor ajuste e flexibilidade e Elasto, um novo neoprene superelástico para maior conforto.

"Eu queria lançar a roupa de mergulho Ultimate e conversei com Ray Thomas sobre isso – vamos ver se podemos fazer o melhor traje de mergulho do mundo, colocá-lo na loja e ver o que acontece", diz Sparrow. "Eu disse: 'Todo mundo quer um Rolls-Royce, mas nem todo mundo pode pagar. Se pudermos produzir um produto que ninguém possa comprar, todos o desejarão'. Mas não conseguimos fabricar o suficiente."

Ray Thomas também levava o produto ao mercado e explicava as virtudes das inovações da Rip Curl para os varejistas. "Costumávamos ir a esses shows e Gary Crothall vinha comigo, e era como um show de rock", diz Ray. "Ficávamos na cidade por uma noite, passávamos todo esse conhecimento sobre produtos e depois fazíamos uma festa. Elas eram bastante lendárias entre os antigos varejistas."

Ray se aposentou agora, mas ainda faz parte da família Rip Curl. "A parte de roupa de mergulho ainda é a alma da empresa e, embora as outras áreas de produtos valham muito mais dinheiro, é na equipe de roupas de mergulho que você encontrará o verdadeiro espírito da Rip Curl ainda hoje", diz ele.

TEMPO E MARÉ

Uma das grandes histórias de sucesso dos anos 90 foi a divisão de relógios da Rip Curl. Peter Hodgart começou a vistoriar os relógios da Rip Curl desde o momento em que assumiu o cargo de Pat Morgan em 1989, e sua prioridade era fabricar relógios que pudessem ser usados com confiabilidade durante o surfe. Isso significava enfrentar o desafio monumental de criar um relógio de surfe verdadeiramente à prova d'água.

"Eu assumi esse departamento e eles estavam fazendo relógios para crianças, que não podiam funcionar na água", diz Hodg. "Quase metade dos relógios que vendemos voltou. Foi um começo difícil."

"Os relógios eram uma merda. Eles estavam voltando porque não eram à prova d'água. Decidimos que iríamos fazer isso corretamente ou parar", diz Brian, sem rodeios.

Pat Morgan encontrou um velho surfista vitoriano de Gunnamatta, Rod Payne, que dirigia uma fábrica de relógios em Hong Kong, e ele provou ser o colaborador perfeito. Juntos, Hodg e Rod não deixaram pedra sobre pedra em sua busca para pesquisar todos os aspectos do ramo de relógios. "Passamos pela fábrica da Swatch na Suíça com uma antiga câmera em miniatura", diz Hodg. "Treinamos juntos para aprender o que estávamos fazendo. Depois da Suíça, percebemos que se tratava de comprar as melhores coisas que você podia pagar e testá-las de todas as maneiras possíveis."

Em certo estágio, Hodg estava mergulhando potes de lagostins cheios de relógios no turbulento oceano sulista para ver como eles se saíam. "Começamos a testar todos os relógios de várias maneiras – ar, água, calor, frio – e, se eles falhassem em um desses testes, não entravam em produção", diz ele.

Hodg acreditava muito que todos os produtos deveriam ter uma razão convincente de ser; que ele deveria executar alguma função prática que aprimorasse a experiência do surfe. Quando ele transformou esse princípio em relógios, não demorou muito para que a abordagem lógica surgisse.

"Houve uma sessão de brainstorming e surgiu a ideia do relógio de maré. Butch Barr disse: "Eu tenho um, mas não é bom." Então, desmontei este relógio e descobrimos que quem o fez foi um marinheiro de Nova Iorque", diz Hodg. "Entrei em contato com ele e expliquei as propriedades de engenharia do que eu queria fazer. Trabalhamos com ele por 15 anos até termos conhecimento suficiente e comprar a sua parte do programa."

A gerência da Rip Curl apoiou o conceito do relógio de maré com um orçamento sério de P&D, mas os agentes de vendas eram mais difíceis de convencer sobre os méritos do conceito. Brian Singer disse: "Para eles é apenas dinheiro para cerveja. Você precisa convencê-los de que venderá", diz Hodg. "Então Ray Thomas e eu caímos na estrada para vendê-los. Fomos a lojas de surfe e dissemos que tínhamos relógios capazes de prever a maré. Todas as lojas de surfe tinham tabelas de marés na parede, então eu dizia: 'Escolha uma data e eu direi qual será a maré'. E depois que fizemos isso três vezes, elas diziam: 'Eu quero isso. Me dê isso!'"

A Rip Curl solicitou uma patente para a sua tecnologia de observação de marés em 1992, que foi finalmente concedida em 1996. No mesmo ano, lançaram o primeiro relógio de maré analógico, o Tidemaster, depois de encontrar um antigo mestre de relógios suíço trabalhando para uma empresa francesa. Juntos, eles desenvolveram o primeiro relógio de movimento suíço, com informações completas das fases da maré e da lua.

Cada passo do caminho foi um processo de aprendizado. Novos tipos de dobradiças tiveram que ser desenvolvidas para suportar os rigores do surfe. Os bodyboarders perderam mais relógios do que qualquer um, pois a força dos estrepes puxando os relógios relegou muitos deles para o fundo do oceano. "Ainda recebemos devoluções... É uma evolução contínua das coisas que dão errado e as consertamos", diz Hodg.

"Quando ficamos satisfeitos com a impermeabilidade dos nossos relógios e os clientes estavam confusos com o termo 'resistente à água', comecei a comercializá-los como à prova d'água", diz ele. "Isso causou um grande alvoroço no mundo dos relógios, pois os controladores da indústria haviam decidido que 'resistente à água' era como eles poderiam se esconder das garantias de problemas com a água. O resultado líquido foi um grande aumento nas vendas e na confiança dos clientes e varejistas. Estávamos machucando os vendedores tradicionais de relógios e eles não gostaram."

Não demorou e a Rip Curl foi denunciada à Comissão Australiana de Concorrência e Consumidores (ACCC) sobre o uso do termo "à prova d'água" e, depois de várias cartas cada vez mais fortes, foram convocados para confrontar um membro do comitê de execução da ACCC.

"Eu estava muito preparado para a reunião, como nos disseram em termos inequívocos que isso era muito, muito sério e eles queriam que parássemos com o uso do termo 'à prova d'água'", diz Hodg. "Bem, eles nunca tiveram que lidar com alguém como eu. Normalmente o advogado e o porta-voz da empresa conversam e fazem exposições etc., mas, no nosso caso, eu não era apenas um porta-voz, eu era o cara que construiu o programa, e ninguém sabia mais sobre o relógio do que eu e Rod Payne... Oferecíamos uma garantia completa de dois anos. Ninguém mais fazia isso também. Tivemos o melhor centro de serviço e reparo na Austrália. Ainda temos!"

Na reunião, acompanhado pelo advogado da Rip Curl, Tony Roberts, Hodg confundiu os especialistas com seu conhecimento e a abrangência do programa de testes de relógios da Rip Curl. "O chefe da ACCC ficou surpreso quando desmontei sua equipe, um por um. Ele me ameaçou com um processo judicial em que eu seria o responsável e também a Rip Curl", lembra Hodg. "Eu disse, vamos lá... No final, ele me disse que precisava voltar ao comitê de execução com uma vitória. Eles não perdem e as coisas estavam explodindo! Eu disse que estava tudo bem e que continuaríamos usando um novo termo, 'testado à prova d'água', em todo o marketing de nossos relógios. Ele concordou que era um compromisso razoável, pois pude provar que testamos 100% de impermeabilização e garantimos totalmente isso e outros aspectos. Tony e eu saímos bem animados! Até hoje, somos a única empresa autorizada a usar esse termo – 100% testado à prova d'água."

Foi um ótimo exemplo do negócio apoiando a si e a seu pessoal. "Fui em frente pois sabia desde o início que tínhamos decifrado o código e estávamos dispostos a lutar contra todos pelo direito de dizer aquilo em que acreditávamos", diz Hodg. "Foi um período inebriante no meu escritório e para aqueles que estavam ao meu redor. Adorei o fato de Brian me deixar enfrentar a ACCC."

Os relógios cresceram rapidamente de cerca de US$ 125 mil em vendas em 1990-1991 para quase US$ 12 milhões em 2003-2004. Desse total, eles venderam US$ 10 milhões do que chamavam "relógios de moda" e apenas US$ 2 milhões em relógios de maré. Mas o desenvolvimento deles foi uma lição poderosa de como um produto funcional conferia credibilidade e apelo a tudo o que faziam.

O SHOW DE TED E TOM

Nas suas missões de Busca, o fotógrafo Ted Grambeau desenvolveu um bom relacionamento com Tom Curren, o que fez de Ted o candidato perfeito para uma tarefa difícil, alguns diriam impossível, na costa norte de Oahu. A Rip Curl havia acabado de lançar o seu novo relógio de maré e Claw teve uma visão de Curren em um tubo de Backdoor e seu braço dianteiro saindo do tubo com o relógio, exibindo sua nova bermuda de surfe. Os desafios de obter essa imagem em meio à agitação louca de uma temporada de surfe no North Shore e um line-up lotado em Backdoor eram consideráveis, antes mesmo de você levar em conta a natureza mercurial de Curren.

Ted recorda a manhã da sessão. "Lá vou eu, checando as ondas, descendo a trilha em Off the Wall, esta pequena faixa com luz perfeita entrando pela folhagem, e através dessa trilha emoldurada está Tom Curren no tubo. Essa era a chance! Eu perdi isso. Eu estraguei tudo."

Ted entrou em ação, pegou seu equipamento e se apressou, esperando ter a sorte de capturar um momento semelhante. Enquanto Ted estava fotografando, ele tinha apenas 36 exposições para trabalhar em cada rolo. "Decido manter um rolo completo o tempo todo, por isso, se eu usar meio rolo, mudarei os rolos, apenas para garantir que tenho quadros suficientes para capturar uma onda inteira", explica Ted.

"Tom estava por toda parte até Off the Wall e de volta ao Backdoor. Teve duas ou três ondas em que ele entrou e saiu do tubo, mas nada épico. Continuo trocando os rolos e subindo a praia e de volta para o Backdoor", diz Ted. Tentar acompanhar Curren no movimentado line-up já era bastante difícil, sem falar em enquadrá-lo através de um visor. E então a onda do dia surgiu no horizonte.

"Tom entra e eu apenas aperto o dedo no gatilho e o Tom está no tubo, na bola de espuma. A prancha está prestes a ceder, mas ele ainda segue indo e eu não sei se já fotografei um rolo completo de filme em uma só sequência antes. Ele finalmente saiu deste canudo e sacudiu os braços moles. Foi a onda mais perfeita que eu já vi no Backdoor. E depois ainda tenho o suspense do rolo de filme indo para a cidade para ser processado", diz Ted.

"Ele saiu depois daquela onda. Ele disse: 'Eu ia mudar de prancha porque estava sentindo esta prancha um pouco longa demais'. A prancha o deixou mais profundo do que gostaria, mas não sei se algum outro surfista poderia ter lidado com essa situação – foi a melhor entubada que já vi na minha vida. Fui até a casa da Rip Curl e disse: 'Eu fiz isso. O que mais vocês querem que eu faça?'"

A NOITE DA MÍDIA ALCANÇA UM NOVO PATAMAR

Um antídoto para os perigos de corporativizar a cultura livre e selvagem da Rip Curl era a noite anual da mídia que acontecia na Páscoa, e que atingiu novos níveis de decadência e deboche nos anos 90.

"As noites de mídia foram bem épicas. Eles fizeram um concurso de arremesso de anões numa delas. Noutra ocasião, eles tinham tanques do exército no estacionamento. Um ano, Claw e Brian entraram montados em camelos", lembra Damien Hardman. "Eles tinham caras pulando de helicópteros, caras fazendo truques obscenos. Eram tempos pré-celulares – você não poderia fazer isso hoje em dia."

O resumo de Brian para esses eventos era sucinto: "elegante e bizarro" era como ele definia o ambiente desejado, uma descrição que também pode ser aplicada ao estilo cinematográfico do diretor David Lynch. E alguém poderia ter sido perdoado por se sentir como se tivesse entrado em um filme de David Lynch, enquanto malabaristas de fogo, anões, mágicos e violinistas clássicos entretinham a multidão, ou batalhas de armas simuladas eram travadas no estacionamento da Rip Curl, ou helicópteros zumbiam sobre

Bells com surfistas pegando ondas com roupas de mergulho fluorescentes na escuridão.

Para Brian e Claw, a noite da mídia seguia uma tradição de comportamentos ultrajantes em Torquay, que eles herdaram dos mais velhos. "Era realmente uma extensão dos primeiros dias do Rip Curl Pro, quando as turmas de Narrabeen viajavam para o sul e faziam uma viagem prolongada. Foram períodos bastante selvagens. Mas, ainda assim, éramos apenas aprendizes da galera anterior de Boot Hill", diz Brian.

A tarefa de organizar a noite da mídia recaiu sobre o valente da Rip Curl, Gary Crothall, cujas qualificações para o papel eram ter tocado em várias bandas de rock de destaque como baterista nos anos 70 e 80. "Não havia orçamento. Alguns dias antes do evento Brian dizia: 'Temos elefantes suficientes? Quantos anões temos? Quantos palhaços temos?' Elas tinham que ser memoráveis e sempre foram", lembra Gary. "Eu toquei em bandas e trabalhei na Rip Curl, vim e saí duas vezes quando fiz turnês e fiz álbuns", diz Gary. Ele apareceu em *Countdown* com uma banda chamada Redhouse nos anos 70, tocava regularmente com a banda local Shadowfax e escreveu a faixa-título do filme de surfe dos anos 70, *On Any Morning,* de David "The Mex" Sumpter.

Gary acabou tendo que escolher entre a Rip Curl e o rock-and-roll. "Voltei para a Rip Curl pela segunda vez e me chamaram para entrar na banda Goanna. Passei um ano e meio com Goanna, mas estava firmemente comprometido com a Rip Curl naquele momento", diz ele. A Goanna explodiu em popularidade em 1982, com um grande hit, "Solid Rock", um dos primeiros grandes hinos australianos do movimento dos direitos indígenas, mas àquela altura Gary estava pronto para se estabelecer em um emprego estável. "Tive 50 anos de Rip Curl e rock-and-roll – fui abençoado, cara. Não posso dizer mais do que isso", diz ele.

Embora tenha testemunhado uma mudança imensurável desde o desembarque na porta da Rip Curl ainda adolescente na antiga padaria, Gary acha que Claw e Brian promoveram uma continuidade do espírito. "Não acho que eles tenham mudado de ideia desde o primeiro dia. Eles criaram produtos para que pudessem fazer o que queriam. Isso era tudo o que eles queriam que a empresa fosse."

REUNIÕES A BORDO

Outra estratégia importante para se concentrar em sua missão principal foram as reuniões internacionais flutuantes da diretoria, a primeira das quais deu origem à campanha Search. Essa viagem foi considerada um sucesso e uma maneira tão desejável de fazer negócios, que a equipe de gerenciamento internacional se reunia anualmente em viagens de barco nos anos 90.

"Reuniões e surfe eram as únicas atividades", diz o francês Fred Basse. "Às vezes era intenso, mas depois de ir surfar conseguíamos continuar. Eu gostei muito delas. Pegamos o [*Indies*] *Trader 1* no início de suas atividades e muitas vezes nas Mentawais. Claw sempre vinha com mapas pesquisando a próxima boa esquerda para ele e a tripulação. Também fomos à Costa Rica e várias vezes às Maldivas."

Essas viagens de barco continuaram nos anos 2000 e eram os destaques do ano para os novos membros da equipe de gerenciamento. Steve Kay se lembra de ter entrado em uma das viagens de barco da Rip Curl quando ele ainda estava na *Tracks*, e seu próprio barco havia quebrado no porto de Sikakap em Mentawais.

"O *Indies Trader 1* entra no porto como o *Queen Mary*, em comparação com a embarcação em que estávamos", diz Steve. "Eles atracaram ao lado e perguntaram o que estava acontecendo e nós dissemos a eles. Eles desceram as escadas e vieram com uma caixa de cerveja bem gelada." Steve nunca esqueceu esse ato de bondade com um monte de companheiros de surfe abandonados. Alguns anos depois, Steve estava curtindo as viagens de barco mais opulentas da Rip Curl.

Brian lembra de uma viagem de barco que teria terminado em desastre, se não fosse por uma mijada noturna tardia de seu cofundador na lateral do barco. "Estávamos em uma de nossas reuniões orçamentárias de maio a bordo do *Huey* [um barco convertido da patrulha aduaneira japonesa] nas Mentawais. Estávamos muito ao norte, voltando para o sul, e o capitão da Indonésia estava em um longo turno", diz Brian. "Ouvimos o motor parar e depois girar muito alto. Todos subimos no convés e havia um recife bem à nossa frente, e quase colidimos com ele. Claw levantou-se para mijar, viu a água branca à nossa frente e avisou o capitão. Não teríamos nos afogado, mas colidir com uma ilha deserta à noite com um sólido swell de seis pés teria sido inconveniente."

MUDANDO PRO EXTERIOR

O governo australiano, sob comando dos primeiros-ministros trabalhistas Hawke e Keating, reduzia constantemente tarifas e políticas protecionistas ao longo dos anos 80 e início dos anos 90 para aumentar a competitividade global da Austrália. O ministro da Indústria e Comércio, John Button, conduziu a política, que foi amplamente considerada como uma modernização necessária da economia australiana, mas levou a muitas redundâncias na fabricação australiana e causou muita angústia na base sindical trabalhista.

A Rip Curl não ficou imune às reformas abrangentes. Pouco a pouco, uma proporção crescente de produtos passou a ser fabricada no exterior, começando com acessórios e roupas, embora a empresa ainda se orgulhasse de fabricar suas próprias roupas de mergulho e fornecer um atencioso serviço ao cliente.

A Rip Curl fabricava roupas de mergulho em seus principais mercados porque os direitos de importação eram muito altos. "A razão pela qual licenciamos vários países foi dupla: muitas vezes havia altos impostos de importação, então você tinha que fabricar no país e muitas vezes não tínhamos capital ou administração para abrir subsidiárias", explica Brian. Como resultado, os wetsuits tinham sido fabricados nos Estados Unidos, França e Argentina, além da Austrália.

A redução dos direitos de importação na Austrália fez com que se tornasse dramaticamente mais barato fabricar na Ásia. A Rip Curl tentou continuar fabricando localmente o maior tempo possível, mas eventualmente as realidades econômicas se tornaram irresistíveis.

"A indústria de vestuário australiana estava passando por mudanças dramáticas, com as taxas alfandegárias mudando de 35% para menos de 10%. De fato, o governo australiano decidiu que não iria mais subsidiar a fabricação de roupas", diz Brian. "O governo trabalhista se desfez do protecionismo e, nesse momento, decidimos fabricar nossas roupas de surfe na China. Os australianos estavam votando com suas carteiras, não com seus corações. Um dia, eu estava em uma loja vendo mulheres comprarem roupas e uma delas disse com óbvio desdém: 'Todas essas roupas são feitas na China'. Ela olhou o preço do material feito na Austrália e comprou o material chinês."

No entanto, a Rip Curl estava cautelosa ao permitir que contratados de fora fizessem suas roupas de mergulho. "Precisávamos de uma boa fábrica de roupas de mergulho na Ásia. Tínhamos roupas de neoprene feitas com outras empresas em outras fábricas, mas tínhamos desenvolvido todo tipo de tecnologias que não queríamos compartilhar com outras pessoas, por isso era melhor produzir em nossa própria fábrica", diz Brian.

Eventualmente, o problema foi resolvido comprando uma fábrica própria de roupas de mergulho na Tailândia, a OnSmooth Thai, de propriedade de Butch Sadikay, dono da rede de varejo Jetty Surf. Lá eles poderiam controlar todos os aspectos da produção, garantir a qualidade e proteger suas próprias tecnologias. "Eu conheci [Sadikay] e, ao longo de uma hora de conversa, fiz um acordo de aperto de mão por um milhão de dólares e comprei a fábrica dele, e não tive nenhum incômodo depois – um verdadeiro cavalheiro para se fazer negócios", diz Brian.

Sadikay havia comprado a fábrica de roupas de mergulho em 1994, depois que o proprietário anterior faliu e a fábrica acabou nas mãos dos credores, e ainda mantinha uma grande quantidade de seu estoque pré-pago. "Negociamos com os bancos e assumimos a operação completa em todo o mundo", diz ele. "Dobramos o tamanho da fábrica, conseguimos bastante eficiência e começamos a fabricar roupas de borracha para as pessoas que forneciam para o nosso grupo de varejo." Eles estavam fabricando roupas de borracha para outras marcas de surfe e suas próprias lojas Jetty Surf até 1997, quando Butch propôs a venda da fábrica para a Rip Curl. "Brian é parecido comigo – ele joga limpo e é honrado", diz Butch. "A razão pela qual as pessoas não fazem acordos de aperto de mão é que as pessoas não os honram, mas nós veteranos fazemos isso... Após várias reuniões de advogados, tudo foi consumado com um aperto de mão."

Na França, a Rip Curl adotou com relutância a manufatura no exterior, dada a sensibilidade europeia que valorizava a produção local. "Por volta de 1992, começamos a produzir na Ásia e, lentamente, tínhamos mais e mais coisas feitas no exterior", diz Fred Basse. "A fábrica de Hossegor nos salvou de situações difíceis várias vezes durante essa curva de aprendizado [sobre] a produção asiática. Várias vezes tivemos roupas de neoprene asiáticas com falhas de produção que pudemos consertar na fábrica em Hossegor."

Inevitavelmente, chegou o dia em que a fábrica de Hossegor ficou ociosa. "Quando paramos a produção em 1995, mantivemos a maioria de nossos trabalhadores. Quando eles iam saindo, não houve substitutos, mas mantivemos o maquinário e a maioria das meninas. Por sorte, fizemos isso e hoje um dos pontos fortes da Rip Curl é o serviço de pós-venda", diz Fred.

"Muitos funcionários lamentaram o fechamento da fábrica de roupas de mergulho. Eu dizia: 'Vou trabalhar na fábrica' e era uma fábrica real. Agora é um escritório – os cheiros se foram", diz Mado Ustarroz, gerente financeira.

Patricea Dohen, gerente de roupas de longa data, admite que chorou quando a fábrica fechou.

"Foi difícil para nós e para as meninas, para todos. A fábrica para nós era como o coração da empresa", diz Mado.

Mas os negócios continuaram crescendo na Europa. Em 1997, um novo gerente de vendas, Henri Colliard, ingressou na Rip Curl, vindo da marca de atletismo Reebok, e trouxe um novo nível de profissionalismo às operações, enquanto François Payot deu um passo atrás nos negócios do dia a dia. Fred Basse equilibrou suas crescentes responsabilidades de trabalho com um mergulho de cabeça na nova fronteira do surfe rebocado, na descoberta de ondas grandes nas costas francesa e espanhola.

O CIRCUITO DOS SONHOS

Em 1998, o ex-campeão mundial Rabbit Bartholomew assumiu o cargo de diretor da ASP (Association of Surfing Professionals) e inaugurou a era do Dream Tour (Circuito dos Sonhos). Em uma série de mudanças radicais, Rabbit apoiou dobrar a premiação em dinheiro dos campeonatos, novas locações entraram no circuito e os eventos existentes foram incentivados a passar para a alta temporada de ondas, com mobilidade para perseguir as melhores ondas, ou então correr o risco de perder o seu lugar no calendário de competições.

No curto prazo, as mudanças ousadas geraram o dilema de mudar o evento de sucesso da Rip Curl em Hossegor, de agosto, no final do verão, para setembro ou outubro e assim aproveitar os swells mais confiáveis de outono. François Payot não ficou feliz.

"Quando a ASP decidiu mudar as datas para o final de outubro, eu discordei porque pensava que alguns eventos deveriam ser realizados na frente do público e não apenas na TV ou na internet, pois nosso público precisa ver seus heróis em ação ao vivo", diz François. "Já tivemos alguns eventos em Fiji ou Taiti que quase não tinham público."

A Rip Curl havia desempenhado um papel ativo nas reuniões da ASP antes da posse de Rabbit, com Claw e François servindo como representantes regionais e de eventos em vários momentos. "Claw era reconhecido como o pai fundador, então ele tinha todo o direito de estar ali. A Rip Curl foi a primeira a investir em surfe profissional", diz Rabbit. "François foi muito duro e falante nas reuniões. Ele estava engajado. Isso foi antes de eu comandar."

Quando Rabbit assumiu o cargo de comando na ASP, a dinâmica anteriormente amigável entre ele e François mudou. "Quando usei meu voto de minerva para dobrar o prêmio em dinheiro, ele o chamou de O Golpe (Putsch) de Rabbitt", diz Rabbit, numa referência ao Munich Putsch de Hitler, quando o líder nazista tentou tomar o poder na Alemanha em 1923. "Ele estava chateado. Havia seis representantes de surfistas e seis representantes dos eventos e ele me viu como o sétimo surfista. Poderíamos concordar em discordar, mas ele era muito profissional e aceitou a decisão do árbitro. Ele queria que o surfe profissional fosse bem-sucedido."

Mas quando François se recusou a concordar em alterar as datas do evento de Hossegor, a ASP ofereceu a licença para a Quiksilver, que aproveitou a chance. A Quiksilver sempre realizou o seu evento em Biarritz, e François diz que a Quiksilver pediu a sua permissão para construir um local de competição secundário em Hossegor. Mas por causa das ondas superiores, Hossegor logo se tornou o local principal.

François se ateve às suas convicções e encontrou outras maneiras de manter o perfil da Rip Curl Europa no calendário do circuito. "Realizamos um WQS [World Qualifying Series] em Hossegor na mesma data de antes, e o governo de Portugal e a cidade de Peniche nos ofereceram um acordo de ouro para organizarmos um WCT [World Championship Tour] por lá", diz François. "Fiquei mais do que satisfeito e, com dois WCTs, a Rip Curl manteve uma forte presença no circuito."

Havia algum ceticismo de que as apostas de Rabbit sobre prêmios em dinheiro e calendário funcionariam, ou se a ASP, sem dinheiro, poderia se dar ao luxo de alienar seus principais patrocinadores. Ele recorda: "Lembro de entrar numa reunião da Rip Curl no Havaí e havia uma pasta com todas as atas da AGM, e Payot estava com a pasta e fazia: 'Tic, tic, tic, tic'." A dedução de François era que a ASP era uma bomba-relógio pronta para explodir. "Ele definitivamente sabia intimidar as pessoas quando queria", diz Rabbit.

O novo calendário não teve um início auspicioso, com os eventos europeus cancelados devido a preocupações com a segurança das viagens após os ataques terroristas de 11 de setembro de 2001. Mas a longo prazo, o conceito do Dream Tour se provou acertado. "Aquela data de setembro a outubro mostrou-se muito bem-sucedida", diz Rabbit. "Você tem as áreas de baixa pressão no golfo de Biscaia e nas condições de terral de outono em alguns dos melhores fundos de areia do mundo. Tivemos a rivalidade entre Andy [Irons] e Kelly. François Payot veio até mim e disse: 'Exijo que você me devolva o meu campeonato', mas as licenças do evento tinham que ser honradas."

A perda do evento de Hossegor acabaria por abrir novas oportunidades para a Rip Curl. "Como compensação, eles aceitaram o novo conceito que eu tinha de um campeonato que mudaria de local a cada ano – nascia o campeonato The Search", diz François.

RESGATE AMERICANO

Um dos compromissos mais difíceis da Rip Curl, e reservado para os generais mais confiáveis e valorizados, era administrar os negócios nos Estados Unidos, uma rebarba constante no cobertor da sela. Em 1997, foi a vez do contador Rod Adams tentar conter as perdas.

"Eu vinha gritando com Brian sobre o CEO de lá e ele disse: 'Vai lá e faz você então', e assim eu fui e fiz meu trabalho em Torquay também", diz Rod. De 1997 a 1999, Rod dividiu o seu tempo entre Torquay e Califórnia, atuando como CEO nos Estados Unidos e CFO na Austrália. Foi uma enorme carga de trabalho, principalmente porque ele tinha esposa e filhos em Torquay.

"Os norte-americanos pensavam que sabiam mais, e tudo o que eu fiz foi simplesmente replicar o que fazíamos na Austrália", diz Rod. "Eu estava pegando o produto australiano e adicionando alguma produção americana. Nas roupas de mergulho, a empresa adotava a linha australiana e adicionava roupas de mergulho mais grossas para a Nova Inglaterra, além de capuzes e botas grossas. O mesmo valia para as roupas – pegue dois terços da linha australiana e adicione um terço da americana. Skiwear era apenas uma coleção, sem linhas separadas para o Hemisfério Sul e o Norte. Foi simples. Sendo estrangeiro, você consegue olhar de fora e pode ver as coisas com mais clareza."

A abordagem pragmática de Rod nem sempre agradou a sua equipe americana. "Isso irritou muitas pessoas na América e foi muito difícil para mim", diz Rod. "Em um período de pleno emprego, se eles não gostassem do que eu estava fazendo, eles poderiam conseguir um emprego em outro lugar." Ele adotou a visão de Brian de que você aprende mais sobre os negócios no armazém e nas lojas de surfe. "Eu passava 25% do dia conversando com clientes ou no armazém", diz Rod.

Depois de três anos, com os negócios dos Estados Unidos fora do vermelho, Rod considerou sua missão cumprida, mas os problemas da Rip Curl nos Estados Unidos ainda não haviam terminado. "Eu voltei quando estavámos um pouco acima do limite, e o cara novo que entrou logo voltou pro negativo", diz ele.

Rod voltou a Torquay para gerenciar melhor o crescimento de uma empresa que estava em transição para se tornar uma única entidade global.

TODOS NO MESMO BARCO

Em 1999, se tornava aparente que a expansão internacional fragmentada da Rip Curl e suas diversas estruturas de negócios estavam tornando-se um passivo em um mercado cada vez mais global.

"Tínhamos uma disparidade na propriedade internacional da Rip Curl, com alguns acionistas diferentes sendo proprietários das empresas em operação, Rip Curl Estados Unidos, Rip Curl Austrália e Rip Curl Europa", diz Brian. "Queríamos combinar tudo por duas razões. Queríamos que todos os acionistas ou proprietários estivessem no mesmo barco, remando na mesma direção, sem suas próprias agendas individuais. E tínhamos preocupações de que, com propriedades diferentes, a fragmentação da marca pudesse ocorrer, ou a maneira como a marca era retratada poderia variar em todo o mundo."

O processo de formação de uma entidade global exigiu um time de especialistas e consultores que analisaram os valores relativos das diferentes empresas e as implicações fiscais para os acionistas. "Reunimos todas as empresas, de modo que cada uma agora detinha uma parcela um pouco menor de uma empresa maior", diz Brian. "O processo começou em 1999 e culminou em 2000, e celebramos no restaurante Le Parisien em Geelong com um vinho Grange premiado em 1990, considerado da melhor safra naquela época."

Embora tenham trabalhado em estreita colaboração com consultores de negócios internacionais como a KPMG, Brian considera que receberam as melhores orientações de um advogado local em Geelong que tinha uma conexão familiar com os seus negócios. "Nós votamos em Ken Andrews, da Harwood Andrews, nosso excelente consultor no processo e o presenteamos com uma dúzia de garrafas do Grange de 1990", diz Brian. "Ele era meu velho amigo da escola, cujo filho, Justin Andrews, trabalhou na Rip Curl por um tempo para Hodg e agora é o CEO da Oakley/Luxottica na América do Norte."

As diferenças culturais persistiram entre os países constituintes da Rip Curl. Fred Basse desenvolveu a sua própria maneira sincera de definir os traços dos membros da família global.

"Os norte-americanos consideram que são o centro do mundo, não sabem de nada fora do país... Tendo o maior mercado do mundo, se fizer sucesso lá, eles acreditam que não há razões para que não funcione fora", diz Fred. "O mercado deles é competitivo e muitas vezes achamos bom o produto deles."

Fred não poupou seus compatriotas. "Os franceses têm uma personalidade forte e são certamente arrogantes. Eles gostam de dar lições. Eles têm dificuldades com os norte-americanos e se dão bem com os australianos", diz ele. "Acredito que as finanças não eram nossa prioridade e, felizmente, a Austrália nos fornecia o equilíbrio e nos forçava a melhorar."

Fred parecia ter uma boa noção da psique australiana. "Os australianos são competitivos. Eles se recusam a perder e precisam sempre competir com os Estados Unidos", diz ele. "Claw era certamente o mais difícil dos australianos, especialmente com as equipes e as competições de surfe. Para fazê-lo mudar de opinião, os americanos ou os franceses precisavam ser pelo menos 20% melhores... Brian era muito mais aberto."

A sinceridade de Fred pode ter agitado alguns ânimos, mas era típico do tipo de discussão franca que permitia que os vários membros da Rip Curl trabalhassem de forma produtiva. "Durante o tempo em que trabalhei na globalização, a frase que mais ouvi [começava] 'No meu país...' Assim que alguém começava a sua frase com essas palavras, havia uma discussão, sem fatos verificados, apenas percepção emocional. Perdemos horas discutindo devido a questões de ego", diz Fred.

A globalização dos negócios inevitavelmente ocorreu às custas da independência de cada região, pois as características culturais locais deram lugar a uma mensagem de marca mais unificada. "No início, a Rip Curl deu muita autonomia a seus grandes licenciados como Europa, Estados Unidos e Austrália", diz Fred. "Quando a globalização chegou como uma forma de autoridade, foi difícil mudar a mentalidade." Mas a chegada da internet e de uma mídia on-line mais internacional significou que as tendências, a moda, o conteúdo e os gostos tornaram-se mais globais. O *timing* da Rip Curl parecia correto.

ARGENTINA

Um dos mercados de crescimento mais surpreendentes da Rip Curl surgiu no final dos anos 90 na Argentina, um país que era pouco conhecido por sua cultura de surfe. Hoje a Rip Curl é a marca de surfe dominante, responsável por cerca de 50% do varejo total de surfe no país.

A licença argentina da Rip Curl, Cristóbal Colón (nome espanhol de Cristóvão Colombo), foi fundada pelo casal Viviana Pallocchini e Alejandro Amicola em 1978. Eles pretendiam atender aos esportes emergentes do surfe, skate e snowboard com três lojas da marca em Buenos Aires e nos arredores, e eles estocaram produtos Rip Curl desde o início.

"Compramos roupas da Rip Curl para nossas lojas da De Leonardis, de um cara de Mar del Plata. Apenas alguns surfistas fissurados usavam essas roupas", lembra Viviana, uma defensora apaixonada da marca.

"Um dia, ele veio e nos disse que éramos os únicos que entendiam os valores da marca e que, como já comprávamos tudo o que ele produzia ou importava, ele queria nos apresentar ao conselho na Austrália, então ele poderia transferir para nós a licença da Rip Curl na Argentina, porque ele estava com problemas de saúde", diz Viviana. "Ficamos tão felizes que dissemos sim imediatamente, sem nem pensar. Foi um momento muito emocionante, porque desde o início colocávamos nossa alma na marca, vendendo os produtos da Cristóbal Colón. Além disso, já havíamos ensinado a todos a pronúncia Rip Curl, o significado do nome e os valores da marca. Foi assim que começamos... com muito cuidado, com muita esperança, deixando para trás nossas próprias marcas que produzíamos, para nos dedicar inteiramente, com devoção, ao desenvolvimento da Rip Curl na Argentina."

Logo depois, Claw viajou para a Argentina para conhecer os novos licenciados. "Lembro que fomos comprar trajes formais para causar uma boa primeira impressão de seriedade", diz Viviana. "E então, fomos ao pequeno aeroporto ao lado do rio para buscá-los e vimos Claw caminhando até nós com seus longos cabelos e suas sandálias Reef Mundaka, sem nenhuma formalidade! Sempre muito verdadeiro, atual, natural e espontâneo."

Eles foram almoçar em um restaurante à beira do rio para impressionar o cofundador da Rip Curl, onde Claw se sentiu motivado a se refrescar com um passeio no rio. "Claw tirou as sandálias, entrou e ficou preso na lama, pensando que era o mar", diz Viviana. "Você tem que entender que ninguém aqui nada no rio. Naquele momento, nos sentimos identificados com a espontaneidade dele e sentimos que poderíamos construir um relacionamento forte e duradouro."

Em uma nação onde o surfe era um esporte marginal e a economia volátil, o progresso foi inicialmente lento. "No começo a marca era conhecida apenas em Mar del Plata e o desenvolvimento foi quase zero", diz Viviana. "Começamos a desenvolver grandes linhas, quase todas com designs locais, porque as linhas australianas eram muito focadas em neoprene, algumas camisetas e shorts... Mar del Plata é uma cidade à beira-mar, mas [grande parte] da população argentina vive em Buenos Aires. Por isso, tivemos que adaptar as linhas ao estilo de vida da cidade e à demanda local, com um tema inspirador baseado no surfe. Foi assim que começamos a vender sonhos, o sonho do sentimento de liberdade ao surfar uma onda."

À medida que a Rip Curl se tornava um negócio global mais unificado, os licenciados da Argentina aderiram de todo o coração à estratégia. "Eles são pessoas inteligentes na Argentina. Eles não tentam mudar nada, apenas executam fielmente a marca", diz Steve Kay, que agora supervisiona os licenciados internacionais. "Eles são os primeiros a adotar todos os atributos de venda."

O resultado tem sido uma aceitação notável da marca, apesar de desafiar as realidades econômicas e políticas. "A Argentina é um país muito difícil. A cada três ou quatro anos a política muda", diz Viviana. "Nosso principal objetivo é manter a Rip Curl exclusiva e esse sentimento de aspiração pela marca. Não queremos torná-la popular. As coisas populares na Argentina têm vida curta."

O LIVRO AZUL E O LIVRO AMARELO

À medida que os negócios da Rip Curl se modernizavam, Claw e Brian perceberam que não ficariam mais muito tempo como executivos em período integral. Eles decidiram que os princípios fundadores da empresa precisavam ser definidos, para que não se perdessem ao longo do caminho.

"Eu li um livro chamado *Built to Last*, de duas pessoas da Universidade de Harvard [James C. Collins e Jerry I. Porras], e isso teve um grande impacto em nosso pensamento", diz Brian. "Isso mostrou que as empresas que tinham um conjunto de valores e conversavam sobre eles geralmente se saíam muito melhor do que aquelas que não tinham."

Durante o inverno em Mount Buller, os dois fundadores escreveram os valores da empresa, entre os quais o foco no cliente, criatividade e inovação, honestidade e integridade e comunidade e ambiente. A filosofia da Busca também foi consagrada como central para a empresa. Esses valores se tornaram a base do "Yellow Book" (Livro Amarelo), que também articulava como os funcionários podiam conduzir os negócios de acordo com os princípios da Rip Curl e reconhecia o papel fundamental da equipe, o pessoal da Rip Curl em todo o mundo que incorporava esses ideais.

Ao mesmo tempo, o "Blue Book" (Livro Azul) definia a marca: ou seja, como a Rip Curl era percebida externamente por seus clientes e consumidores. Uma empresa de pesquisa foi contratada para esse fim e suas descobertas confirmaram o que a gerência pensava, formando a base do Blue Book. Identificou valores de marca como tecnologia e liderança, respeito e confiabilidade, além de diversão e irreverência.

O diretor de comunicações Gary Dunne, em estreita consulta com Claw e Brian, foi encarregado de juntar os livros amarelo e azul com o novo diretor criativo James Taylor. Esses dois documentos internos tornaram-se vitais para a maneira como a Rip Curl faz negócios até hoje.

Brian lembra que várias pessoas dentro da empresa tentaram articular qual era, ou deveria ser, a visão da Rip Curl. "Muitas das sugestões eram bastante altruístas, com a gente tentando ser tudo para todas as pessoas", diz Brian. "E Hodg apareceu e bateu com o punho na mesa e disse: 'Que merda é essa? Somos apenas uma porra de uma empresa de surfe'."

Essa explosão de franqueza ressoou e a visão de ser a "empresa definitiva de surfe" foi amplamente adotada. É fácil ser cínico sobre a criação de declarações de missão corporativa e visões de marca, mantras sérios e emoldurados, que estão pendurados nas paredes e que devem motivar as tropas diariamente a procurar profundamente o bem coletivo. Mas, nessa fase da evolução da Rip Curl, este exercício parecia satisfazer uma necessidade real de definir e explicar o curioso processo orgânico, do qual todos eles fizeram parte nas últimas décadas.

Longe de acumular poeira nas estantes, os livros da marca são citados diariamente, levados para as reuniões, usados como munição para lançar novas ideias e fornecer um critério para as principais decisões. "Você simplesmente pode fazer as coisas aqui... se você tem a verba, a responsabilidade e isso corresponde aos valores da marca", diz Neil Ridgway, presidente de marketing internacional. "Eu uso esses livros como um sinal de alerta para muitas coisas – se está no livro, eu posso fazê-lo, então vamos lá."

A RIP CURL CONTRATA MICK FANNING

Em 1998, Kelly Slater havia conquistado um recorde de seis títulos mundiais e a Rip Curl não tinha um campeão mundial desde Damien Hardman em 1991. Era uma pílula amarga de engolir após os dias de glória dos anos 80. Apesar do sucesso de marketing da campanha Search, a Rip Curl gostava de ter campeões mundiais e atletas da equipe no pódio, e havia uma sensação de que a Busca talvez tivesse começado a perder o seu impacto.

"Nosso mantra particular era recrutar somente um surfista que pudesse vencer o Kelly Slater", diz Claw. "Tivemos muitos surfistas. Fizemos muitas coisas boas com eles, e eles fizeram muitas coisas boas por nós. Mas havia claramente um maioral – se você quisesse subir no pódio, tinha que vencer o melhor. E vimos essas qualidades em Mick Fanning. Vimos um surfista que achamos que poderia vencer Kelly Slater."

Em 1998, essa era uma previsão ousada. Mick Fanning era um garoto de 16 anos de Tweed Heads, com alguns bons resultados juniores, ainda à sombra de seus companheiros de Coolangatta, Joel Parkinson e Dean Morrison. A Rip Curl já havia feito uma investida em Parko. "Acho que Joel foi patrocinado por eles por cerca de um mês, mas ele nunca assinou o contrato e voltou para a Billabong", diz Mick. Fanning pode ter sido a segunda escolha, mas Claw viu algo em sua velocidade, reflexos relâmpagos e força de caráter, que ele tinha certeza de que o levariam longe.

"Eu o vi surfar na semifinal e final dos títulos australianos em Bells Beach. Mick simplesmente voou em sua primeira apresentação claramente dominante em um campeonato", diz Claw. "Aos 19 minutos na final, ele estava em último, e nos últimos 11 minutos da final ele detonou a todos, e era uma concorrência muito forte, foi um desempenho incrível. Eu havia visto um filme dele surfando na antiga Kirra, no último ano da grande e velha Kirra [antes da drenagem do rio Tweed alterar a bancada]. Eu sabia que isso era algo diferente, algo novo. A velocidade e a aceleração eram notáveis."

O gerente de marketing da Rip Curl, Michael Ray, viu o talento de Mick pela primeira vez em um vídeo da Quiksilver e chamou a atenção de Claw. "Mick tinha essa minúscula participação de dois minutos, mas ele tinha toda aquela chicotada de velocidade ao estilo Mick Fanning", diz Michael. "Eu disse a Claw: 'Você já viu esse cara?' Claw foi a uma competição de juniores e o viu surfar e disse: ele é o cara."

Mick ainda não havia competido no World Qualifying Series e ainda estava na escola, mas chamou a atenção nos torneios da Gold Coast, Queensland e eventos nacionais como integrante de um impressionante conjunto de talentos de Coolangatta, conhecidos coletivamente como "Cooly Kids". Mick e seu irmão mais velho, Sean, estavam surfando para a Quiksilver em contratos bastante modestos, quando Mick recebeu uma ligação de Michael Ray.

"Eu fui à Gold Coast visitar meus avós e liguei para Mick. Nós sabíamos que ele ganhava cerca de US$ 10 mil [por ano com a Quiksilver]. Vamos oferecer a ele US$ 100 mil em três anos. Vamos fazer uma oferta que ele não possa recusar", lembra Michael.

"Foi bem engraçado. Acabara de chegar da escola e o telefone tocou e a voz dizia: 'Posso falar com Mick?', e eu digo: 'Sim, é ele falando'. Ele diz: 'Aqui é Michael Ray, da Rip Curl. Estamos te ligando para te oferecer um contrato'."

Na lembrança de Mick, Michael não enrolou. "Gostaríamos de ter você no time. Eu vou direto ao ponto. Queremos oferecer US$ 35 mil [por ano]", Michael disse a ele.

Mick foi tipicamente autodepreciativo. Ele disse: "Você está brincando comigo, certo? Você me viu surfar?" Ele suspeitava que era um de seus companheiros fazendo uma brincadeira. "Eu disse: 'Por que você não liga quando minha mãe estiver em casa?'"

Mas não era uma pegadinha e a Rip Curl não estava brincando. Mick era o caçula de cinco filhos, criado por uma mãe solteira, Liz Osbourne, com o salário de enfermeira. Os pais de Mick se separaram quando ele tinha apenas três anos e morando em Campbelltown, nos subúrbios ocidentais da classe trabalhadora de Sydney, muito longe da praia. Você teria que ter uma visão e tanto naquela época para apostar que ele um dia se tornaria um surfista profissional, quanto mais um tricampeão mundial.

Liz retoma a história. "Cheguei em casa do trabalho e ele disse: 'Mãe, a Rip Curl falou comigo por telefone. Eles querem me patrocinar por US$ 35 mil'", lembra Liz. "Pensei, não preciso mais comprar roupas para ele."

Mick ainda era menor de idade, então Liz teve que assinar contratos em seu nome e, organicamente, tornou-se gerente de negócios de Mick. "Eu escrevi para a Quiksilver... Eu fui muito legal. Eu disse: 'Nós fomos leais a vocês e queremos ficar com vocês, mas queremos US$ 35 mil'", conta Liz. "E eles simplesmente disseram que não. Fiquei chocada... Craig Stevenson, da Quiksilver, toda vez que o vejo, ele balança a cabeça e diz que esse foi o maior erro da vida da Quiksilver."

Michael Ray conversou com Andrew Murphy, gerente da equipe da Quiksilver, para oferecer o pagamento da recisão do contrato de Mick. "Murph disse: 'Eu amo Mick, mas não podemos igualar essa oferta. Vamos deixá-lo sair'. Pagamos a recisão do contrato com a Quiksilver. Mick tinha uma lealdade bastante forte a eles", diz Michael.

Liz e Mick se encontraram com Gary Dunne, que se tornara gerente da equipe Rip Curl, para assinar os contratos. "Depois de tudo assinado, Gary Dunne me disse: 'Bem, agora somos donos do surfista Mick Fanning' e eu pensei, oh meu Deus, o que eu fiz? Eu o vendi. Mas foi a melhor coisa que já aconteceu com Mick", diz Liz.

Isso foi no começo de 1998, então, quando a Páscoa rolou, Mick desceu pela primeira vez a Bells Beach como atleta da equipe Rip Curl. "Fui lá e fiquei na casa da Rip Curl, um garoto de 16 anos com todos esses caras como Hedgey [Nathan Hedge] e Byron Howarth. Eu já conhecia Raff [Darren O'Rafferty] e Zane [Harrison]", diz Mick.

"Entrar no escritório foi um pouco assustador para mim. Entrei com Hedgey e ele era o garoto de ouro que sabia o nome de todos", lembra

Mick. "Quando conheci Claw, ele estava tão animado quanto hoje. Claw era superenvolvente, Brian era um pouco mais reservado. Eu sempre pensei que Brian fosse um pouco mais duro. Claw era quem ficava sentado ali, conversando sobre o surfe. Com o passar do tempo, percebi que Brian realmente não queria ser intrusivo. Ele estava lá apenas para ajudar, enquanto Claw estava superenvolvido, sempre ligando e vendo como as coisas estavam indo, realmente interessado, totalmente empolgado com o surfe."

Não demorou muito para Mick perceber o quão conhecedor do esporte era Claw e com que cuidado ele selecionara o mais recente recruta. "Ele olha para os antecedentes dos surfistas e como é a atitude deles... Sentar e assistir a um campeonato com ele é incrível. Até hoje ele pega seu bloco e registra as notas. Ele é muito bem informado."

Mick causou uma impressão igualmente poderosa em Claw, que viu algo além da postura desleixada e do humor autodepreciativo de Mick. "Você podia ver que ele tinha um grande futuro, combinado com essas qualidades pessoais: força interior, determinação, humanidade", diz Claw. "Quando o vimos pela primeira vez, ele tinha coragem e coração, mas foi a velocidade – o relâmpago branco – e também ele tinha todas essas qualidades pessoais profundas e poderosas, que poderia levar para o campo de batalha."

CAPÍTULO 8

SAIS E TERNOS: 2000-2004

Quando o Ano Novo passou e o mundo "finalmente festejou como se fosse 1999", enquanto os nerds de computadores de todos os lugares antecipavam um colapso cataclísmico da sociedade, cortesia do "bug do milênio", Claw e Brian estavam pensando em dar um passo atrás em seus papéis de comandantes em tempo integral da Curl.

À procura de um novo CEO para guiar a marca no novo milênio, Brian chamou James Strong, seu companheiro de viagem naquela expedição à Antártica quase uma década antes. A essa altura, Strong havia completado um período impressionante como CEO da Qantas, supervisionando a fusão da Qantas e da Australian Airlines em uma única entidade e sua entrada na Bolsa de Valores da Austrália. Ele se tornara uma lenda no setor de aviação australiano e era extremamente respeitado como líder de negócios, filantropo e patrono das artes.

A nomeação de Strong como presidente do conselho da Rip Curl em 2001 foi amplamente vista como um sinal de que a marca de surfe se preparava para seguir os passos de suas concorrentes Quiksilver e Billabong, que abriram o seu capital. "Eu sabia que o presidente anterior da Qantas, Gary Pemberton, havia se tornado presidente da Billabong. James foi uma escolha bastante óbvia", diz Brian.

Infelizmente, James Strong morreu em 2013, aos 68 anos, devido a complicações após uma cirurgia, e é calorosamente lembrado como uma figura gigante no cenário empresarial australiano, com sua gravata borboleta e seu senso de aventura. Sua esposa Jeanne-Claude diz que foi o vínculo estabelecido entre ele e Brian durante a aventura na Antártica e as qualidades que o marido viu em Brian que atraíram James para a posição. "Brian era muito sólido, um bom colega de equipe que apoiava a todos – com um pensamento muito claro, muito confiante na neve e em boa forma", lembra Jeanne-Claude dessa viagem. "Ele ficou muito impressionado com Brian como homem e como indivíduo. Ele gostou da visão e do senso de diversão... James foi convidado a integrar os conselhos de várias empresas da Austrália e muitas delas muito maiores que a Rip Curl. Ele teria relutado em ingressar em qualquer empresa privada se não fosse pela qualidade de Brian e Claw."

O primeiro trabalho de Strong como presidente foi participar de uma reunião na Califórnia. "Estávamos em uma casa em Carlsbad [norte de San Diego] quando fomos acordados por um telefonema matinal de um colega meu dizendo que os ataques terroristas de 11 de setembro estavam acontecendo, no primeiro dia em que [James] começou na Rip Curl", diz Brian. "Corri para o quarto onde James e Jeanne-Claude estavam dormindo para dar a notícia e passamos as duas horas seguintes colados na TV antes de partirmos para a reunião anual da Rip Curl Internacional. Certamente isso teve um efeito muito preocupante para a reunião, principalmente para os americanos."

Uma das primeiras tarefas de Strong foi ajudar a recrutar um novo CEO. A escolha de Strong foi David Lawn, um executivo sênior altamente conceituado, que vinha de uma experiência em vestuário com Jeans West, Country Road e Myer Grace Brothers. Ele também era um não surfista, o que causou um ranger de dentes entre os veteranos salgados da Rip Curl. Inicialmente, David assumiria a responsabilidade pela Austrália e Nova Zelândia, enquanto Brian continuaria como CEO por um período de "adaptação".

David Lawn era um grande admirador de James Strong e da Rip Curl, e aproveitou a oportunidade. "Quem não quer ser entrevistado para o cargo de CEO da Rip Curl?", diz David hoje. "Ainda digo que James é uma das pessoas mais influentes na minha vida. Eu ainda sinto falta dele. Ele era um ser humano maravilhoso, tinha sempre muito tempo para você. Fiquei muito atraído pela oportunidade de trabalhar com Brian e Claw e pela magia dessa marca, e por estar em um projeto com James, em que o objetivo era um crescimento significativo, não foi uma decisão difícil. Ainda penso com muito carinho no tempo em que estive lá."

O novo CEO veio com o objetivo claro de expandir a parte de vestuário dos negócios. "Eu era um estudante da marca. Minha formação era no varejo de roupas", diz David. "Achava que tínhamos uma marca incrível, mas faltava uma sensibilidade ao vestuário. Éramos muito mais fortes em produtos técnicos, mas em vestuário a Quiksilver e a Billabong eram muito melhores do que a Rip Curl."

Em Torquay, havia receio de que a nomeação de um CEO não surfista e a presença reduzida dos fundadores acabassem com seus modos antigos e informais: os pés descalços e cheios de areia no escritório, as longas surfadas na hora do almoço, a cultura orgulhosamente salgada do local de trabalho. Mas eles não precisavam se preocupar.

"Aquilo é o charme, não o problema. Achei essa parte muito fácil", diz David. "A parte mais difícil foi que eles realmente não tinham pessoas e infraestrutura para lidar com o crescimento... A tensão de ter uma empresa nas mãos dos surfistas e depois de pessoas com experiência fora do surfe trazendo mudanças para a organização foi a parte mais difícil."

A meta de David para o negócio era clara. "A empresa tinha três coisas a fazer", diz ele. "Crescer o negócio de vestuário – o vestuário representava uma porcentagem muito menor da empresa do que deveria. Não éramos bons varejistas, não tínhamos muitas lojas. E tínhamos que reunir as quatro empresas. Era um pouco como Guerra nas Estrelas, era dirigido por muitas pessoas ferozmente determinadas e apaixonadas em outras partes do mundo, que tomavam decisões isoladamente. Fazer a empresa operar como uma empresa foi difícil. E tínhamos um negócio nos Estados Unidos que simplesmente não estava funcionando. Estes foram os principais projetos do CEO que entrou. Tivemos algum sucesso, mas de forma alguma foi completo... Havia um pouco de resistência interna. É da natureza humana... Se marcássemos gols em todos os lugares, eles provavelmente teriam aceitado mais, mas tivemos alguns percalços."

O principal percalço era o contínuo desempenho insuficiente dos negócios nos Estados Unidos. "Nos Estados Unidos foi trabalho duro o tempo todo. Acabei indo para lá e morando lá. Eu senti que precisava, mas acho que não tive sucesso nisso. Me juntei a uma longa lista de pessoas", diz David com tristeza.

David encontrou aliados em alguns dos recém-chegados na Rip Curl que estavam ansiosos para aprender os caminhos do mundo empresarial moderno, como o diretor criativo James Taylor e o presidente de marketing Neil Ridgway. Entre as vitórias, David diz que uma marca global e uma mensagem de marketing mais unificadas, sob um logotipo consistente, foram grandes conquistas. "Neil e JT fizeram um ótimo trabalho globalizando o marketing", diz ele.

Ele também desenvolveu um profundo respeito pelos enigmáticos fundadores da Rip Curl. "Eles são reais, em termos de serem líderes autênticos e proprietários da marca", diz David. "Claw é a alma da empresa e seu espírito é o espírito da empresa e do surfe... Brian, por outro lado, é um cavalo de batalha duro, forte e detalhista. E ele é resiliente e tem muita força de vontade."

David acredita que os fundadores deveriam ter aceitado uma oferta da VF Corporation, proprietária da Vans, North Face, Reef, Lee e Wrangler, para comprar o negócio em 2006. "Tínhamos uma oferta para a empresa — não era exatamente o que eles queriam, mas era pelo menos o dobro do que conseguiriam agora", diz David. "Ser integrado a uma máquina que pode levar as coisas a grande volumes, eu queria levar a empresa nessa direção, a operar como uma empresa global. É muito fácil dizer, mas muito difícil de executar."

OS CONTADORES CONTROLADORES

Como parte do processo de globalização dos negócios, o CFO Rod Adams contratou um jovem contador chamado Michael Daly, também da PricewaterhouseCoopers, que viria a desempenhar um papel importante nos negócios. Michael trabalhava principalmente com empresas de mineração internacionais, mas estava sentindo a necessidade de uma mudança de direção. "Eu estava procurando por uma empresa menor, em que pudesse me sentir realmente comprometido e apaixonado, algo mais alinhado ao meu modo de vida", diz Michael. "Eu fiz uma lista de cinco empresas que me interessavam, principalmente empresas esportivas de marca. Tive a sorte de uma dessas empresas ser a Rip Curl e certo dia recebi a ligação do caçador de talentos – se eu gostaria de me encontrar com a Rip Curl a respeito de um emprego?"

"Eu sabia que Michael tinha o temperamento e suas boas habilidades técnicas de contabilidade seriam perfeitas para a Rip Curl na transição para o que se previa ser uma empresa pública", diz Rod.

"Tive um corte salarial de fato significativo e todos os meus colegas da PwC pensaram que eu estava louco, mas fiquei feliz com a decisão", diz Michael. "Uma das minhas primeiras tarefas foi preparar um resultado financeiro para o mês e o acumulado do ano até o final de maio. Infelizmente, tive que relatar que o resultado não estava nem perto do que eles pensavam. Acho que me pediram para verificar cinco vezes. Eu garanti a eles que sabia o que estava fazendo e que estava correto. Certamente foi um batismo de fogo, mas Brian, Rod e todos os fundadores aceitaram bem as notícias e me deram autonomia para fazer o que eu precisava para que a gestão financeira funcionasse melhor em todo o mundo."

Michael chegou à Rip Curl quando vários novos compromissos foram feitos. "A subsidiária brasileira foi criada com um novo CEO, um novo CEO foi nomeado para substituir François como CEO europeu [Olivier Cantet], um novo CEO do grupo para substituir Brian [David Lawn], Stephen Kay foi nomeado Gerente Geral da Austrália, um novo CEO nos Estados Unidos foi nomeado [Jimmy Olsson], Neil Ridgway foi nomeado Gerente Global de Publicidade e Promoções e eu poderia listar outras 50 mudanças importantes", diz ele. "Foi um momento louco na vida da Rip Curl."

Havia muito a se acostumar no novo local de trabalho de Michael. "As pegadas de areia pelos corredores eram sempre curiosas", diz Michael. "No meu primeiro ano, além de Gerente Financeiro do Grupo, eu também era especialista em tudo, inclusive supervisionando nossa limpeza. Os faxineiros estavam sempre reclamando comigo sobre as pessoas estarem descalças e espalharem areia pelo local. Inicialmente, achei frustrante, pois os faxineiros tentavam seguir as pegadas para encontrar o culpado e apontá-los para mim. Hoje eu adoro ver pegadas de areia no tapete, pois isso significa que nossa equipe está vivendo de acordo com a nossa visão."

Michael chegou com o entendimento de que ele acabaria assumindo o cargo de CFO para substituir Rod, mas quando isso não aconteceu depois de três ou quatro anos, ele quase saiu. "Transmiti minhas preocupações para Rod e nosso gerente de RH na época. Antes de eu começar a pensar em procurar outro emprego, basicamente Rod se ofereceu para sair da empresa." Foi uma jogada altruísta de Rod, que foi um servo fiel da empresa por muitos anos e alguém por quem a Rip Curl seria grata pelos anos seguintes.

ABRIR OU NÃO O CAPITAL

Em 2000, a marca de roupas de surfe Billabong, com sede na Gold Coast, causou sensação na Bolsa de Valores da Austrália com uma das aberturas de capital de maior sucesso da história recente. Sua oferta pública inicial foi inflada massivamente, quando funcionários, varejistas, surfistas de todos os tipos e investidores sérios da Billabong clamavam para entrar em uma marca que parecia destinada a um crescimento sem fim. As ações da Billabong foram negociadas a US$ 2,30 e, em 2007, subiram para US$ 17,19. Após o sucesso da Quiksilver e as vastas fortunas obtidas por muitos de seus executivos seniores, a abertura de capital parecia a coisa mais inteligente para a Rip Curl fazer, e assim ganhar dinheiro com os anos de trabalho duro de construção da marca.

"Nós namorávamos a ideia. De fato, foi uma das razões pelas quais contratamos James Strong, caso decidíssemos seguir por esse caminho", diz Brian. "Muitos de nossos clientes de varejo tinham ações da Billabong, então imaginei que eles estavam mais inclinados a comprar da Billabong do que de nós, o que ocorreu. O surfe estava muito quente naquele momento." Brian diz que eles consideraram as desvantagens de tornar a empresa pública. "O que me parece é que você é forçado a pensar mais a curto prazo, por causa de todos os mestres do universo, quero dizer, analistas, procurando melhorias anuais e trimestrais. Então isso força a empresa a pensar a curto prazo, porque está focada no preço das ações. Não é necessariamente uma grande maneira de uma empresa se comportar. Tornar-se público é uma estratégia de saída."

Por esses motivos, e como os desafios contínuos na América do Norte, em particular, tornaram o momento menos do que ideal para flutuar na bolsa, Claw e Brian prosseguiram com cautela. A longo prazo, a cautela pareceu bem fundamentada, embora a flutuação tivesse aumentado bastante os recursos financeiros de seus concorrentes. "Em um momento anterior ao GFC, nossos dois principais concorrentes estavam voando e não podíamos voar assim", diz Claw. "Eles tinham uma potência financeira que não tínhamos. Eles tinham quatro vezes os recursos que tínhamos para lançar iniciativas."

Eles nunca se arrependeram da decisão de não abrir o capital. "Ser uma empresa pública não tem sido bom para a indústria do surfe. Como você pode ter estratégias de longo prazo? Você pode rapidamente assustar o mercado", diz Claw.

Rod Brooks, a essa altura firmemente entrincheirado na Quiksilver, admira a maneira como seus velhos amigos seguraram suas posições e mantiveram a propriedade. "Gostaria que a Quiksilver tivesse feito isso", diz Rod. "Foi muito difícil para Claw e Brian. Eles cuidaram dessa empresa em tempos muito difíceis."

Mick Fanning havia há pouco tempo se juntado à equipe da Rip Curl, e rapidamente saltou para os escalões superiores do ranking profissional, e ele se lembra de estar desconfortável com as discussões sobre a abertura da Rip Curl. "Como atleta, foi meio assustador porque eu pude ver o que estava acontecendo com as outras marcas", diz Mick. "Fico feliz que eles não o fizeram e mantiveram suas raízes."

Esse sentimento foi compartilhado por muitos na Rip Curl. "Claw e Brian sempre quiseram que a Rip Curl fosse uma empresa de surfe com alma", diz Ray Thomas. "Embora tenham saído por algumas tangentes, eles mantiveram os principais produtos – fazendo coisas para os surfistas... Eles muitas vezes colocaram em risco seus negócios."

"Havia quase uma percepção de que eles tinham ficado para trás, deixados na prateleira. Mas o fato é que eles sim é que não foram deixados na prateleira", diz Rabbit Bartholomew. "Não tendo que seguir as demandas de uma empresa pública e ainda ter o controle de seu próprio destino e não ter que alcançar metas, eles puderam jogar um jogo mais longo e lidar com as quedas. Eles realmente acertaram nessa."

Naquela época, a intensa competição entre as marcas e entre os velhos amigos Al Green e Brian tornava difícil para os fundadores da Rip Curl assistir a seus pares ganharem de forma tão espetacular. Quando a Quiksilver Estados Unidos comprou todas as marcas registradas da empresa da Quiksilver Internacional por uma quantia astronômica, Brian lembra Greeny mostrando a ele um cheque com mais dinheiro do que qualquer um deles poderia imaginar quando começaram os seus negócios em 1969. "Era uma competição e você queria vencer. Greeny chegou com o cheque – era uma quantia considerável e certamente tivemos uma boa festa comemorativa", diz Brian.

A NOVA GALERA

A Rip Curl começou a atrair um novo elenco de funcionários seniores como parte de um programa de mudança geracional, que ajudaria a impulsioná-los para uma nova era. Em vez de escolher entre sais e ternos, eles descobriram uma nova geração de jovens profissionais eminentemente qualificados, que também eram surfistas dedicados.

Na Rip Curl, eles sempre cultivaram a ideia de ser seus próprios clientes, e James Taylor foi um exemplo perfeito disso, quando ele entrou na loja Torquay cheio de libras esterlinas, depois de alguns anos trabalhando em Londres, procurando uma roupa de mergulho Elasto de primeira linha para comprar. JT trabalhava como diretor de arte de uma revista sofisticada chamada *How to Spend It*, um suplemento aspiracional brilhante do *Financial Times*.

Eu estava trabalhando com um diretor de arte esquisito e genial. Ele teve um colapso e o chefe do *Financial Times* disse: "O emprego é seu, se você conseguir", diz JT. "Eu fazia direção de arte em sessões de fotos para Stella McCartney e Marco Pierre White [um chef com estrela Michelin]."

Mas JT sempre soube que voltaria à sua amada costa vitoriana. "Depois de alguns anos trabalhando em Londres e arrastando os colegas de apartamento até a Cornualha para surfar, eu estava pronto para voltar para casa", diz JT. "Eu entrei na Rip Curl com um monte de libras pela primeira vez na minha vida e comprei um Elasto." Ele encontrou por acaso um velho colega de universidade que lhe disse que havia um emprego no departamento de arte.

JT conheceu Ray Thomas e conseguiu o emprego. "Isso foi em 1999. Apenas enxerguei uma oportunidade", diz JT. "Eu vinha de um departamento de arte realmente sofisticado, com prazos mensais. Houve uma oportunidade real de estruturar a forma como a criação era entregue. Entrei para fazer publicidade e design de produtos para roupas de mergulho. Foi uma época tão diferente. A partir daí, foi como uma incrível jornada de sorte de ter pessoas realmente ótimas para trabalhar."

Um dos primeiros trabalhos de JT foi estabelecer uma identidade de marca moderna e consistente, para a qual ele contou com a ajuda do renomado designer britânico Alex Willcock e de sua agência The Nest. A colaboração resultou no novo logotipo da onda vermelha para fornecer uma identidade visual coesa em todos os produtos e no marketing. "Ele foi incrível, ele tem uma mente incrível – ele realmente nos ajudou", diz JT sobre Willcock. "Ele nos ensinou como fazer isso, em poder articular o ponto de vista de marca. Essa é uma grande parte do motivo pelo qual tudo parece pensado e coeso."

Quando JT fala sobre a oportunidade de trabalhar com ótimas pessoas, ele aponta para a lista de fotógrafos de primeira classe com quem colaborou em campanhas. "As pessoas com quem tive a sorte de trabalhar são a magia do lugar – Jon Frank, Ted Grambeau, Trent Mitchell, Corey Wilson, Dave Sparkes." A estreita colaboração com o presidente de marketing Neil Ridgway também foi fundamental. "Neil não é um artista, mas a maneira como trabalhamos juntos é muito boa, e ele adora gerenciar marcas."

JT ajudou a orquestrar algumas campanhas inovadoras. Quando a Rip Curl estava planejando o lançamento da H-Bomb, a primeira roupa de mergulho aquecida do mundo, Ted Grambeau os alertou sobre um local na Islândia onde o gelo flui para o oceano e onde havia ondas. JT estava convencido, mas precisava vender a ideia para Neil. Era um empreendimento caro, não testado e de alto risco, mas Neil deu o sinal verde, com um porém.

"Neil disse: 'Se essa sessão não funcionar, as coisas não serão tão confortáveis para você aqui na Rip Curl'", lembra JT. Mas Neil não precisava se preocupar – a campanha estabeleceu um novo padrão para o marketing de roupas de mergulho. "Ele me disse mais tarde: 'Eu precisava tirar o melhor de você'", diz JT.

A campanha para as bermudas Mirage foi concebida para anunciar o que a Rip Curl chamou de "a bermuda mais tecnológica do mundo", que parecia como "não estar usando nada". A configuração de várias câmeras GoPro em alta velocidade, conforme usada no filme *Matrix*, refletia a natureza inovadora do produto. Em colaboração com a Timeslice Films, eles usaram até 50 GoPros enfileiradas para filmar as sequências de ação de surfe.

"O que fizemos com o conjunto de 50 câmeras foi uma maneira completamente nova de mostrar o surfe, que era única e difícil, muito difícil de fazer", diz JT. A primeira sessão de fotos foi na piscina de ondas Sunway Lagoon, na Malásia, com a equipe A da Rip Curl: Mick Fanning, Owen Wright, Matt Wilkinson e Stephanie Gilmore. Quatro horas de chuva torrencial interromperam as complexas filmagens, afogando vários laptops e câmeras. Depois que a chuva caiu, eles precisaram de uma filmagem noturna sob holofotes. Os resultados, no entanto, foram extraordinários: sequências dinâmicas de surfe congeladas no tempo e examinadas perfeitamente por vários ângulos.

Mick Fanning pediu à equipe da Rip Curl que levasse a tecnologia ao oceano, adicionando um novo conjunto de variáveis ao que já tinha sido um feito logístico monumental. Mick sugeriu uma onda em Fiji chamada Swimming Pools, na ilha de Namotu, que se mostrou ideal. "Quando falo sobre ótimas pessoas para trabalhar, ele é um deles", diz JT.

Acima de todas as imagens de alta tecnologia e novas fronteiras técnicas arrojadas, JT avalia que ele ainda conta com os fundadores da empresa para darem os princípios norteadores. "Trabalhar com os fundadores é ótimo porque eles veem os fundamentos. Eles são baseados na simplicidade", diz ele. "Não estamos desconsiderando por sermos uma marca premium. O sonho é areia branca e água azul."

O ethos duradouro do surfe em primeiro lugar também ajudou a atrair as pessoas certas para os negócios. "Atraiu surfistas para a empresa. Você entra no local de trabalho e tem um vínculo instantâneo, porque todo mundo está igualmente empolgado para surfar na hora do almoço", diz JT. "Estou realmente interessado em ter toda a minha equipe entrando na água. Tenho que estar atento a quem trago para os negócios, e quem é o cliente. É assim que mantemos o foco em nossas mensagens."

Outro excelente exemplo dessa renovação geracional foi Milan Thompson, designer industrial e filho do veterano shaper de Torquay, Kym Thompson. "Dizer que nasci na indústria é bastante correto. Eu cresci com os filhos dos fundadores e conhecendo os fundadores", diz Milan. "Estudei desenho industrial com a intenção de ir para o exterior. Não havia nenhuma intenção real de voltar e estar envolvido na indústria do surfe."

Mas a Rip Curl reconheceu que o jovem e talentoso designer poderia ser um trunfo, em um momento em que desejava injetar mais jovens na marca, e ofereceu a ele um estágio. "Trabalhei com Grant Forbes em roupas e depois em relógios com Hodg. Tive a sorte de trabalhar com essa equipe original", diz Milan. "Eles viveram uma explosão maciça – tudo em que colocaram o seu nome foi um sucesso. Quando cheguei, houve um pouco de desaceleração e um esforço para atrair um grupo de jovens como eu para colocar algumas ideias novas sobre a mesa. Eu não era formalmente treinado em design de vestuário e fui jogado na linha de frente. Havia muita confiança... vindo daqueles caras."

Desde então, Milan assumiu o cargo de diretor criativo de produtos técnicos e de mentor de uma geração de jovens integrantes. Em 2006, junto com Mick Ray e Peter Hodgart, ele ajudou a formar um grupo técnico dentro da organização para reunir designers de diferentes divisões de produtos. "Estávamos tentando criar um DNA forte entre os grupos de produtos e criar um ambiente mais colaborativo", diz Milan.

Milan está focado em equilibrar essa influência juvenil com os fundamentos da marca. "Todos nós temos muita sorte, você não precisa fazer seus 10 anos aqui. Você logo recebe uma boa dose de responsabilidade", diz ele. "É um ambiente realmente jovem, mas ainda existe uma base de conhecimento para garantir que não vamos escorregar."

Mas quando eu o entrevisto, o que mais anima Milan é a chegada de uma ondulação que promete oferecer uma semana de ondas clássicas de inverno. "Vai estar bombando nos próximos dias e, definitivamente, teremos nossa parcela de ondas", diz ele. "Você não constrói uma empresa de sucesso sem disciplina e estrutura, mas ela é equilibrada entre o tempo na praia e o tempo no mercado de trabalho."

OS CARAS DA REVISTA

No novo milênio, um caminho bem batido se desenvolveu entre os escritórios da revista *Tracks*, no centro de Sydney, e Torquay. O primeiro a fazer essa jornada foi o ex-editor da *Tracks*, Gary Dunne, que havia ingressado na Rip Curl como gerente de equipe nacional e gerente de comunicações em 1994 e tornou-se gerente de equipe internacional em 2002. O editor da *Tracks*, Steve Kay, seguiu o caminho em 2000 e logo recrutou um de seus vendedores de anúncios da *Tracks*, Nichol Wylie, para se juntar a ele. E em 2003, outro ex-editor da *Tracks*, Neil Ridgway, fez a jornada ao sul para tornar-se presidente de marketing internacional.

"Por alguns anos, Steve vinha para o sul na Páscoa tentando me vender os próximos 12 meses de anúncios e percebi que ele era um trabalhador muito perspicaz e um perfeito vendedor", diz Brian. Steve começou como chefe global de promoções, mas os títulos nunca tiveram muita influência na Rip Curl. Steve ri quando pergunto se houve algum processo formal de entrada. "Existe agora. Quando eu entrei, ele seguia diretrizes mais simples", diz Steve. "No primeiro dia em que cheguei, não havia mesa, telefone ou computador, e nenhuma das pessoas que se reportavam a mim sabia que eu estava empregado, por isso foi um primeiro dia interessante. Você tinha que cuidar de si mesmo naqueles tempos."

Uma de suas primeiras tarefas oficiais foi distribuir os troféus no Rip Curl Pro, que havia sido transferido, de maneira um tanto controversa, para uma praia semissecreta a oeste de Cape Otway. "Eu descobri que eles provavelmente me levaram lá pra isso, porque havia uma chance muito grande de eu ser morto pelos locais", diz Steve. "Felizmente o evento foi vencido por Sunny Garcia – ele foi a pessoa que me impediu de ser morto." Um local importante ameaçou jogar Steve dos penhascos. "Sunny deu uma encarada nele e ele se afastou. Houve uma grande briga depois disso, e certamente concordamos em nunca mais voltar lá."

Após esse início, a transição da revista para a indústria do surfe foi bastante tranquila. "De certa forma, negócios são negócios, trata-se de cumprir prazos e atingir metas", diz Steve. O ano de 2000 marcou o ponto de virada para os negócios das revistas. Começou a decair, enquanto os 10 anos seguintes na Rip Curl foram muito excitantes."

Nichol Wylie não precisava de muito convencimento para se juntar ao seu antigo chefe na Rip Curl. Wylie conhecera Claw e Brian trabalhando na patrulha de esqui em Mount Buller e vendendo anúncios para eles na *Tracks*. Ele se mudou para Torquay com o objetivo de conseguir um emprego na indústria do surfe e valeu a pena quando recebeu uma ligação de Claw solicitando uma conversa.

"Nunca esquecerei dessa conversa. Ele disse: 'Não sabemos o que você vai fazer, mas realmente queremos que você se junte à Rip Curl'", lembra Nichol. "Eles me deram o cargo de gerente de produto de calçados e roupas de montanha."

Nichol se beneficiou de trabalhar com veteranos da Rip Curl como Ray Thomas, Peter Hodgart e Rod Adams, enquanto aprendia muito com o estilo de gerenciamento moderno do novo milênio, sob a orientação de Steve Kay. Ele trabalhou como gerente nacional de vendas, gerente geral de roupas de surfe masculinas e femininas, gerente geral da Rip Curl Austrália e Nova Zelândia e, finalmente, gerente geral de produtos do grupo.

Ele se lembra do novo CEO David Lawn, pedindo para ser levado para surfar na costa, para que ele pudesse entender melhor o espírito da marca. "A Mãe Natureza não foi gentil com ele. Era um dia sem ondas, mas uma onda surgiu do nada e o varreu", diz Nichol. "Eu tive que agarrar a cordinha da perna dele porque ele estava remando em direção a um recife, pensando que era seguro, mas ele seria completamente esmagado se remasse por ali." Lawn estava sentado na praia para recuperar o fôlego e foi prontamente atacado por moscas mordedoras. "Ele voltou para casa com vergões de picadas de mosca e a pele vermelha e enrugada, porque continuamos surfando", diz Nichol.

O incidente serve como uma clara metáfora para os gerentes corporativos que lutam para chegar a um acordo frente ao estilo de negócios da Rip Curl. "Embora os gerentes corporativos tenham contribuído significativamente para os negócios, eles nunca se acostumaram com o jeito da Rip Curl", diz Nichol. "Eles entraram e nós os ouvimos, pegamos as coisas boas e tentamos esses novos caminhos, mas sempre revertíamos para o jeito da Rip Curl."

Nichol se lembra de Claw falando com ele sobre a importância dos princípios fundamentais de assumir riscos e experimentar. "Ele me surpreendeu um pouco com a visão sobre o estado da indústria do surfe", diz Nichol. "Ele me deu uma palestra sobre como ele sempre quis desafiar a norma quando as coisas ficavam um pouco chatas, não ouvir as métricas do varejo, continuar testando as coisas e não temer o fracasso, se aventurar. Ele disse: 'O que você fará para elevar as coisas ao próximo nível, porque a indústria do surfe sempre foi líder'."

O discurso foi tão impressionante que Nichol pediu a Claw para que falasse com a sua equipe de designers. "Por duas horas ele ficou com 10 ou 15 pessoas na sala de reuniões e você poderia ouvir um alfinete cair", diz Nichol. "Ele falou sobre os diferentes momentos em que teve que agitar as coisas, como ele deve ter tido um sucesso para cada 10 fracassos e deixou muita bagunça ao longo do caminho, mas falou com as pessoas sobre não temer o fracasso, para sempre se agitarem por mudanças... Eu amo essas coisas, é por isso que estou aqui."

De Brian, Nichol acha que aprendeu a importância de tratar todos os varejistas de maneira justa e igual e o valor de agir rapidamente. Como Brian gostava de dizer: "Se você tomar decisões rápidas, poderá gastar menos tempo em reuniões, menos tempo preso à sua mesa olhando para e-mails e mais tempo surfando no Bowl."

Neil Ridgway seguiu o mesmo caminho até a Rip Curl em 2003. Neil tinha algumas reservas sobre a mudança para o sul com base em sua experiência na feroz vida social de Torquay durante os períodos de Páscoa. "Eu disse ao [então editor do *Waves*] Vaughan Blakey: 'Se eu for a Torquay trabalhar para uma das empresas de surfe, atire em mim antes que eu chegue à fronteira' porque você sabe como são as coisas em Bells durante duas semanas. São duas semanas de carnificina e você fica bastante destruído." Neil nunca se arrependeu da mudança para Torquay.

Mas Neil também havia entrado na era corporativa da Rip Curl. "David Lawn tinha muitas ideias novas sobre merchandising e de como a empresa deveria ser administrada, o que provavelmente foi bom para mim porque eu não sabia nada sobre isso", diz Neil. "Pensei que estava vindo de Sydney e compraria alguns anúncios e iria surfar. Nos primeiros seis meses do meu tempo aqui eu me apavorei, porque me vi em reuniões sobre produtos, tecidos e segmentação, varejo, etiquetas para estantes e giro e todas essas coisas sobre as quais eu não fazia ideia. Nesses primeiros seis meses sempre pensei que, se eles me descobrissem, iriam logo se livrar de mim, mas aprendi muito em pouco tempo."

O novo slogan era uma mensagem global unificada e de marca para todas as regiões, e a implementação dessa filosofia foi parte grande do trabalho de Neil. Ele também trabalhou em estreita colaboração com Gary Dunne em um esforço conjunto para regenerar a sua equipe de surfistas patrocinados. "Um de nossos mantras é recrutar a próxima geração. A equipe faz muito disso por você. As gerações sempre se ligam a uma geração de surfistas de elite", diz Steve Kay. "Quando entrei na empresa havia uma preocupação, por volta de 2000, de que a marca estava envelhecendo. Tínhamos medo de que a Rip Curl estivesse começando a ser considerada como a marca de um homem velho... Nós realmente atacamos isso por provavelmente 10 anos e, depois disso, penso que tendo os melhores produtos, um marketing realmente bom e uma ótima equipe, esse comentário meio que desapareceu. Não é mais o problema que era há 17 anos."

"E levou 10 anos, realmente levou 10 anos para mudar isso", diz Neil. "Por muitos anos, tivemos um time muito bom, mas eles não eram campeões do mundo. Não tivemos um campeão mundial por 16 anos. E desde então tivemos 10 em 10 anos, mas são necessários 10 anos para construir essa geração, ocupar o lugar da geração anterior e mudar essa percepção."

"De certa forma, a Rip Curl precisa ser uma eterna adolescente, e então é por meio de reinvenção que você cria essa adolescência perpétua, por ter gerações sucessivas de integrantes da equipe na elite, grandes eventos e, obviamente, produtos relevantes para essa geração", diz Steve. "A maneira como você faz isso é garantir que as pessoas que estão projetando produtos sejam realmente o cliente. Muitos funcionários precisam ser jovens e relevantes para a geração que está surfando naquela época."

E é aqui que Neil admite que eles podem ter perdido a mão, com alguns dos atropelamentos de designs trazidos de fora do surfe. "É aí que alguns desses caras da Nike e da Puma... simplesmente não entendiam como é ser surfista e por que você acorda às cinco da manhã quando está frio e faz todo o tipo de coisas para chegar até uma onda", diz Neil.

Enquanto isso, na Europa, onde o espírito rebelde original da Rip Curl havia sido abraçado com tanto entusiasmo, havia algumas sérias dúvidas sobre a nova direção corporativa. "O espírito da empresa mudou. Alguns desses novos gerentes não tinham cultura de surfe", diz Fred Basse. "James Strong exigiu que Claw, Brian e François se afastassem dos negócios e eles não tinham mais tanto contato com a equipe... Para mim, eles se separaram da realidade do mercado e da empresa deles."

"James não queria eu, Claw e François nos comunicando diretamente com os executivos", explica Brian. "Ele temia que haveria mensagens contraditórias, de que os executivos ouvissem os fundadores ao invés do CEO." Apesar de algumas reservas, os fundadores aceitaram a estratégia de seu novo CEO e presidente, embora Brian admita: "Os sistemas que construímos ao longo de vários anos, ele meio que desmontou isso rápido demais, e houve muita confusão."

Fred Basse manteve fortes as principais credenciais de surfe da empresa com suas aventuras rebocado em ondas grandes junto com o australiano Todd Lee. Em março de 2003, Todd levou Fred a uma onda no recife externo de ondas grandes de Belharra, recentemente descoberto e com ondas estimadas em 60 pés. Fred foi provavelmente o único executivo sênior de surfe indicado ao XXL Big Wave Award, terminando em segundo lugar atrás do surfista havaiano Makua Rothman.

A história da indústria moderna do surfe é, de muitas maneiras, esse cabo de guerra entre a cultura corporativa moderna dos negócios e o velho espírito independente do surfe, um jogo de empurra e puxa que às vezes pode ir longe demais de um lado ou de outro, antes de encontrar um meio termo sensato. "Sais e ternos", como resumiu o estimado escritor de surfe Phil Jarratt em seu livro de mesmo nome. O resultado desse cabo de guerra teria enormes ramificações para o futuro dos negócios e de toda a indústria do surfe.

A ARTE DA BUSCA

A nova abordagem corporativa também significava que alguns dos principais esteios da empresa pareceriam cada vez mais deslocados. Mas o espírito inquieto da velha equipe de surfe forneceu o lastro que finalmente ajudou a manter em curso o bom navio Rip Curl.

O diretor criativo Grant Forbes era um velho salgado que conseguiu transformar sua coceira nos pés em uma ousada viagem de moto transamericana com Ted Grambeau, que fazia parte da campanha Search. "Nessa época, eu me afastei do campo do design criativo e o deixei para uma equipe mais jovem", diz Grant. "Eu era responsável pelos licenciados e importadores de todo o mundo, mas realmente estava começando a me sentir como um vendedor ambulante, o que não era nada do que eu sempre quis na minha vida... Eu tinha um enorme acúmulo de férias e licenças de serviço pendentes e podia me valer de um ano de folga."

Grant tinha um sonho antigo de percorrer de moto de Los Angeles à Patagônia, na ponta gelada da América do Sul, e conhecia Ted bem o suficiente para saber que não seria difícil convencê-lo a participar do passeio. Ted pulou no projeto apesar de vários obstáculos consideráveis. "Eu disse: 'Não tenho moto, não tenho licença. Só andei em Bali nessas pequenas motonetas e não tenho dinheiro, mas estou interessado'", lembra Ted.

A dupla conseguiu o patrocínio da BMW, que lhes emprestou duas bicicletas de estrada de primeira linha. Eles lançaram o conceito para a Rip Curl como uma adição ousada e aberta do programa Search, e Neil Ridgway os apoiou. "A única condição era que eu teria que andar de moto na noite da mídia em Bells", diz Ted. "Eu consegui, então só me faltava obter uma licença."

Durante oito meses eles pegaram ondas incríveis no México e na América Central e do Sul, mas para Ted o destaque foi o cenário selvagem da Patagônia. "A Patagônia em motos é uma experiência que você nunca esquecerá... Foi certamente uma das viagens mais incríveis que eu já fiz", diz Ted.

A viagem afetou Grant tão profundamente que ele decidiu não voltar para a Rip Curl e, ao retornar, ele abriu uma pequena loja de surfe e galeria de arte chamada Tigerfish em Torquay. Grant finalmente vendeu o negócio e mergulhou em uma nova obsessão, navegar, e ele e sua esposa partiram para Darwin e depois para a Tailândia, onde ainda podem ser encontrados hoje. Como muitas outras pessoas antes e depois, a Rip Curl forneceu a Grant uma plataforma para a sua própria Busca.

"Quanto ao meu tempo na Rip Curl, devo dizer que tenho muita sorte de ter tido essa experiência. Poucas pessoas poderiam ter tido as oportunidades que eu tive ou uma carreira tão selvagem, emocionante, divertida, louca e satisfatória", diz Grant. "Uma coisa poderosa, de fato, é o Poder da Curl. Tenho orgulho de ter estado lá. Minha família já fez parte da Rip Curl em vários estágios e, sim, apesar de toda a devassidão e loucura, de alguma forma eu consegui permanecer casado por 40 anos. Uma vez eu disse que eu me engasgaria antes de usar alguma outra marca de surfe, e aqui estou 12 ou 13 anos depois que saí e ainda não tenho outras marcas de surfe no armário."

Questionado sobre onde o espírito da Curl reside atualmente, Grant nomeia um de seus primeiros funcionários. "Acho que, para mim, são pessoas como Gary Crothall que tipificam o melhor da Rip Curl. Sólido, leal, confiável e com um certo estilo que se encaixa perfeitamente na empresa. Gary conhecia todos os varejistas da Austrália. Há muitas outras pessoas lá que se encaixam perfeitamente, fazem suas coisas silenciosamente todos os dias, desfrutam a companhia de seus colegas de trabalho, enlouquecem na noite da mídia e na festa de Natal, riem sobre o que Brian e Claw fazem e tornam o lugar muito especial."

REGRAS AUSTRALIANAS

A crescente rivalidade entre Quiksilver e Rip Curl se desenrolou de várias maneiras, nenhuma mais espetacular ou com maior chance de lesões físicas graves do que a partida anual de futebol com Australian Rules [Regras Australianas].

A equipe da Rip Curl teve um longo caso de amor com o futebol australiano. A primeira onda de surfistas que se mudaram para Torquay se integrou à comunidade local, reforçando as fileiras do clube de futebol local, o Torquay Tigers. Se os agricultores e pescadores da sociedade Torquay estabelecida suspeitavam daqueles cabeludos, suas atitudes se suavizavam se os recém-chegados pudessem fazer um buraco no flanco da defesa ou interceptar os filhos dos corpulentos fazendeiros dos distritos ocidentais. Provavelmente era apenas uma questão de tempo até que a Rip Curl e a Quiksilver decidissem levar seus instintos competitivos ao campo de jogo.

As estrelas da AFL [Liga Australiana de Futebol] interessadas em surfar logo foram atraídas para o jogo de rancor anual, atuando como treinadores; Dermott Brereton, Gary Ablett Snr, Billy Brownless, Gary Lyon e Greg Healy revezaram-se. De repente, jogadores profissionais de futebol apareciam com empregos no armazém das duas empresas uma semana antes do jogo.

Neil Ridgway tinha vindo de New South Wales, então o Australian Rules era uma cultura nova para ele. Ele levou a coisa com mais entusiasmo do que requinte. "Foi ótimo porque você treinava por oito semanas e eu conheci caras que trabalhavam no armazém ou trabalhavam no abastecimento, em todo lugar, [então] nunca teríamos nos conhecido, exceto por eles dizendo: 'Olha lá aquele idiota do marketing com o trabalho leve e confortável enquanto nós embalamos as caixas'", diz Neil. "Você tinha a chance de conhecer bem as pessoas e jogar contra a Quiksilver, o que eu gostei porque queria a oportunidade de ganhar de alguém da Quiksilver."

Os combates eram ferozes, contundentes e frequentemente sangrentos. A partida anual de rancor atingiu o pico no início dos anos 2000, quando um número estimado de 10 mil espectadores apareceu para a ocasião. A polícia local estava possessa porque ninguém os alertou para o grande evento na cidade e que não havia banheiros e controle de tráfego adequados, mas ninguém de nenhuma das empresas havia previsto a grande participação.

"Eu nunca tinha jogado futebol na minha vida. Eu estava de zagueiro e vi a bola passar por cima da minha cabeça a noite toda enquanto chutavam em gol após gol, após gol", diz Neil. "Dermott Brereton foi nosso treinador e Gary Lyon foi o treinador da Quiksilver, e eu ganhei a Jogada da Partida. Eu ainda tenho a bola."

Steve Kay tem uma lembrança mais horripilante dos jogos. "Lembro de estar ajoelhado, procurando os dentes das pessoas... Eles os encontravam, nós os enrolávamos em um lenço de papel e os levávamos ao hospital odontológico para ver se eles poderiam ser recolocados", diz ele.

A tradição acabou em 2004 devido ao crescente número de feridos. "Nós encerramos e voltamos a um torneio de surfe, que era muito melhor e mais legal. Isso nos trouxe de volta àquilo de que as empresas eram feitas", diz Neil.

RAIO BRANCO

No início dos anos 2000, Kelly Slater estava de volta ao circuito mundial da ASP após um intervalo de três anos, no topo de sua forma e envolvido na rivalidade mais feroz da era moderna com o havaiano Andy Irons. Taj Burrow e Joel Parkinson pareciam estar entre os cinco primeiros como sérios candidatos ao título mundial nos próximos anos. De relance, o garoto magro de Tweed Heads podia parecer fora do ar. Mick Fanning enfrentara dificuldades devastadoras nos últimos anos, com a morte de seu amado irmão Sean em um acidente de carro e um grave caso de escoliose, ou curvatura da coluna, que ameaçava interromper a sua carreira.

No entanto, havia indicações precoces de que o julgamento de Claw ao apostar na velocidade e no impulso pessoal de Michael Eugene Fanning estava correto. "Quando ele desembarcou no circuito profissional, ele chegou na esteira de Kelly, Andy, Joel, Taj. Mick imediatamente se colocou como o próximo da fila", diz Claw. "Que tamanho caldeirão ele foi entrar."

Em 2001, Mick retribuiu essa fé com o maior desempenho competitivo de sua jovem carreira e o maior domínio da perna australiana do circuito profissional, desde um outro talento da Gold Coast, Michael Peterson, 30 anos antes. Num momento em que Mick estava tentando administrar a sua escoliose através de treinamento e alongamento rigorosos, em rápida sucessão ele venceu o evento WQS em Margaret River, fez a final do Quiksilver Pro em Snapper Rocks e venceu o Rip Curl Pro em Bells como *wildcard* [convidado] em sua primeira tentativa. Até ele ficou impressionado.

"Eu vinha de uma vitória em WA [Oeste da Austrália]. Eu estava empolgado com isso e tentando me qualificar, e acabei chegando até a final e ganhei Bells. Foi tão surreal", diz Mick. "E para a festa, acabamos indo para a casa de Claw com toda a equipe da Rip Curl. Eu estava sentado conversando com Claw e Brian... Naquela época eram 10 mil dólares por vitória e foi a primeira vez que o evento rolou nos primeiros quatro dias [da janela], e eles disseram: 'Foi um final de semana tão bom que vamos te dar mais 10 mil'. Eu estava nas nuvens."

A mãe de Mick, Liz, largou sua carreira de enfermeira para se tornar gerente de Mick em tempo integral e rapidamente provou que não era fraca. Com mestrado em administração hospitalar, ela se envolvia com a gerência da Rip Curl na sala de reuniões, sem nunca retroceder. "Eu tive que ir até Torquay para assinar um contrato. Acabei desistindo da enfermagem porque foi isso que Mick me pediu para fazer", diz Liz. "Coloquei o terno, peguei a maleta e entrei na sala de reuniões com todos esses caras e eles apenas olharam para mim. Fiquei um pouco intimidada no começo. Eu tinha sido diretora de enfermagem em um hospital, mas eu tinha uma posição de poder lá – aqui eu não estava em uma posição de poder. Mas nunca senti que eles usassem isso. Eles estavam sempre dispostos a negociar uma situação em que todos saíssem ganhando. Eles murmuravam e reclamavam sobre o que eu sugeria, mas no final eles concordavam. Eu sempre me senti igual."

Um forte traço familiar da família Fanning irlandesa é a disposição em expressar suas opiniões e isso serviu bem à mãe e ao filho. "Sendo mãe dele, havia muito mais emoção envolvida", diz Liz. "Will Swanton [jornalista] disse a Gary Dunne: 'Liz é uma espécie de galinha-mãe' e ele disse: 'Não, ela é uma leoa!' Eu pensei que era realmente isso que eu queria ser... Claro que vou tentar obter o melhor para o meu filho."

Mick demonstrou a mesma maneira franca ao lidar com seu principal patrocinador. "Sempre vi que quando as pessoas são patrocinadas, elas pensam que precisam sempre agradecer, mas é uma parceria. Temos que trabalhar juntos. Não é uma rua de mão única apenas", diz Mick. "Se as coisas não estão certas, nunca sou de esconder a minha opinião. Houve momentos em que eles queriam que eu fizesse viagens da Search e eu tinha campeonatos chegando. Era tipo, o que vocês querem? Não dá pra fazer as duas coisas: ou você está na Busca ou está ganhando títulos mundiais."

No entanto, as negociações sempre ocorreram sem sobressaltos. "É bem fácil. Eles colocam um contrato na sua frente e você diz sim ou não", diz

Mick. "Essa é uma coisa da Rip Curl. Eu realmente nunca tive que sentar lá e discutir sobre dinheiro. Nós nunca chegamos ao fim dos contratos – sempre concordamos, vamos fazer acontecer."

A Rip Curl tinha grandes expectativas em relação à jovem estrela, e Mick rapidamente as cumpriu, classificando-se para o circuito mundial em sua primeira tentativa e subindo para um jogo sólido entre os cinco primeiros colocados. "Ele se tornou o novato mais bem colocado de todos os tempos... Acho que ele realmente se esforçou para conseguir isso porque ele é leal assim", diz Liz.

GAROTA RIP CURL

Um dos principais movimentos do surfe no novo milênio foi o influxo de mulheres nas ondas e a percepção coletiva da indústria do surfe de estar deixando de lado um mercado grande e potencialmente lucrativo.

"As meninas estavam começando a comprar coisas de surfe feitas para homens, regatas e camisetas. Então foi uma decisão das mulheres de se tornarem consumidoras de marcas de surfe, antes de percebermos que havia um mercado para isso", diz Brian. "Foi assim que criamos coisas especificamente para mulheres... Foram as mulheres que exigiram."

A Quiksilver foi a primeira a reconhecer a oportunidade com o lançamento do selo feminino, Roxy, no início dos anos 90, com a quatro vezes campeã mundial Lisa Andersen como figura de proa da marca. A Billabong tinha na sete vezes campeã mundial Layne Beachley uma embaixadora inteligente, articulada e com conhecimento de mídia. Mas desde que Pam Burridge conquistou o título em 1990, a Rip Curl tinha ficado sem uma campeã mundial feminina e talvez tenha sido a mais lenta a abraçar o mercado feminino. Eles logo compensaram o tempo perdido.

A Rip Curl famosamente recrutou uma surfista regular de Kingscliff, Nova Gales do Sul, com apenas 12 anos de idade, tamanha era a graça sobrenatural e a promessa inicial de talento no surfe de Stephanie Gilmore. Além da bem documentada ascensão à grandeza de Gilmore, a Rip Curl também deu o pontapé inicial a uma poderosa goofy de Sydney, Jessi Miley-Dyer, que teve uma carreira influente.

"Neil [Ridgway] me trouxe da Roxy quando eu tinha 15 anos. Steph já estava na Rip Curl", diz Jessi, hoje comissária do circuito feminino da World Surf League. Após uma carreira júnior estelar e um ápice como quarta colocada no circuito mundial, Jessi assumiu o papel principal da WSL para ajudar a criar caminhos para a próxima geração de surfistas femininas.

Steph e Jessi assinaram contrato com a Rip Curl quando a empresa estava voltando ao sucesso no circuito, após a era original da Busca, e elas estavam na vanguarda de uma nova geração de surfe feminino de alto desempenho. "Quando olho para trás, eu realmente aprecio o quanto eles fizeram por nós, porque pagaram por tudo", diz Jessi. "Steph e eu fomos enviadas ao Havaí por seis semanas. Eles nos levaram a Maui para assistir à disputa do título e pagaram por tudo e nos deram diárias. Eu pensei que essa era a melhor coisa do mundo, entre US$ 50 e US$ 60 por dia. Foi realmente muito inteligente porque eles nos enviaram para assistir ao título mundial, e foi lá que Steph ganhou o título mundial e eu venci o evento no ano seguinte."

Enquanto o ex-surfista profissional Matt Griggs era contratado como "chefe dos boxes" para apoiar a equipe masculina no circuito, as mulheres não foram esquecidas. "Eles colocaram a [ex-surfista profissional] Kate Skarratt como chefe dos bastidores e ela foi demais. Eles foram definitivamente os primeiros. Ter Kate foi algo importante, sinalizando que eles apoiavam o programa", diz Jessi. "Todos os contratos estavam relacionados ao seu desempenho. Eu acho que isso foi algo que eles fizeram muito bem. Esse sempre foi o DNA da marca deles, ser o melhor."

Jessi também apreciou o fato de que a Rip Curl nunca empurrou nenhuma fala específica em torno da imagem corporal ou de estar de acordo com um estereótipo de garota de praia. Sendo uma surfista de estrutura forte, Jessi foi valorizada por seu surfe. "A Rip Curl nunca falou conosco sobre algo como perder peso", diz Jessi. "Definitivamente, eu tive uma época quando tinha cerca de 18 anos, em que muitas meninas têm esses arroubos. Eu acho que eles fazem um bom trabalho de entender como as surfistas são quando jovens... Eles te dão umas sacudidas quando você é jovem e entendem o que te motiva."

UMA LENDA RETORNA À CURL

No final dos anos 90, Tom Curren e Rip Curl haviam se afastado. O programa The Search parecia ter quase se esgotado e estava se tornando cada vez mais difícil colocar Tom em compromissos de patrocínio. Tom sempre foi esquivo, mas desta vez parecia ter sumido de vez do radar.

"Ele foi se afastando e dessa vez sumiu, simplesmente não se comunicava", diz Claw. "Sempre tivemos um bom relacionamento. Eu disse: 'Se vamos pagar um dinheiro, você terá uma cobertura, mas de alguma forma isso tem que ter a ver com o nosso negócio e com os nossos clientes. Por exemplo, se você é músico em turnê, precisa tocar algumas de suas músicas mais conhecidas. Você precisa dar a eles um pouco do que eles querem. Faça com que Al [Merrick] produza uma Black Beauty moderna [uma das pranchas mais famosas de Curren] e saia por aí e surfe com ela em Rincon [casa de Tom na Califórnia]'. Mas ele não conseguia responder ou se ligar em coisa alguma."

Na Rip Curl houve debates agonizantes sobre o que fazer com o mais conhecido surfista da equipe. Por fim, Claw teve que tomar uma decisão difícil. "Tivemos muitas discussões sobre isso. A única coisa que pudemos fazer naquele momento foi parar de enviar cheques", Claw se recorda dessa conversa. "Você não atendeu a nenhuma de nossas solicitações. É terrível. Nós odiamos isso. Tivemos um longo e maravilhoso relacionamento, mas achamos que acabou."

"Ele se tornou muito difícil após a Busca dos anos 90, até para Claw conseguir lidar", lembra Neil Ridgway. "Ele fazia coisas como ir ao aeroporto e jogar o passaporte na lixeira, para não precisar sair de casa."

Curren surfou para um par de pequenas marcas de surfe de curta duração, The Realm e North Shore Underground, mas ele permaneceu praticamente ausente dos holofotes públicos. "Ele explorou outras opções, mas não aconteceu muita coisa. Apenas caiu em um abismo. Ele precisa de uma certa estrutura, é por isso que sempre trabalhou com a Rip Curl", diz Claw.

Tom havia se separado de sua primeira esposa, Marie-Pascale, em 1993, e se casou com uma panamenha, Makeira, em 1995. "Foi Maky que veio até nós e disse: 'Acho que Tom está perdido, ele se perdeu. O que você acha do Tom?'", lembra Claw. Sua resposta foi sincera: "Nós o amamos e o respeitamos, mas acho que não podemos enviar cheques porque ele não respondeu a nenhuma de nossas solicitações. Não pedimos a ele que voltasse para o circuito ou fizesse uma turnê pelos programas de entrevistas na TV."

Mas Curren tinha em Neil Ridgway um firme apoiador. Como surfista que cresceu nos anos 80, Neil há muito admirava Curren e aproveitou a chance de colocá-lo de volta no time. "Eu estava no meu emprego há cerca de um ano e costumava ver Tom fazendo anúncios para várias marcas, em que ele era frequentemente retratado fazendo coisas enigmáticas que eu achava que o deixavam mal", diz Neil. "Este é *Tom Curren*, certo? Ele não deve agir como um macaco treinado para ganhar dinheiro... Então, eu o trouxe de volta à equipe – com alguma resistência interna sobre ser o mesmo cachorro velho com os mesmos truques antigos – mas não me importei. Nós o pegamos primeiro para os calçados e o enviamos em uma viagem da Busca com Ted Grambeau para a Rússia, e tudo correu bem. Então começamos a estabelecer um plano em torno dele e ele realmente se envolveu. Produto, crianças, viagens da Search – o pacote completo."

Neil tinha ainda um plano para incentivar a notoriamente inconstante estrela do surfe a cumprir os compromissos de seu patrocinador. "Ele tinha esses quatro 'incentivos comerciais' em seu contrato, em que, se ele aparecesse na feira comercial ou fizesse a conferência de vendas ou fizesse um show em algum lugar ou outro, poderia ganhar um bônus em cima do seu salário-base, que funcionou bem para ele conseguir se concentrar em seu novo acordo", diz Neil.

Mas é claro que o maior valor de Curren sempre esteve no oceano. Neil lembra Curren remando em Pipeline depois que o Rip Curl Pro Pipeline Masters de 2005 foi suspenso por um dia porque estava muito grande e perigoso. "Ele pegou uma onda insana do Segundo Reef e depois completou com uma bomba no Backdoor, que acabou sendo capa da revista *Surfer* naquele inverno", diz Neil. "Eu estava com Luke Egan na torre de Pipe discutindo/debatendo sobre por que eles deveriam surfar naquele dia, e Luke também viu as ondas de Curren e eu apenas disse: 'Bem, aí está a resposta...' E Luke disse: 'Bem, esse é *Tom Curren*...' Como se isso fosse diferente ou sobrenatural. Eu vi Tom enquanto ele voltava pela praia após a onda em Backdoor e disse: 'Não se preocupe com os bônus comerciais pelo resto do ano, cara. Você acabou de ganhar todos eles!' Ele voltou para a água em busca de mais."

A equipe da Rip Curl curtia passar um tempo com um surfista que eles idolatravam quando garotos. "Fiz uma viagem de barco em um lugar pouco conhecido com ele uma vez e propositadamente coloquei ele e Steph Gilmore juntos em uma cabana, para que Steph pudesse pegar um pouco da 'Magia Curren'", diz Neil. "Ela só tinha um ou dois títulos mundiais na época, mas ficou assustada porque estava admirada demais com ele e em vez disso ficou com o fotógrafo Dave Sparkes, o que seria ainda mais estranho, na minha opinião."

Mick Fanning estava entusiasmado por ter a oportunidade ficar lado a lado com um surfista a quem ele havia estudado nos vídeos antigos da Search. "Ele é tão excêntrico. Entre ele e Frankie [Oberholzer], eles eram a pedra angular da Busca, foram esses dois caras que deram vida a isso", diz Mick.

PROCURANDO POR TOM CURREN

Atualmente, Tom mora em uma rua tranquila e arborizada em um subúrbio de Santa Barbara, na Califórnia central, em uma cabana ao estilo missionário espanhol por trás de uma cerca, com sua esposa Maky. Curren sempre foi difícil de entrevistar, podendo variar entre parecer sábio e profundo, disperso e ilusório, ou simplesmente desinteressado. Desta vez, ele foi caracteristicamente difícil de encontrar, estando fora em Israel tratando de negócios não declarados quando cheguei da Austrália especificamente para ganhar uma audiência com Sua Eminência. Mas não precisava me preocupar. Ele retornou logo depois e dedicou vários dias à nossa entrevista – durante uma excelente refeição com ele e Maky em um restaurante japonês local, e longas e variadas conversas no quintal sobre todos os assuntos, desde o futuro do surfe competitivo até o importante papel que a moda desempenha em sua vida. Quem poderia saber?

Aos 54 anos, Tom ainda está fascinado com materiais de surfe alternativos; suas experiências recentes envolvem remar em sólidos fundos de areia em um grosso pranchão, antes de saltar sobre um skimboard, como se fosse um lançamento espacial aquático da Challenger. Ele ainda está explorando as sinergias entre surfe e música e, no momento da escrita, estava fortemente envolvido em dois projetos de filmes e na quase conclusão de um novo álbum.

Sua casa é simples e confortável, situada em um grande quarteirão com um estúdio de música improvisado nos fundos e um sistema de irrigação que parece projetado para imbuir a casa com os sons suaves da água corrente, enquanto desvia as águas reaproveitadas para o jardim. Trechos de mangueiras correm entre uma série de baldes e barris: da máquina de lavar, a água é bombeada para um balde no telhado, onde desce de um pequeno tubo de bambu para um tambor de 44 galões ao nível do solo. Outra mangueira a direciona para um balde menor e depois para o jardim. Quando um ciclo de lavagem libera um dilúvio de água no sistema, Tom habilmente suga a extremidade da mangueira final, como se estivesse aspirando gasolina, liberando o fluxo para o seu sistema de hortaliças. É o tipo de ajuste caseiro que ele aplica às suas pranchas alternativas: ignorando ortodoxias e estética, juntando as coisas de maneira intuitiva e, de alguma forma, fazendo tudo funcionar.

Embora o seu desprezo por entrevistas seja lendário, e eu estremeço um pouco ao convencê-lo a conversar com meu pequeno gravador de voz, ele está em um estado de espírito expansivo. Sem ser solicitado, ele inicia uma discussão animada sobre o seu amor pela moda.

"Eu sigo a moda, eu adoro. Eles precisam estar cientes para onde a moda está indo", ele me diz seriamente, como se estivesse dando conselhos para eu passar para a sede. "Paris foi e ainda é o topo da moda. Paris tem uma reputação de luxo... Se você gosta de sapatos, algumas pessoas gostam de ter muitos pares de sapatos." Fico sem saber se ele está me sacaneando, ou se ele imagina que eu tenho alguma influência com seus empregadores e está defendendo um cargo para si como um consultor de moda.

Nesse caso, ele não precisava se preocupar. Basta ser Tom Curren para garantir o apoio contínuo da Rip Curl. Atualmente, a descrição do trabalho de Curren é bastante flexível: um embaixador itinerante da marca, disponível para algumas viagens de surfe e aparições anuais, com tempo e liberdade suficientes para realizar seus próprios projetos. "É bastante relaxado. Eu gosto de representar a Rip Curl", diz ele. "Acho que a identidade de que eu mais gosto é a da equipe que testa os produtos."

Ele elogia o compromisso de longo prazo da Rip Curl com sua equipe. "Eles estão se esforçando para ter o melhor time. Isso mostra que a equipe é importante. É mais importante que um produto de qualidade." Tom faz uma pausa após esta declaração ousada, pondera por um momento, antes de parecer em dúvida. "Isso pode não ser verdade", ele admite.

De vez em quando, ele relembra o mundo do surfe de suas habilidades, como no Heritage Heat [Duelo dos Campeões] de 2014, em Jeffreys Bay, com seu antigo parceiro de competição, Mark Occhilupo. Curren venceu naquele dia com um tubo extraordinário, um testemunho de sua estranha relação com as grandes ondas do mundo. "Foi muito emocionante", diz Tom.

Os quatro filhos de Tom seguiram seus passos, como surfistas dedicados e com instintos criativos. O filho Nathan é um documentarista cujo primeiro longa-metragem, *Biarritz Surf Gang*, captura o estrondoso florescimento da cultura do surfe na França nos anos 80. Lee-Ann é uma freesurfer patrocinada e musicista, que excursiona regularmente com sua banda, Betty the Shark. Os filhos mais novos, Patrick e Frank, de seu segundo casamento, ainda moram com a mãe e o pai em Santa Barbara e, tendo flertado com a competição, agora estão mais inclinados ao gosto do pai por viajar e surfar livremente.

Tem sido uma jornada notável para um surfista que mudou o esporte de pegar ondas como poucos, mas que continua humilde como sempre. "Eu tenho muitas pessoas para agradecer. As pessoas confiavam em mim quando eu não confiava. Eu tenho que agradecer à Rip Curl", diz ele. "Eu só quero fazer parte do que eles fazem, de alguma forma... porque não se trata das lendas do esporte, se trata desses jovens, homens e mulheres, ultrapassando os limites do esporte do surfe e, de alguma forma, eles me deram esse espaço. Eles fizeram o que era certo na minha opinião, então eu definitivamente desejo a eles o melhor."

CRESCENDO NO BRASIL

Em 2002, a Rip Curl comprou sua licenciada brasileira e mudou seus escritórios da metrópole de São Paulo para a popular cidade litorânea do Guarujá, em uma ousada aposta no futuro do surfe brasileiro. Apesar da economia e do clima político volátil, Brian estava convencido de que a cultura do surfe do país estava pronta para florescer, com uma população de quase 200 milhões de pessoas, a maioria concentrada perto da costa e uma geração de jovens surfistas inspirados, prontos para explodir no cenário mundial.

"Vi que a cultura de praia era pelo menos tão forte quanto na Austrália", diz Brian. "Voltei convencido de que tínhamos de fazer essa compra do licenciado e tive algumas objeções do conselho, particularmente de James Strong, que não gostou da ideia de fazer negócios nesse país volátil da América do Sul. Levou um pouco de convencimento para que ele e alguns outros concordassem, mas para mim era uma cartada certa."

O homem que liderou a expansão da Rip Curl no Brasil é o ex-surfista profissional Felipe Silveira, que competiu no circuito mundial no início dos anos 90. Felipe surfou no antigo sistema de triagens da ASP e terminou em 56º no mundo, antes de decidir estudar administração de empresas e seguir carreira na indústria do surfe. Ele ingressou na Rip Curl como representante de vendas, até passar para o cargo de gerente de marca do licenciado brasileiro da Rip Curl. "Isso é algo realmente visionário em Brian Singer", diz Felipe. "Ele tem sido o meu mentor, ele costumava me ensinar muitas coisas sobre negócios. Aprendi muito de 2000 a 2002 – aprendi sobre finanças e orçamentos, a maneira de fazer negócios da Rip Curl. Brian me pediu para criar um plano de negócios para a marca no Brasil."

Uma das primeiras iniciativas de Felipe foi mudar o escritório para o Guarujá. "Conversei com Brian: 'Precisamos nos mudar para a costa. Não há como administrar uma empresa de surfe na cidade. Precisamos viver surfando. Precisamos viver os valores da marca'", diz Felipe.

Alguns duvidavam da sabedoria de tirar o negócio do centro comercial do Brasil em São Paulo, mas, assim como Torquay e Hossegor, o Guarujá provou ser o local ideal para administrar um negócio de surfe. "Muitas pessoas dizem que é muito arriscado. 'Guarujá fica a 70 quilômetros da cidade, não há indústria, você está louco em mover uma empresa para o litoral?' Mas ele apoiou a decisão", diz Felipe. "A equipe pode surfar todos os dias e testar produtos, ter um negócio mais informal e os caras podem surfar no meio do dia, quando as ondas estão boas e manter a mente boa."

Em 2007, Felipe foi nomeado CEO da Rip Curl Brasil aos 39 anos. "Aprimoramos muito os negócios desde então. A Rip Curl tem uma posição única", diz ele. "Não somos a maior marca porque somos uma marca privada. Nós não entramos na loucura de comprar outras marcas, abrir o capital. Em certo momento, pensávamos que tinhamos ficado para trás. Hoje nós rimos disso."

HORA DE DESEMBOLSAR

No Boxing Day (primeiro dia útil depois do Natal) de 2004, uma região que se tornara sinônimo de ondas perfeitas e viagens de surfe de sonho foi devastada por um dos maiores desastres naturais da história da humanidade. O tsunami do Boxing Day foi desencadeado por um terremoto de magnitude 9,2 na costa de Sumatra, que deslocou 30 quilômetros cúbicos de água. Estima-se que 230 mil vidas foram perdidas em 14 países, incluindo 166 mil na Indonésia.

Em Bali, o licenciado da Rip Curl, Robert Wilson, decidiu que não poderia simplesmente ficar sentado sem fazer nada, pois a nação que tanto dera a ele e ao surfe se recuperava das consequências devastadoras. Robert escreveu um e-mail direto para o escritório da Rip Curl e a gerência sênior em todo o mundo, explicando o quanto a Indonésia significava para o surfe e para a Rip Curl, prescrevendo o que ele pensava ser uma contribuição razoável para o esforço de socorro de cada território.

"Foi um misto de solicitação e demanda, em que ele colocou a quantia que queria de cada escritório e de cada um dos fundadores e executivos seniores", lembra Claw. "Ele basicamente disse: 'Todos nós nos divertimos muito surfando na Indonésia e no Oceano Índico e agora é a hora de desembolsar'. Todos responderam de acordo."

Em vez de esperar que as grandes agências de ajuda coordenassem seus esforços de socorro, Robert voou para Padang, em Sumatra Ocidental.

"Depois de participar de uma reunião com várias partes em Padang, decidimos contornar a burocracia e seguir em frente", diz ele. Com os recursos arrecadados, Robert fretou um par de navios comerciais de madeira, comprou suprimentos de emergência e seguiu para as áreas mais afetadas. A bordo estavam 116 geradores, 116 bombas de água, 400 tanques de água cada um com 20 litros, cantis, lonas e ferramentas de construção.

Eles se dirigiram ao epicentro do terremoto, para a ilha de Simeulue e a cidade de Calang, no continente norte de Sumatra. "Havia muita atenção da mídia e ajuda internacional direcionada para Banda Aceh e Meulaboh, por isso decidimos direcionar a maior parte de nossa atenção à Calang, que só era acessível pelo mar, já que a estrada de betume da costa havia sido em sua maior parte destruída pelo tsunami", diz Robert. "O sopé de Calang também era um reduto de guerrilha para combatentes do Movimento Free Aceh (GAM) desde 1976, portanto, além da cidade costeira provavelmente ter enfrentado as maiores ondas de mar aberto, pensamos que eles talvez não estivessem recebendo muito carinho das autoridades."

Em Simeulue, os locais sabiam que deviam correr para terrenos mais altos quando o oceano recuava, então as baixas eram notavelmente poucas, mas em Calang, a equipe de Robert descobriu uma cena apocalíptica. "Encontramos uma devastação completa. Três quartos da população foi morta e todas as casas e infraestrutura estavam totalmente destruídas, da praia ao pé das montanhas, de dois a três quilômetros para o interior", diz Robert. "Os habitantes locais descreveram uma onda como uma *ular sendok* [cobra] e tão alta quanto os coqueiros. Mais tarde, medi a marca d'água máxima em 25 metros. Os habitantes locais também descreveram a água do mar como muito quente; de fato, além de corpos escaldados, as folhas e a grama pareciam queimadas."

Em 20 de janeiro, menos de um mês após o tsunami, os barcos fizeram quatro viagens a Calang e entregaram 350 toneladas de suprimentos de socorro, financiados principalmente pela contribuição da Rip Curl. A Rip Curl então criou uma fundação para permitir que sua equipe e clientes contribuíssem com os esforços de assistência em andamento e os fundos foram direcionados para as Maldivas e o Sri Lanka, bem como a Indonésia, para ajudar na recuperação.

"A Indonésia e o Oceano Índico têm sido muito importantes para a Rip Curl. As primeiras ondas em Bali, estivemos lá desde o início e em toda a Indonésia éramos pioneiros", diz Claw. "Chegamos cedo nas Maldivas... Era nosso dever corporativo e nosso dever espiritual da Busca em contribuir. Mas o esforço de Robert Wilson foi simplesmente heroico. Sei que isso deu a mim e a todo mundo uma sensação muito boa de que fomos capazes de fazer algo decisivo e imediato, onde e quando era mais necessário."

CAPÍTULO 9

A FÁBRICA DE CAMPÕES MUNDIAIS: 2005-2009

Em 2005, a grande rivalidade entre Kelly Slater e Andy Irons estava a pleno vapor e os surfistas da Rip Curl não conquistavam o título mundial há 14 anos. E depois do foco em viagens exóticas com a Busca nos anos 90, havia agora um objetivo claro no QG da Rip Curl de produzir campeões mundiais. Slater e Irons eram figuras poderosas para seus respectivos patrocinadores, Quiksilver e Billabong, ambos em expansão como empresas públicas, e a Rip Curl queria um lugar no pódio.

A equipe repleta de estrelas da Rip Curl de hoje é o resultado de décadas de trabalho de muitas mãos: Claw, o perene descobridor de talentos, o ex-gerente de equipe Gary Dunne cuidando dos surfistas enquanto eles viajavam pelo mundo, e a visão de Neil Ridgway em recrutar Matt Griggs, outro antigo colega da revista *Tracks,* para ser um "chefe dos boxes" da equipe.

"Uma vez eu fui ao estádio do West Ham apenas para assistir ao futebol e vi a academia West Ham, e pensei que estávamos pagando todos esses surfistas, mas eles não vinham sendo estimulados nem direcionados", diz Neil. "Começamos pra valer em 2006, direcionando-os em busca de títulos mundiais e realmente nos empenhando, não apenas lhes dando dinheiro e oportunidades, mas perguntando: como podemos ajudá-los a ser o melhor que podem? E assim, nós administramos a empresa como uma fábrica de campeões mundiais, e, para um surfista profissional, conquistar títulos mundiais é a coisa mais importante que eles podem fazer por aqui."

O ponto central dessa missão foi a contratação do ex-surfista profissional Matt Griggs, que virou escritor e tornou-se treinador de alto desempenho. Neil criou o papel de "pit boss" (chefe dos boxes) após sua epifania no West Ham para supervisionar e apoiar os atletas da equipe Rip Curl no circuito, com o objetivo específico de conquistar títulos mundiais.

"Pegar a camiseta de competição deles, olhar as condições, verificar se a mídia foi tratada da maneira correta, certificar-se que a ASP sabia o que estava fazendo, verificar se [os surfistas] não vacilaram em sua bateria, verificar se não ficaram chateados demais, tirá-los da confusão, caso eles tivessem se metido em problemas", diz Neil na descrição do trabalho de Griggs. "Com alguns não era possível fazer isso, mas tudo bem, porque é isso que amamos no surfe. Adoramos que haja um limite nisso. O surfe deve permanecer um tanto fora da lei, mesmo que cresça no cenário esportivo mundial."

Mick Fanning gostou do maior foco na preparação e treinamento que Griggs trouxe para a equipe da Rip Curl. "Isso mudou um pouco o jogo. Tínhamos uma equipe tão boa, mas sempre parecia que estávamos lutando para alcançar uma continuidade com todos", diz Mick. "Neil estava lá e sempre perguntava: 'Tem alguma coisa que você precisa?' E muitas vezes era só ter alguém lá para ajudar."

Os resultados foram imediatos. Mick fez o célebre retorno de uma devastadora lesão no tendão para conquistar o seu primeiro título mundial em 2007 e o reforçou com seu segundo em 2009. A companheira da Gold Coast, Steph Gilmore, foi ainda mais dominante, conquistando quatro títulos consecutivos de 2007 a 2010. A fábrica de campeões mundiais de Neil foi espetacularmente produtiva.

"Quando Steph e eu vencemos foi incrível. Foi um momento poderoso para a Rip Curl. É como se todo o escritório ganhasse", diz Mick. "É muito legal entrar no escritório e todas as pessoas estão tão entusiasmadas. Todo o escritório estava assistindo à competição na TV e torcendo."

Havia também uma ênfase no cultivo de uma cultura de equipe na qual os surfistas se apoiavam mutuamente, uma abordagem ambiciosa em um esporte intensamente individual como o surfe. "Sempre foi assim, sempre nos apoiamos", diz Mick. "Temos muitas personalidades diferentes, mas todo mundo se dá muito bem. Não é como se você fosse obrigado a sair com eles, você curte sair com eles."

A abordagem da Rip Curl deu início a uma era de maior atenção ao bem-estar dos atletas no circuito, que logo foi preenchida com comitivas de treinadores, gerentes e equipe de apoio. A abordagem alcançava seu auge no final de cada temporada no Havaí, quando a equipe da Rip Curl era hospedada em uma luxuosa casa à beira-mar, com todas as suas necessidades atendidas para que eles pudessem se concentrar totalmente em encarar um Pipeline maciço.

"Cada um precisa de coisas diferentes. Alguns precisam de um treinador, alguns podem precisar de um psicólogo esportivo, alguns podem precisar de um fisioterapeuta, alguns podem precisar de um chef", explica Neil. "Quando os hospedamos em Pipe e temos aquela casa com dois ou três caras disputando um título mundial, apenas cuidamos deles... O investimento foi pago com títulos mundiais. Foi ótimo. Não há nada melhor do que estar na praia com três cavalos na corrida, e Pipeline é como a Melbourne Cup do surfe. Você se sente como Bart Cummings, e eles estão chegando à linha de chegada e ganham um título mundial – é uma sensação muito boa."

"Claw sempre teve um olho incrível para o talento no surfe. Ele é uma aberração", diz Steve Kay. "E outra coisa é que ele era um grande defensor de encontrar grupos de garotos e levá-los a passar juntos pela experiência... É um pouco como um time de futebol. Se você tem uma pessoa que é realmente bem-sucedida, ela influencia todos os outros, ou os inspira a trabalhar mais para alcançar patamares mais altos."

Determinar o valor de um surfista para uma marca continua sendo uma ciência vaga, na melhor das hipóteses. "Eu tenho muitas maneiras de avaliar o efeito das vitórias na marca e nas vendas – principalmente porque as vitórias aumentam o patrimônio da marca", diz Neil. "CEOs e técnicos de contas dirão que os gerentes de produto fazem o produto, e o pessoal de Vendas ou Varejo vende o produto; e em Marketing você gasta todo o dinheiro, você não ganha dinheiro, e digo, sem a marca e sem os embaixadores e as histórias de marketing, você não venderia a porra do seu produto pelo preço que você consegue."

"A verdade é que você nunca saberá do ponto de vista do dinheiro. É tão intrinsecamente parte de quem somos", diz Steve. "Se não quiséssemos ter campeões mundiais e ter a melhor equipe de elite do mundo, não seríamos a Rip Curl. Isso é o que fazemos. Isso me lembra um ditado: os navios não foram feitos para ficar nos portos. Em empresas como a Rip Curl é assim que você permanece relevante. Se acordássemos um dia e descobríssemos que não estávamos apaixonadamente interessados em nossa equipe e como eles estavam indo e se ganhariam um título mundial, você saberia que a época da Hang Ten ou da Lightning Bolt não estaria longe", diz Steve, referindo-se a marcas de surfe populares que acabaram como rótulos genéricos em lojas de departamento.

DAVID LAWN SE VAI

David Lawn deixou o cargo de CEO em 2006, após cinco anos no comando, deixando para trás uma marca global mais unificada. Mas nem tudo foram flores. "No final, acho que sentimos que houve muita mudança, muito rapidamente", diz Brian, que sentiu que precisava reafirmar seus princípios fundamentais.

"Foram cinco anos fascinantes. Tenho muito carinho pelas pessoas e pela marca. Houve algumas vitórias, mas eu não chamaria de uma vitória completa, de forma alguma", diz David. "Houve uma certa reversão com os fundadores fazendo as coisas da maneira que costumavam fazer. Pode ter sido isso que os salvou. Para mim, é algo importante de dizer."

David admite que sua visão expansionista para o negócio poderia ter saído pela culatra quando veio a GFC (Crise Financeira Global) em 2008. "O fato de terem decidido atuar na defesa – de 2006 a 2010 eles atuaram de maneira bastante defensiva – pode ter salvado a empresa. Isso permitiu que eles estejam em uma posição mais forte do que poderiam estar", diz ele.

James Strong trouxe Ahmed Fahour, outro peso-pesado corporativo para o conselho da Rip Curl. Fahour acabaria substituindo Strong como presidente da Rip Curl e mais tarde ocupou cargos de CEO do National Australia Bank e do Australia Post durante uma carreira estrelada.

"Lembro de James Strong me abordando quando eu morava em Nova Iorque, falando sobre a empresa, esses caras e a história", diz Ahmed. "Eu disse: 'Você está falando sério?'"

Mas algo na paixão de Strong pela marca despertou o seu interesse. "Na minha primeira reunião de diretoria, eu vinha de uma reunião da diretoria do NAB (Banco Nacional da Austrália) e ainda estava de terno", diz Ahmed. "Lá estavam eles de chinelos, shorts e camisetas. Lembro-me imediatamente de François dizendo: 'Se você for ficar conosco, precisará perder a gravata, a camisa, ir à loja e comprar algumas coisas.'"

Embora eles nem sempre tenham compartilhado da mesma visão, Ahmed gosta de pensar que ele trouxe um maior nível de sofisticação aos sistemas de gestão financeira, particularmente durante a GFC. "Nas duas primeiras reuniões do conselho, eu disse: 'Como é o seu capital de giro?' Eles se entreolharam e pareciam bastante sisudos, e eu pensei: ah, deve ser muito ruim. Eles disseram: 'O que é isso? O que significa capital de giro?'", lembra Ahmed. "Mas o que faltava em conhecimento da linguagem contábil eles compensavam na compreensão dos negócios e o que atraía o cliente. Quando passamos pela GFC e as pessoas estavam caindo à esquerda, à direita e ao centro, eu gostaria de receber um pouco de crédito por ter desalavancado o balanço contábil e ter insistido para que não se endividassem."

Ahmed lembra das reuniões do conselho, "sempre em algum lugar na praia", e quando alguém notava que o vento balançava de terral ou o swell aumentava, a reunião era rapidamente adiada. "Eu só pensava, caramba, isso é irreal. Apenas viver a vida ao máximo é a maneira como esses caras operam", diz ele. Mas essa mesma informalidade trazia o risco de eles serem subestimados.

"Para mim, vindo do lado corporativo da cidade, você via esses caras e achava que eles eram legais, você podia até pensar que eles eram simplórios, mas são três homens muito afiados", diz ele. "Claw é uma das mentes mais afiadas de marketing que já conheci. François é muito, muito inteligente e está envolvido em muitos negócios. Brian é um gênio dos negócios, ele é uma das pessoas mais inteligentes que eu já conheci. A compreensão de como a indústria de marcas funciona e como fazer ela funcionar, o seu profundo entendimento do negócio, é fenomenal."

Havia outro elemento na maneira de eles fazerem negócios que deixava uma impressão duradoura. "O quão bem eles queriam tratar os outros acionistas privados – não importava se você tinha 100 ações ou 60% da empresa, eles queriam que todos soubessem o que estava acontecendo e tratavam todos da mesma forma", diz ele.

Hoje, os fundadores relembram esse período com sentimentos misturados. "Eu considerei uma experiência de aprendizado muito boa", diz Brian. "Adorei o modo como você pode ter uma discussão realmente vigorosa com Ahmed sem haver ofensas. Ele era ótimo para trocar ideias."

"Aprendemos muito com esse pessoal do mundo dos negócios e tivemos uns caras bons – inteligentes, experientes e bem-educados. Consequentemente, todos eles entendem e valorizam a marca", diz Claw. Mas os pesos-pesados corporativos nunca se ajustaram de forma natural na Rip Curl.

"Eu acho que é uma generalização justa dizer que essas pessoas são mais orientadas para objetivos de curto prazo do que nós, os jogadores de longa duração da Rip Curl", diz Claw. "Acho que muitos deles trabalhavam para empresas públicas e estavam em vários esquemas de incentivos que recompensavam resultados grandes e rápidos... Nosso negócio é muito diversificado e duvido que algum dos gerentes especialistas que tenham embarcado com a gente tenham domínio de toda essa complexidade e diversidade."

Um gerente sênior que se familiarizou com a complexidade dos negócios durante um período de grandes mudanças foi Michael Daly. "Eu servi como CFO sob o comando de David Lawn até a sua partida final em setembro de 2006. Na época, François Payot foi nomeado CEO do grupo, essencialmente como um zelador, por alguns anos", diz Michael. "François não era um CEO tradicional e acho que ele concordaria que, naqueles anos como CEO, ele dependia de mim fortemente para executar a visão que ele tinha. Foram nesses anos, de 2006 a 2009, que minha função começou a evoluir mais para Chief Operating Officer (Chefe de Operações)."

"François administrou com um estilo muito desapegado, colegiado e familiar e desenvolveu uma relação de trabalho próxima com Michael", diz Claw. "Michael realmente cresceu durante esse período, enquanto fazia a maior parte do gerenciamento prático, enquanto François se concentrava em questões gerais."

Um legado do reinado de David Lawn foi a expansão para as lojas de varejo de marca (flagships). A capacidade da Rip Curl de lançar suas próprias lojas com uma ampla base de produtos tornou-se crítica à medida que muitos grandes varejistas de surfe começaram a enfrentar dificuldades no prenúncio da GFC (Crise Financeira Global). "A partir de 2006, muito antes da GFC, as luzes de aviso começaram a piscar em algumas áreas do surfe", diz Steve Kay. "Na Austrália, foram os varejistas como Brothers Neilsen, Shady Haze, Wild em Newcastle que possuíam grandes lojas baseadas em shopping centers premium. Os shoppings continuaram aumentando o aluguel e as vendas não estavam aumentando na mesma proporção, e chegou a um ponto em que a economia não funcionava mais e eles começaram a falir."

Com uma base de distribuição no varejo cada vez menor, a Rip Curl tomou a decisão de lançar uma série de lojas próprias da marca, em um momento em que muitos avisavam que o varejo físico estava em sério declínio. "Começamos a abrir lojas e elas estavam tendo sucesso. E então começamos a abrir lojas nos aeroportos e elas se saíram muito bem para nós, e tudo começou a crescer a partir daí", diz Steve.

Steve atribui o sucesso de suas lojas de marca a essa ampla oferta de produtos que eles desenvolveram ao longo de décadas. "A maioria das empresas não pode administrar lojas de marca única bem-sucedidas... porque a variedade do produto é muito estreita para sustentar o tipo de vendas para pagar os grandes aluguéis que você paga, porque eles simplesmente não têm relógios e calçados, e esse grande mercado de malas/mochilas/acessórios de viagem que nós temos", diz Steve.

O sucesso das lojas de marca provocou uma epifania na maneira como a Rip Curl enxerga os seus negócios. "Acho que os marcos são as lojas – nossa própria rede de lojas em todo o mundo. Quando entrei, provavelmente havia cinco na Austrália e sabe-se lá quantas no mundo, acho que de 10 a 15. Hoje existem bem mais de 350", diz Neil. "Se eles me dissessem há dez anos, aqui estão dois milhões de dólares, eu certamente diria que iria encontrar outro Mick Fanning e faria um novo evento. Mas cinco anos atrás minha opinião mudou completamente. Se você me desse dois milhões de dólares agora, eu abriria uma outra loja flagship em um local privilegiado de surfe, porque você pode contar a história da marca de várias maneiras diferentes... tudo em um só lugar. Se bem que eu daria tudo para encontrar outro Mick Fanning."

A abertura de suas lojas de marca nunca seria popular entre os varejistas existentes, mas Neil calcula que, quando eles abrem uma de suas flagships, as suas vendas aumentam em lojas multimarcas próximas como consequência, apesar da reação inicial dos varejistas. "Você abre uma loja em Huntington Beach e é expulso das lojas Jack's Surfboards, que é a maior loja de surfe e a maior conta", diz Neil. "Eles o expulsam e 12 meses depois ligam para você e dizem: 'Você quer voltar?'. Porque as pessoas estão entrando na loja e perguntando: 'Você tem algum equipamento da Rip Curl?'"

OS EVENTOS THE SEARCH

Os eventos Rip Curl Search foram projetados para combinar a campanha de marketing da Busca com a competição de elite. Era um plano ambicio-so para agregar a divisão cultural permanente entre o chamado *soul surf*, com sua sede insaciável por novas fronteiras, e o mundo comercial dos campeonatos de surfe profissional, com suas grandes estrelas, banners de patrocinadores e arquibancadas imponentes. A tarefa de a cada ano encon-trar picos de surfe exóticos adequados e organizar eventos em locais novos, geralmente remotos, provou-se um enorme feito logístico.

"Assim que a sirene toca na final e você distribui os troféus, você tem 365 dias para encontrar o próximo lugar, o próximo governo, a próxima onda, e terá que lidar com toda a merda de suborno e corrupção ao longo do caminho", diz Neil. "Enviei caras como Scott Hargraves e Andy Higgins e Brooke Farris para o meio do nada, apenas para tentar encontrar o lugar certo e depois executar o plano. Inevitavelmente quando chegamos lá, para o mundo exterior pareciam aventuras épicas de viagem, o que realmente eram, mas nas internas, frequentemente havia muitos problemas com os quais você tinha que lidar, porque estava em um novo lugar e eles tinham você nas mãos. Você não sabia falar o idioma e precisava pagar antecipadamente."

O primeiro evento Search foi realizado em 2005 na ilha Reunião, nas esquerdas tubulares de Saint-Leu, mais conhecida pelo devastador ataque de surfe de Occy aos 22 anos no filme *Pump,* da Billabong, de 1989. Mick Fanning consolidou o seu retorno da lesão no tendão ao vencer a final contra o australiano Phil McDonald. E o conceito de "licença para a Busca" da Rip Curl foi recebido com entusiasmo por surfistas e fãs.

"Foi tudo ideia de François Payot", diz Neil. "Foi brilhante, cativante, mas até hoje não me lembro de ele ter participado de um campeonato. O que está completamente de acordo com o estilo dele."

EM ALGUM LUGAR NO MÉXICO

Em 2006, o evento Search foi para um local secreto no México, um impressionante fundo de areia para a direita que parecia Snapper Rocks com esteroides, oferecendo possivelmente as melhores ondas já vistas em um campeonato profissional.

"Acho que na época foi o melhor campeonato de surfe a que já assisti, porque era essa nova onda, não era como assistir a Pipe pela 30ª vez", diz Steve Kay. "Foi uma onda incrível e intensa. Eu não podia acreditar que nunca tinha ouvido falar dela antes. Os surfistas estavam empolgados, o nível de surfe foi realmente alto; foi simplesmente um sucesso inimaginável sob todos os aspectos."

"Higgo [Andy Higgins] encontrou essa. Ele voltou com um vídeo da onda quebrando com dois pés", diz Neil. "Eu disse: 'Qual é o plano B, companheiro?'. Ele disse: 'Não há plano B. Este lugar é incrível.'"

O local secreto impressionou as mentes coletivas do circuito. Neil se lembra de tentar remar para um *freesurf* com o surfista profissional Danny Wills. "Ficamos ali e contamos... mais de 40 ondas, bang, ondas de seis a oito pés, sem intervalo. É claro que Willsy passou por elas, mas eu precisei de três tentativas para conseguir."

O evento durou três dias seguidos e Andy Irons venceu a final por uma boa margem contra Taylor Knox, em uma exibição dominante de tubos impecáveis e um aéreo monstruoso na final. Apesar das condições épicas, ou talvez por causa delas, a Rip Curl recebeu críticas de comentaristas on-line de surfe por expor um pico que até então era secreto. Mesmo que nunca tenham divulgado o nome, a locação sempre iria vazar.

"Nós fomos detonados por muito tempo por conta disso", diz Neil. Para esfregar sal na ferida, o apoio prometido pelo governo local nunca aconteceu. "Foi outro lugar em que fomos roubados. Nós nunca recebemos um centavo e apenas fomos criticados por não construir um centro médico ou algo assim... A verdade é que Andy Higgins cumpriu a sua palavra e pagou à aldeia os US$ 10 mil que eles pediram e ele fez tudo o que eles queriam em relação à comida e ao suprimento local, então capitalizaram e se beneficiaram, e ele respeitou a casa deles. No final, acredito que a tensão foi gerada por expatriados que, de qualquer maneira, só queriam comprar a terra para eles."

APUROS EM EL GRINGOS

Essas dificuldades não foram nada se comparadas com o que a próxima locação Search reservava para a equipe da Rip Curl. O plano original era retornar à Reunião a cada dois anos da série de eventos Search, mas depois da locomotiva de tubos do México, foi decidido que seria um anticlímax revisitar as esquerdas fáceis de Saint-Leu. Foi tomada a decisão de levar a Search para a América do Sul e percorrer a costa chilena, rica em ondas, em busca de um local digno.

"Acabamos em Arica [uma cidade portuária do norte], no Chile. Estávamos indo para outro lugar no Chile, mas uns estrangeiros estavam espalhando fogo pra todo mundo sobre como a Rip Curl iria expor o local e prejudicar o meio ambiente", diz Neil. "Eles queriam que doássemos dinheiro para a organização deles, para que pudessem orientar as coisas."

Os expatriados sacanas que alertaram para o Armagedom não foram nada se comparados às ameaças da máfia chilena, quando o seu líder decidiu que ele queria participar da ação. Neil conta uma história sobre a chegada da Busca ao pesado pico de lajes conhecido como El Gringos, em Arica, que soa como algo da série de TV *The Sopranos*.

"O Chile foi provavelmente o mais radical [dos eventos da Busca] em que a máfia havia se infiltrado", diz Neil. A Rip Curl havia negociado cerca de US$ 400 mil em patrocínio ao evento vindos de três níveis de governo – local, provincial e federal – mas nenhum dos fundos estava disponível quando o chefe da máfia se adiantou oferecendo-se para resolver o impasse. Neil foi convocado para uma reunião em seu complexo murado no deserto chileno, patrulhado por guardas armados.

"Quando chegamos lá, éramos apenas ele, nós e o tradutor... Ele bateu palmas e um garçom apareceu e pegou uma bebida para nós", diz Neil. "Ele basicamente disse [através do tradutor]: 'Se você quer o seu dinheiro de patrocínio, precisa pagar cinco mil em dinheiro a ele'... Eu disse: 'Não podemos fazer isso, não pagamos'". Neil sugeriu que pagassem uma "taxa de prospecção" pela sua ajuda, e a máfia não parecia feliz. "E com isso, ele basicamente bateu palmas e a reunião terminou. Saímos e entramos no carro, e o tradutor disse: 'Encontro vocês lá fora', e ele saiu. E Higgo e eu dirigimos até a saída e o tradutor disse: 'Sou mais esperto que vocês, pensei que o carro poderia explodir.'"

No dia seguinte, Neil e Andy encontraram o chefe da máfia em seu apartamento na cidade. O preço do pedido subiu daquela noite para US$ 10 mil. "E eu pensei, que merda, essa história não vai ter fim. Então, eu disse a Higgo: 'Vamos cair fora daqui'", diz Neil. "Saímos e ele estava gritando e berrando conosco. Voltamos e só tínhamos mais um dia por lá, juntamos todo mundo e eu disse: 'Certo, os voos estão todos marcados, sairemos amanhã. Não vamos levar nenhum equipamento, nada. Nós pegaremos depois, vamos embora.' E eu estava tentando manter o campeonato com o KP [comissário da World Surf League Kieren Perrow] e com aqueles caras que não sabiam de nada disso. Eles diziam: 'Ah, o vento está um pouco duvidoso. Vamos tentar outro dia.' E eu ali tipo, foda-se, vamos acabar com isso. Foi uma sorte termos a Marinha do Chile conosco. Eu contei a um tenente da Marinha e ele disse: 'Nós somos a Marinha do Chile, somos mais poderosos que a máfia. Você não precisa se preocupar com nada.' Eu ainda estava preocupado, mas conseguimos e Andy [Irons] venceu, é claro."

Após a entrega de prêmios, Neil estava voltando para o hotel e percebeu que estava sendo seguido. "Eu pensei, este é o fim. Mas voltei para o hotel e entrei no meu quarto, arrumei tudo e saímos de lá no dia seguinte", diz ele. "Então eu não paguei o suborno, mas não recebemos um centavo [em patrocínio]. Quando voltei, era como 'tenho que dizer ao conselho que não recebi o dinheiro'. Isso vai ser horrível. E eles apenas riram. Literalmente, apenas riram. 'O que você esperava? Esta é a América do Sul. Sabíamos que de qualquer maneira as suas chances de conseguir eram mínimas.'"

DE VOLTA A BALI

Após essa experiência, a equipe da Rip Curl estava compreensivelmente interessada em realizar um evento um pouco mais perto de casa em 2008. Eles exploraram Lennox Head, na costa norte de New South Wales, como um possível local, mas foram recebidos com uma forte resistência dos locais. Gnaraloo, uma remota fazenda de gado no noroeste da Austrália Ocidental, foi prospectada como opção pelo representante da Rip Curl do estado, Mike McAuliffe, e a recepção inicial do arrendatário local e da Tourism WA foi promissora.

O governo da WA (Oeste da Austrália) colocou US$ 500 mil em financiamento na mesa para o evento e o proprietário da Estação Gnaraloo, um irlandês excêntrico chamado Paul Richardson, ficou feliz em sediar o evento e abrigar os surfistas e a equipe do evento. Um evento da Search em um recife místico australiano parecia perfeito. A Rip Curl promoveu um jantar formal na casa de Steve Kay com Glen Hamilton, do governo de WA, e Stomper MacAuliffe e Tim Thirsk, para comemorar a assinatura de contratos com os departamentos governamentais e comunicados de imprensa foram enviados.

Existem poucos surfistas locais em Gnaraloo, quando muito, mas há uma galera de frequentadores hardcore de longa data que considera este refúgio de ondas como um local sagrado, e eles não ficaram emocionados com a perspectiva de um campeonato profissional chegando à cidade. O futuro da área já era um assunto muito disputado, uma vez que os arrendatários pressionavam por mais desenvolvimento do turismo para complementar os retornos decrescentes do gado, enquanto surfistas e ambientalistas pediam maior proteção.

Uma campanha coordenada foi lançada em oposição ao evento, com petições on-line e argumentos apaixonados sobre a ameaça ao frágil ambiente costeiro à beira do Recife de Ningaloo. "Ficou absolutamente desagradável", diz Neil. "Eu recebi ameaças de morte, os filhos de Mike McAuliffe foram incomodados na escola. Havia uma luta de facções ao longo da costa da qual não tínhamos ciência. Havia muita hipocrisia, assim como no Chile, mas havia também uma sólida galera do surfe do oeste australiano que protegia o seu estilo de vida, e no final foi isso. Nós simplesmente tivemos que cancelar."

Sem tempo e opções, a Rip Curl voltou-se para as ondas testadas e aprovadas de Bali, embora isso agora viesse com seu próprio conjunto de desafios. Os terríveis ataques terroristas em Kuta em 2002 e Jimbaran em 2005 haviam matado 222 vidas e tirado a alegria de um dos playgrounds mais amados do surfe.

Neil e Scott Hargraves se reuniram com os conselheiros de segurança da ASIO (Agência de Inteligência e Segurança da Austrália) em Canberra, que os alertaram para desistir da ideia. "Muitos desses terroristas ainda estavam soltos e os atentados de Bali ainda estavam bem frescos na mente de todos", diz Neil. "Havia esses três espiões, um cara comum, um cara durão e um cara engraçado, e basicamente eles estavam nos dizendo de três maneiras diferentes: vocês não podem fazer isso, não queremos que os australianos morram, isso tem real risco de terrorismo. Eu disse: 'Você está nos dizendo que não podemos fazer isso?' E eles disseram: 'Não, mas esses são os riscos.'"

Neil sentou-se com Claw, Brian e François para avaliarem as suas opções e recebeu uma resposta inesperada. "Pensei, bem, eles vão me dizer que não, e onde vou fazer esse campeonato? Porque tínhamos uma licença com a ASP que não podia ser quebrada. Eu disse: 'Poderia haver um ataque, e vocês poderiam perder toda a empresa na minha opinião, se isso acontecesse'. Eles disseram: 'Não vamos permitir que eles nos impeçam de surfar. Não vamos deixar que isso nos impeça de realizar um evento, então se você quiser ir para Bali, vai nessa.'"

Os surfistas foram os primeiros a voltar a Bali após os ataques terroristas, dispostos a apoiar as comunidades locais que sempre os receberam com tanto carinho. A decisão da Rip Curl de voltar a Bali foi outra confirmação de que o surfe apoiaria os balineses que dependiam do turismo de surfe para se sustentar.

"Bali foi pesado, a polícia secreta que tivemos que ter lá e o plano de segurança", diz Neil. "David 'Woody' Wood [chefe de segurança do campeonato] e um cara disfarçado que eu não deveria citar faziam um rastreamento de bombas por todo o recinto antes que todos chegassem. A AFP (Polícia Federal Australiana) estava lá como civis usando mochilas com metralhadoras, misturando-se com os fãs. Havia um medo real de que pudessem dirigir um barco para a caverna de Uluwatu e explodir o lugar inteiro. Isso foi bem assustador."

O evento foi anunciado como "Em algum lugar da Indonésia", para adicionar um elemento místico ao local, mas quase todo mundo sabia exatamente onde seria. Felizmente, o evento decorreu sem incidentes e foi vencido por Bruce Irons, em seu último ano no circuito, sobre o compatriota havaiano Fred Pattachia em ondas de qualidade em Uluwatu, depois das primeiras rodadas em Padang Padang. O evento de Bali foi um sucesso, mas mesmo assim, Neil e a equipe ficaram aliviados quando ele terminou.

"Tem uma imagem ótima do pódio e lá estão François, Claw, eu e Jeff Anderson [CEO da Rip Curl Indonésia] e Higgo, com a orquestra gamelana tocando – este grande palco e os dois surfistas profissionais. Naquela manhã, tínhamos feito a varredura de bombas e os cachorros já haviam passado, mas eu não conseguia esquecer daquilo", diz Neil. "Essa é a Busca, é disso que se trata – é uma aventura, é divertida e faz parte do espírito dela. Por isso disseram: vá para Bali. Eles amam isso."

Steve Kay calcula que muitas empresas, do surfe ou não, sequer considerariam empreendimentos de alto risco como esses no ambiente atual de ameaças terroristas e responsabilidades legais. "Esses caras são clássicas crias dos anos 70", diz ele. "Eles se guiavam pelo instinto."

"Eu não diria que não havia preocupação com a avaliação de riscos, porque esse era o nosso trabalho – gerenciar o risco. Mas é isso que eu amo em trabalhar para a Rip Curl", diz Neil. "Era um lugar selvagem. Quando você chegava na noite da mídia, era uma reunião da tribo em que os surfistas iam à loucura, da forma como eles sempre foram à loucura."

Mesmo assim, o estresse acumulado desses eventos pioneiros da Search levou a Rip Curl a procurar um lar mais permanente para a sua licença de evento itinerante. Eles o encontraram em uma cidade de pescadores portuguesa que estava desesperada por novas oportunidades econômicas.

"Quando você faz isso há tantos anos, precisa de uma folga", diz Neil. "É muito difícil fazer isso por cinco ou seis anos seguidos, além de tudo o mais. Você precisa reavivar o seu apetite por riscos."

COMO O SURFE TRANSFORMOU UMA VILA DE PESCADORES

Peniche é sem dúvidas uma vila de pescadores. Se o aroma generalizado de sardinha não é suficiente para convencê-lo, existem as frotas de traineiras que atravessam a entrada do porto todos os dias, dezenas de restaurantes de frutos do mar à beira-mar exibindo em suas janelas a captura do dia no gelo, e a enorme fábrica de conservas que domina o porto.

Mas nos últimos anos, à medida que as capturas diminuíam e os defesos aumentavam para incentivar uma pesca sustentável, a economia da cidade oscilava em um precipício. O gregário prefeito de Peniche, António José Correia, decidiu que a pequena cidade – empoleirada em um afloramento rochoso, ligada ao continente por uma estreita península, com seu centro histórico ainda cercado por um imponente muro de pedra para repelir invasores – precisaria se abrir à modernidade.

Desde o final dos anos 60, surfistas viajantes do Reino Unido, Estados Unidos e Austrália começaram a chegar à cidade em vans dilapidadas em seus grandiosos surfaris transcontinentais. Os surfistas tinham uma imagem ruim, com cabelos compridos, roupas estranhas e grandes nuvens de fumaça pairando acima de seus acampamentos nos estacionamentos. No entanto, eles continuaram chegando em números cada vez maiores. Jovens locais entusiasmados aumentavam o contingente. Lojas de surfe surgiram e as escolas de surfe floresceram, atraindo uma clientela cada vez mais internacional.

Correia sentiu que o surfe poderia ser a chave para o futuro econômico de sua cidade. O prefeito já se convertera ao surfe, tendo testemunhado uma clínica de surfe para pessoas com deficiência em 2001, que ele descreve como um "batismo no surfe". Quando ele foi eleito prefeito em 2005, ele já tinha uma visão de Peniche como uma capital emergente do surfe para ajudar a fortalecer a economia.

Em novembro de 2008, quando Correia foi convidado a se reunir com representantes locais de uma empresa australiana de surfe e seu tagarela homem de marketing da matriz, ele era todo ouvidos. Neil Ridgway, com sua infinita cordialidade, rosto redondo e sorridente, e corpo atarracado, poderia quase ter se passado como um filho perdido do prefeito. Neil falou através de um intérprete para o prefeito, que parecia estar prestes a abraçá-lo em uma entusiasmada ponte para superar a barreira do idioma. Depois de ter sido repelido de uma costa a outra em sua terra natal, com igual veneno por tribos de surfe com 3 mil quilômetros de distância entre si, Ridgway parecia ter encontrado um alma semelhante do outro lado do mundo, que compartilhava a sua convicção de que um campeonato de surfe poderia ser uma força positiva para a comunidade que o hospedasse.

O prefeito Correia escolheu um local incomum para o primeiro encontro: a igreja da Fortaleza de Peniche. O antigo forte foi construído no século XVI, quando o porto de Peniche era de grande importância estratégica para Portugal como grande potência marítima, e que serviu como prisão política de 1934 a 1974, durante o regime ditatorial do Estado Novo. "Escolhi a igreja por causa do ambiente – tranquilo – e apresentamos nossas razões e nossos pontos e depois jantamos em um restaurante com a gastronomia de Peniche. No final do jantar, achava que havíamos tido sucesso", lembra Correia.

A decisão foi tomada rapidamente para sediar o evento Search 2009 em Peniche, com o objetivo de torná-lo uma atração permanente no circuito. O licenciado local da Rip Curl, José Farinha, viu-se de última hora realizando um grande evento do circuito mundial.

O pessoal da Rip Curl em Portugal estava bem conectado e o turismo português dava apoio. "Quando procuramos o Turismo de Portugal, o presidente disse: 'Não quero uma competição de um ano, queremos um contrato de pelo menos três anos. Queremos fazer grandes eventos'", lembra José. "Ele tem muitos surfistas na família, então entendeu que os surfistas não são apenas drogados e viciados." A principal empresa de telecomunicações de Portugal, PT, deu acesso à tecnologia de ponta que estabeleceu o padrão para os eventos do circuito. "Eles trouxeram todo o conhecimento que eles tinham de tecnologia e demos uma lição ao mundo em termos de tecnologia", diz ele. "Fomos os primeiros a transmitir ao vivo em 3D... Trouxemos muita inovação para este campeonato."

O jovem chefe de marketing da Rip Curl Portugal na época, um empresário suave e confiante chamado Francisco Spinola, era uma força motriz por trás do evento e meio que empenhou as chaves do carro da família para fazer isso acontecer. "Eu realmente achei que havia potencial para realizar um evento do WCT aqui, então fui até Neil e, a seu modo, Neil sempre me empoderou", diz Spinola.

A equipe da Rip Curl em Hossegor foi mobilizada para ajudar a organizar o evento a curto prazo. A gerente de comunicações da Rip Curl Europa, Marie-Pascale Delanne, recebeu a enorme tarefa de coordenar a mídia para o evento. "Foi uma enorme responsabilidade organizar os eventos masculino e feminino. Ficamos todos em Peniche por meses", diz ela. "Foi um grande evento, convidei de 50 a 60 mídias de toda a Europa. Foi um evento móvel, que mudava de locação. Foi muito divertido e nós trabalhamos muito duro."

O primeiro evento do Rip Curl Portugal Search teve como foco as pesadas, porém inconstantes, ondas das bancadas de areia de Supertubos, com uma licença para o uso de uma estrutura móvel em busca das melhores ondas da região. Mas tudo quase terminou em desastre antes mesmo de começar. Uma enorme tempestade e uma ressaca inundaram o local do evento na noite anterior ao primeiro dia do período de espera, e a equipe acordou e encontrou as estruturas do concurso alagadas."

"Havia ondas correndo por todo o local", lembra o prefeito Correia. "Tivemos reuniões de gerenciamento de crise às cinco horas [da manhã] e tivemos que reiniciar tudo." Mas o quase desastre apenas fortaleceu a equipe. "Tínhamos todos os trabalhadores e equipamentos na praia para ajudar. Quando a mídia chegou, eles viram o que fizemos para reconstruir o campeonato, a capacidade de Peniche de responder a um problema."

Sem nenhum evento a ser transmitido no primeiro dia, o webcast e a atenção da mídia foram voltados para uma sessão de tow-in [surfe rebocado] na vizinha Baleal, onde Mick Fanning e Taylor Knox usaram uma moto aquática para se lançar nas enormes ondas. "No primeiro dia em que o local do evento foi destruído, a mídia e a TV aberta viram pela primeira vez grandes ondas no horário nobre. Foi muito, muito importante", lembra o prefeito.

Eles literalmente adotaram a filosofia Search, usando quatro locações durante o período de espera para aproveitar ao máximo uma previsão de ondas desafiadora. Quando eles se mudaram para uma praia bastante remota da cidade, sem estrada de acesso, os organizadores se perguntaram se algum dos famosamente entusiasmados fãs portugueses de surfe apareceria. Após um grande esforço de realocação, no momento em que o campeonato começou, eles ficaram surpresos ao ver uma maré humana com milhares de fãs marchando quilômetros praia acima para testemunhar a competição do dia.

O evento terminou em Supertubos, diante de grandes multidões em ondas de qualidade, e foi vencido por Mick Fanning a caminho de seu segundo título mundial. A apresentação jubilosa do campeonato validou a visão do prefeito. "Na cerimônia em que Mick Fanning fez o seu discurso da vitória, eu estava atrás dele e ele se virou para mim e disse: 'Prefeito, Peniche tem as melhores ondas para receber um WCT', e ter isso vindo do vencedor Mick Fanning foi importante para o WCT continuar", diz Correia.

O prefeito tem uma personalidade magnética que o tornou querido por todos na comunidade do surfe profissional e uma sensibilidade poética rara em um político. "Isso cria uma ambiência para nós, cada um de nós. Esse ambiente é o resultado da interatividade entre todos os membros da equipe: surfistas, treinadores, trabalhadores", diz ele. "Essa boa ambiência, acho que se reflete no bom relacionamento que temos entre mim, Farinha e Spinola. Na entrevista coletiva [em 2017], Farinha comenta que começamos em 2008 e os três estão presentes."

O Rip Curl Pro Portugal proporcionou alguns momentos épicos sendo o penúltimo evento do circuito profissional, influenciando as corridas pelo título mundial e fornecendo ondas de qualidade de maneira confiável. "Em 2011, realizamos o evento em dois dias e meio. Foi realmente um choque", diz Farinha. "Foram três dias seguidos mágicos, direitas e esquerdas, um evento mágico e uma festa mágica depois disso tudo. Todos os surfistas ficaram muito felizes. Ligamos para o bar – está tudo pronto para a festa hoje à noite? E eles organizaram a festa em duas horas e foi mágico."

Seria difícil exagerar o impacto que o evento tem tido na cidade. "O prefeito é muito esperto, havia tantas pessoas que vinham de todo o país", diz Marie-Pascale. "Todo mundo adora ir a Peniche. A indústria da sardinha estava realmente desmoronando e agora o surfe é o que alimenta todo mundo em Peniche – restaurantes, bares, hotéis. As escolas de surfe só fecham no Natal e no Ano Novo. Pessoas da Rússia e Escandinávia vão a Peniche para aprender a surfar."

"Há um impacto na economia das famílias com alojamento local. Agora, temos cerca de 500 hostels com capacidade para 3 mil leitos", diz Correia. "Antes era só verão, era muito sazonal, e agora é o ano todo."

Desde o primeiro evento, três hotéis foram construídos ou melhorados substancialmente em Peniche, com um investimento total de cerca de 20 milhões de euros. Os estudos de impacto econômico atribuem o valor total do evento para Peniche em mais de 10 milhões de euros por ano. Uma nova loja flagship da Rip Curl se ergueu por sobre as lojas e casas do porto de Peniche, um monumento ao comércio de surfe que transformou a cidade.

"Foi um sonho de longa data do François. Tivemos uma discussão com o prefeito e dissemos que precisávamos de uma localização privilegiada para fazer uma loja adequada aqui, com um escritório e uma sala de exposições. Fomos à prefeitura e encontramos o terreno", diz Farinha. "Pegamos uma concessão por 25 anos e hoje é a maior loja de surfe da Europa. Já faz um ano e estamos operando 30% acima da nossa meta."

"Criamos as condições para isso e sabíamos que era uma loja importante para o município. Foi uma aprovação unânime", diz Correia. "Propus ao município que honrasse a Rip Curl com uma medalha de mérito para a economia, reconhecendo a sua importância."

"Há Peniche antes e depois do evento", diz Spinola. "Você vem para esta cidade depois de nove anos e é uma cidade diferente. Os hotéis cinco estrelas estão aqui por causa do campeonato." O próprio Spinola é um ótimo exemplo da Rip Curl dando às pessoas a liberdade de realizar a sua própria Busca. Ele tinha apenas 29 anos quando ajudou a organizar o primeiro evento e, em seguida, obteve a autonomia para assumir a gestão do evento por meio de sua própria empresa, a Ocean Events.

"Fizemos um acordo com a Rip Curl de que eles manteriam o patrocínio do evento, mas eu o administraria sob a minha própria empresa. Foi uma transição muito tranquila", diz Spinola. "Sempre achei que o evento era meu e nosso. Eu nunca me senti como um funcionário." Ele agora aplica a mesma filosofia ao seu próprio negócio. "Meu pessoal trabalha comigo, não para mim. Você dá confiança às pessoas."

Agora com 37 anos, Spinola passa seus dias no evento conduzindo políticos pela área de competição, apresentando-os a surfistas profissionais, divulgando sua vasta rede de contatos. Ele acredita que o surfe pode ser uma verdadeira fonte de prosperidade para o seu país. É um ponto que não se perde nas cidades costeiras vizinhas – a Nazaré tornou-se um foco global do surfe de ondas grandes e, em 2011, a Ericeira foi oficialmente declarada Reserva Mundial de Surfe, a primeira da Europa, por sua impressionante faixa costeira repleta de point breaks de qualidade. No almoço em uma opulenta sala de jantar VIP do evento, dois outros prefeitos solicitaram reuniões com Neil para discutir a possibilidade de lojas da Rip Curl em suas cidades, como se fossem um símbolo de prosperidade desta nova economia do surfe.

"Temos uma conexão muito forte com o oceano, com os descobridores lá nos anos 1500", diz Spinola. "E percebemos que é um pouco como a Austrália. Estudei em Sydney para um MBA e pude realmente sentir que é o mesmo tipo de cultura de praia. Você pode morar em uma cidade grande e ainda surfar todos os dias."

Toda a cidade de Peniche é a primeira região de surfe do mundo a ser formalmente avaliada como um destino de turismo de surfe sustentável. Dr. Jess Ponting, diretor do Centro de Pesquisa em Surfe da Universidade Estadual de San Diego, fundou a STOKE Certified para avaliar a sustentabilidade entre as operadoras de turismo de surfe. A STOKE avaliou Peniche sob um critério de 84 métricas de sustentabilidade e desenhou um roteiro para a cidade obter uma certificação de sustentabilidade, uma meta para a qual agora estão trabalhando.

É claro que com toda essa atenção, as ondas de Peniche ficaram mais cheias. Ainda é possível encontrar ondas sem aglomeração ao longo desta costa, mas nem todos os surfistas locais estão felizes. "Meu filho incluído.

Às vezes, no inverno, consigo encontrar alguns picos solitários, mesmo em frente à minha casa, mas não vou lhe dizer onde eu moro", diz José Farinha com um sorriso.

A GRANDE QUEBRA

O evento português também deu uma injeção muito necessária no braço da Rip Curl Europa, que quase foi vítima da GFC. Os empregos foram cortados e os diretores não receberam salário por três anos, durante um tumultuado plano de reconstrução.

"Do ponto de vista comercial, foi o momento mais estressante", diz François.

Sua equipe na Europa lembra disso como um momento traumático, quando o rápido boom da popularidade descolada do surfe evaporou-se rapidamente e deixou expostos os negócios. Cerca de 30 empregos foram perdidos somente no escritório de Hossegor. As principais lojas de departamento reduziram drasticamente os seus pedidos de marcas de surfe, lembra Gilles "Keke" Darque: "Tivemos que despedir pessoas. Acho que foi o pior momento para a Rip Curl."

François poderia ter pego um trabalho de sonho com qualquer outra marca de surfe na Europa, mas ele nunca considerou isso: "Para mim, se um dia você pode trabalhar para a Rip Curl e no dia seguinte para a Billabong, isso são negócios. Para mim é uma paixão. Posso ter diferentes mulheres, mas tenho apenas uma marca."

Fred Basse é severo na sua avaliação da indústria do surfe como um todo por ela ter perdido o seu foco principal. Para as marcas listadas na bolsa, ele diz que a pressão de tentar manter um crescimento constante e o aumento dos preços das ações causaram um prejuízo. "Por volta de 2005, alguns sinais acenderam o alerta, queda de vendas, fechamento de lojas, mas a maioria dos membros do conselho da indústria do surfe se recusou a ouvir esse alarme", diz Fred. "O aumento das vendas foi realizado através de aquisições caras. Além disso, a maioria dos CEOs obtinha uma grande parte de seus salários em bônus. Uma das grandes consequências dessa situação foram os enormes estoques que começaram a aparecer nos armazéns. Ficou dramático para as empresas no mercado de ações. Incapazes de pagar suas dívidas, seus valores começaram a cair e quase ocasionaram a falência. Muitos acionistas perderam seus ativos."

Como empresa privada, a Rip Curl estava em melhor posição para aceitar a inevitável crise, mas ainda havia muita busca pessoal. "Como presidente da EuroSIMA [Associação dos Fabricantes da Indústria do Surfe], eu estava no meio de todos os problemas que estavam acontecendo", diz Fred. "A maioria dos CEOs que eram surfistas passou por momentos difíceis. Os demais, vindos de outras indústrias, foram recuperar-se em outro lugar. De qualquer maneira, eles não se importaram muito – o surfe para eles era uma boa referência em seu currículo e a GFC era uma desculpa para o fracasso. Acredito firmemente que poderíamos ter reduzido o impacto ouvindo melhor os sinais do mercado. Todas as empresas na Europa reagiram tarde demais."

E como os fundadores estavam agora a um passo de se afastar dos negócios do dia a dia, alguns de seus princípios comerciais mais simples eram ignorados. François tinha uma regra: não vá mais rápido que o mercado. Brian tinha outra regra: sua despesa não pode aumentar se você não progredir e, se diminuir, sua despesa deve ser reduzida em dobro. Infelizmente, essas regras simples não foram aplicadas", diz Fred.

Em Torquay, eles estavam lidando melhor com a crise financeira global do que muitos de seus maiores rivais. Acabou sendo uma bênção disfarçada para a Rip Curl quando a indústria do surfe afundou, antes que eles tivessem a chance de abrir o capital. Para Neil Ridgway, isso significava ser capaz de apostar alto quando todo mundo estava reduzindo seus gastos com marketing.

"Quando todo mundo estava dizendo: 'Reduza o marketing', Claw, Brian e François estavam dizendo: 'Aqui está uma gaivota'", diz Neil. O profissional de marketing não estava familiarizado com essa terminologia de negócios e fez a pergunta óbvia: "O que é uma gaivota?"

"É como uma gaivota que voa por cima e lança um grande excremento, e ele cai em algum lugar e se espalha", explicou Brian. "Bem, vamos jogar um grande excremento cheio de dinheiro e ele vai cair e se espalhar. Para onde você quer que o dinheiro vá?"

"E assim ao lançar a gaivota no mercado, quando todo mundo está se retraindo, você está apostando alto e em três a cinco anos, quando começar a retomada, você colherá as recompensas porque já está lá e as pessoas confiam em você. Então eles são bastante visionários nesse tipo de coisa", diz Neil.

ACERTANDO NOS ESTADOS UNIDOS

O contraponto a toda a desgraça e tristeza da crise global era que os negócios da Rip Curl nos Estados Unidos estavam em alta, sob uma nova equipe de gerenciamento cuidadosamente selecionada. Após inúmeros erros e retomadas, e uma porta giratória para os gerentes seniores, em 2010 a Rip Curl parecia finalmente ter acertado as coisas no maior mercado de surfe do mundo.

A contratação primordial de Kelly Gibson da O'Neill lhes deu estabilidade e credibilidade no mercado, e uma equipe forte de funcionários sênior logo se comprometeu com a missão de dar aos negócios dos Estados Unidos um "sabor americano". Kelly chegou via NSSA (Associação Nacional de Surfe), conquistando o título nacional masculino sob a tutela dos australianos expatriados Ian Cairns e Peter Townend, e havia adquirido uma visão valiosa da psique australiana que o preparou bem para trabalhar na Rip Curl. "Eu aprendi a lidar com os australianos sendo muito franco, impetuoso e direto ao ponto, e é assim que as coisas são", diz Kelly. "Digo às pessoas que os australianos não entendem os americanos porque ficamos enrolando."

Gibson encerrou sua carreira após alguns anos, perseguindo o circuito da ASP com uma 41ª posição como melhor resultado, e chegou a 16º no circuito doméstico dos Estados Unidos, a Professional Surfing Association of America (PSAA), numa época em que o surfe californiano estava saindo do seu marasmo anticompetição. A casa de seu futuro empregador provou ser um campo de trabalho particularmente feliz para Gibson, pois ele passou com sucesso duas vezes pelo antigo sistema de triagem no Rip Curl Pro em Bells, em 1985 e 1986. Mas ele teve a sagacidade de perceber que participar de alguns eventos principais não seria suficiente para uma carreira profissional sustentável.

"Achei que precisava arrumar um emprego. Comecei como representante de vendas", diz Kelly. Ele passou a usar roupas da O'Neill por seis anos, e sua contratação foi vista como um grande golpe da Rip Curl. "Eu conhecia Claw há anos. Eu tinha 15, 16 anos. Fomos de Hermosa Beach até San Clemente para encomendar roupas personalizadas. Um dia eles disseram: "Esse cara, o Claw, quer surfar com você", lembra Kelly. "Eu o encontrei em Bells algumas vezes. Ele começou a me ligar em 2005 e apenas conversávamos sobre a marca. Eu não pensava muito nisso."

Mas a Rip Curl preparou o terreno com cuidado e Claw, Brian e François se encontraram com Kelly em Newport Beach em 2006 e "fizeram a ele uma oferta que ele não podia recusar", segundo Brian. "Quando suas crenças como pessoa e surfista se alinham com uma marca que é a maior empresa de surfe é difícil dizer não", diz Kelly. "Eu fiquei hospedado com Claw em 2006. Sou um grande fã de surfe e podíamos conversar muito sobre isso. Obviamente, ele é um rico poço de conhecimento. Ele pensa muito no cliente e na marca."

"Começou a dar certo cerca de um ano e meio depois que Kelly assumiu... Essa equipe tem estofo pra dar liga", diz Bob Mignona, ex-editor da revista *Surfing* e agora consultor da indústria.

O que impressionou Mignona sobre a longa e muitas vezes dolorosa jornada da Rip Curl até o sucesso nos Estados Unidos foi a sua capacidade de perseverar nos tempos difíceis. "Eu costumava rastrear o mercado ano após ano. Vinte e cinco por cento das empresas que existiam desapareciam no ano seguinte. Havia uma rotatividade de quase 100% em quatro anos", diz Bob. Todos caíram no esquecimento: Counter Culture, Catchit, Gotcha. Olhe para uma revista de 1974, apenas dois por cento dos negócios ainda existem... A Rip Curl teve mais CEOs [nos Estados Unidos] do que qualquer uma. Eu diria que eles tiveram três recomeços desde o início. E desta vez acabou o fracasso."

Eu voei para a Califórnia para tentar entender por que a Rip Curl demorou tanto tempo para encontrar o seu caminho nos Estados Unidos e por que funcionou dessa vez. Fui até Costa Mesa para conhecer Kelly e fazer um tour pelas amplas instalações de escritórios e armazéns que a Rip Curl abriu há 10 anos no centro da indústria do surfe, conhecido como

Velcro Valley. A escala da operação é impressionante: vastos armazéns cheios de estoque, grandes escritórios para cada divisão da empresa, um bar central e uma área de lazer com cerveja na torneira e um caleidoscópio de objetos da Rip Curl nas paredes, incluindo fotos em sépia da antiga padaria, pranchas clássicas, camisas de competição assinadas e pôsteres. O escritório de Costa Mesa é um dos três centros de design global da Rip Curl, juntamente com Torquay e Hossegor.

"Foi definitivamente um caso de 'construa que eles virão' quando inauguraram este local. Felizmente, valeu a pena", diz Kelly. A receita mais que dobrou em 10 anos. "Vamos faturar US$ 75 milhões na América do Norte. Dez anos atrás, estávamos faturando US$ 35 milhões, e algumas dessas vendas chamaríamos de 'vendas ruins'. São US$ 75 milhões em vendas de qualidade", diz ele. Eles empregam cerca de 100 funcionários em sua sede em Costa Mesa e muitos outros nas 30 lojas Rip Curl que abriram em toda a América do Norte.

Kelly foi fortemente influenciado por François. "Ele tinha um sabor europeu para a marca e eu realmente levei isso a sério, para garantir que daríamos um sabor americano", diz Kelly. "Hoje as coisas estão se globalizando mais, as tendências estão mais próximas em todo o mundo."

Ele se lembra de sua primeira conferência de vendas logo após ingressar na Rip Curl e ter uma amostra de como os europeus faziam as coisas. "Foi na Espanha e fui direto do aeroporto para a festa, e eles estavam acelerados. E depois eles fizeram uma ótima conferência... Viajei muito com a Rip Curl – trabalhe duro, divirta-se pra valer, pegue suas ondas e aproveite as suas noites."

Em uma conferência em Bali em 2008, a equipe internacional fez uma pausa nas reuniões para aproveitar ao máximo o swell na península de Bukit e deram de cara com Balangan quebrando grande. "Todo mundo entrou na água. Eu pensei, esta empresa é demais. É muito raro que todos estejam na disposição", lembra Kelly.

O principal de seus desafios quando assumiu o comando foi expandir a reputação de qualidade da Rip Curl para além das roupas de mergulho. Ele considera que as bermudas de surfe Mirage ("é como não usar nada") foram o ponto de virada para fazer incursões nas roupas masculinas. Para as mulheres, eles se concentraram em trajes de banho e chamaram a atenção com as badaladas atletas norte-americanas Alana Blanchard e Bethany Hamilton.

Kelly diz que a Rip Curl se beneficiou com crescimento espetacular e as catastróficas quedas de seus rivais Quiksilver e Billabong, e com seu próprio início lento nos Estados Unidos. "Estamos em um local muito bom e saudável. Não somos uma marca antiga aqui. Para muitas crianças que usam Rip Curl, ela não é percebida como antiga. Não somos a marca de dos pais por aqui", diz ele. "Temos sido aquela marca alternativa para as marcas tradicionais que realmente possuem um alcance muito mais amplo." Ele diz que eles têm mais em comum com a marca de snowboard Burton ou com a marca outdoor Patagonia, que são profundamente enraizadas em equipamentos funcionais e essenciais.

No centro do sucesso está uma equipe de gerenciamento sênior que trouxe estabilidade e conquistou respeito: Dylan Slater, que começou como gerente de equipe e subiu para presidente da Rip Curl América do Norte, sob a orientação de Kelly; Mary Miller, presidente global do segmento feminino; Shawn Peterson, presidente global do masculino; e Paul Harvey, vice-presidente de vendas da América do Norte.

Conheço a equipe durante o intervalo de almoço de uma reunião de gerência e me reúno com eles na área central do bar para conversar em meio a sanduíches e saladas.

"Construímos uma equipe excelente nos Estados Unidos", diz Dylan. "As pessoas com quem trabalhamos, a equipe que recrutamos, existem muitos talentos dos Estados Unidos que conheciam bem o mercado."

"Autenticidade é algo importante – eles apreciam que estamos comprometidos com o surfe e não estamos tentando oferecer todas as pequenas tendências que surgem. Isso gera muito respeito de nossa indústria", diz Paul.

"Estamos muito orgulhosos do fato de sermos funcionários de Brian e Claw. Isso é dito por nós semanalmente", diz Dylan.

"O consumidor em todo o mundo está mudando, isso é a coisa mais empolgante", diz Kelly. "Mas nós realmente não mudamos. Estamos produzindo produtos para pessoas que surfam. Como você conversa com

Brian: "Feliz da vida na praia, Redcliffe, Brisbane, em 1949."

Claw: "Antigas férias no acampamento de Torquay, em 1958, com (da esquerda para a direita) tio Tom, tia Ivy, meu pai Arch, minha mãe Jean, eu, minha prima de Queensland Denise, minha irmã Laurel, tia Rubie, tio Jim e o primo Raymond (flexionando)."

Claw: "Meu próprio quarto-estúdio na casa da família em Brighton por volta de 1959/1960, no meu período beatnik com a Vic Tantau 9'6" (à esquerda) que adquirimos de Terry Wall depois que Arch arrancou o bico dela, e uma novíssima balsa George Rice de nove pés."

Brian: "Eu, Claw e nosso companheiro Butch Fuller, com umas turistas de verão que recrutamos para a sessão de fotos na loja de surfe de Claw em Lorne, 1965." *Trevor Lemke*

Brian mostrando o fundo da prancha em um belo dia de forte vento terral em Bells, nas semifinais do Bells Easter Classic de 1967. *Barrie Sutherland*

BELLS BEACH SURF SHOP

Sydney custom boards

keyo, bob mctavish plastic machines; platt and spencer models; peter clark, keith paul happenings, and our own rip curl models

surfwear and accessories

repair, hire-board and surf school services

top surfers advising —
terry wall, brian singer and doug warbrick

42 bell street, torquay

Esquerda: O cartão de visitas original da Bells Beach Surf Shop (frente e verso).
Direita: O primeiro logotipo das pranchas Rip Curl, desenhado por Simon Buttonshaw, com uma estética cósmica adequada.

Claw: "A partir da esquerda, Sue Brown, Charlie Bartlett e um jovem John Law fazem caretas comigo assistindo, na frente dos apartamentos da Zeally Bay Road." *Andy Spangler*

Brian: "Eu, Spange (Andy Spangler), Claw, John Law, Nigel, o cachorro, e alguns shapes bastante progressivos para a época, do lado de fora da minha garagem, onde tudo começou no inverno de 1969." *Andy Spangler*

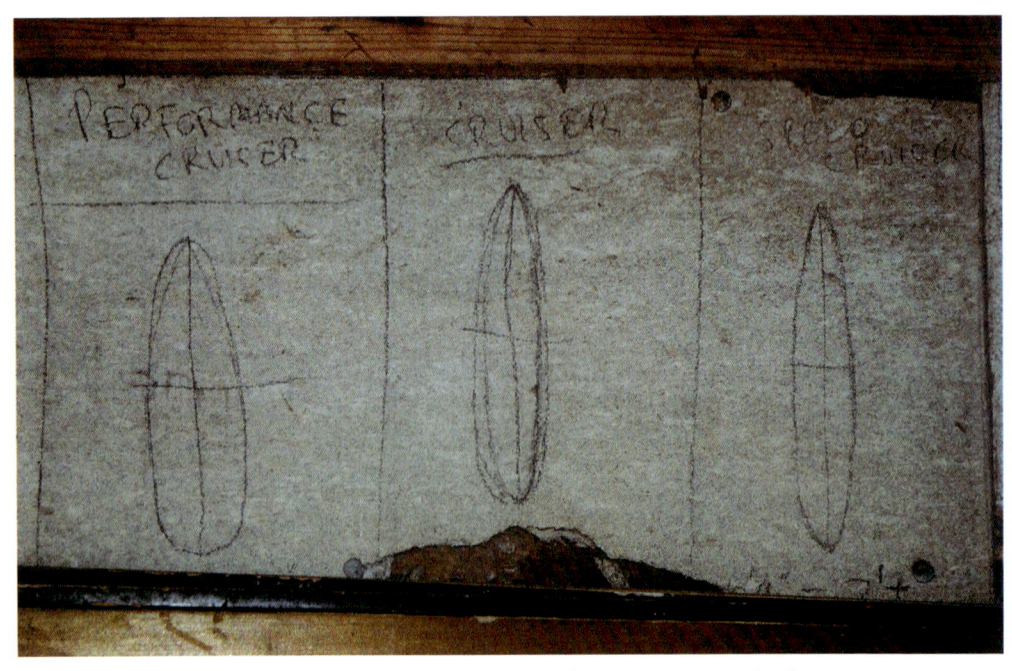

Claw: "Alguns rabiscos de desenhos de vanguarda da época na parede da antiga garagem em Boston Road, quando nos mudamos para a padaria em 1970. Estão aí a cruiser, a cruiser de performance e a cruiser de velocidade."

The dawning of RIP CURL surfboards

Photograph by Barrie Sutherland.

O primeiro anúncio da Rip Curl, na *Surfing World*, no final de 1969, com algumas palavras proféticas: "Sabemos o que estamos fazendo e estaremos aí por muito tempo." *Foto do line-up de Bells no alvorecer, por Barrie Sutherland.*

Cenas da antiga padaria:

Claw: "Andando pela frente da loja com (da esquerda para a direita) Brewster Everett, eu, Terry Goldsworthy, Little Tony e Gary Crothall."
Hugh Webster

Claw: "A sala de laminação montada em frente ao antigo forno de padaria original."
Hugh Webster

Claw: "A antiga garagem, a baía de shape e conserto."
Bob Smith

Claw: "Depois que a antiga casa de fibra nos fundos ficou disponível para locação, ela tornou-se nosso escritório e fábrica de roupas de mergulho. Ainda continua de pé, embora a antiga padaria infelizmente tenha desaparecido há muito tempo." *Bob Smith*

A primeira equipe de roupas de mergulho. Na fileira de trás, da esquerda para a direita: Lesley, Sparrow Pyburne, Claw. Na primeira fileira, da esquerda para a direita: Sjarn Garner, Magooer, a Coladora, Sue Muller e Nancy Millikan. *Barb Graham*

The Australian Surfrider's Association (Victorian Branch)

PRESENTS

THE

RIP CURL

SPONSORED

Bell's Easter Surfing

Championships

Prize Money
$2500

Entries Close April 9, 1973

SEE INSIDE FOR DETAILS

The Australian Surfrider's Association (Victorian Branch)

PRESENTS

THE

RIP CURL & AMCO

$6000 AUST.
BELL'S SURFING
CHAMPIONSHIPS
ENTRIES CLOSE APRIL 5th, 1974
SEE INSIDE FOR DETAILS

Os dois primeiros pôsteres do campeonato Rip Curl Pro mostraram um rápido avanço na premiação em dinheiro, mas no design gráfico nem tanto.

O hoje infame convite das festas que se tornou um slogan da Quiksilver e levou alguns foliões a desfrutar de uma longa reabilitação na fazenda Hare Krishna nas proximidades.

Dois dos primeiros ícones da Rip Curl, com estilos pessoais contrastantes: o enigmático e recluso Michael Peterson e o sempre extravagante e falante Terry Fitzgerald, em um anúncio inicial dos coletes de verão da Rip Curl.
Cortesia acervo Rip Curl

A primeira edição da revista *Backdoor,* com o futuro campeão mundial de 1978, Wayne "Rabbit" Bartholomew, na capa. *Dick Hoole*

Brian: "Nós estávamos prestes a partir de Point Lonsdale de barco para uma festa em Frankston, do outro lado da baía de Queenscliff. Aqui, eu, Ray Thomas e um policial local estávamos muito interessados nas festividades." *Bob Smith*

Brian: "Eu e Butch Barr em nossa nova fábrica de roupas de mergulho na Geelong Road, em 1976." *Cortesia da* Geelong Advertiser

Brian, o vocalista da Skyhooks e surfista Graeme "Shirley" Strachan, Claw e o campeão mundial de 1966, Nat Young, aproveitando as celebrações na inauguração das novas instalações em 1980. *Cortesia acervo Rip Curl*

A nova loja criou um burburinho e atraiu uma grande multidão para a abertura. *Cortesia acervo Rip Curl*

O lançamento da nova linha de roupas de mergulho segmentada no início dos anos 80 agitou as coisas, com cores e grafismos ousados. Rabbit (à esquerda) era o Sr. Dawn Patrol, enquanto Cheyne Horan e um jovem Tom Curren representavam o modelo de competição, o Aggrolite. *Cortesia acervo Rip Curl*

A primeira loja californiana da Rip Curl, fotografada no local do antigo Museu Richard Nixon, adquirido pela Rip Curl, perto de Trestles, no sul da Califórnia. *Cortesia acervo Rip Curl*

Brian: "Nick Wood ganha Bells e torna-se o mais jovem vencedor de todos os tempos, aos 16 anos de idade. Claw, Nick e eu curtimos a comemoração pós-premiação na orla de Bells, em 1987." *Cortesia acervo Rip Curl*

Julgando a partir da parte superior do velho ônibus de dois andares, estacionado no penhasco de Bells nos anos 80. *Dick Hoole*

Brian: "Eu com a equipe da Rip Curl, Belinda Hardman, Andrew Egan e Meredith Marshall em clima de festa no nosso escritório em Collaroy, em meados dos anos 80." *Cortesia acervo Rip Curl*

Claw: "Temos uma longa associação com o campeão mundial de 1964, Midget Farrelly, e foi apropriado que ele fosse o copatrocinador do Rip Curl Pro nos primeiros anos. Aqui, Midget e eu estamos entrando no clima de festa em meados dos anos 70 e, abaixo, 25 anos depois, Brian e Midget tomam uma cerveja na abertura da nova expansão do escritório." *Cortesia acervo Rip Curl*

Brian, Graham Cassidy e Claw em Bells no início dos anos 90. Cassidy foi um dos principais arquitetos do surfe profissional na Austrália e compartilhava uma visão com os fundadores da Rip Curl. *Cortesia acervo Rip Curl*

Gabriel Medina vence nos tubos largos de Teahupo'o, em 2014, a caminho de conquistar o seu primeiro título mundial. *Cortesia World Surf League*

Cena fervorosa na praia de Pipeline, no Havaí, quando Medina garante o título em frente a uma fanática multidão brasileira. *Corey Wilson*

Ted Grambeau

Tyler Wright tornou-se igualmente famosa por sua ousada coragem em ondas pesadas, como por sua forte determinação competitiva quando ela mira no maior prêmio do surfe profissional. *Neil Ridgway*

Mick Fanning sentindo-se em casa nos tubos afunilados de seu pico local, Kirra.
Ted Grambeau

Mick se despede de uma multidão no Rip Curl Pro 2018 em Bells Beach, depois de chegar muito perto de uma despedida de conto de fadas, terminando em segundo lugar contra o brasileiro Italo Ferreira. *Rose Ridgway*

o cliente e como distribui o seu produto ao cliente, isso está mudando. O jeito antiquado, boca a boca, ainda é o principal."

Todo o trabalho duro culminou com a Rip Curl conquistando cinco prêmios no SIMA Image Awards de 2015, pelas melhores roupas de banho, bermudas de surfe, roupas de neoprene, acessórios – para o relógio GPS Search – e pela campanha de marketing feminina "My Bikini".

"Há dez anos ou mais, a marca não estava em um nível respeitado – as roupas de mergulho estavam, mas o que me deixa mais orgulhoso é que a marca ainda é respeitada pelo cliente", diz Kelly, que agora passou para um papel de membro não executivo do conselho.

A equipe dos Estados Unidos teve uma amostra do quanto os seus fundadores ainda podem se soltar quando eles vieram em 2015 para comemorar a reviravolta dos negócios. "François, Claw e Brian vieram para isso, e Brian estava de muito bom humor", diz Kelly. "Ele estava bebendo uns barris de cerveja *light*, mas nos Estados Unidos '*light*' significa pouco carboidrato, não pouco álcool."

A festa prosseguiu em um bar em Laguna Beach, chamado Dirty Bird, e culminou com Brian de alguma forma sendo trancado nu, fora do seu quarto de hotel. Brian acha que ele se levantou no meio da noite para dar uma aliviada, abriu a porta para o que pensava ser o banheiro, mas se viu no corredor do lado de fora do quarto, completamente nu, quando a porta se fechou atrás dele. Ele timidamente foi até o saguão para pedir uma chave reserva. "Essa foi minha primeira apresentação a Brian Singer. Eu pensei, uau, o proprietário desta empresa ainda está pegando assim pesado. Não estamos vendendo seguros aqui", diz Shawn.

"Estou na empresa há 11 anos. Nós não temos tanto tempo de convívio pessoal com esses caras quanto gostaríamos, mas eu ainda entro em um avião e vou pra lá pensando: vou me sentar em uma sala com esses caras que começaram essa marca do nada", diz Kelly. "E eles ainda estão realmente comandando a marca. Eles nos mantêm na realidade."

CAPÍTULO 10

A EMPRESA DE SURFE DEFINITIVA: 2010-2014

A grande experiência da Rip Curl com os principais executivos do mundo dos negócios produziu resultados contraditórios. Como em algumas de suas primeiras viagens em uma antiga Kombi, seus copilotos às vezes dirigiam demais para um lado da estrada, e depois talvez fizessem uma correção excessiva, mas felizmente haviam evitado a capotagem.

Em 2010, houve uma mudança deliberada no sentido de fazer promoções internamente. "Vejo isso realmente começando quando François foi CEO de 2006 a 2009", diz Michael Daly. "Na época, eu dirigia o RH e, portanto, assegurei que executássemos essa visão em todas as decisões de contratação e nomeação."

Mas, depois de quatro CEOs em sete anos, parecia que o principal cargo era uma batata quente com a qual ninguém estava a fim de lidar. Depois que François assumiu o cargo de CEO interino após a partida de David Lawn, outro francês, Olivier Cantet, recebeu o cargo. Ele durou três anos, até que Brian relutantemente assumisse o cargo em 2012 para colocar o navio no prumo, também em um papel de zelador. Claw diz que esse retorno dos fundadores da empresa à liderança ajudou a colocar os negócios de volta nos trilhos. "Tivemos um ótimo desempenho nos dois anos do François", diz Claw. "Brian sabe das coisas, ele é sagaz e é um ótimo orador."

Mas nem François nem Brian estavam dispostos a encarar as exigências do papel a longo prazo. No fim, foi o relativamente jovem contador, Michael

Daly, que executara o cargo do CFO de forma silenciosa e efetiva por uma década, quem recebeu o cargo mais alto. Michael havia sido preterido para o cargo de CEO em 2009, mas achou que era jovem o suficiente para ter outra chance e começou a aprender tudo o que podia sobre os negócios.

"Eu amava a Rip Curl e o meu trabalho, então superei isso muito rápido. Imaginei que na época eu deveria dar espaço para Olivier deixar a sua própria marca como CEO", diz Michael. "Pensei seriamente em sair, mas gostava demais."

Em vez disso, Michael passou dois anos nos Estados Unidos e desempenhou um papel importante na transformação dos negócios norte-americanos. "Kelly e eu trabalhamos bem juntos e certamente acho que a combinação ajudou a acelerar a melhoria de nossos ganhos nos Estados Unidos", diz Michael. Mas ele sempre teve a intenção de retornar a Torquay. "Em novembro de 2012, recebi a ligação do conselho para voltar para casa, pois eu deveria substituir Olivier Cantet como CEO em seis meses, depois que Brian ficou como CEO interino... Não houve entrevista, nenhum processo, apenas um telefonema para dizer que o trabalho era meu e [para] voltar para casa. Voltei para a Austrália em janeiro de 2012 e me tornei CEO em julho de 2013."

"Claw, François e eu sempre pensamos que você não pode ter um contador comandando o negócio, mas logo percebi que ele se colocara numa posição em que não dava para escolher mais ninguém", diz Brian. "Michael se movimentou pela empresa e trabalhou em todos os departamentos. Ele se mudou para os Estados Unidos como diretor financeiro e braço direito de Kelly Gibson. Como Claw estava morando na Gold Coast e François estava baseado em Bali na época, demoraram um pouco para perceber isso, mas eu vi em primeira mão o tipo de coisa que ele havia feito para se preparar para o cargo."

"Obviamente que temos muita fé em Michael Daly, tornando-o CEO global, e ele administra tudo no dia a dia", diz Claw. "Embora tenha havido alguns bons aprendizados quando tivemos executivos tradicionais no conselho e em toda a gerência sênior, nenhuma dessas pessoas durou. Não consigo pensar em nenhum deles que ainda esteja na organização hoje e, do meu ponto de vista, eles eram tão contraproducentes quanto produtivos."

Hoje quase toda a gerência sênior está na Rip Curl há uma década ou mais e tem sido orientada por antecessores cuja história com a marca remonta aos primeiros tempos. "Considero uma das minhas principais funções identificar os talentos e as pessoas que pensei que poderiam percorrer um longo caminho em suas vidas e em nossos negócios", diz Claw. "Os principais gerentes e estrelas de hoje são todos sucessores do primeiro grupo que escolhemos entre os surfistas de Torquay, Bells Beach e região da Surf Coast."

"Quase todos surfam na gerência sênior. Michael não sabe surfar, mas ele pratica snowboard, ama estar ao ar livre e ama uma cerveja, está em contato com a galera e vai conosco a qualquer praia do mundo. Então ele carrega a tocha para os não surfistas da empresa", diz Neil. "Os surfistas permaneceram porque você pode trabalhar em uma grande marca e empresa internacional, viver em um lugar incrível, ser surfista e agir como surfista, divertir-se e ainda fazer bons negócios e ter uma carreira profissional de verdade."

Neil aponta para os CEOs regionais de todo o mundo para enfatizar o seu argumento. Você olha para as pessoas que dirigem a empresa em todo o mundo. Felipe Silveira no Brasil esteve no WQS, Kelly Gibson nos Estados Unidos esteve no circuito e ficou entre os 16 primeiros [da PSAA], Mick Ray comanda a Indonésia e Wilco Prins lidera a Europa. Os surfistas estão definitivamente no comando›", diz ele.

BALI E ALÉM

Não há melhor exemplo de surfistas no comando do que Michael Ray, um fiel da Rip Curl há mais de 25 anos e um surfista de quarta geração, algo raro no surfe australiano. O bisavô de Mick, JJ Ray, parou no Havaí a caminho de casa da Primeira Guerra Mundial e aprendeu a surfar em Waikiki em 1917. O pai e o avô de Mick foram surfistas apaixonados por toda a vida, e seu irmão Tony era um profissional de primeira linha e surfista de ondas grandes do mais alto calibre.

A carreira de Michael na Rip Curl teve um começo adequadamente salgado. Ele tinha 21 anos, estudava na universidade, e tinha acabado de chegar de um surfe em Bird Rock, quando notou que Claw havia deixado sua roupa de mergulho para trás e foi devolver para ele. Mick acha que Claw deu a ele o "Questionário Claw" e, no dia seguinte, ele recebeu um telefonema do QG da Rip Curl. "Doug Rogers me ligou e disse: 'Estamos procurando alguém para cuidar da equipe em meio período', então comecei a cuidar da equipe nacional dois dias por semana", diz Mick.

Dois anos depois, ele recebeu um emprego em tempo integral, ajudando com licenciados e marketing internacionais. Era uma posição ideal para aprender sobre os negócios e trabalhar em estreita colaboração com os fundadores: "Marketing com Claw e material licenciado com Brian", diz Mick. Ele viu em primeira mão como os fundadores trabalhavam juntos. "Brian e Claw costumavam montar os anúncios. Foi interessante ver a sinergia entre Brian e Claw. Claw tinha a criatividade e Brian tinha a clareza de quem era o cliente", diz Mick. "Eles costumavam duelar. Claw lançava uma ideia realmente obtusa e Brian dizia: 'Não, precisamos atingi-los no meio dos olhos'. Nesse yin e yang, o equilíbrio estava em algum lugar no meio."

Mick foi para as roupas de mergulho e passou 15 anos liderando a divisão, aprendendo as manhas de Ray Thomas como parte do processo de renovação geracional. Quando o gerente do sudeste asiático da Rip Curl, Jeff Anderson, renunciou para passar mais tempo com sua família, Mick estava pronto para um novo desafio. Jeff havia feito um trabalho notável no crescimento dos negócios da Rip Curl na Indonésia e Mick tinha um grande buraco a preencher.

"Era uma boa oportunidade em termos de carreira e era em Bali", diz Mick. O negócio em Bali ainda segue as linhas estabelecidas por Rob Wilson e Stephen Palmer, os dois ocidentais que adquiriram as grandes licenças de marcas de surfe nos anos 90. "O modelo é como em nenhum outro lugar do mundo. É uma consignação de 80%. Nós possuímos todo o estoque em todas as lojas", diz Mick. "Depois que o estoque da loja é vendido ao cliente, ele nos paga o atacado. Essa coisa toda de consignação é um palavrão, mas essas lojas não tinham capital para comprar o estoque, então na verdade funciona muito bem."

Em um país tão amplo, diversificado e majoritariamente muçulmano, existem profundas diferenças culturais a serem entendidas. Quando a Rip

Curl começou na Indonésia, quase todos os seus negócios estavam em Bali. Agora, 60% estão fora de Bali, de shoppings sofisticados em Jacarta a lojas de esquina em pontos remotos de surfe. "Fora de Bali, não há um link natural para a cultura do surfe. Você precisa tentar ensinar coisas a eles. Você precisa convencer o povão da Indonésia de que o surfe é legal", diz Mick. "Eles são um mercado volúvel. Na semana seguinte, eles podem achar que outra coisa é legal."

Mas há vantagens que fazem as potenciais recompensas valerem o esforço. "Os aluguéis não são tão caros e os salários são muito mais baratos", diz Mick. "O total de vendas não é tão alto, mas você pode gerar mais lucro. E está crescendo rápido. Existem 260 milhões de pessoas na Indonésia. Há mais classe média na Indonésia do que em toda a população na Austrália."

VENDENDO O SONHO

Durante os tempos difíceis pós-GFC, quando outras marcas de surfe licenciavam a produção de cobertores e acessórios para o lar para tentar aumentar seus faturamentos, a Rip Curl dobrou seu compromisso com o mercado principal de surfe. O mantra e a declaração de missão, "A Empresa de Surfe Definitiva", tornaram-se uma bússola vital em mares agitados.

"O que costumávamos chamar de indústria do surfe hoje está sob ameaça de fracassar. Eles são apenas mais um grupo de fabricantes de roupas. Nós não queremos retirar muito do verdadeiro espírito de surfar, tudo isso que vem com a verdadeira cultura do surfe", diz Claw.

"Como poderíamos ter criado uma indústria mais sustentável? Crescendo bem devagar", diz Bob Mignona, ex-gerente de publicidade da revista *Surfing*, hoje consultor da indústria do surfe. "No Japão, a filosofia corporativa é de crescimento lento. O velho ditado é: quanto mais rápido você cresce, mais rápido você cai. O que sobe rápido demais, desce. Os caras da Rip Curl evitaram, em certo sentido, ser gananciosos. Eles não estavam lucrando demais com os negócios e resistiram a momentos realmente difíceis."

Sam George, aquele adolescente americano para quem Claw deu carona na Gold Coast há 40 anos, hoje é roteirista e mora em Malibu, mas nunca esqueceu o feitiço que a primeira viagem australiana lançou sobre a sua vida de surfista. "Com o fato de a Rip Curl não ter aberto capital, eles pelo menos mantiveram a linha", diz Sam. "Às vezes ficava um pouco tênue, mas eles mantinham essa direção do produto, que é o sonho. O que eles estão vendendo são sonhos. Eles estão vendendo você dirigir pela costa. Esse foi o sonho que eles me venderam. Foi a Austrália, Bells, novos locais e pessoas que eram totalmente dedicadas ao surfe. Foi um sonho que a Rip Curl me vendeu e eu o comprei."

Essa filosofia se estende para permitir você surfar durante o horário comercial, desde que o trabalho seja feito, como um critério para resistir à crescente corporativização. Houve um momento em que os funcionários não surfistas começaram a perguntar por que não podiam tirar uma folga para ir às compras, apontando que os surfistas podiam chegar atrasados ou desaparecer para almoços longos sempre que as ondas estavam boas. A empresa organizou aulas de surfe para os não surfistas, para que não se sentissem deixados de fora.

A FLASH BOMB

A roupa de mergulho Flash Bomb, lançada em 2012, foi o produto perfeito para o foco aguçado da empresa: seu produto histórico, uma peça essencial de equipamento funcional do surfe, em uma nova e aprimorada forma.

A Flash Bomb foi desenvolvida com o objetivo de criar a roupa de mergulho de secagem mais rápida do mundo, uma inovação que significaria ir para uma segunda sessão de surfe em um dia frio de inverno, sem ter que vestir uma roupa de mergulho fria e úmida – uma provação que há muito atormenta os surfistas de clima frio. Esta parte do desenvolvimento do produto foi, em parte, um ato de interesse próprio dos seus criadores.

"Muito raramente você tem um produto que realmente excede as expectativas do cliente", diz Steve Kay. "E qualquer um que tenha tentado colocar uma roupa úmida sabe que iria gostar se você pudesse oferecer um produto que fosse muito mais fácil de colocar depois de usar. A Flash Bomb fez isso. A proposta que pudemos usar em nossa publicidade e nas lojas realmente nos ensinou muito sobre o que fazer com muitos outros lançamentos de produtos desde então."

O primeiro relógio do mundo com GPS, as malas de viagem mais leves do mundo, as bermudas Mirage e os agasalhos Anti-Series são exemplos dessa abordagem de possuir uma categoria de produtos com melhorias tangíveis, em relação ao que estava disponível anteriormente.

"Tivemos uma sucessão do que chamamos de 'produtos com propostas de vendas exclusivas', em que todos tinham um marketing incrivelmente poderoso e emotivo, que realmente falava com o princípio subjacente de exceder as expectativas dos clientes", diz Steve.

"E colocando o mundo inteiro com um produto como esse, porque quando um produto como esse circula pelo mundo em um ciclo comple-to durante um ano, e tudo o que Steve fala acontece no mundo todo, o segundo ano é como, 'pheeeewwww', a coisa realmente decola", diz Neil, produzindo o efeito sonoro de um foguete sendo lançado na estratosfe-ra. "Mas se você percorrer meio mundo e uma região disser: 'Não vamos apoiar isso', e quebrar essa cadeia de marketing de produtos, mensagens e boca a boca, isso realmente interrompe as coisas. Então, por estarmos unidos nessa mensagem por trás de ótimos produtos, tivemos 10 anos desse tipo de coisa."

A TEMPESTADE BRASILEIRA

A tarefa de transmitir sua mensagem pelo mundo foi facilitada com a adição de um talento extraordinário à equipe do Brasil, país em constante crescimento. O circuito mundial tem visto um afluxo de surfistas bra-sileiros nos últimos anos: extraordinariamente talentosos, famintos por sucesso, alguns vindo de origens humildes e com frequência sustentando extensas famílias com os lucrativos patrocínios.

A Rip Curl foi rápida em abraçar o movimento, contratando o líder da tempestade brasileira, Gabriel Medina, em 2009, quando ele tinha apenas 15 anos. Medina dominou o surfe júnior globalmente antes de estourar no circuito profissional em 2011, com duas vitórias em Hossegor e San Fran-cisco, antes de reivindicar o seu primeiro título mundial em 2014.

Gabby, como é conhecido por seus companheiros de equipe da Rip Curl, destacou-se por suas manobras aéreas destemidas e criativas. "Estou completamente embasbacado com a forma como Gabby faz isso. Gabby está entrando em um novo território, um lugar novo e instintivo. Mas não acho que você possa ensinar isso", diz Claw.

Mick Fanning tem sido um dos mais fortes defensores de Gabe contra os críticos de sua forte linha competitiva, que muitas vezes irrita os oponentes. "No primeiro ano em que ele entrou no evento de Pipe, ele estava tão ansioso para aprender. Ele é realmente um garoto muito gentil, é muito ligado à família e tem um coração muito grande", diz Mick. "Acho que a mídia só vê o que acontece durante um evento, e em um evento ele é um assassino frio. Ele. Não. Dá. A. Mínima. Longe dos eventos, ele é o garoto mais legal do mundo."

É difícil para os não brasileiros compreenderem em o nível de fama e atenção que Gabe atrai em sua terra natal. "Ele é uma estrela por lá. É assustador. Ele diz: 'Às vezes eu nem consigo surfar porque há pessoas esperando na frente da minha casa'. Ele mora na praia, mas ainda precisa pegar um carro para ir surfar em outro lugar", diz Mick.

Para Gabriel, a chance de se juntar ao mesmo time que seu ídolo foi uma grande parte do atrativo em assinar com a Rip Curl. "Era um sonho estar no mesmo time que Mick Fanning e fazer parte de uma das melhores marcas de surfe do mundo", diz Gab. "Acabara de completar 15 anos, meu contrato com a Volcom estava prestes a terminar e Felipe Silveira [CEO da Rip Curl Brasil] me convidou para vir ao Guarujá, onde está o escritório da Rip Curl no Brasil. Me lembro bem daquele dia em que fui com meu pai e minha mãe."

Silveira se recorda de assistir a um jovem Medina ganhar o Rip Curl GromSearch em 2009, passando da quarta para a primeira posição nos últimos minutos, e perceber que estava testemunhando um talento raro. "Era realmente uma boa esquerda perto das pedras e os outros três caras eram locais, colocando muita pressão sobre Gabriel", diz Felipe. "Na contagem regressiva, todo mundo pegou uma onda e deixou Gabriel lá fora faltando 30 segundos para terminar, e ele pegou uma onda, pegou a última onda e o garoto surfou com coragem, como se fosse a última onda de sua vida, como se estivesse surfando por sua vida, surfando sem limites. Ele marcou 9,5 na sua última onda. Fiquei chocado com a maneira como o garoto surfou aquela onda. Eu disse: 'Precisamos contratar esse garoto'."

Gabe assinou contrato com a Rip Curl e uma semana depois ganhou um WQS de seis estrelas, ainda hoje o surfista mais jovem a vencer um evento da ASP (agora WSL). "Eu estava procurando pelo próximo campeão mundial. A marca que tivesse o primeiro campeão mundial brasileiro teria um ponto de diferença no mercado, por isso levamos isso muito a sério", conta Felipe.

Os fundadores da Rip Curl gostaram do que viram desde o início. "Durante as finais do Rip Curl Pro em Johanna [em 2010], vimos ele surfar por oito horas em uma esquerda adjacente e ele demonstrou claramente surfar no nível de Kelly Slater e Mick Fanning na final", diz Brian. "Kelly venceu Mick na final com um aéreo enorme, mas Gabby conseguiu muitos aéreos de outro mundo durante sua maratona de free surf."

Gabriel entrou em uma equipe da Rip Curl em ascensão e com uma rede de cultura e apoio que cultivava o sucesso. "O legal foi conhecer meus ídolos. Eu conheci Mick, a quem sempre assistia em filmes de surfe, que sempre me inspirou", diz Gabriel. "Eu conheci Owen [Wright], que é um grande amigo no circuito, um cara super legal. Wilko [Matt Wilkinson] também é um cara incrível, engraçado, legal de viajar. E Mason [Ho] é um cara muito engraçado. Tive a oportunidade de conhecer não apenas surfistas, mas também pessoas que trabalham na Rip Curl, caras como o [ex-gerente de equipe] Gary Dunne, um cara que me ajudou muito, muito mesmo. Ele me deu todo o apoio e cuidou de mim. Sou muito agradecido por conhecê-lo. Keke na França, e hoje [atual gerente da equipe] Ryan Fletcher... Todos os caras da Rip Curl no Brasil e internacionalmente me tratam tão bem e hoje eu sinto que sou parte da família deles."

Para Gabriel, isso também significava desafiar o seu herói Mick Fanning no ambiente competitivo mais intenso, disputando um título mundial em Pipeline enquanto ficavam juntos na casa da equipe da Rip Curl à beira-mar. "Por dois anos lutamos pelo título mundial, em 2014 e 2015, mas em 2014 foi uma luta mais direta. Eu não sabia como seria", diz Gabe. "Ele é um cara que sabe onde se colocar nesses momentos. Ele estava focado no trabalho dele e eu no meu... Ele me ensinou muito."

Com Mick agora aposentado do circuito e engajado na Busca, Gabriel está com fome de ocupar o imponente lugar de Mick. "É uma grande responsabilidade substituí-lo e ser o surfista número um da equipe, mas com a aposentadoria de Mick é isso o que eu quero", diz Gabe. "Quero assumir a responsabilidade e ser o cara que ele era, para inspirar as pessoas... Estou pronto e gosto de desafios."

Em dezembro de 2018, Gabe garantiu o seu segundo título mundial e venceu o Pipeline Masters com um nível totalmente novo de entubar de costas, depois de uma intensa corrida de três postulantes, contra seus companheiros Filipe Toledo e o australiano Julian Wilson. Com apenas 24 anos, Gabe mostrou que estava pronto para reivindicar o manto de surfista número um da equipe Rip Curl no circuito, e ele está ciente de que mais um título mundial o colocaria na ilustre companhia do tricampeão mundial Andy Irons e dos ícones da Rip Curl, Tom Curren e Mick Fanning. Mesmo aposentado, a presença de Mick influiu na disputa pelo título. Tendo acabado de assinar um novo contrato de 10 anos com a Rip Curl, Mick desempenhou um papel de suporte valioso. "Mick apareceu na casa da equipe e foi uma presença experiente muito forte em dar conselhos aos surfistas, conforme precisavam. Ele tem uma influência forte e positiva em Gabby", diz Claw.

Seria difícil exagerar o impacto de Gabe para o surfe brasileiro. Seu título mundial em 2014 e o inovador surfe aéreo inspiraram legiões de garotos em todo o país. Ele também abriu o seu próprio centro de treinamento de surfe, o Instituto Gabriel Medina, junto com seus pais Charlie e Simone, para ajudar a produzir a próxima geração de campeões brasileiros. O instituto possui salas de aula, piscina, ginásio, cama elástica e museu, tudo à beira-mar em Maresias, onde Gabriel aprendeu a surfar.

"O instituto foi uma ideia do meu pai, minha mãe e minha. Quisemos devolver a essas crianças tudo o que o surfe nos deu, tentar dar a elas o apoio que eu tive ou até mais", diz Gabriel. O instituto pode acomodar até 60 alunos de 10 a 16 anos. Além de treinamento em surfe, oferece aulas de computação e idiomas, cuidados médicos e odontologia, e é financiado por Gabriel.

Felipe Silveira não vê a "tempestade brasileira" passar tão cedo. "A influência de Gabriel no mercado do Brasil é enorme", diz Felipe. "Depois que Gabriel Medina foi campeão mundial e do sucesso que ele estava tendo, todo garoto que surfa quer ser Gabriel Medina. Eles veem o surfe como uma oportunidade de se tornar famoso e ganhar dinheiro, como o futebol. Os brasileiros costumavam ter falta de confiança. Seu objetivo costumava ser passar as triagens, agora as crianças querem ganhar o campeonato. O Gabriel mostrou isso a eles."

Agora, a irmã mais nova de Gabe, Sophia, está fazendo o seu nome como a próxima grande novidade. "Ela acabou de ganhar o GromSearch na categoria menores de 16 anos. Ela tem apenas 14 anos e está seguindo os seus passos", diz Felipe.

A ÚLTIMA DESPEDIDA DE MICHAEL PETERSON

Quando os novos surfistas da Rip Curl surgiram na era moderna, a estrela rebelde original do surfe deixou a cena. Nenhum surfista capturou melhor o espírito dissidente da Rip Curl do que Michael Peterson, o alto e esguio surfista regular de Coolangatta, com sua energia hiperativa na água e seus modos enigmáticos e reclusos em terra.

Quando Michael faleceu em 2012 de um ataque cardíaco, houve uma onda de tristeza e homenagens em todo o mundo do surfe. A família de Michael escolheu espalhar suas cinzas em um punhado de seus locais favoritos de surfe, e seu irmão mais novo Tommy teve o solene dever de espalhar uma parte das cinzas de Michael no line-up de Bells durante o Rip Curl Pro de 2013. "Teria sido um privilégio para Mick saber que ele teve suas cinzas espalhadas em Bells", diz Tommy.

Michael vinha tendo uma existência sombria por muitos anos, sofrendo com os efeitos da terapia de eletrochoque nos anos 80 e seus próprios esforços de automedicar a sua esquizofrenia não diagnosticada nos anos 70. MP morava com a mãe em um pequeno apartamento em South Tweed Heads, raramente aparecendo publicamente, mas ainda era reverenciado por todos os que haviam testemunhado os seus incríveis feitos no surfe. O fato de que muitos desses feitos foram realizados nas grandes paredes de Bells durante um período de domínio sem paralelo nos anos 70, com todos vestindo roupas de mergulho da Rip Curl, renderam a MP um lugar especial no panteão dos campeões da Rip Curl.

Claw calcula que há três surfistas que representaram o espírito da Rip Curl com mais força ao longo das décadas: Michael Peterson, Tom Curren e Mick Fanning. Quando menciono isso para Mick, ele parece um pouco confuso por um momento. Para um surfista que recebeu quase todas as honras existentes no esporte, esta parece importar. "Essa é uma grande honra. Você pensa nesses caras e eles eram tão fiéis a si mesmos, e a Rip Curl apoiou isso. Isso é muito legal", diz Mick.

Claw e Brian nunca se esqueceram do impulso que o apoio a MP deu para suas roupas de mergulho naqueles primeiros tempos. "Eles cuidaram de Michael Peterson até ele falecer e, de fato, a família ainda está associada", diz Neil Ridgway. "E eles ainda estão associados a Curren, e com Mick acho que vai ser assim também. Eu sempre admirei isso neles, principalmente com os Peterson."

"Eles não precisam ligar e nos pedir nada. Eles podem usar o nome Peterson para marketing, isso não é problema", diz Tommy. "Sempre fomos leais, nunca fomos embora. Eu sempre digo a Singer que encontrei algo bom e me apeguei a isso. Nosso contrato de patrocínio foi um aperto de mão com Claw quando Michael foi patrocinado. Ligo para Ridgway e digo: 'Estou indo na loja. Diga a eles que eu vou.' Eles ainda honram o aperto de mão, 47 anos depois. Isso não é nada mal."

O FATOR FANNING

É óbvio dizer que Mick Fanning tornou-se uma figura poderosa para a equipe Rip Curl. Mas ele também expandiu o papel de um surfista patrocinado da equipe, não apenas endossando a marca, mas também defendendo os seus colegas surfistas e desafiando a gerência quando ele não concorda com as decisões.

"Há momentos em que as coisas não parecem bem. Se os planos de marketing não parecerem bons, nós falamos. Para quê estamos fazendo isso? Você chega lá e tenta dar a sua contribuição, pergunta como queremos ser mostrados", diz Mick. "Acho que isso foi filtrado para Wilko, Owen, Alana, Tyler, Nikki – você pode ter um plano de marketing, mas precisa apoiar o individual de cada um."

É claro que Mick galgou a sua posição ao longo de uma década, com três títulos mundiais e o carinho incomparável do público do surfe. Mas foi o encontro de 2015 com um grande tubarão-branco em Jeffreys Bay, na África do Sul, no meio de uma final do circuito mundial, que lhe trouxe um novo nível de reconhecimento público. Mais tarde naquele ano, enquanto Mick competia no Pipeline Masters no Havaí em busca de um quarto título mundial, seu irmão mais velho Peter morreu de doença cardíaca. Durante essas crises, o relacionamento entre a marca e o surfista veio à tona.

"Eles são incríveis. Toda vez que acontecia algo como o tubarão, Neil era o primeiro a telefonar para minha mãe. Quando Peter faleceu, Neil foi o primeiro com quem minha mãe falou e ele ficou com ela a noite toda", diz Mick. "É muito mais que negócios. Se os adesivos e os contratos desaparecerem, ainda seremos amigos."

A mãe de Mick, Liz, concorda. "Demorou um pouco para nos acostumarmos com Neil, especialmente Mick. Não havia um vínculo lá no começo e agora Mick conta a Neil coisas que ele não conta para mim", diz Liz. "Ele tem sido uma pessoa maravilhosa. Ele é um amigo muito, muito bom e tem sido um confidente meu. Ele nunca me decepcionou e eu nunca o decepcionei."

Neil se lembra vividamente da transmissão da final de Jeffreys Bay entre Mick e Julian Wilson enquanto conversava com Liz ao telefone. "Eu praticamente falo com a mãe dele em todas as baterias, ou enviamos mensagens, e eu estava conversando com ela no telefone: 'Está prestes a começar, Julian acabou de pegar uma onda. Ok, tudo bem, eu ligo de volta quando vencermos'." Neil e Liz sempre trocam mensagens de texto com a frase "Mantenha a fé" durante os momentos críticos em baterias apertadas, mas essas palavras assumiram um novo significado nesta ocasião.

O encontro com o tubarão – a maioria dos especialistas concorda que o incidente não constituiu um "ataque" como tal – foi transmitido ao vivo ao redor do mundo, com milhões observando uma grande barbatana dorsal surgir ao lado de Mick e começar a se debater, com o tubarão derrubando Mick da prancha. Liz se lembra daqueles segundos agonizantes e prolongados quando Mick estava flutuando na água com um grande tubarão-branco vindo em sua direção, e ele foi tapado por uma onda na frente. Liz diz que pulou da cadeira e agarrou fisicamente a tela da televisão como se estivesse tentando resgatar seu filho.

"A onda subiu e você não conseguia vê-lo e eu pensei, ele está morto. Como vamos lidar com ele estando morto amanhã?", diz Neil. "Eu estava apavorado e a onda baixou e ele ainda estava nadando e eu liguei para Liz imediatamente e ela estava gritando e eu disse: 'Ele está na moto aquática Liz, ele está na moto aquática. Veja, os braços dele estão mexendo, as pernas estão mexendo. Ele parece bem, ele está bem'."

Mais tarde naquele ano, Mick travou uma batalha de cinco concorrentes pelo título mundial, chegando a Pipeline em uma das finais mais apertadas da temporada de surfe na história. Mick estava dormindo profundamente no quarto principal da casa da equipe Rip Curl em frente à praia, sem ter nenhuma ideia dos eventos que se desenrolavam na Austrália.

"Quando Pete morreu, e eu fiquei sabendo porque estava ao telefone quando as meninas encontraram o corpo dele, eu não sabia o que fazer", diz Liz, que estava no Havaí para assistir a Mick competir. "Eu liguei para Neil e ele veio sentar-se comigo e discutimos como contaríamos a Mick. Em duas horas já estava no Facebook. Eles tomaram a decisão de deixar Mick dormir e contar a ele as trágicas notícias logo de manhã. Eram 10 ou 11 da noite. Eu disse: 'Quero chegar lá às quatro da manhã, porque ele precisa ouvir de mim'", diz Liz.

Neil relembra a cena na escuridão do amanhecer quando eles acordaram Mick e deram as terríveis notícias. "Ele disse: 'Que diabos você está fazendo aqui?' e eu disse: 'Você precisa conversar com sua mãe'", conta Neil. "Ao longo da manhã, a notícia se espalhou pela casa e ele ficou muito chateado; então, em algum momento, ele começou a seguir sua rotina e alguém perguntou sobre seu irmão e ele começou a contar todas essas bonitas histórias sobre seu irmão. Eu disse: 'Você não precisa surfar, pode voltar para casa. Você não precisa provar nada. Você pode desistir.' E ele disse: "Eu vou surfar. Não estou surfando por pontos. Não estou surfando pelo título. Estou surfando por Pete, porque é isso que ele gostaria que eu fizesse. Cuide da mamãe.' E ele foi."

Em um dia épico em Pipeline com 10 a 12 pés, Mick venceu contra alguns dos maiores especialistas em Pipe do mundo: Jamie O'Brien, Kelly Slater, John John Florence. Em uma onda memorável na bateria da quarta rodada contra Kelly e John John, ele saiu de um longo passeio pelo tubo, levantando os braços e olhando para o céu como se estivesse cumprimentando seu irmão. "Ele venceu todos eles... Kelly, John John. Só foi porque faltou luz natural, senão ele teria vencido naquele dia. Acordamos no dia seguinte, e o mar estava com dois pés e o vento estava forte", diz Neil.

Mick não conseguiu reacender o fogo do dia anterior em condições medíocres e Gabriel Medina o nocauteou nas semifinais, permitindo que o brasileiro Adriano de Souza reivindicasse o seu primeiro título mundial. Liz estava quase aliviada. "Não sei como teríamos lidado com toda a atenção se ele vencesse", diz ela.

"Sua força de caráter é boa para a marca estar alinhada... Ele é fiel à sua palavra, e isso é uma coisa agradável de se associar em todos os níveis", diz Neil. "Quando o dever chama, você pode ter a melhor equipe de surfe do mundo, mas há apenas um competidor no qual você pode confiar que sempre vai estar lá no final, e esse era ele."

A EQUIPE

A Rip Curl já teve alguma experiência em apoiar os surfistas da equipe em tempos difíceis. Naquele mesmo dezembro no Havaí, Owen Wright estava dominando os maiores dias em Pipeline na preparação para o evento, com uma chance de vencer o próprio título mundial. Mas a disposição do goofy lhe cobrou um preço com uma enorme série de ondas na cabeça que o arrastou até a praia com uma concussão. Perdendo e recobrando a consciência, ele foi levado às pressas para o hospital e diagnosticado com uma lesão cerebral traumática e sangramento no cérebro. Sua recuperação levou um ano, mas ele sinalizou o seu retorno da melhor maneira possível, ao vencer a etapa de abertura da temporada, o Quiksilver Pro, em Snapper Rocks em 2017.

"Nós o mantivemos na equipe, pagamos a ele o salário completo e cuidamos dele, porque achamos que era a coisa certa a fazer pelo surfista", diz Neil.

"O apoio deles foi incrível e foi para me ver de volta, saudável e sorridente, é por isso que eles apoiam você", diz Owen. "Eles estavam lá nas reuniões com meu médico e com toda a ajuda que podiam dar... Eles foram muito proativos em obter a ajuda certa."

A irmã de Owen, Tyler, interrompeu sua própria carreira enquanto cuidava do irmão mais velho durante a recuperação dele, e depois ganhou o primeiro de dois títulos mundiais em 2016. "Tyler colocou sua vida em espera até o ponto em que eu e o treinador dela estávamos dizendo: 'Vá lá e faça o seu trabalho'. Você não quer ver eles pararem de fazer o que fazem. Ela fez o melhor que poderia ter feito e isso me inspirou", diz Owen.

"Com o grau da lesão dele, era muito difícil saber qual era a coisa certa e qual era hora certa", diz Tyler. "Eu ainda estava muito estressada com toda a situação. Eu não achava que ele devesse estar competindo... Mesmo ganhando o título, eu ainda estava muito estressada."

E o resto da equipe da Rip Curl teve um papel importante na recuperação de Owen. "Eu pedi a Wilko para vir e Mick estava lá, e eu ia visitar Mick e conversar", diz Owen. "Eu tinha os caras da Rip Curl, Fletch [Ryan Fletcher] e Neil, todo mundo vindo me ver. Isso realmente desempenha um papel importante quando você está ferido. Foi simplesmente um grande apoio emocional."

Quando Mick tirou uma folga do circuito em 2016, após os problemas e atribulações de 2015, e com Owen fora de ação, Matt Wilkinson se adiantou para preencher o vazio. O goofy da costa central de New South Wales, até então mais conhecido por suas novidades em roupas de mergulho e senso de humor, do que pelos resultados em competição, venceu os dois primeiros eventos do ano e terminou 2016 como o quinto melhor surfista do mundo, e repetiu o resultado em 2017. "Quando Mick não estava lá, havia muito oxigênio para todos se levantarem e dizerem, ok, agora é a minha hora", diz Neil. "Por mais que Mick ainda seja o líder do bando, ele ter dado um tempo foi ótimo para esses caras."

Wilkinson está com a Rip Curl há 20 anos, desde que enviou a eles um vídeo que seu pai Neal filmou quando ele tinha nove anos. "Meu primeiro contrato foi de US$ 1.500 em roupas no atacado e lembro-me de ter adquirido adesivos pela primeira vez e ficar super feliz", diz Wilko.

Desde então, ele subiu na hierarquia para se juntar à equipe A da Rip Curl e desfruta do ambiente unido de apoio mútuo que eles cultivam. "Do jeito que eles fazem, os garotos conseguem se conectar com os caras mais velhos", diz Wilko. "Quando eu ganhei um convite para o campeonato na ilha Reunião, eles me colocaram em uma casa com Hedgey e Mick, e eu era o moleque, mas senti que estava me tornando amigo desses caras. Na Busca, você fica próximo desses caras. É muito inspirador estar com caras como Mick e ver sua ética de trabalho e seu profissionalismo em relação ao surfe."

Owen concorda. "Foi muito legal ser incentivado como surfista e atleta. Você tinha Mick lá liderando o caminho e todos os garotos estavam muito animados", diz ele. "Eles foram muito generosos com todos os seus garotos. Eu estava no Pipe Masters aos 16 anos, no evento Search em Uluwatu aos 17 anos. Isso é algo inédito hoje em dia. Esse estímulo aos jovens, eu acho que se paga dez vezes. Eles reservam casas e nós ficamos todos juntos. Fazemos isso desde os 10 anos, Wilko, eu e minha irmã."

A única hora em que a harmonia da equipe parece ameaçada é quando vários membros da equipe disputam o título mundial no final da temporada, enquanto compartilham a mesma casa no ambiente de panela de pressão do Pipeline Masters. "Eles têm personalidades muito obstinadas, e de todos os caras, Mick e Gabby são os mais obstinados", diz Claw. "Lembro de uma ocasião em que Gabby estava em ascensão e os dois estavam se divertindo muito testando um ao outro no combate ou luta livre, o que resultou em algumas plantas destruídas e outros danos, e começou a parecer mais uma luta pelo título do UFC do que garotos se divertindo."

Certamente, o olho de Claw para os talentos resistiu ao teste do tempo. Em 1976, o primeiro ano do circuito profissional, 13 dos 16 melhores foram patrocinados pela Rip Curl, e eles apoiaram uma procissão de surfistas lendários desde então. "Existem muitos surfistas excelentes para citar, mas continuamos gratos a todos por seus esforços", diz Claw. "O surfe profissional moderno é a soma total da contribuição de milhares de surfistas."

Claw dá um crédito especial a seus campeões mundiais: Rabbit Bartholomew, Tom Carroll, Tom Curren, Damien Hardman, Mick Fanning e Gabriel Medina nos homens, e Pam Burridge, Stephanie Gilmore e Tyler Wright nas mulheres.

"Pam é uma mulher com muitos talentos e dimensões, o surfe é apenas um deles", diz Claw. "Ela se juntou à equipe da Rip Curl desde a adolescência e chegou muito perto de conquistar o título mundial em várias ocasiões, foi vice-campeã seis vezes, e na Rip Curl ficamos exultantes quando ela ganhou o título mundial em 1990."

A Rip Curl teve que esperar outros 17 anos pela próxima campeã mundial feminina, mas as comportas se abriram. "Possivelmente, o talento feminino mais notável que apareceu na equipe da Rip Curl foi Stephanie Gilmore", diz Claw. "Steph tornou-se profissional desde a tenra idade e imediatamente conquistou o título mundial, dominando o cenário. Ela ganhou quatro títulos mundiais consecutivos com a Rip Curl antes de se mudar para outro patrocinador. Isso causou muita angústia na Rip Curl, mas ela foi uma colaboradora poderosa da marca, principalmente nos dois anos em que Mick e Steph conquistaram juntos os títulos mundiais para nós."

Tyler Wright agora está usando a bandeira da Rip Curl no tour feminino, com dois títulos mundiais e contando, além de performances inovadoras de free surf em condições pesadas. "Ela está estabelecendo novos padrões para as mulheres no surfe e em grandes tubos, seu único problema é que às vezes ela se esforça demais. Ela parece destemida e se machuca como seu irmão mais velho, Owen", diz Claw.

Brian nomeia um punhado de aletas da equipe que ele acredita terem representado a marca de forma mais poderosa ao longo das décadas. "Em particular os regulars Michael Peterson, Tom Curren e Mick Fanning, juntamente com os goofys Tom Carroll e Damien Hardman. Todos esses surfistas foram fundamentais para ajudar a definir essa magia indefinível da marca."

A RESOLVEDORA DE PROBLEMAS

Muitas grandes surfistas surfaram para a Rip Curl ao longo dos anos, mas uma mulher que teve um enorme impacto na marca é menos conhecida. Brooke Farris era uma jovem aspirante a surfista profissional de Perth e teve uma oportunidade no World Qualifying Series, quando fez amizade com a campeã mundial Layne Beachley. Layne ofereceu a ela um emprego como assistente pessoal, o que levou Brooke a organizar o próprio evento profissional de Layne, patrocinado pelo Commonwealth Bank. (Um campeonato ganho por Tyler Wright, de 14 anos, até hoje a mais jovem vencedora de um evento profissional.) A partir daí, a ASP ofereceu a Brooke um emprego como gerente do circuito feminino, e então a Rip Curl a recrutou como gerente de eventos internacionais. Em julho de 2016, ela assumiu uma nova função como gerente geral de marketing digital e comércio eletrônico.

Como gerente de eventos, Brooke coordenou os eventos Search, uma função que envolvia de tudo, desde negociar com soldados armados até transportar com segurança grandes quantias de dinheiro por cidades estrangeiras. "É difícil construir relacionamentos, porque todo mundo sabe que você está lá por apenas um ano. Há uma relutância em se envolver. Isso requer muita comunicação e é preciso abrir a carteira", diz ela.

Brooke passou três meses em Porto Rico em 2010, morando em um hotel que era um hospital convertido e basicamente organizando o evento do zero. O local do campeonato incluía uma torre de 6 metros atrás das dunas, mas quando as autoridades locais viram, queriam que ela fosse derrubada. "Quando viram a estrutura, eles surtaram. Eles invadiram com helicópteros e armas", diz Brooke. "Conseguimos conversar com todo mundo... O inglês não é o idioma nativo deles, então tivemos alguns diálogos bem interessantes."

O local do campeonato ficou todo inundado alguns dias antes do evento e os juízes do circuito foram assaltados à mão armada após uma sessão de surfe, o que exigiu um grande reforço na segurança. Mas esses desafios não foram nada comparados à angústia da trágica morte do tricampeão mundial Andy Irons em um quarto de hotel em um aeroporto em Dallas, Texas, enquanto ele tentava voar de volta para casa, para sua esposa grávida, Lindy, no Havaí.

Andy estava doente desde que chegou a Porto Rico e perdeu a bateria do primeiro round. "Começamos em Middles e ele não estava lá e enviamos um médico para vê-lo. O médico se preparou para fazer exames de sangue nele no caminho para o aeroporto", diz Brooke. Mas Irons, desesperado para voltar para casa no Kauai, não parou para fazer esses testes. Em vez disso, ele embarcou em um voo para Dallas, perdeu o voo de conexão para o Havaí e fez o check-in no Grand Hyatt Hotel no Aeroporto Internacional de Dallas/Fort Worth. Os funcionários do hotel o encontraram morto em sua cama na manhã seguinte. Uma autópsia decretou a causa da morte como um ataque cardíaco devido a uma doença cardíaca coronária e "ingestão aguda de drogas mistas". Como no assassinato de John F. Kennedy, quase todos os surfistas podem se lembrar de onde estavam quando ouviram a notícia da morte de Irons.

"[Seu tio] Rick Irons me disse na frente do hotel que Andy havia falecido", diz Brooke. "Neil foi a primeira pessoa para quem liguei e contactamos as principais partes interessadas... Nós todos entramos em uma sala de guerra no hotel e discutimos como gerenciar a situação. Nós convocamos um dia de recesso, organizamos uma remada para os surfistas e durante o resto da semana tivemos uma bandeira havaiana a meio mastro. Foi uma loucura como tudo aconteceu. Na noite anterior, estávamos todos comemorando com Stephanie [Gilmore] a conquista de seu quarto título mundial."

A família de surfistas profissionais se uniu e se apoiou durante o sofrimento. "Os surfistas precisavam um do outro e puderam compartilhar histórias e lamentar", diz Brooke. A morte de Irons causou uma profunda busca pessoal entre os surfistas profissionais – a sua bolha de invencibilidade explodiu abruptamente, mesmo quando Kelly Slater conquistou um inacreditável décimo título mundial.

Mas para Brooke havia pouco tempo para lamentações. Ela já estava explorando o próximo local da Busca. Ela já havia feito o reconhecimento em Barbados, mas a logística no local parecia muito difícil. Em Porto Rico, ela se reuniu com o principal meteorologista do surfe no mundo, Sean Collins, juntamente com Claw e Neil, para avaliarem as opções. Sua recomendação os pegou de surpresa – não foram alguns recifes tropicais distantes ou pontos exóticos, mas uma bancada de areia no meio de uma metrópole: Ocean Beach, São Francisco. "Fomos até lá para entender se era viável, se teríamos acesso às licenças. Temos toda uma documentação que preenchemos para a pesquisa quando fazemos o reconhecimento dos lugares", diz Brooke.

Eles se comprometeram com Ocean Beach. Brooke e uma pequena equipe do campeonato alugaram uma casa no distrito de Haight-Ashbury, para onde todo o "Verão do Amor" convergiu em 1967, e começaram a trabalhar. Quando uma taxa de permissão teve que ser apresentada em dinheiro para cumprir um prazo e as diárias dos funcionários deviam ser pagas, ela se viu sacando US$ 37 mil em dinheiro em um banco do centro da cidade. Com o então gerente da ASP australiana, Matt Wilson, e alguns funcionários do evento, eles organizaram um plano para levar o dinheiro de volta para casa com segurança. Eles compraram um cofre transportável para poder manter o dinheiro trancado com chave quando chegassem em casa. Matt levou o cofre vazio por um lado da rua, fornecendo um chamariz para os ladrões, enquanto duas jovens carregavam o dinheiro em suas bolsas do outro lado da rua. "Todos os vizinhos devem ter se perguntado o que estávamos fazendo", diz Brooke.

O evento foi mais notável por Kelly Slater ganhar seu 11º título mundial... duas vezes. Um erro de tabulação significou que a ASP concedeu a Slater o título, enquanto Owen Wright ainda tinha uma chance matemática, um erro detectado por um fã de surfe que analisou os números e apontou a falha em um fórum na Internet. "A ASP analisou os números e essa pessoa estava certa", diz Brooke. "Renato [Hickel, gerente do circuito da ASP] me ligou e disse: 'Há um problema. Kelly ainda não venceu, ele precisa surfar mais uma bateria porque Owen ainda está na disputa'." Slater acabou por garantir o título, mas o CEO da ASP, Brodie Carr, assumiu a responsabilidade pelo erro embaraçoso e se demitiu.

Os eventos Search sempre exibiram o inesperado. "Você nunca pode se preparar para esse tipo de coisa. Exigia bastante de você", diz Brooke. "São os eventos mais gratificantes para todos os envolvidos, incluindo os atletas... A Busca trouxe algo super especial para o circuito."

Apesar das aventuras arrepiantes e das generosas concessões de tempo para surfar, Brooke leva a sério a sua carreira na Rip Curl e desconfia que as pessoas interpretem mal a cultura descalça do surfe. "Sou bastante protetora sobre a forma como somos percebidos", diz ela. "Eles dizem que ninguém nunca foi demitido por surfar na Rip Curl, mas você pode ser demitido por não fazer o seu trabalho. Há bastante confiança e autonomia."

AS GAROTAS DE KAUAI

Enquanto Tyler Wright tem liderado a corrida da Rip Curl no circuito feminino nos últimos tempos, duas surfistas do Kauai têm tido um impacto tão grande quanto, fora da arena competitiva.

Bethany Hamilton e Alana Blanchard eram amigas de longa data que desfrutavam de uma abençoada infância em sua ilha paradisíaca quando subiram ao estrelato por diferentes razões. As duas estavam surfando juntas como adolescentes entusiasmadas, quando a folia foi abruptamente quebrada. Bethany foi atacada por um tubarão-tigre e teve seu braço esquerdo arrancado logo abaixo do ombro.

Os eventos subsequentes – o pânico na água, a maré crescente de sangue, a remada desesperada até a praia, os esforços para conter o sangramento com um torniquete improvisado, a frenética viagem de ambulância ao hospital e sua recuperação gradual e inspiradora – são bem documentados. Um longa-metragem de Hollywood, *Soul Surfer*, e um livro com o mesmo nome, levaram a história de Bethany a milhões de pessoas em todo o mundo, inspiraram uma enxurrada de correspondência de fãs e fizeram dela um nome conhecido, sinônimo de coragem e resiliência.

"Eu tinha apenas nove anos quando entrei para a equipe da Rip Curl. Acho que meu pai tinha um amigo que trabalhava para a Rip Curl e portanto estava apoiando a garota local", diz Bethany." Tenho 29 anos, então isso dá 20 anos. Eu estava surfando em todos os eventos locais. Eu era aquela surfista super empolgada só de ser patrocinada com roupas, biquínis e adesivos."

O ataque de tubarão cerceou, mas definitivamente não desviou aqueles sonhos da juventude de uma carreira como surfista profissional. "Esse já era o plano e acho que não demorou muito para eu continuar com o sonho", diz Bethany. "Dois ou três meses depois – aconteceu em outubro e meu primeiro campeonato foi em janeiro – fiz uma final em um dos eventos. Eu realmente não me limitei em meus pensamentos. Me concentrei e fui firme atrás disso. Eu olho para trás e penso, eu era louca e meio inocente de uma maneira incrível. Eu tive essa coisa contínua na minha vida, em que as pessoas duvidam mais de mim do que eu duvido de mim mesma."

O que Bethany conseguiu desde então é verdadeiramente extraordinário. Não bastasse voltar para a água e superar os seus medos; ela conquistou um título nacional apenas dois anos após o ataque, competiu novamente no mais alto nível no circuito mundial, derrotou campeãs mundiais em ondas perfeitas nas ilhas tropicais, casou-se e teve dois filhos e continuou a surfar, viajar e inspirar legiões de meninas a abraçarem os seus sonhos. Tudo isso a tornou uma das surfistas mais admiradas do mundo.

"Sinto que realizei muito e me sinto muito bem. A caminhada continua", diz Bethany. "Foi muito legal a Rip Curl ter me dado algumas oportunidades como convidada." Bethany aproveitou ao máximo seus convites, vencendo as campeãs mundiais Steph Gilmore e Tyler Wright em ondas perfeitas de fundo de coral no Fiji Pro 2016, logo depois de se tornar mãe.

"Fiji foi muito radical, saindo da recuperação pós-parto e sendo mãe e me esforçando competitivamente", diz Bethany. A Rip Curl também deu a ela um convite para Padang Padang na Rip Curl Cup em Bali, onde ela humilhou mais do que alguns surfistas profissionais de renome em esquerdas tubulares e perfeitas. "Passei umas baterias na Padang Cup e isso é uma lembrança muito divertida. Lembro dos caras não gostarem muito de mim."

Mas talvez sua maior conquista tenha sido surfar em Jaws, primeiro com uma moto aquática e depois remando no imenso outer reef do Havaí. "Eu sempre sonhei em surfar lá rebocada e então os caras começaram a remar", diz Bethany. "Rebocar foi muito divertido, mas é um esporte tão diferente. Remar foi muito divertido de uma maneira muito louca e psicótica. A adrenalina em suas veias ao longo do dia é fora do comum."

Casada com Adam Dirks e com dois filhos pequenos, Tobias e Wesley, o foco de Bethany no momento é a maternidade. "Eu amo tanto isso. Não há palavras para descrever o sentimento de trazer vida ao mundo. Cuidar deles dia após dia é tão mágico, ensiná-los sobre o oceano, acampar e se divertir."

Um documentário, *Unstoppable,* de 2018, levou sua história e influência a milhões de pessoas mais. "Começou como uma edição de surfe e acabamos fazendo este grandioso documentário", diz Bethany. "É apenas a história da passagem de uma garotinha para a maternidade, surfando ao longo do caminho."

Brooke Farris lembra-se de estar em Mentawais, na Indonésia, em uma viagem de barco da Rip Curl em 2011, quando Bethany sofreu uma sério corte com a quilha no braço. "Uma mulher que perdeu um braço, com o outro braço cortado no meio do nada", lembra Brooke. "Alana estava no barco e ela já esteve nessa situação antes, então foi bastante traumático."

O capitão do barco, Albert Taylor, costurou a ferida, mas Bethany havia perdido a sensibilidade na mão, então foi tomada a decisão de interromper a viagem e levá-la a cuidados médicos adequados.

"[Albert] foi tão firme em sua abordagem, ele disse que achava que teria que apertar o braço dela já que estava sangrando tanto", diz Brooke. "Ela, Alana e eu fomos a Cingapura para consultar um médico e disseram: 'Então, você já viu um médico'. Dissemos que não, alguém com um certificado de primeiros socorros a costurou. Eles ficaram surpresos com o impressionante trabalho que ele havia feito. Eles disseram que ficou a um milímetro de atingir uma artéria principal."

Alana Blanchard seguiu um caminho mais tradicional como uma talentosa modelo/surfista, tão perfeitamente adaptada a um ideal reverenciado por profissionais de marketing, que seu endosso ajudou a lançar algumas das linhas de produtos mais bem-sucedidas da história da Rip Curl. Ela foi criticada por explorar a sua aparência, por ser mais modelo do que surfista e por um histórico competitivo longe de ser estelar. Mas parece que isso não é motivo de afetação para Alana, que está muito ocupada seguindo seus próprios sonhos para se preocupar com os críticos. Casada com o surfista profissional australiano Jack Freestone e com um jovem bebê, Banks, ela também está entrando numa nova fase da vida.

"Podendo compartilhar a maternidade com Alana, temos um vínculo tão especial. Conversamos sobre ser mãe juntas. Mal posso esperar para compartilhar a vida com ela como mães, ver nossos meninos crescerem juntos", diz Bethany. Mas Bethany ainda tem mais objetivos a alcançar no surfe. "Eu continuo me esforçando e planejando viagens de surfe, trabalhando no lado progressivo do meu surfe. Estou ansiosa para investir nisso. Sinto que ainda não alcancei todo o meu potencial", diz ela.

O RELÓGIO GPS

Em 2012, a Rip Curl desfrutara de 20 anos de vendas saudáveis do seu relógio de maré, mas quando Shane Helm assumiu a divisão de relógios, ele já estava pensando sobre o que poderia levar os relógios da Rip Curl a uma nova era.

"Meu argumento era que o relógio de maré havia sido fantástico nos últimos 20 anos e tínhamos que dar à próxima geração uma razão para colocar um relógio no pulso", diz Shane.

A história de Shane é clássica da Rip Curl: mais um jovem surfista que não queria ir à cidade para seguir uma carreira tradicional e que ousou sonhar com uma vocação baseada em ondas. "Eu estava trabalhando no armazém, com as fitas de embalagem das caixas, enquanto estudava arquitetura em Geelong", diz Shane. "Fiz um ano fora na Indonésia e quando voltei precisava de um emprego de tempo integral. Consegui um emprego no serviço ao cliente, depois um emprego nas vendas e depois como representante de vendas."

Em 2006, Peter Hodgart ofereceu a Shane um emprego como seu substituto e gerente de produtos australiano, e seis anos depois Shane herdou de Hodg a divisão de relógios. "Eu sempre usei um relógio de maré, mas ninguém sabia como ajustá-los. Parecia ser a maior falha nos relógios", diz Shane. "Eu já tinha essa ideia para um relógio GPS. Com o GPS, você pode definir a hora e a maré para as pessoas se conseguir triangular a localização delas."

Shane viajava para Hong Kong duas a três vezes por ano para visitar seu fornecedor de relógios de longa data, Rod Payne. "Tivemos um fornecedor que fez nosso primeiro relógio, por todo o processo, por mais de 30 anos", diz Shane. "Ele sabia o que era necessário para criar relógios para surfistas e também era um dedicado snowboarder."

Em uma visita a Hong Kong em 2012 com um grupo de designers, a equipe hospedou-se no chalé de esqui de Rod no Japão atrás de um pouco de neve powder para encerrar suas reuniões. A excursão foi um exemplo poderoso do por que o trabalho de campo é tão valioso.

"O iPhone 3GS havia acabado de sair, o primeiro com rastreamento, e havia um aplicativo chamado Ski Tracks, que acompanhava a sua elevação, quantas subidas você fazia, com que velocidade você passava", lembra Shane. "Fiz todo mundo baixar esse aplicativo Ski Tracks. Estávamos todos nos elevadores, olhando com que rapidez tínhamos ido. A viagem de uma semana se transformou em uma competição. Ficamos tão empolgados com o que poderíamos fazer com esta nova evolução da tecnologia. Foi aí que nasceu a ideia do relógio GPS."

Shane retornou a Torquay convencido de que havia encontrado o incentivo para uma nova geração usar um relógio. Ele convocou um pequeno grupo de foco, que se reuniu semanalmente por três meses para desenvolver o conceito. "Era tudo extremamente secreto. Examinávamos como isso funcionaria, os principais recursos – duração da onda, tempo na onda, qual foi a sua velocidade."

Ele levou o conceito ao conselho de administração, incluindo Claw, Brian, François e o CEO Michael Daly, com grandes esperanças de atrair algum financiamento sério para o desenvolvimento. "Foi um projeto muito grande e caro", diz Shane. "Eu tinha uma certa quantia de orçamento, mas se houver uma ideia maluca, Claw e Brian sempre a incentivarão. Há um fundo extra de dinheiro que você pode acessar se tiver uma ideia inovadora."

Shane fez o seu discurso e Brian, sempre o pragmático, foi direto ao assunto. "Brian me fez duas perguntas – é possível e quanto vai custar? Minhas duas respostas foram: 'Não sei'." Mas ele estava determinado a descobrir. Shane viajou para Sydney, Nova Iorque, Berlim e Taiwan, visitando desenvolvedores e fornecedores de aplicativos, enfrentando as complexidades do projeto.

"Tivemos outra reunião do conselho e eu tinha as respostas", diz Shane. Mas ele não tinha certeza de que Brian iria gostar delas. "Seria mais de um milhão de dólares só para fazer um. E esse era um período bastante difícil na indústria do surfe, quando a maioria das reuniões era para tentar cortar custos."

A Rip Curl havia pago recentemente os enormes custos de desenvolvimento da primeira roupa de mergulho aquecida do mundo, a H-Bomb, e apesar de oferecer grande valor de marketing, as vendas eram lentas. Os custos de desenvolvimento para o relógio GPS eram quase idênticos. Shane sentou-se após a sua apresentação e esperou para ver se sua ideia decolaria.

"François não havia dito nada... Ele se levantou depois disso já estar rolando há algum tempo e disse: 'Você quer saber o que eu acho?' Ele tinha o livro azul da marca na mão. Eu estava ali sentado esperando que a coisa decolasse", lembra Shane. François fez uma pausa para um efeito dramático e olhou em volta da mesa, antes de anunciar com sua maneira enfática francesa: "Acho que fazemos isso ou paramos de alardear que somos a empresa de surfe definitiva e vamos todos para casa."

"Brian olha para Claw e diz: 'Você sabe que ele está certo.' Claw diz: 'Vamos fazer isso, não vamos?'", conta Shane. E assim foi tomada a decisão de alocar um milhão de dólares para o desenvolvimento de um produto que ninguém tinha certeza se encontraria um mercado.

"Eu não acho que teria ultrapassado os limites sem François. Nenhum deles tinha smartphones, então isso foi um salto para esses caras", diz Shane. "Era preciso um grande esforço. Trabalhamos com parceiros em Sydney que estavam incrivelmente interessados em fazer um grande trabalho com este produto, o que lhes trouxe muitos novos trabalhos na sequência – a VML, uma agência global... Eles criaram o site e o aplicativo. Rod Payne fez a parte externa do relógio. Tínhamos outra empresa fabricando os componentes e o software de GPS que são inseridos no relógio. Todo mundo era apaixonado pelo projeto."

Os testes tiveram que ser exaustivos antes que o relógio fosse lançado no mercado. "Tínhamos cerca de 200 relógios no mundo inteiro, capturando dados, criando algoritmos diferentes, garantindo que tudo funcionasse", diz Shane. "Colocamos a primeira versão na água para colocar nas pessoas e começar a testar. Owen Wright participou de uma sessão de fotos, o surfe estava com 4 ou 5 pés, e JT [diretor criativo James Taylor] o trouxe e disse: 'Owen tem perguntado sobre um relógio de malhação'. Eu disse: 'Vamos surfar. Aqui está um relógio. Ponha no seu pulso'. No carro, expliquei o que fazia e como funcionava. Ele estava realmente empolgado."

Na água, os instintos competitivos de Owen vieram à tona. "Ele pegou algumas ondas e veio até mim – 'já cheguei a 31 quilômetros por hora'. Eu disse: 'Eu fiz 33'. Imediatamente havia essa competição. Ele se irritou e foi direto para o mar, uma bomba de dois metros e meio veio direto nele e ele percorreu toda essa onda até o canal e voltou com um sorriso no rosto. Ele estava gritando no line-up e este era o meu projeto ultrassecreto, ele estava gritando comigo: '38, eu fiz 38'. Esse foi um daqueles momentos – quando esses caras ficam excitados, você sabe que está num bom caminho."

Um lançamento modesto em Bells em 2014 deu a primeira indicação real da resposta do mercado ao conceito. "Na verdade, não tínhamos o produto, ele estava chegando em breve, nossa produção não estava prevista até setembro. Recebemos pedidos para a loja Torquay, tinha 140 pessoas na lista de espera. Foi quando soubemos que havia uma demanda real de clientes aqui."

A hora da verdade chegou quando o produto estava pronto e os pedidos foram enviados. Para Shane, a trajetória de sua carreira na Rip Curl seria em grande parte determinada pela resposta do mercado à sua ambiciosa aposta, e se esse US$ 1 milhão em desenvolvimento seria recuperado. "O produto chegou e nós pedimos muitos", diz Shane. Será que os surfistas do mundo compartilhariam o fascínio dele com a rapidez e a distância em que surfam em uma onda? A resposta era sim. "Ele se pagou e foi além. Foi um produto extraordinariamente bem-sucedido", diz Shane. "Temos vendido a uma taxa muito alta desde então."

E ele ainda não terminou. "Estamos trabalhando no GPS2. Estamos adicionando mais recursos ao relógio e trazendo parte dessa tecnologia para nossos relógios mais básicos", diz Shane. "Há áreas em que trabalhamos que não são baseadas em relógio – como podemos rastrear o surfe, reunindo mais as comunidades de surfistas. Foi bom ter sucesso com o primeiro, então quando vou pedir coisas ao [conselho], eles estão mais dispostos a ouvir."

A velocidade mais rápida registrada em uma onda é de 46,7 quilômetros por hora por Bruno Santos em Skeleton Bay, o místico trem de carga africano para esquerda, seguido de perto por Mick Fanning com 46 quilômetros por hora no Snake, a misteriosa direita em destaque na Search de 2017. Shane considera que Jeffreys Bay é consistentemente a onda mais rápida do mundo, seguida por Cloudbreak em Fiji.

Um cliente comprou um relógio GPS especificamente para uma viagem a Chicama, Peru, amplamente considerada a onda mais longa do mundo, com o objetivo expresso de registrar uma onda de um quilômetro. "Ele conseguiu uma de 700 e outra de 750. Em seu último dia, ele conseguiu uma onda de 960 metros. É a mais longa que eu já ouvi falar", diz Shane.

O relógio GPS também traz algumas questões atuais relacionadas aos dados do usuário. "O aplicativo é como uma rede social. Temos muitos dados de 50 mil usuários em todo o mundo, surfando em todos os tipos de ondas. Temos muito cuidado com isso", diz Shane.

As estatísticas são surpreendentes. Desde o seu lançamento, os usuários de relógios GPS registraram mais de um milhão de sessões de surfe. Eles remaram mais de 5.000.000 quilômetros, o equivalente a 133 vezes ao redor do mundo ou 14 vezes ao redor da lua. Eles surfaram ondas acima de 1.000.000 quilômetros – 32 vezes ao redor do mundo ou 3,3 vezes em relação à lua.

A WORLD SURF LEAGUE

Em 2013, com as marcas de surfe de capital aberto em apuros, um consórcio com sede nos Estados Unidos – um grupo conhecido como ZoSea Media, liderado por um ex-executivo da Quiksilver, Paul Speaker – fez uma oferta audaciosa de aquisição da ASP. Os três grandes não podiam mais arcar com os custos consideráveis da realização de vários eventos cada, então a Quiksilver e a Billabong foram receptivas à oferta.

A Rip Curl foi um forte obstáculo ao acordo que prometia economizar milhões em dinheiro das marcas de surfe, ao mesmo tempo em que concedia a propriedade do circuito à ZoSea, financiada pelo investidor bilionário Dirk Ziff. O novo circuito seria conhecido como World Surf League e prometia grandes coisas, como direitos de mídia unificados, qualidade e produção consistente de webcast e grandes patrocinadores não endêmicos, em uma nova e ousada era que elevaria o surfe profissional ao mainstream.

"Nós votamos não à WSL", diz Neil Ridgway. "Estive no conselho da ASP por 10 anos, Steve foi do conselho, Claw e François estiveram no conselho. Não renunciamos facilmente à ASP. E se você pensar bem, Claw, Brian e François, como uma empresa privada, eles facilmente gastaram US$ 50 milhões em surfe profissional e muito mais se você contar toda a equipe em todo o mundo."

Mas a Rip Curl foi derrotada na votação e a Associação de Profissionais de Surfe e seus 36 anos de história de surfe profissional foram entregues à ZoSea. Tudo isso já foi amplamente divulgado. O que é menos conhecido é que Ziff, o novo magnata benfeitor do surfe, e sua esposa Natasha foram apresentados ao mundo do surfe por Tom Curren.

"Há uma escola de pensamento que diz que Tom Curren é responsável pela WSL", diz Claw. "De alguma forma, em algum lugar, em algum momento, esse personagem verdadeiramente único... conheceu uma mulher chamada Natasha Ziff, uma pessoa altamente criativa com um background muito interessante. Ela se apaixonou pela visão de Tom sobre a vida e a qualidade de sua música. Meu entendimento é que ela criou uma pequena gravadora com o objetivo de produzir esse músico bizarro, único e profundo."

Essa conexão resultou no lançamento da produção musical mais polida que o mundo já havia visto de Curren, um EP pop/folk suave chamado *Summerland Road*, que é muito cativante, mas de alguma forma não conseguiu conquistar uma grande audiência. "Conheci os Ziffs através de um amigo, uma conexão na Flórida", diz Tom. Ele estivera em turnê com Sonny Miller e Derek Hynd quando eles conheceram um rapper chamado William Kimble. Tom acabou abrindo para Kimble, e nesse show Natasha Ziff o ouviu tocar e lançou uma gravadora, Wolf Bomb, para gravá-lo. E Dirk Ziff também tocou guitarra no disco.

Curren continua profundamente agradecido aos Ziffs e otimista com seu patrocínio ao surfe profissional. "Estou realmente impressionado com o amor que eles têm pelo surfe", diz Tom. "Quando você pensa sobre isso, o que eles fizeram terá tanta influência no futuro... Meu desejo é que o surfe competitivo continue e com a WSL o surfe competitivo foi capaz de continuar e elevar-se a novas alturas e impactos de longo alcance no futuro."

Mesmo assim, Tom não é cego aos riscos envolvidos para o surfe profissional e seus novos proprietários. "Você pode relacionar o surfe profissional com o oceano, ele é caprichoso, é enevoado e místico, e você precisa lidar com isso", diz Tom. "Obviamente que se você se comprometer com algo assim, precisará saber o que esse compromisso significa. Você tem que estudar o surfe profissional. É um investimento... Você tem que pensar no que as pessoas assistem, como a NBL e a NBA. E se eles começarem a perder a audiência? Na WSL, eles ainda estão mexendo com isso. Você tem a sensação de que a WSL ainda não está fora de perigo."

GESTÃO DE LIBERTAÇÃO

Wilco Prins é outro estudo de caso do sucesso da Rip Curl em atrair jovens talentos empresariais. Se você dissesse a um jovem surfista holandês, que vivia em uma barraca em Hossegor enquanto ele estava na Rip Curl, que um dia ele seria CEO da Rip Curl Europa, ele teria rido na sua cara.

"François Payot, de alguma forma identificou e orientou um holandês louco, Wilco Prins, que vem fazendo um bom trabalho em administrar nossas operações na Europa", diz Claw. "Além disso, ele realmente entende a marca e é um verdadeiro seguidor de nossos valores e princípios, e um verdadeiro líder da cultura."

Crescer na Holanda não é o pedigree ideal para um surfista, mas Wilco conseguiu seguir sua paixão até o mais alto cargo na Europa. Ele parece um pouco incrédulo, sentado em seu vasto escritório no QG de Hossegor da Rip Curl, cercado por pranchas de surfe vintage e lembranças do passado histórico da marca.

"A certa altura, você está em uma encruzilhada e precisa ir para a esquerda ou para a direita", diz ele. "Eu morei na Holanda até os 18 anos, praticando windsurf e skate. Comecei a surfar aos 13 anos. Temos ondas tipo uma vez por mês. Há muito surfe na Holanda", afirma.

O jovem surfista holandês sonhava com um emprego que permitisse bastante tempo para surfar; assim, quando viu um anúncio de uma escola de negócios em Bordeaux, não muito longe de Hossegor, ele foi atrás. Ele conseguiu um estágio na Rip Curl que durava quatro meses, mas se estendeu por nove. Ele morou em uma barraca em um acampamento na praia, surfou bastante nas bancadas de areia de Hossegor e conheceu a garota que se tornaria sua esposa.

Quando o estágio terminou, Wilco viajou para Bali, onde estava perseguindo as ondas e avaliando o seu próximo passo na carreira, quando ouviu um sotaque francês em um bar. Pertencia a um ex-colega da Rip Curl que sugeriu que poderia haver um emprego permanente para ele em Hossegor. Wilco voltou e circulou feito uma praga pelo local por algumas semanas, esperando marcar uma audiência com o gerente de vendas Henri Colliard ou o próprio chefe, François Payot.

Wilco estava começando a se questionar se aquela oferta casual de emprego tomando uma cerveja em Kuta realmente valia a pena ele ter interrompido suas férias e voado para o outro lado do mundo, quando finalmente lhe foi oferecido um trabalho no Marketing. Ele trabalhou em calçados e roupas de mergulho e foi chefe de vendas da rede principal, lojas de surfe independentes. "Jean Grandy era responsável por calçados e ele também era uma figura. Ele mora em Bali agora. Ele era meu guru em termos de gerenciamento de produtos", diz Wilco.

Em 2012, aos 35 anos e com 12 anos de experiência na Rip Curl, Wilco teve uma fatídica reunião com Michael Daly, que vinha de Torquay. "Ele disse: 'O que você quer fazer?' Eu disse: 'Eu não me importaria de comandar a Rip Curl'", lembra Wilco, com desconcertante sinceridade. "Eles me colocaram em alguns programas de treinamento em gestão e dois meses depois me ofereceram um emprego como CEO."

Alguns meses antes, com Olivier Cantet atuando como CEO europeu e global, François havia indicado Wilco Prins como o melhor candidato para assumir o cargo de CEO europeu. Wilco passou por uma intensa tutela pessoal de duas semanas com Brian Singer, aprendendo todos os aspectos do negócio. "Durante dez dias, todos os dias eu me encontrava com Brian. Nos primeiros dias era tipo: 'A maneira como as coisas são feitas na Europa está errada. É assim que as coisas devem ser feitas. O que você acha?'"

Ele aprendeu muito com o cofundador da Rip Curl naqueles dez dias. "Você precisa estar envolvido, precisa estar presente nas lojas, no armazém, não sentado no escritório em uma mesa. É entrar no armazém e tomar um café com os caras e saber o que está acontecendo", diz Wilco.

Como François antes dele, Wilco vê parte de seu papel como proativo no desenvolvimento da cultura europeia do surfe. Ele é presidente da

EuroSIMA e espera ver um campeão do mundo de surfe europeu durante o seu mandato. O desenvolvimento do talento de surfe local é pessoal, com seu próprio filho sendo um aspirante a surfista profissional. "Há muito mais crianças que surfam o ano todo. Há muitas crianças de 11 a 14 anos absolutamente arrasando. As crianças começam a surfar muito mais jovens", diz ele. "Passo todo o meu tempo livre em competições de garotos com meu filho Hugo."

Ainda assim, essa missão central de atender os surfistas é mais desafiadora em um mercado diverso como a Europa, onde muitos países têm muito pouca onda. "Em algumas áreas é preciso ser um pouco mais criativo, lugares como a Croácia", diz Wilco. "O ponto alto do surfe é que ele é a mãe de todos os esportes de ação. É muito fácil se envolver em um país onde não há ondas se há kitesurf ou windsurf. O surfe está no topo da pirâmide dos esportes aquáticos. Você o adapta aos diferentes países, mas o guarda-chuva ainda é o mesmo."

A cultura de festa da Rip Curl se funde confortavelmente com a sensibilidade europeia e Wilco se deleita em defender a tradição de seus antepassados de Torquay. "A Rip Curl definitivamente teve as festas mais loucas e ainda tem, e as reuniões de vendas e lançamentos", diz ele. "Somos obrigados a fazer nossas festas aqui no escritório, porque ninguém quer nos receber."

A ascensão de Wilco é um exemplo clássico do que ele chama de estilo de "gestão de libertação" – um termo cunhado pelo escritor de negócios Tom Peters – que tem sido a maneira da Rip Curl fazer negócios desde o início. "O que é especial na Rip Curl Europa é a maneira como François a administrou desde o início, como uma '*entreprise libérée*'", diz Wilco, dando ao termo de negócios um tom muito mais romântico em francês. "François te dava uma missão e você a executava da maneira que quisesse. O trabalho não era restritivo, mas havia uma estrutura. Há muitas oportunidades na Rip Curl para evoluir e tomar iniciativas. Eles realmente gostam de levar as pessoas a serem empreendedores. Agora essa é a moda, muitas grandes empresas estão tentando adotar esse tipo de sistema, que já foi construído aqui desde o início."

O termo de Peters resume claramente a filosofia da Rip Curl. "Tempos loucos exigem organizações loucas", escreve ele na *Liberation Management*.

"Liberte a imaginação humana... Aproxime-se e atenda ao cliente... Personalize produtos e serviços... Crie equipes que permitam às pessoas expressar suas personalidades."

Peters diz que o pessoal de RH opera de acordo com essa regra não escrita: "Você não contratará uma pessoa que tenha um nanossegundo inexplicável em sua vida após os três anos de idade". Peters defende a abordagem oposta. "Contrate alguns tipos genuinamente originais. Colecione esquisitos", ele escreve. "Isso é lógica fria... Como você vai conquistar mercados esquisitos com camisas engomadas?"

Claw concorda que eles tropeçaram quase que por acidente nessa maneira de fazer negócios, na busca por passar o mínimo de tempo possível no escritório. "Adoramos operar dessa maneira. Grande parte do mundo corporativo está bastante interessado na Rip Curl", diz Claw.

Steve Kay admite que demorou um tempo para se acostumar com a abordagem solta de seus empregadores. "Tinha vezes nas antigas, em que Brian ficava em Buller durante todo o inverno. Ele voltava de uma temporada lá em cima e alguém o tinha removido do seu próprio escritório", lembra Steve. "Por um tempo eu entendi isso como desinteresse e apenas deixar a administração dos negócios para outras pessoas, mas na verdade isso retorna à visão e à ambição que eles tinham, de ser uma empresa global realmente séria e ter sucesso em uma ampla variedade de produtos. Mas acima disso, eles têm uma outra camada – é preciso fazer tudo isso o mais rápido possível, para que você possa maximizar o tempo que você passa se divertindo."

CAPÍTULO 11

A BUSCA NUNCA TERMINA: 2015-

ÚLTIMOS A SAIR

Embora os fundadores possam estar se afastando dos negócios, posso relatar em primeira mão que a notória cultura da Rip Curl que eles ajudaram a cultivar está viva e indo bem, não demostrando sinais de diminuir.

"Eles nunca disseram não a uma festa na Rip Curl", diz Neil Ridgway.

"Eles começavam a festa e, na maioria das vezes, eram os últimos a sair de lá", acrescenta Steve Kay.

Para provar o seu argumento, fui convidado para uma festa para comemorar a aposentadoria de dois colaboradores de longa data da marca – o ex-CEO da Nova Zelândia, Paul Muir, e o representante de vendas do sul da Austrália, Phil Bishop, ambos partindo após 30 anos com a Curl – e o aniversário de 25 anos do representante de vendas de Queensland e proprietário de loja, Martin Sonja.

"Somos mais velhos e temos mais juízo quando se trata de comportamento executivo – o mundo mudou, mas ainda é um ótimo lugar", diz Neil. "Você vai ver hoje à noite, vamos lá e nos divertiremos muito e não será a seco."

Neil não está mentindo. Os foliões se reúnem no restaurante e bar local Growlers e partem com tudo. Estou na casa de Brian e, em agradecimento, serei o motorista designado para a noite, embora ele insista que esta será uma "noite tranquila". Uma nova geração da equipe da Rip Curl tem outras ideias, aproveitando a chance de beber algumas com os fundadores. Há discursos estridentes, altas e verdadeiras conversas trocadas no bar, e gargalhadas e risadas que surgem nos encontros de velhos companheiros. Afinal, diversão e irreverência são os principais valores da marca, e esta turma parece ser uma grande defensora dos ditames dos livros azuis e amarelos.

Junto-me a Brian em um grupo com um jovem dedicado e Brian lhe pergunta para onde ele gostaria de ir dentro do negócio. "Para ser honesto, eu gostaria de administrar o local algum dia", diz o tranquilo rapaz de 20 e tantos anos. Brian parece impressionado e imagino que haja uma boa chance de ele fazer isso um dia.

Estimo que Brian já tenha tomado suas cinco "últimas cervejas" por volta da meia-noite, quando sugiro que talvez seja hora de encerrar a "noite tranquila". Ninguém mais parece interessado em Brian ir embora. No fim, reúno uma tropa de passageiros adicionais, que tentam nos arrastar para dentro de suas residências para tomar uma saideira quando os deixo em casa, antes de finalmente nos levar de volta ao sítio de Brian.

Essa resistência lendária parece ter servido bem à marca. "Se você pensa na Rip Curl começando em 1969... você tinha marcas como Lightning Bolt, Katins, Hang Ten e Platts, e a realidade é que nenhuma dessas marcas conseguiu manter a força em termos de reinvenção e permanecerem relevantes para as sucessivas gerações de jovens", diz Steve Kay. "Lembre-se da época das revistas em que você tinha Kuta Lines, Hot Atum, Mambo, Hot Buttered. Quer dizer, 95% das empresas de surfe fracassaram em algum momento em continuar sendo relevantes para as sucessivas gerações de jovens. Como eles obtiveram sucesso onde tantas outras empresas falharam?"

Estou encantado com uma história ultrajante de uma viagem de ônibus da empresa até o estádio MCG para a partida State of Origin da liga de rugby, alguns anos atrás, que terminou com Brian convidando toda a equipe do ônibus e alguns agregados de volta à sua casa para uma festa pós-jogo. Talvez essa seja uma das maneiras pelas quais você permanece relevante para as sucessivas gerações de jovens.

SPARROW HOMENAGEADO

Em 2017, John "Sparrow" Pyburne foi homenageado pela Associação da Indústria de Surfe e Boardshorts (SBIA) com o Prêmio de Serviços Prestados à Indústria. Foi um reconhecimento merecido pelos quase 50 anos de dedicação de Sparrow à missão de fazer uma roupa de mergulho melhor.

Sparrow nunca foi de cortejar os holofotes e a homenagem foi uma completa surpresa. "Eu não tinha ideia do que iria acontecer. Eu pensei que eles iam presentear a equipe da Rip Curl", diz Sparrow. "Nunca me importei em ganhar nada. A única coisa importante em toda a minha vida foi estar na água... É por isso que ainda estou aqui, para que eu possa ir surfar."

Sparrow ainda pode ser encontrado nas profundezas do labirinto do QG da Rip Curl, na mesa de corte ou na máquina de costura, como faz desde os velhos tempos da padaria, pensando em maneiras mais eficientes de envolver o corpo humano com neoprene. Ele é obsessivo com a funcionalidade pura, ocasionalmente colidindo com a equipe de marketing ou de design sobre questões estéticas, como a colocação de logotipos. "Eu sou uma pessoa funcional. Eu não gosto da parte cosmética. Minha prioridade é: está funcionando? Caso contrário, vou consertar", diz Sparrow. "O ponto importante é: se você produz a melhor roupa de mergulho, as pessoas vão voltar e comprar outra."

Sparrow lembra de ter que enfiar uma vassoura na maçaneta da porta de seu escritório nos velhos tempos, para que os surfistas não pudessem entrar até que ele estivesse pronto para recebê-los. "Eu costumava ter uma fila de pessoas na porta da frente da fábrica... direto da fábrica para a minha sala", diz ele.

"Conheço Sparrow desde os 16 ou 17 anos. Ele é um verdadeiro clássico, é um fanático", diz Ray Thomas. "Ele tem umas ideias bem extremas, o que é bom. Se você acabou de usar as ideias de Sparrow, talvez não crie algo comercial. Com certeza ele tem o coração e a alma na borracha."

No SIBA Awards de 2017, a Rip Curl conquistou outros quatro prêmios, pela melhor roupa de mergulho, melhores bermudas de surfe, melhores roupas de banho e melhor atendimento ao cliente. Steve Kay vê mais uma confirmação de que a abordagem global está funcionando. "Surpreende-me que, em geral, apesar do que dizem algumas das nossas regiões, um produto realmente bom vende muito bem em todos os lugares", diz Steve. "Quando viajo pelo mundo olhando para todos esses lugares, dá a sensação de – caramba, temos que produzir bons produtos, porque hoje há muitas bocas sendo alimentadas com venda dos produtos Rip Curl em todo o mundo."

MICK FANNING SE RETIRA

No final de fevereiro de 2018, Mick Fanning anunciou a sua aposentadoria via Instagram. O surfista, que é sinônimo da Rip Curl desde que venceu Bells como convidado em 2001, faria do Rip Curl Pro o seu evento de despedida.

Era uma notícia enorme, mas ninguém próximo a Mick ficou surpreso. Seus confrontos com a mortalidade – o infame incidente com o tubarão e a morte de seu irmão Peter em 2015 – reorganizaram as prioridades de vida de Mick. Ele fez uma pausa prolongada em 2016 e retornou ao circuito em 2017 para ver se poderia reacender aquela famosa chama competitiva, mas, pelos seus altos padrões, o 12º lugar era um destino que ele não poderia suportar.

Eu viria de qualquer forma a Bells na Páscoa de 2018 para testemunhar o espetáculo que o Rip Curl Pro se tornou. Desde uma mesa dobrável na praia, no primeiro Bells Rally, até o famoso ônibus de dois andares no topo da falésia nos anos 80, a infraestrutura do campeonato se transformou em uma cidade pré-fabricada com tribunas, salões e torres de julgamento. Há um bulevar inteiro de vans de comida e duas enormes telas de vídeo no estacionamento, que transmitem a ação para aqueles que não conseguem encontrar um ponto de vista a partir do penhasco no meio da multidão da Páscoa.

Em Torquay, a conversa parece se concentrar na iminente aposentadoria de Mick. Peguei alguns suprimentos no supermercado local, onde uma mulher de meia-idade estava conversando com a garota do caixa. "Ficarei triste ao vê-lo partir, mas ele está cansado. Ele precisa de um tempo", ela relata conscientemente, como se estivesse discutindo sobre os seus próprios parentes. Placas pintadas à mão decoram cercas de piquetes ao longo da

Surf Coast Highway, dizendo "Boa sorte Mick" e a onipresente hashtag #CheersMick.

Um jantar de gala para a aposentadoria é realizado no grande RACV Resort para várias centenas de amigos mais próximos de Mick e figuras importantes de sua carreira. É o mesmo local do antigo Torquay Golf Club, onde o primeiro jantar de apresentação do Hall da Fama do Surfe foi realizado em 1985, quando foram homenageados o pioneiro do surfe Snowy McAlister e Mark Richards. Aquele foi um evento discreto em comparação ao brilho desta ocasião.

A Rip Curl não poupou gastos, com bonecos de Mick Fanning para todos os convidados e fac-símiles de seus lendários troféus Search como peça central de todas as mesas, cada uma com o nome de um pico de surfe onde Mick ganhou eventos ou conquistou títulos mundiais. Há um corredor inteiro com as capas das revistas de surfe de Mick em exibição. De muitas maneiras, a noite mostra o quão longe o surfe chegou desde 1985. Mas, mantendo a real em nossa mesa de jornalistas de surfe em um canto da vasta sala, está Tommy Peterson, irmão mais novo do grande Michael Peterson, falando alto, bebendo cerveja, abordando funcionários do bar e ameaçando acender baseados durante toda a noite.

No palco principal, no entanto, temos os tributos sinceros, histórias hilariantes e reminiscências calorosas de uma procissão dos amigos mais próximos e queridos de Mick. "O mundo precisa de modelos e tenho certeza de que não é fácil ser um modelo, mas você se tornou um para muitas crianças em todo o mundo", diz Brian.

Neil Ridgway agradece à enorme contribuição que Mick deu aos negócios da Rip Curl nas últimas duas décadas, em contraste com o destino de alguns de seus concorrentes. "Nós não vamos à falência, irmão", assegura Neil, antes de fazer uma pausa de efeito dramático, "graças a você". A multidão aplaude. "Hoje à noite, não queremos que você faça nada, porque esta é a sua noite e estamos todos aqui por você", diz Neil.

Kelly Slater presta homenagem ao espírito competitivo de Mick na água e sua grande decência em terra. "Gostei muito do meu tempo surfando com você. Você sempre traz o melhor de mim. Não fico nervoso porque sei que não consigo surfar nervoso. Eu tenho que estar focado", diz Kelly.

"Na água, ele é do tipo: 'Não fale comigo, porra' e, quando ele sai da água ele é o Mick alegre. Eu realmente aprecio isso."

O companheiro de infância Joel Parkinson fala com pungência do ano em que se enfrentaram pelo título mundial. "Dois mil e nove foi provavelmente a época mais difícil, a maior pressão que já tivemos sobre nosso relacionamento", diz Joel. "Todos da nossa área queriam que nos saíssemos bem e conquistássemos títulos mundiais e... andávamos pela cidade e tínhamos dois times de futebol, e você tinha que tomar partido." Joel relembra a dor de perder o título mundial, atrapalhado por uma lesão no tornozelo no meio do ano e forçado a assistir ao seu amigo vir com tudo na segunda metade da temporada para perseguir a liderança de Joel na classificação. "Nós dois fomos atrás dos nossos sonhos e eles acabaram se encontrando", diz ele.

A multidão é então entretida pelo vocalista do Grinspoon, Phil Jamieson, cuja banda se apresentou na primeira festa do título mundial de Mick no estacionamento do Kirra Pub em 2007, quando a multidão de Coolangatta foi à loucura. Uma colagem de imagens daquela festa estridente é projetada em telões: Mick se juntando à banda no palco; sua mãe, Liz, surfando na multidão; e multidões de habitantes locais reunindo-se em homenagem ao seu herói. "Essa é a coisa mais australiana que eu já vi", brinca a apresentadora da noite, Rosy Hodge.

Nesta noite, Jamieson detona uma animada versão no violão do velho hit do Grinspoon "More Than You Are", terminando sua apresentação em cima da mesa de Mick e gritando:

Você era neurótico quando criança?
Eles vinham para assistir ao seu estilo?
Você tinha planos de ser uma estrela?
Você tinha planos de se tornar mais do que é?

Com todo o mundo do surfe e uma enorme multidão de Páscoa desejando a sua vitória, Mick surfa até a final, mas fica a um passo do final de conto de fadas, terminando em segundo lugar contra o furioso brasileiro Ítalo Ferreira. Mick não parece se importar nem um pouco, sufocado por

Ítalo em um afetuoso abraço de urso quando toca a sirene, e afogado por familiares, amigos e fãs quando volta à praia.

Em seu discurso de despedida, Mick simplesmente diz aos fundadores da Rip Curl: "Obrigado por acreditar, obrigado por confiar e obrigado pela orientação e pela visão. Foi uma jornada divertida."

A VOLTA DA SEARCH

Enquanto a fábrica de campeões mundiais da Rip Curl vinha funcionando a todo vapor, a Busca ficara em segundo plano. Em 2015, foi tomada a decisão de relançar a célebre campanha, que vinha borbulhando silenciosamente nos bastidores.

"A Busca aumentou e diminuiu em picos nos últimos 15 anos, com um efeito realmente bom", diz Neil. "Dizemos que você não pode ter uma Busca sem ir em Busca. A exploração, o tempo, o esforço e o dinheiro necessários para fazê-la corretamente – a empresa está comprometida com isso. Coisas como a Snake com Mick [um notável pico secreto para a direita, que Fanning surfou sozinho em meados de 2017] não são fáceis de encontrar, e quando você consegue, é difícil de pegar, mas realmente vale a pena."

Quando outro tricampeão mundial se aproximou do fim de seu reinado competitivo e contemplou a vida além do circuito profissional, chegara o momento ideal para reiniciar a Search. "Quando fizemos a Search pela primeira vez, havia Curren cansado do circuito e Frankie [Oberholzer]. Queríamos trazer isso de volta para um surfista que marcou uma geração e estava se aposentando", diz o diretor criativo James Taylor.

Eles uniram Mick a outro fenômeno descontraído do free surf, o havaiano Mason Ho. Mick e Mason formam uma ótima dupla. Mick é conhecido como um competidor disciplinado e estava pronto para se livrar das amarras, experimentando o design das pranchas e descobrindo novas ondas e horizontes. Mason, que gosta da diversão, tem um surfe ligado aos floreios soltos e estilizados.

"Estou realmente empolgado em participar da Search. Mason e eu somos parecidos com Frankie e Curren 20 anos depois", diz Mick, que adorava os vídeos da Search quando era garoto. "Eu só quero ir e... [criar] um bom capítulo e deixar um legado. É aqui que estão minhas metas, criar algo atemporal. Espero que daqui a dez anos algum garoto diga: 'Eu assisti àquilo.'"

COMO SEMPRE FOI

Eu trouxe meu filho de 12 anos, Alex, para o "canto do cisne" de Mick em Bells e ele estava no paraíso, surfando todos os dias, antes e depois do evento, curtindo sua pulseira colorida, se refestelando com o buffet VIP, conhecendo muitos de seus heróis. As ondas estavam bombando no clima perfeito de outono e Alex pegou a maior onda de sua vida em Bells. Depois de uma semana, ele queria que nos mudássemos permanentemente para Torquay saindo de nossa casa na agradável e subtropical Gold Coast. "Diga a ele para voltar em agosto", sugere Neil.

Com Alex empolgado a ficar o maior tempo no oceano, decido testar o velho ditado: "Ninguém na Rip Curl nunca foi demitido por surfar." Minha pesquisa aprofundada consistia principalmente em surfar Winki Pop com meu garoto enquanto o evento se desenrolava em Bells, mudando para Bells quando o campeonato era transferido para Winki e vasculhando os recifes ao redor nos dias sem competição. Eu entendia que, de alguma forma, a história do Rip Curl precisava vazar daqueles penhascos e recifes antigos e me desvendar o espírito do lugar que alimentou toda essa aventura bizarra. Ninguém na sede da empresa parece se importar com isso.

Uma tarde, quando uma brisa de maral surgiu e o concurso foi suspenso, Alex e eu fomos na casa de Claw, com a intenção de pedir longboards para encarar o Cosy Corner, uma onda suave e protegida do vento. Claw nos deixou escolher de sua extensa coleção de longboards alinhados em prateleiras na garagem, todos lindamente encerados. Claw diz que o Cosy Corner é o local onde ele pratica a maior parte de seu surfe atualmente, quando está em Torquay, e refletimos sobre como uma vida de surfe acaba se completando. Ele parece encantado com a excursão de pai e filho enquanto partimos carregando as pranchas em conjunto, Alex com o bico das pranchas embaixo de cada braço e eu carregando as rabetas. Nós surfamos agachados pelas pequenas ondas, passando por hordas de iniciantes, berrando como loucos.

Num outro dia, exploramos um recife menos conhecido que requer uma descida na montanha por uma encosta íngreme e enlameada, e Alex aproveita uma pequena direita cavada chamada de Sparrow, em homenagem ao guru de borracha residente da Rip Curl, que foi o pioneiro no pico. Meu garoto entra para se juntar a uma gangue de garotos locais e é bem-vindo ao grupo, trocando assobios e tubos, e volta com os olhos arregalados, e seu relatório pós-surfe é uma tagarelice eufórica e estridente.

Depois de uma segunda sessão de fim de tarde em Winki Pop, com apenas um punhado de gente, incluindo Kelly Slater e alguns mochileiros brasileiros, chegamos à praia no escuro, mal conseguindo nos arrastar para longe das ondas vazias. O sol poente ilumina o céu ocidental em uma labareda psicodélica de cor laranja e rosa, enquanto uma lua cheia nasce no leste, com seu reflexo dançando nas ondulações. Sou tomado por uma poderosa onda de emoção, abraço meu garoto e insisto que nenhum de nós jamais esquecerá esse momento. Sinto que agora me foi revelado mais sobre o fascínio desta costa do que qualquer quantidade de entrevistas poderia fazer.

Alguns afirmam que o charme de Torquay foi maculado pela era moderna das multidões e do comercialismo. No entanto, posso relatar com confiança, que, pelos olhos de uma criança, a magia permanece a mesma de sempre.

OS TRÊS GRANDES

Houve uma mudança sísmica no cenário da indústria do surfe nos últimos anos e, de várias maneiras, a Rip Curl é a última que ficou de pé. A Quiksilver e a Billabong, depois de subirem e caírem espetacularmente como empresas públicas, agora são de propriedade da firma de investimentos Oaktree Capital Management, sob a empresa guarda-chuva Boardriders Inc. A Quiksilver está no processo de mudar sua sede na Austrália de sua tradicional base em Torquay para compartilhar os escritórios cavernosos e escassamente povoados da Billabong na Gold Coast. Longe de comemorar os tempos difíceis de seus concorrentes, Claw e Brian parecem genuinamente tristes com as mudanças provocadas em sua indústria.

"Acho realmente triste que uma empresa que começou em Torquay não vai mais estar lá, deixando cerca de 100 pessoas em Torquay sem trabalho", diz Brian. "Isso proporcionava às pessoas uma experiência adicional de poderem trocar de trabalho entre a Quiksilver e a Rip Curl."

"Tivemos os dias de glória da indústria do surfe, principalmente nos anos 70, 80 e 90 na Austrália", diz Claw. "Nós, juntamente com a Billabong e a Quiksilver, fomos denominados os Três Grandes. Coletivamente, construímos o setor, alimentado pela competição das nove às cinco, que era feroz, semana após semana, ano após ano. Isso alimentou a força, o crescimento e a viabilidade da indústria. Eu acredito que esses dois concorrentes imediatos, em sua forma original na Austrália, foram gerenciados e operados de maneira muito semelhante à Rip Curl. Pode ser algo relacionado ao surfe que repercute na maneira como você faz negócios. Sempre me pareceu que Al Green, da Quiksilver, e Gordon Merchant, da Billabong, eram nossos equivalentes e contemporâneos, tendo objetivos parecidos, habilidades pessoais semelhantes e enfrentando os mesmos desafios."

Como o sucesso da Rip Curl cresceu através da concorrência acirrada, Claw diz que gostaria de ver seus antigos concorrentes fortes e negociando de acordo com suas raízes, numa indústria de surfe dinâmica, como uma maré crescente que faz todos os barcos navegarem. "Eu provavelmente estaria sonhando em pensar que seria como nos bons e velhos tempos mais uma vez; no entanto, se a Billabong e a Quiksilver voltarem a algumas de suas práticas de gerenciamento e estilo de negócios, tenho certeza de que as coisas serão melhores, e talvez não seja exagero pensar que um ressurgimento das verdadeiras boas e velhas práticas ajudaria enormemente essas empresas e a nossa indústria. Acredito que podemos prosperar melhor juntos do que sozinhos", diz ele.

Claw é realista o suficiente para saber que o objetivo dos novos proprietários dessas marcas deve ser diferente do da Rip Curl. "Se você pertence ao *private equity*, a meta é muito clara de melhorar a empresa e vendê-la com lucro", diz Claw.

Nesta nova ordem mundial, Claw sente mais afinidade com marcas de setores diferentes, porém próximos. "Existem enormes paralelos com a Patagonia – [uma] empresa privada bastante grande que opera com sucesso em um mundo em constante mudança", diz ele. "Outras empresas fundamentais migraram de suas raízes originais para alcançar uma ampla gama de clientes e de sucesso, a Vans e a North Face são dois exemplos. A Vans tem sido uma constante cultural de skate a longo prazo. Ela compartilha muitos princípios e iniciativas de marca semelhantes [com a Rip Curl]. A North Face está fortemente focada em produtos funcionais e técnicos, como a Patagonia e a Rip Curl. Tanto a Vans quanto a North Face mantêm muita integridade de produtos e marca, embora agora tenham crescido para vendas anuais de pequenos bilhões."

No momento em que escrevo, os fundadores da Rip Curl estão cortejando ofertas de compra do negócio. Com a próxima geração das famílias dos fundadores não mostrando sinais de querer assumir o controle das rédeas, e os fundadores com mais de 70 anos, é necessário um plano de sucessão ou uma estratégia de saída. Mas eles insistem que não têm pressa.

"Tínhamos duas pessoas interessadas há cerca de três anos. Nessa idade, você está sempre à venda pelo preço certo", diz Brian. "Não há imperativo para vender, mas todos os nossos ovos estão amarrados na mesma cesta. Nós três estamos muito interessados em que qualquer comprador realmente cuide da marca e de nossa equipe no futuro. Estamos preparados a abrir mão de dólares para garantir que ela chegue ao destino certo."

"Cuidar da marca e dos colaboradores, continuando a ser a empresa de surfe definitiva, é do jeito que queremos que seja", acrescenta Claw.

O ex-presidente Ahmed Fahour concorda. "O mais importante é que agora esses caras estão chegando a uma idade em que não estarão lá para sempre, para garantir que quem possuir essa marca no futuro a administre não como um negócio, mas como uma experiência de toda uma vida", diz Ahmed.

Os fundadores agora são diretores não executivos do conselho da Rip Curl, com Brian atuando como presidente, e o conselho se reúne várias vezes por ano em suas diversas sedes globais. "Brian, François e eu praticamente concordamos em tudo. Avaliamos as coisas de diferentes pontos de vista e as expressamos de maneiras diferentes, mas no final do dia, quando é algo sério, nós sempre concordamos", diz Claw.

O CEO Michael Daly geralmente lidera as reuniões. "Prosseguimos com um dia de reuniões chamado de 'reunião dos fundadores', em que os fundadores interagem com os principais executivos", diz Claw. "Em seguida, entramos nas reuniões do conselho e temos os principais executivos como convidados, um dos CEOs regionais participa de reuniões do conselho ou de partes das reuniões do conselho sobre certos assuntos, o que funciona muito bem, de maneira muito harmoniosa."

Kelly Gibson está se mudando de seu cargo de CEO da Rip Curl América do Norte para uma nova posição como membro não executivo do conselho. "Kelly está mudando seu estilo de vida e ele se tornou um membro do conselho mais do que bem-vindo a representar... a indústria do surfe nos Estados Unidos", diz Claw.

É justo dizer que estas não são típicas reuniões de um conselho corporativo e não é incomum que Claw ou François se deitem e tirem uma pequena soneca no meio do processo. "Isso certamente é verdade para François e para mim, mas só acontece quando temos pessoas falando e discutindo sobre toda sorte de assuntos variados, mas nada de real relevância para os negócios ou a marca da Rip Curl", diz Claw.

Justamente quando os surpresos consultores ou convidados questionam se eles ainda têm alguém os escutando, Claw ou François se erguem do chão com uma observação pertinente. "Definitivamente usamos isso estrategicamente", admite Claw. "François é muito afiado com números. Ele é um fabuloso jogador de cartas e já jogou nas finais do campeonato mundial de bridge em várias ocasiões. Então, de tempos em tempos, François surpreende completamente esses especialistas, citando novamente os seus próprios números e jogando-os de volta para eles com uma conclusão totalmente diferente... O impacto disso é ainda mais dramático quando, num momento anterior, François não apenas parecia desinteressado, como na verdade parecia estar dormindo. Essa é uma tática que eu sempre usei."

Em outras ocasiões, os executivos adormecidos podem simplesmente ter sucumbido à exaustão. "O repouso em nossas reuniões é algumas vezes resultado de noitadas festivas das quais participamos com a nossa equipe e clientes quando estamos viajando", diz Claw. "Passamos de 15 a 16 horas do dia juntos, incluindo almoço e jantar, então há muitas lembranças e muita diversão."

Para o CEO Michael Daly, as reuniões do conselho foram o maior choque cultural em seu ingresso na Rip Curl. "Eu já havia participado de conselhos de empresas públicas antes – tudo muito formal, muito oficial, muito estruturado", diz Michael. "Sempre considero nossas reuniões um tumulto, o completo oposto do que eu estava acostumado. Durante anos, observei James Strong e Ahmed Fahour entrarem como diretores formais de grandes empresas e lidar com Brian, Claw e François. Você pensaria que esses tipos passariam por cima dos fundadores. E certamente não foi sempre assim. Ainda hoje, não deixei de rir em nenhuma reunião. Eu vi Brian, Claw e François, todos experimentando um par de bermudas tamanho 34 em uma reunião do conselho. Era o mesmo par em sucessão e os três estavam parados de cuecas na sala de reuniões da Europa e comparando anotações sobre se esses shorts eram realmente do tamanho 34 ou não. James tinha ido ao banheiro e quando voltou tinha um olhar de choque ao ver os três caras de cueca."

Existem outras pequenas excentricidades dos fundadores da empresa que continuam a tornar a vida interessante. "François e eu estávamos em um café em Torquay um dia e nós dois vestíamos camisetas da Rip Curl", diz Michael. "Terminamos a refeição e a funcionária perguntou se gostaríamos de colocar isso na conta da Quiksilver. Nós olhamos para ela e François, esperto como sempre, apenas disse: 'Sim, é claro, senhora, isso seria ótimo'. Ainda estamos devendo esses US$ 30 à Quiksilver."

O MOLHO SECRETO

No início deste livro, fiz a afirmação ousada de que, de alguma forma, descobriria segredos profundos e reveladores sobre o sucesso da Rip Curl: como exatamente essa humilde start-up de garagem conseguiu não apenas sobreviver por meio século, mas também crescer como o próspero negócio global que é hoje. Doze meses depois, após centenas de horas de entrevistas com dezenas de personagens em seis países, estou menos confiante de que há uma resposta clara e fácil de articular. Ainda existe um mistério insondável para o sucesso da Rip Curl, um coração selvagem que desafia a captura ou a replicação. É tentador voltar à afirmação de Peter Hodgart sobre a Rip Curl: "Foi apenas uma daquelas coisas mágicas que acontecem." Ou, como Brian disse ao banqueiro do ANZ, tantos anos atrás: "se eu soubesse, eu já teria 10 delas."

John Witzig, o cronista-chave do surfe no final dos anos 60 e início dos anos 70, atribui isso aos personagens e aos tempos em que foram reunidos, pois o surfe australiano encontrou a sua autoconfiança e uma nova geração rejeitou os valores conservadores de seus pais. "Acho que é coincidência – a combinação de indivíduos em um determinado momento, que encorajava comportamentos e curiosidade aventureiras, e pessoas que não tinham medo de desafiar quaisquer que fossem as ortodoxias dominantes", diz John. "Se você pensasse em algo, não tinha o: 'Por que não posso fazer isso?', era mais 'Como eu posso fazer isso?' Você simplesmente podia fazer as coisas. Isso nos levou a pensar que poderíamos fazer o que quiséssemos. Foi um período fabuloso."

Como porta-bandeira das raízes da contracultura do surfe, eu suspeitava que John pudesse ser cínico em relação à ascensão das grandes marcas de surfe, mas não poderia estar mais enganado. "O mundo do surfe poderia ser muito pior do que ter pessoas como Claw e Brian no comando de uma grande empresa de surfe", diz John. "São pessoas que mantiveram o seu compromisso com o surfe muito forte e isso me parece impressionante."

Nat Young, campeão mundial de 1966 e piloto de testes da revolução do shortboard, concorda. "Eles sempre tiveram a atitude dos surfistas e era o que eu realmente gostava neles", diz ele. "Eu acho importante para o surfe termos pessoas como essas envolvidas."

"Claw e Brian são dois homens muito diferentes", diz Steve Kay. "Uma razão pela qual a empresa teve tanto sucesso é que suas bases de habilidades são muito diferentes, mas muito complementares, para que não lutem entre si pelo controle de áreas da empresa. Existe uma divisão natural entre os dois. Claw é marca e marketing, equipe e eventos. Brian tem um excelente histórico de julgamento na parte dos negócios... Mas, em outro nível, os dois têm uma visão muito semelhante para a empresa."

Gary Green, o surfista original da Search, tem uma explicação simples para o motivo pelo qual a marca continua repercutindo nas sucessivas gerações de surfistas. "Eu acho que é porque eles mantiveram isso enraizado, porque tem sido Sing Ding e Claw, e eles têm essa visão central de como eles querem a empresa e mantiveram-se fiéis a isso", diz Greeny.

É uma opinião compartilhada pelo ex-gerente de vendas de New South Wales e ex-surfista profissional Steve Jones. "Brian costumava dizer sempre nas reuniões que havia uma cultura embutida na Rip Curl – "Mantenha os pés na areia" – e acho que até hoje a Rip Curl foi o alicerce mais duro do trio [Rip Curl, Billabong e Quiksilver]", diz Steve. "Eu acho que a Rip Curl fez a coisa certa resistindo ao canto da sereia [de abrir o seu capital]. Mantendo tudo organizado e em casa, eles não precisaram passar por esse boom e falência. Eles apenas permaneceram fiéis à sua fórmula, mantiveram a empresa equilibrada e com a integridade intacta."

Rod Adams, o sóbrio contador, acha que há simplesmente boas práticas de negócios por trás das festas selvagens e das pegadas de areia pelos corredores no QG da Rip Curl. "O que é diferente é que não existem muitos bons negócios. Não é que a Rip Curl seja única, é o modo como os negócios devem ser administrados", diz Rod. "Para ouvir e adaptar-se às mudanças, adaptar-se às expectativas dos clientes, garantir que o produto seja o melhor, a qualidade e a entrega sejam as melhores e os relacionamentos, justos para todas as partes interessadas."

Para Brooke Farris, são esses valores de marca baseados no surfe que mantêm os negócios no caminho certo. "É autêntico. Temos os fundadores que ainda fazem parte do negócio, para que nos orientem. Eles nos lembram por que estamos aqui e o que estamos fazendo. Eles nos impedem de olhar por cima dos ombros e nos mantêm remando para o próximo pico", diz Brooke. "Sempre queremos fabricar produtos de surfe da melhor qualidade... manter-nos naquilo em que somos bons é o motivo de continuarmos a prosperar."

A bicampeã mundial Tyler Wright calcula que são as relações estreitas e a continuidade da propriedade que permitem o florescimento da conexão entre os atletas e a marca. "Boas pessoas a dirigem. Eu acho que eles são muito específicos sobre quem trabalha para eles", diz Tyler. "Eles se apegam naquilo em que são bons. Não faço ideia sobre os negócios, mas para o atleta em crescimento nós conhecemos os proprietários, sabemos com quem estamos trabalhando e com quem estamos lidando. Eu acho que isso é algo especial, é algo para eles se orgulharem... Eu sei quem são meus chefes."

Fred Basse acredita que é a juventude perene da marca e sua diversidade geográfica que a permitiu sobreviver em tempos difíceis. "A capacidade da marca de não envelhecer com sua base de consumidores e poder renová-la a cada nova geração, acredito que grande parte dela vem de nossa equipe e dos eventos", diz Fred. "O outro ponto é a abordagem internacional da indústria do surfe. A Rip Curl está presente em tantos países que isso permite equilibrar o desempenho. Quando os Estados Unidos estavam tendo dificuldades, a Europa estava apoiando e vice-versa alguns anos depois. A Austrália sempre foi consistente e todos os pequenos licenciados tiveram um bom desempenho, com alguns ficando cada vez maiores, como a Indonésia."

Ahmed Fahour ainda se maravilha com a excêntrica inteligência comercial que ele primeiro lutou para reconhecer na Rip Curl. "Inicialmente, eu fiquei tipo, que diabos temos aqui? Mas muito rapidamente eu já estava pensando, caramba, tem um molho secreto aqui", diz Ahmed. "O retorno financeiro sempre foi a última coisa sobre a qual conversamos. Foi o quão autêntico é o que estamos fazendo com a nossa marca, nosso objetivo, do que se trata. Isso realmente me ensinou muito rapidamente que uma das reais razões pelas quais eles são bem-sucedidos é que sempre tiveram o cliente final em mente. Eles sempre quiseram que os surfistas soubessem que tudo foi construído com propósito e valor, não com o objetivo de ganhar dinheiro. Mas ao fazer isso, você ganha dinheiro criando um produto que todos desejam e valorizam... Eles me deram uma grande compreensão de como uma empresa global de consumo na pequena Torquay pode enfrentar o resto do mundo e vencer. A visão de negócios deles é tão perspicaz quanto a de qualquer outro empresário que eu conheça."

Steve Kay diz que Claw e Brian sempre foram mais ambiciosos do que sugeriam suas atitudes casuais e de surfe o dia todo. Eles tinham duas ambições principais: "Eles queriam ter uma empresa global para acompanhar seus clientes em todo o mundo. Vindo da Austrália, foi realmente emocionante ver alguém ter essa visão global", diz Steve. "E a segunda foi que eles eram muito ambiciosos quanto à variedade de produtos que queriam fazer depois de terem superado a ideia de ser apenas uma empresa de roupas de neoprene. E sua capacidade de fazer as duas coisas realmente tem sido notável... Eles trabalharam nessas duas grandes ambições e fizeram mais viagens do que a maioria dos proprietários, e passaram tempo em reuniões relacionadas a produtos aqui, polindo as coisas."

Outra característica definidora foi a lealdade profunda e permanente dos funcionários de longa data, a quem Claw chama de "verdadeiros fiéis" e "levantadores de peso". Rod Adams credita a Brian formas inovadoras de remunerar funcionários seniores, garantindo lealdade e desempenho. "Ele fica feliz em implementar acordos de bônus inovadores, acordos de ações inovadores", diz Rod. "Ainda estaríamos lá, mesmo que ele não tivesse feito isso."

Ray Thomas é um dos "levantadores de peso" da Curl, que assumiu vários papéis e sempre conseguiu dar aos fundadores um feedback honesto. "Brian era como o primeiro-ministro e Claw era como o ministro da publicidade", diz Ray. "Eu sempre podia discutir com eles, eles nunca se ofendiam. Eles gostaram do fato de eu me esforçar e dar 100% e me apropriar das coisas."

Terry Wall, o antigo parceiro de negócios na Bells Beach Surf Shop original, tem uma visão mais profunda do que a maioria sobre a natureza desse relacionamento. "O relacionamento pessoal e profissional de Sing Ding e Claw durou mais do que os seus casamentos e mais do que a maioria das bandas de rock – que provavelmente está mais próximo de um relacionamento comercial", diz ele. "Como e por quê? Eles se ultrapassam em sua principal motivação de viver com a liberdade necessária para uma vida de surfe, mas se diferenciam em seus conjuntos de habilidades para que possam contribuir em partes complementares de seus negócios, com menos discussões. Ambos sacanas, eles compartilham lados selvagens e prosperam na companhia de outros sacanas do surfe. Ainda assim, ambos são 'grandes caras' – uma das descrições mais comuns de Brian a respeito de outras pessoas. No fim das contas, o negócio foi um meio para atingir um fim, e eles tropeçaram nele, como a maioria de nós tropeça pela vida. Eles apenas se encontraram no momento certo, quando ambos estavam meio perdidos."

Não sou especialista em negócios, mas para mim existem duas características definidoras da história da Rip Curl. Uma é o que o CEO da Europa, Wilco Prins, denomina "empresa liberada", ou "gestão de libertação", como defendido pelo escritor de negócios Tom Peters: conceder aos funcionários a liberdade de assumir riscos e acreditar em pressentimentos e recompensá-los por uma abordagem empreendedora. Os fundadores da Rip Curl descobriram cedo que não só era mais eficiente apoiar o seu pessoal e permitir que eles usassem o seu próprio julgamento e iniciativa, mas que isso também liberava mais tempo para eles irem surfar, esquiar e viajar.

O que me leva a outra característica definidora: o simples desejo de construir uma vida ao redor da praia e ao capricho das ondas, das marés e dos ventos. Como qualquer surfista sabe, o desejo de entrar no oceano quando todas as variáveis terrestres necessárias se alinham é uma força magnética e viciante. No cerne da abrangente narrativa da Rip Curl, há uma história recorrente de um surfista que não queria ter que ir para o coração sombrio da cidade para ganhar a vida, que ousou sonhar com uma vida próxima à luz e ao vapor do mar, e à estrondosa energia da costa, e se sentiu movido a fazer o que fosse necessário para tornar esse sonho realidade.

Esse sonho continua: das desastrosas primeiras incursões de Claw e Brian no comércio de surfe, às carreiras abandonadas de François em medicina e arquitetura para ficar na praia em Hossegor, de José Farinha crescendo farto dos engarrafamentos em Lisboa, enquanto seu coração ansiava pelas ondas de Peniche, até Francisco Spinola cansando-se do mundo corporativo, desde Peter Hodgart planejando uma transição da metrópole fervilhante de Tóquio para voltar à sua amada Torquay até James Taylor fugindo do mundo pressurizado de Londres para a liberdade e a fuga da costa vitoriana.

Embora esse incansável impulso do surfe tenha sido responsável pelo desperdício de muitas carreiras, na Rip Curl ele serviu como o grande motivador para realizar o trabalho e depois colher as recompensas: aquele "molho secreto" que intrigava Ahmed Fahour.

Brian Singer já pensou bastante nas razões de seu sucesso. "Definitivamente estivemos focados no cliente e trabalhamos duro, mas o timing teve um papel importante em nosso sucesso", diz Brian. "Muitas pessoas olham para o tempo de sua juventude com grandes lembranças; no entanto, eu realmente acho que o final da década de 1960 e o início da década de 1970 foram um momento especial de mudança social. Foi um caldeirão do movimento pelos direitos civis nos Estados Unidos, o advento da pílula contraceptiva, a Guerra do Vietnã e o aumento das liberdades econômicas, e o surfe deslizou nessa nova onda de música, sexo, drogas e rock-and-roll. Este foi o mundo em que a Rip Curl nasceu."

"Sinto que tivemos muita sorte, como muitos outros, de ter vivido nossa vida na indústria do surfe. Vivemos e trabalhamos no estilo de vida que amamos. Os primeiros dias foram especiais – na estrada, vendendo para lojas de surfe e conhecendo grandes pessoas são algumas das minhas melhores lembranças. É certo que a indústria do surfe está em um lugar diferente hoje, assim como o próprio surfe. Já não são os rebeldes da sociedade que rejeitam muitos dos valores da geração anterior – os pais agora estão incentivando ativamente os seus filhos a surfar. No entanto, o surfe e a indústria ainda são uma maneira maravilhosa de os jovens de hoje viverem a suas vidas."

PORTAS DESLIZANDO

Brian insiste que ele e Claw nunca foram motivados pela riqueza. "Nosso sistema ocidental coloca muita ênfase no dinheiro como medida de sucesso", diz Brian. "As coisas ficam mais complicadas, há mais coisas com que se preocupar e se responsabilizar. Isso não necessariamente muda a sua vida ou cria felicidade, mas te permite... passar mais tempo com seus filhos e netos, o que provavelmente é o melhor de tudo."

Brian está ciente de que existem aqueles que se ressentem de seu sucesso e riqueza. "É ótimo que muitos surfistas vadios tenham se saído bem com o mercado do surfe", diz ele. "Você ouve sobre pessoas ficarem com inveja disso. Para aqueles que surfaram muito mais e viajaram muito mais, pode ser que as pessoas que trabalharam mais sintam inveja delas. Eu nunca consegui surfar em J-Bay, por exemplo, e isso é uma pena."

Em um momento de reflexão, Claw relembra sua última visita a São Francisco em 2017 e um encontro casual com um antigo participante do "Verão do Amor" original, um personagem pitoresco conhecido como Diamond Dave. Um rapper, poeta e defensor dos sem-teto, Diamond Dave Whitaker é considerado um líder espiritual da cena hippie de Haight-Ashbury.

"Esse velhinho começou a falar comigo – um hippie de verdade, muito bem-educado", lembra Claw. "Eu estava me divertindo muito conversando com esse cara alguns anos mais velho que eu, por duas ou três horas vagando por Haight-Ashbury... Ele explicou tudo sobre o Verão do Amor, as danças, os cânticos e os shows no parque, explicando os valores para mim. Ele disse: 'Eu tenho vivido com esse conjunto de valores desde então. Eu acredito neles.' Ele disse: 'Conversamos com nosso pessoal na Austrália e sabemos sobre Nimbin. Eu me mantive fiel a isso e é por isso que não tenho muito dinheiro.' Expliquei a ele o nosso Verão do Amor. Ele disse: 'Percebo que você é um companheiro de viagem, mas você estaria melhor se tivesse permanecido com aquilo'."

Diamond Dave ainda pode ser encontrado divulgando sua poesia Beat livre no entorno da cena de Haight-Ashbury em explosões rápidas em staccato, como se o Verão do Amor nunca tivesse terminado. É fascinante contemplar o que poderia ter acontecido se o negócio de pranchas de surfe de Claw, fundado naquele verão, nunca tivesse decolado. Para Claw, o encontro casual com Diamond Dave foi um tipo de momento de portas deslizando, em que ele vislumbrou como uma vida alternativa poderia ter sido.

No caminho para o seu 50º aniversário, a Rip Curl se envolveu em uma busca determinada por qualquer prancha de surfe sobrevivente dos primeiros tempos, criada na garagem de Brian ou na antiga padaria. Esses modelos do final dos anos 60 e início dos anos 70, principalmente as monoquilhas estilo gun, são excepcionalmente raros, pois eles não estavam produzindo em grandes números e, antes das cordinhas, elas eram detonadas nas costas rochosas de Bells Beach e seus arredores.

"Estamos procurando desesperadamente por elas agora, deve haver apenas 30 ou 40", diz Claw. "Gostaríamos de colocar as mãos em qualquer uma das primeiras pranchinhas com fundo v feitas por Shane Stedman em Brookvale com o logotipo original da Rip Curl. Bob Smith [arquivista residente da Rip Curl] dirigiu até Portarlington, na península Bellarine, para olhar uma, mas o filho havia retirado a laminação e remodelado a prancha. Bob estava quase chorando quando me contou essa história."

Claw permanece tão obcecado pelo surfe quanto sempre foi, com um conhecimento enciclopédico do esporte, uma coleção invejável de pranchas históricas e um apetite insaciável por ver, discutir e analisar as ondas em todas as suas formas. Ele divide o seu tempo entre Torquay, onde até as sebes de seu jardim são cortadas em forma de ondas, e uma moderna casa à beira-mar na Gold Coast, com uma estação meteorológica no telhado.

Seus filhos são todos esquiadores bem-sucedidos e surfistas recreacionais. O filho mais velho Daniel, depois de uma carreira de elite no esqui interrompida por uma brutal lesão no joelho, tornou-se fotógrafo de natureza e paisagem. A filha Ava é uma cineasta e artista de Nova Iorque, Tanya é mãe de quatro filhos e Lisa está estudando para ser médica, com especialidade em medicina natural. A filha mais nova, Millie, acaba de se qualificar como instrutora de esqui.

Brian mantém-se ocupado monitorando o progresso de suas últimas prospecções na Copa de Melbourne, sob o lendário treinador de cavalos de corrida Lloyd Williams, como integrante de um consórcio que inclui seu antigo amigo da Quiksilver, Al Green, e Michael Gudinski, fundador da Mushroom Records. Juntos, eles venceram as Copas de Melbourne de 2016 e 2017: Almandin venceu a corrida que faz o país parar em 2016 e, em 2017, eles pegaram a quinela, com Rekindling em primeiro e Johannes Vermeer em segundo. "Observando-os seguir na reta de chegada, poderiam ter jogado uma bomba atômica que eu não teria ouvido", diz Brian.

Atualmente, a maior parte do tempo de Brian é passada na praia ou nas montanhas. "Como presidente da Rip Curl, participo de cerca de seis ou oito reuniões do conselho por ano, mas, caso contrário, surfo nas bancadas mais fáceis em Torquay ou no norte de New South Wales e em passeios de barco, surfando com meus filhos e netos", diz Brian. "Os invernos são passados esquiando em Buller, com uma viagem anual de heliski ao Canadá.

"Tenho a sorte de ser o orgulhoso pai de quatro filhos e ver todos se darem muito bem um com o outro. Observar meus netos surfando é como reviver minha própria juventude. Embora todos os meus filhos tenham trabalhado na Rip Curl em algum momento, apenas minha filha mais nova, Jade, está trabalhando lá atualmente. Minhas outras duas filhas são ótimas mães – uma profissão muito subestimada – e meu filho tem o seu próprio negócio."

Enquanto isso, François Payot divide o seu tempo entre sua fazenda em Hossegor, um apartamento em Paris, um refúgio de surfe rústico em Madagascar e uma área rural em Mullumbimby, no norte de New South Wales. No final do meu período na França, fui convidado para almoçar em Paris em um dos restaurantes favoritos de François, com ele, sua ex-esposa Marianne, a filha adulta Dune e sua atual namorada Lisa, uma escultural mulher afro-francesa na faixa dos 30 anos.

Dune levou seu beagle de estimação, que se aconchega embaixo da mesa em uma cama canina recém-comprada, enquanto desfrutamos de pratos clássicos de um bistrô francês, vinho fino e uma conversa abrangente em francês e inglês. A certa altura, Marianne e Lisa saem para fumar um cigarro juntas, aparentemente são melhores amigas, e posso apenas me maravilhar com essa cena deliciosamente francesa. "Com todas as esposas e namoradas, ele é a única pessoa que eu já conheci na minha vida em que todas as namoradas e ex-esposas ainda são suas melhores amigas", Maurice Cole havia me dito antes. "Alguns anos atrás, quando fizemos o seu aniversário de 60 anos aqui, elas vieram todas. E todas conversam entre si. Ele é uma aberração."

A Rip Curl proporcionou estilos de vida que os seus fundadores nunca poderiam imaginar quando eram surfistas vadios e sem dinheiro e vagabundos de praia, no auge da era contracultural do surfe. Ou talvez eles pudessem imaginar, e é esse o segredo deles.

A TEMPESTADE DOS 50 ANOS

Estamos no meio de julho, imersos em outro inverno no sul, onde o mesmo sistema climático intenso que bombardeia a Surf Coast com uma forte ondulação está despejando neve nos Alpes vitorianos. Em Torquay, o 50 Year Storm Invitational – um evento especial de ondas grandes de um dia para homenagear o surfista local Shaun Brooks, que tirou a própria vida em 2012 após uma longa luta contra doenças mentais – foi colocado em modo de espera. O evento reúne a comunidade do surfe local em memória de um dos seus, e a expectativa é alta para ver se o swell proporcionará as ondas necessárias de 10 a 12 pés. Os concorrentes estão vindo de lugares tão distantes quanto Queensland e Bali.

Esta é Torquay em seu estado natural, bem depois que as multidões da Páscoa retornaram para casa e voltaram suas mentes para o futebol australiano. Enquanto olho em volta para os surfistas reunidos no parque de estacionamento de Bells, puxando grandes pranchas de surfe na traseira das caminhonetes com tração nas quatro rodas, vejo muitos membros da segunda geração da indústria de surfe de Torquay: os filhos dos pioneiros da indústria e seus contemporâneos.

Shaun era um ex-campeão mundial júnior e renomado surfista de ondas grandes, filho de Rod Brooks e irmão do ex-surfista do circuito mundial Troy, que veio da Gold Coast para o swell. Entre os outros convidados, há uma série de nomes familiares conhecidos de Torquay: Shyama Buttonshaw, Jack Perry, Jeff Sweeney, Carlo Lowdon, Adam Robertson, Mick e Tony Ray.

Talvez este seja o grande legado que a primeira geração passou para a próxima – que eles não precisariam escolher entre o surfe e a carreira. Entre eles, temos especialistas em TI, designers, fabricantes de pranchas de surfe, jovens empreendedores de todos os tipos. Como grupo, eles provavelmente são mais sofisticados e bem viajados, com mais opções de carreira e vida pela frente do que a maioria dos surfistas que vivem no interior da Austrália. E começo a perceber que essa não é realmente a história de uma empresa de surfe e seu improvável sucesso nos negócios, mas a história de toda uma comunidade reivindicando um estilo de vida que ousava acreditar ser possível. "É assim que sempre pensei que deveria ser – um amor e um compromisso mais amplo, contínuo e multigeracional com o surfe e a cultura, comunidade, indústria e estilo de vida que ele promove", diz Claw.

No QG da Rip Curl, Neil Ridgway parece encantado com o número de ausências que o último swell causou. "Havia 20 dos nossos caras por aí – JT, Helmy, Mick, Johnny, meus dois caras da arte, os caras do relógio, os caras dos wetsuits... e os caras mais velhos que deviam estar em Torquay Point, Tubes ou Point Impossible", ele se orgulha. A descrição do trabalho na Rip Curl parece incluir a responsabilidade de participar generosamente desse grande elixir natural e trazer essa boa energia para o local de trabalho, como abelhas carregando pólen de volta à colmeia.

No final da tarde, visito Butch e Chris Barr, que moram ao lado de Brian em Addiscot, a casa histórica da família Bell original, que dá o nome à praia. Quando os Barrs se mudaram para cá em 1974, pouco depois de Butch começar como o primeiro contador da Rip Curl, eles ainda recebiam visitas de Girly Bell, uma filha da família pioneira, que na época era uma senhora idosa, conferindo a antiga casa de sua família. Chris ajuda na curadoria de um projeto on-line da história local, o Museum Without Walls [Museu Sem Paredes] e seu boletim trimestral, *History Matters*. A rica história de Torquay parece palpável por aqui.

Chris me leva para uma visita até o cercado dos fundos em seu pequeno carrinho de golfe que eles chamam de "máquina de velocidade". As colinas se estendem para o leste em direção a Bells Beach. Cangurus pastam. Um riacho sinuoso e um barranco de árvores serpenteiam através de uma dobra nas colinas até o oceano. "Costumávamos fazer ótimas festas por aqui, estacionávamos um caminhão na parte inferior da colina e contratávamos uma banda para tocar. Foram grandes momentos", diz Chris. Devem ter sido – uma comunidade unida de jovens surfistas idealistas no auge da era "soul country" do surfe, curtindo um banquete de ondas desertas, iniciando negócios que dariam à luz uma indústria inteira, encenando mini-Woodstocks nos estábulos dos fundos e abocanhando imóveis costeiros a preços módicos.

Toda essa terra ainda é de propriedade de Claw, Brian e Butch, e permanece subdesenvolvida, combinando-se com a Reserva de Surfe de Bells Beach para garantir que a orla em torno de Bells retenha o seu charme rural. De pé aqui nesta colina gramada, com linhas de ondas correndo para o mar, um forte terral assobiando sobre meus ouvidos e nuvens de tempestade se aproximando no oeste poderoso, fico impressionado com a pura audácia do sonho deles: vir a este lugar e construir uma vida, uma comunidade e, finalmente, uma indústria inteira em torno da brincadeira frívola de deslizar nas ondas. O sucesso dessa missão em particular nunca poderá ser capturado em revistas de negócios ou em preços de ações no mercado.

Na manhã seguinte, os organizadores do 50 Year Storm Invitational estão reunidos em uma passarela de madeira com vista para Bells, olhando telefones celulares e analisando leituras de boias e previsões de swell. Finalmente é tomada a decisão de cancelar o evento. Embora o swell seja sólido com ondas de 6 a 8 pés alinhadas e estendendo-se até o horizonte, houve apenas um par de séries com os 10 pés necessários durante toda a manhã. Mas não há um sentimento de anticlímax. Não será um dia para os livros de história – apenas mais um dia épico de ondas para a galera local. "O evento está oficialmente cancelado", anuncia um organizador através de um megafone. "Vão surfar que as ondas estão bombando."

E é exatamente isso que eles fazem. Uma nova geração rema para encontrar outro novo swell.

AGRADECIMENTOS

Devo a muitas pessoas uma tonelada de gratidão por abrir suas vidas e histórias para mim, permitindo que a história da Rip Curl seja contada. Agradeço a Neil Ridgway por me conceder essa oportunidade e a Claw e Brian por serem tão generosos com seu tempo e confiança.

Agradeço também aos muitos membros da família Rip Curl em todo o mundo, que me estenderam sua hospitalidade, especialmente François Payot, Fred Basse e Maurice Cole na França; Tom e Makeira Curren, Kelly Gibson e toda a equipe nos Estados Unidos; Monica Little, Aimee Susol e o arquivista Bob Smith no QG de Torquay; Meagan Patterson por organizar minhas viagens; Chris Barr pelas perspectivas históricas; e Ted Grambeau pelas ricas ideias e imagens.

Eu sempre digo que você nunca termina um livro como esse, você apenas fica sem tempo. Milhares de pessoas em todo o mundo contribuíram para a história da Rip Curl, e para aqueles que não cheguei a conhecer, peço minhas desculpas. Espero que este livro inspire mais compartilhamento do folclore da Rip Curl, aquelas histórias que não foram publicadas e são melhor compartilhadas com algumas boas bebidas e bons amigos.

Para Alison Urquhart, na Penguin Random House, isso marca nosso oitavo livro juntos ao longo de mais de 20 anos (como Ali ressalta, começamos jovens!) – obrigado pela fé, as oportunidades e os sábios conselhos. Ao meu editor, Tom Langshaw, obrigado por aperfeiçoar o manuscrito com tanta habilidade e por ter apontado meu uso excessivo do termo "incrustado de sal".

Como sempre, minha profunda gratidão à minha família por aguentar as ausências, o mau humor induzido pela proximidade dos prazos e a recontagem sem fim de algumas anedotas.